성공하는
스타트업을 위한

101가지 비즈니스 모델 이야기

2024
EDITION

본 도서와 관련한 교육 및 강의자료 요청은 다음 전자우편으로 문의해 주시기 바랍니다.
info-2@hansmedia.com

BUSINESS MODEL STORY

성공하는
스타트업을 위한

101가지 비즈니스 모델 이야기

남대일
김주희
정지혜
정혜민
이민선
지음

101 SUCCESS

2024 EDITION

한스미디어

한눈에 보는 비즈니스 모델

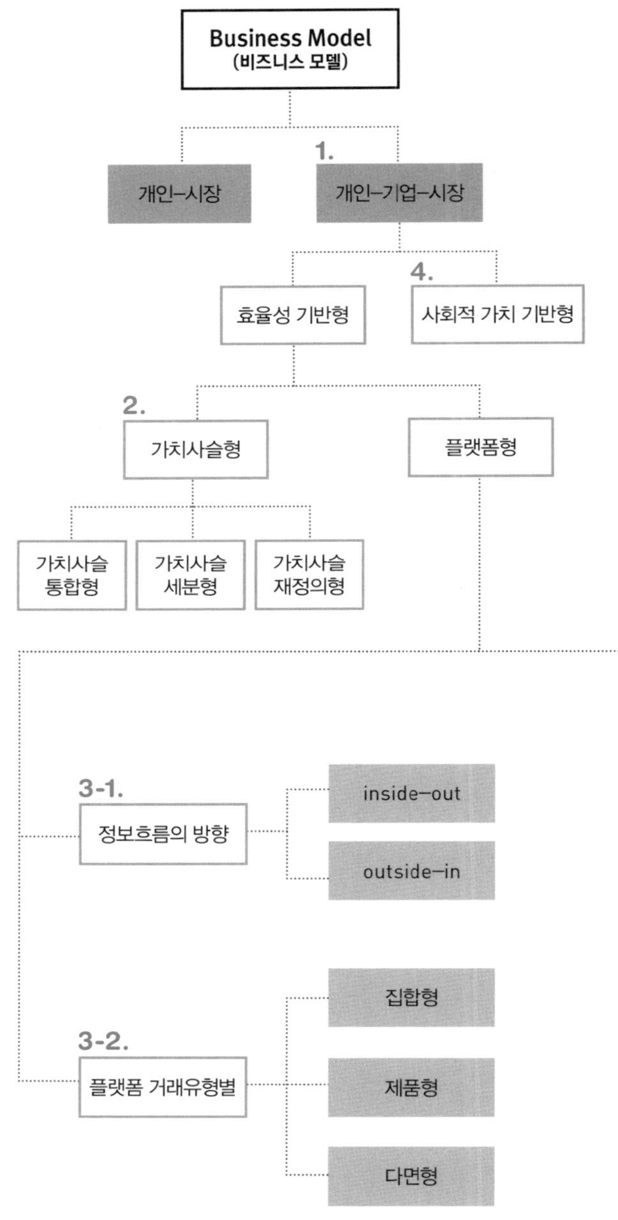

BUSINESS MODEL

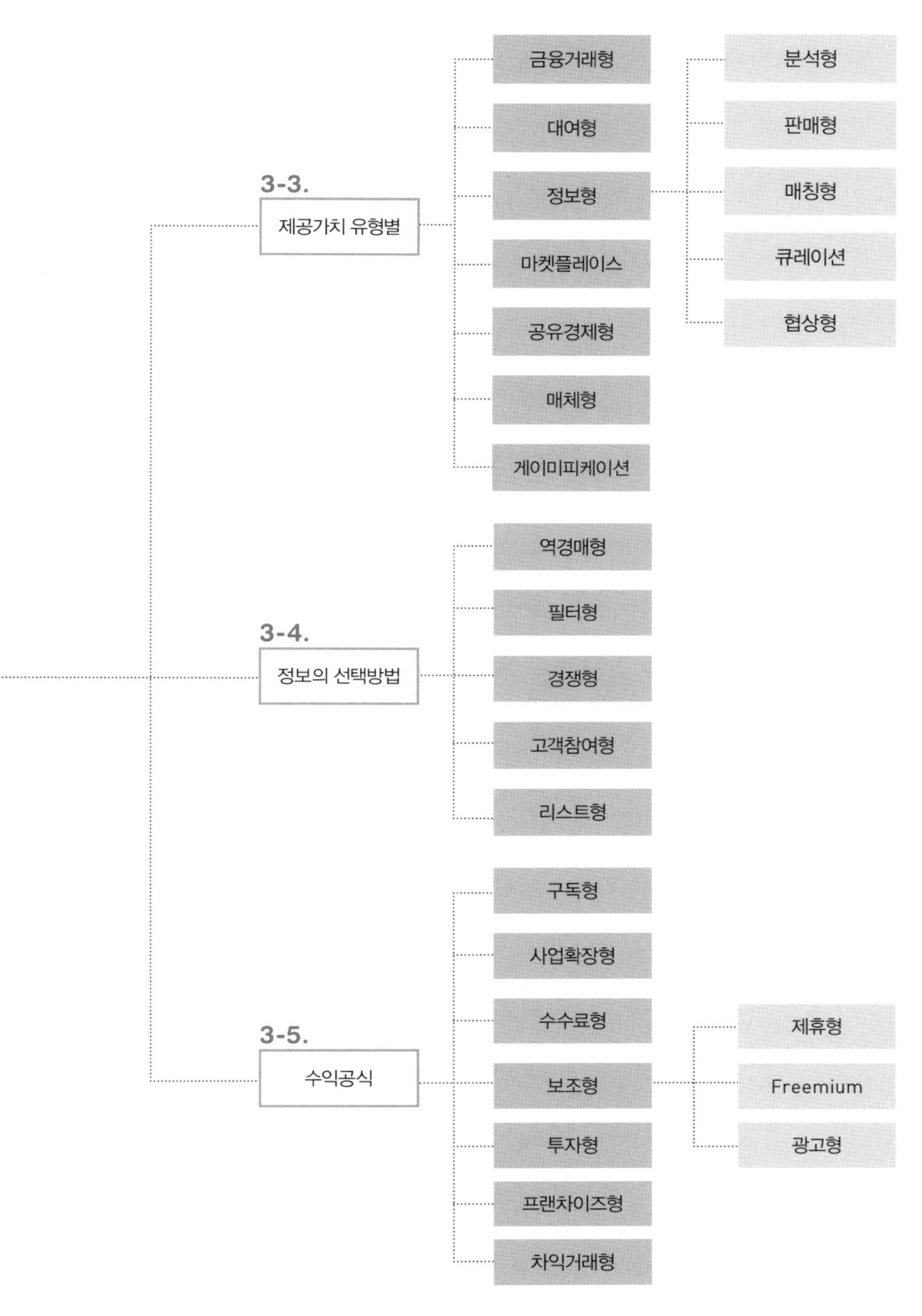
3-3.
제공가치 유형별
금융거래형
대여형
정보형
마켓플레이스
공유경제형
매체형
게이미피케이션
분석형
판매형
매칭형
큐레이션
협상형
3-4.
정보의 선택방법
역경매형
필터형
경쟁형
고객참여형
리스트형
3-5.
수익공식
구독형
사업확장형
수수료형
보조형
투자형
프랜차이즈형
차익거래형
제휴형
Freemium
광고형

BUSINESS MODEL STORY

'2024 Edition'을 출간하며

초기 단계부터 수익 창출의 잠재력을 입증할 수 있는 비즈니스 모델

이 책의 초판은 2014년에 출간되었다. 햇수로 따지면 어느덧 10년 다 되어 가는 셈이다. 한국에 아직 스타트업이라는 단어 자체가 생소하고, 비즈니스 모델이 무엇인지 잘 알려지지 않았을 시점부터 우리의 작업은 시작되었고, 어느덧 네 번째 개정판을 앞두게 되었다.

이번 개정판은 스타트업의 겨울이라고 생각하는 시점에 출간한다. 기업이 성장하는 단계별로 성장의 전략을 수정하듯이, 비즈니스 모델도 기업을 둘러싼 환경에 따라 그에 가장 적합한 생존 공식을 찾아 진화하게 된다. 한국을 비롯한 많은 나라에서 스타트업들에게 지금까지 가장 각광받아온 생존 방식은 이른바 '성장Growth'을 향한 줄달음이다. 시드seed부터 시작해 시리즈 A, B, C로 이어지는 단계별 금융Staged financing은 이러한 성장 위주 전략에 가장 적합한 방식이었다. 창업가는 이전 라운드를 통해 들어온 투자금을 바탕으로 다음 단계까지 더 큰 성장을 하면서, 이를 통해 이전 단계에 들어온 주주들에게 투자금 회수exit의 기회를 마련해주는 것이 일반적인 성장의 방정식이었다. 이 과정에서 흔히들 말하는 '계획된/의도된 적자'를 표방하며 뚜렷한 수익 공식 없이 성장만 지속하는 것이 유니콘으로 가는 현명한 지름길처럼 여겨지기도 했던 시기였다.

그러나 요즈음의 기업 환경은 성장 일변도의 과거와는 많이 다르다. 창업가들은 거의 모든 업종에서 손익분기점(BEP, Break- even point) 달성의 가능성을 보여주길 요구받고 있다. 물론 시작 단계 기업이 바로 BEP를 내기는 쉽지 않다. 경우에 따라서는 생존 가능한 규모를 만들기 위해 초반의 적자는 당연한 필수 과정일 수도 있다. 하지만 이러한 상황에서조차 비즈니스 모델은 더욱 중요하다. 이전과 달리 기업 초기 단계부터, 미래에 수익 창출이 가능한 잠재력을 입증할 수 있는 비즈니스 모델에 대한 요청이 더욱 거세기 때문이다. 훗날 제대로 작동하는 비즈니스 모델이 될 수 있다는 증거를 보여주는 초반의 의미 있는 수익 메커니즘을 확보하기 위해, 초기 고객을 공략할 때부터 수익모델을 테스트하고, 지속적으로 비즈니스 모델을 수정하고 가설을 검증해, 실제 숫자를 가지고 펀딩을 준비하는 기업들에게 더 많은 기회가 온다는 뜻이다.

이번 개정판은 이와 같은 맥락에서 수익모델이 어느 정도 검증된 기업들의 비즈니스 모델을 찾는 데 중점을 두었다. 63개의 새로운 기업을 추가해, 지금까지 출간된 세 번의 개정판 중 가장 전면적인 개정 작업을 거친 결과물이다. 개정판에서 바뀐 점을 구체적으로 정리하면 다음과 같다. 첫째, 새로운 수익 공식이 추가되었다. 기존의 수익 공식에 더해 프랜차이즈, 차익거래형과 같은 새로운 수익 공식들이 추가되었다. 둘째, 한국보다 외국 사례에 더욱 큰 방점을 두었다. 국내에 소개되지 않은 새로운 형태의 수익공식과 혹한기를 살아남은 비즈니스 모델 콘셉트의 소개로 어려움을 겪고 있는 스타트업들에게 조금이라도 실질적인 도움이 되길 원했다. 셋째, 인간 본성의 가치에 충실한 근본적인 내용도 추가되었다. 예를 들어, 제공가치의 경우 '재미'라는 내용을 추가함으로써, 새로운 기술 진보와 함께 부각되는 플레이투언(P2E), 무브투언(M2E) 등과 같은 새로운 비즈니스 모델을 추가할 수 있었다. 끝으로, 새로운 신생 기업뿐 아니라, 수백 년을 지속한 영속 기업에 대한 사례도 추가했다. 파버카스텔, 몰스킨 등의 사례를 추가함으로써, 단순히 현재를 살아남은 것을 넘어, 더 크고 영속적인 기업으로 성장하기를 바라는 희망을 담았다.

매번 개정판을 낼 때마다 우리는 참 분에 넘치게 독자들의 많은 사랑을, 그것도 오랜 시간에 걸쳐서 받았음을 다시 한번 느끼게 된다. 그분들의 지지와 요청이 있었기 때문에 새로운 비즈니스 모델에 대한 우리의 탐구와 여행은 아직도 계속되고 있다. 어려운 시기를 슬기로운 해법으로 헤쳐나가고 있는 모든 창업자를 응원한다.

들어가며

독창적인 비즈니스 모델이 시대의 패러다임을 바꾼다

우리에게 너무나도 잘 알려진 천재 화가 레오나르도 다빈치의 그림 〈암굴의 성모〉[1]에는 두 가지 버전이 있다. 하나는 파리에 소장되어 있고 또 하나는 런던에 소장되어 있다. 흥미로운 점은 더 일찍 그려진 것으로 알려진 파리 소장 버전에는 아기 요한과 예수의 구분이 모호한 등 그 당시에는 쉽게 수용하기 어려운 독창적인 내용이 들어가 있는 반면에, 런던 버전은 이와 같은 논란들을 다분히 수정한 듯한 그림으로 변형되어 있다는 사실이다.

유명한 소설가 댄 브라운은 여기에 음모론과 같은 놀라운 상상력을 더해 후일 《다빈치코드》와 같은 흥미진진한 이야기로도 발전시켰다. 하지만 많은 사람들은 이를 단지 '후견인 모델'을 통해 그림을 그려야 했던 그 당시 미술계의 관행으로 설명한다. 후견인 모델은 후견인이 재능 있는 화가가 그림을 그릴 수 있도록 후원해주는 모델이다. 〈암굴의 성모〉의 경우, 다빈치의 그림을 사고자 약속했던 후견인이 그림이 마음에 들지 않아 지불을 거절했고 나중에 다빈치가 이를 수정하여 다시 그렸다고 한다. 화가가 수년이 걸리는 큰 프로젝트인 그림을 그리기 위해서 돈을 대어주는 후견인들의 취향을 전적으로 존중해야 했음은 자명한 이치이다.

이와 같은 후견인 모델을 대체하는 것이 현대까지 이어지는 '개인전 모델'이다. 개인전 모델은 미리 누군가에게 주문을 받아 그림을 제작하는 것이 아니라, 화가가 그림을 먼저 그리고 나중에 이에 필요한 자금을 조달하는 방식이다. 이러한 개인전 모델의 효시로 알려진 다비드의 〈사빈느 여인의 중재〉는 특정인의 주문을 받아 제작된 그림이 아니었다. 정치에 크게 관여했던 다비드가 한때 처형을 당할 위기에 처했을 때, 평화의 제스처로 그린 그림이 이 작품이라고 한다. 나중에 정치계를 떠난 후 다비드는 파리의 한 강당을 빌려 처음으로 입장료를 받는 전시전을 계획했다고 한다. 다비드는 1인당 1프랑 80센트라는 입장료를 받았는데, 작품이 전시된 시기인 1799년에 숙련공의 일당이 1프랑임을 고려할 때 이는 결코 적은 돈이 아니었다. 파리에서는 입장료를 받고 그림을 보여주는 것이 주류 아카데미에서는 금하는 행위였기에 이에 대한 논란이 매우 거셌지만, 전시는 5년 동안 계속되었고, 다비드는 이후 파리 근교에 큰 별장을 살 수 있었다고 한다.

여기서 우리가 주목할 부분은 다비드가 얻은 금전적인 이득이 아니다. 이야기를 조금 더 자세히 들여다보면, 미술산업에도 비즈니스 모델이 큰 힘을 행사했음을 알 수 있다. 이런 점이 바로 우리의 흥미를 끈다. 즉, 다비드가 개인전 모델이라는 새로운 방식을 도입하기 전까지 화가들의 비즈니스 모델이란 자신을 알아주는 '후견인'을 찾아 몇 년을 공들여야 하는 그림에 대해 투자를 요구하는 방식이었다. '후견인 모델'에는 화가 개인을 평가해 그 재능을 믿고 장기적인 투자를 해주는 큰 장점이 있다. 그러나 화가 자신이 후견인의 입김에서 자유롭게 독창적인 작품활동을 할 수가 없다는 점이 문제로 지적된다. 화가는 후견인들이 원하는 방향으로 그림을 그려주어야 했으며 심지어 후견인들이 마지막에 그림이 마음에 들지 않으면 수정을 요구하거나 그림을 아예 사주지 않기도 했다고 한다. 이에 반해, 다비드가 도입한 개인전 모델을 활용한다면 화가는 자신의 예술성을 기반으로 자유로이 그림을 그리고 그에 필요한 자금은 작품 완성 후 개인전을 통해 스스로 조달하는 것이 가능하다. 비용을 부담하는 주체를 바꾸는 비즈니스 모델의 단순한 변형이지만(비용의 주체를 바꾸는 다양한 아이디어는 이 책의 3장을 참조), 이에 따라 화가들은 더는 후견인들의 눈치를 보지 않고 자유로운 창작활동을 할 수 있게 되었다. 개인전시회를 통한 창작의 독립성은 미술 발전에 큰 영향을 주었고, 이후 주류 아카데미에 저항하는 새로운 사조가 등장하게 되는 밑거름이 되기도 한다. 이처럼 비즈니스 모델은 때로는 매우 강력한 산업 발전의 원동력이 된다. 기존의 경계를 무너뜨리고 새로운 고객·독자층을 발굴해내고 새로운 패러다임을 창출한다.

역사적으로는 상업이 시행되면서 시작된 생각이었겠지만, 비즈니스 모델 자체에 대한 관심은 최근에서야 크게 떠오른 현상이다. 비즈니스 모델이라는 단어를 오늘날과 같은 의미로 처음 사용한 사람은 폴 티머스Paul Timmers[2]라는 학자이다. 그에 따르면 비즈니스 모델이란 상품·서비스·정보의 흐름 등을 엮어내는 사고의 틀이며, 이러한 사고의 틀에는 사업을 영위하는 광범위한 이해당사자들의 역할과 잠재적 이익 가능성, 매출의 원천 등이 담긴다고 한다.

이후 많은 학자가 나름의 논리를 더했는데, 예를 들어 비즈니스 모델이란 1) 조직을 영위하는 중심사상이자 가치생성의 근본,[3] 2) 조직이 어떻게 작동하는지를 이야기로 풀어내는 것,[4] 3) 공급자, 유통 및 서비스 제공자, 인프라 제공자, 고객 등을 엮어주는 비즈니스 웹b-webs 등[5]으로 그 개념을 확장해나갔다. 그중에서 특히, 2008년 존슨Jonhnson·크리스텐슨Christensen·카거만Kagermann[6] 교수가 발표한 논문은 스타트업의 폭발적인 증가와 더불어 많은 이들에게 큰 영향을 끼쳤다. 원래는 기존 사업이 비즈니스 모델을 어떻게 혁신적으로 발전시킬지에 초점을 맞춘 내용이었으나, 적용하는 과정에서 스타트업을 포함했고 이로써 확장이 가능해졌다. 우리의 글은 존슨 교수의 내용을 더욱 확장해 현재까지 발전해온 다양한 비즈니스 모델을 통합하고 분류해 101가지의 비즈니스 모델 유형으로 정리해보았다.

구체적으로 이 책의 1장은 개인, 기업 그리고 시장에서 비즈니스 모델이 어떻게 출발했는지에 대해 살펴본다. 기업이 출현한 이유는 개인이 시장에서 직접 상품이나 서비스를 조달하는 것보다 기업을 통하는 방식이 더 효율적이라는 생각을 바탕으로 한다. 이런 맥락에서 기업의 출현에 대한 내용을 1장에서 정리했다. 2장에서는 효율성의 관점을 더욱 자세히 분류해 이를 가치사슬의 통합형·세분형·재정의형 모델로 나누어본다. 3장에서는 플랫폼에 관한 논의를 더욱 심화해 정보흐름의 방향, 플랫폼 거래유형별, 제공가치 유형별, 정보의 선택방법, 수익공식 등으로 비즈니스 모델을 정리해보았다. 마지막으로 4장에서는 기업의 존재 이유가 단순히 효율성 증대에만 있는 것이 아니라, 사회적인 가치에 기여하고 보완하는 데 있다는 생각을 토대로 만들어진 몇몇 기업에 대해 살펴본다. 덧붙여, 101가지 비즈니스 모델을 정리하면서 비슷한 종류의 사업 모델이 있을 때는 가능한 한 지면을 할애하여 각 비즈니스 모델 간 차이점을 비교하는 내용을 덧붙였다.

각 장에서는 존슨 교수가 제시한 분류 틀을 활용해 다음의 네 가지 요인으로 비즈니스 모델을 정리하였다. 첫째, 핵심가치Customer Value Proposition는 고객이 누구인지, 어떠한 문제점을 해결하기 위해 기업 혹은 비즈니스 모델이 존재하는지, 구체적으로 무엇을 고객에게 제공해 편익을 증대시키는지에 대한 내용이다. 각 비즈니스 모델은 구체적인 사례 기업의 예를 들어 설명하도록 노력했다. 둘째, 수익공식Profit Formula은 구체적으로 어떻게 매출을 발생시키는지, 원가의 구조와 마진 폭은 어떠한지, 원하는 매출의 규모를 달성하기 위해 재고, 납기, 자산회전 등의 기업활동은 어떻게 해야 하는지를 서술하고 있다. 셋째, 핵심자원Key Resources은 비즈니스 모델을 전개할 경우 수익성을 위해 어떠한 핵심적인 자원들이 존재하는지에 관한 이야기이다. 이는 사람, 기술, 특허, 채널, 파트너십, 제휴, 브랜드 등 기업 내외부에서 발생하는 유무형의 모든 자원을 포괄한다. 넷째, 핵심프로세스Key Process는 기업이 이와 같은 사업 모델을 실제 실행할 때 발생하는 문제와 해결책들을 열거한다. 이는 사업 모델이 반복적으로 지속 가능한 수익성을 갖출 정도의 규모가 되기 위해 필요한 행동양식, 규범, 마케팅 방법, 채널관리, 생산공정, 평가요소, 사내 관행, 문화 등의 프로세스 전반을 일컫는다.

끝으로 이 책의 목적을 밝히며 우리의 101가지 이야기를 시작하려 한다.

이 책의 목적은 세상의 모든 비즈니스 모델을 정리하는 것은 분명 아니다. 우리의 분류가 세상에 있는 비즈니스 모델 전체를 포괄하면서 상호 배타적인Mutually exclusive and collectively exhaustive 분류라고 주장하려는 것도 아니다. 다만, 우리가 이 책을 시작하는 작은 동기는 스타트업을 꿈꾸는 사람들이라면 누구나 한번쯤 눈여겨볼 만한 101가지의 흥미로운 이야기를 찾는 것이다. 이를 위해, 기존에 잘 알려진 비즈니스 모델보다는 새롭거나 창의적인 사례를 발굴하기 위해 더욱 많은 노력을 기울였다. 또한 다양한 독자층을 고려해 어려운 경영 중심의 내용보다는 이야기를 중심으로 했다. 101가지 비즈니스 모델 자체를 기업의 실제 사례와 더불어 쉽게 풀어쓰려고 노력했음을 미리 밝힌다.

Contents

＊항목은 2024 에디션에 새롭게 추가된 비즈니스 모델임

BUSINESS
MODEL
STORY
101

개인, 기업, 시장 그리고 비즈니스 모델

Chapter 1

개인, 기업, 시장, 그리고 비즈니스 모델

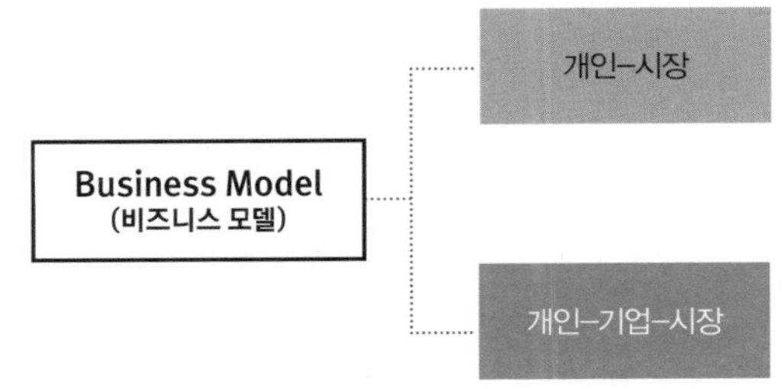

역사를 돌아보면 수천 년 동안 인류는 각양각색의 상업조직을 만들어왔다. 애덤 스미스에 의하면 거래는 "인간 본성 중 하나"[7]이다. 세월이 지나면서 그중 대다수 조직이 역사의 뒤안길로 사라졌지만, 몇몇 조직은 점차 오늘날과 같은 기업의 형태를 갖추기 시작했다. 현대적인 의미의 주식회사는 16세기 후반 영국과 네덜란드에서 등장했지만, 그 원형은 이미 로마시대에 나타났음이 이를 반증한다.

개인이 시장에서 직접 물건을 사고파는 직거래 방식이 아니라 기업이 존재하는 이유를 탐구하기 위해서는 참으로 많은 가설과 이론들을 검토해야 할 것이다. 하지만 그중에서 학계에서 가장 많이 회자되고 있는 것을 꼽으라고 한다면, 1991년 노벨경제학상 수상자인 로널드 코스Ronald Coase가 1937년에 내놓은 '거래비용 이론'일 것이다. 기업이 존재하는 이유는 시장의 거래비용을 줄이기 위함이며, 시장의 거래비용이 기업을 만들어 내부에서 관리하는 비용보다 높은 경우 기업이 생겨난다는 것이다. 즉, 기본적으로는 시장에서 개인이 직접 물건을 조달·판매하는 모델이 더욱 효율적일 수 있겠지만, 공급업자 등과 같은 협력 파트너들을 신뢰하기 어렵다던지, 가뭄이나 정치·사회 변동 같은 외부 환경의 불확실성이 너무 커서 외부의 도움만으로는 안정된 물량 확보가 어렵다는 등과 같은 다양한 이유로 시장만을 통해 상품이나 서비스를 조달하는 것이 실패하는 상황이 발생할 수 있다. 이와 같은 상황을 고려하면, 개인이 시장에서 직접 거래하는 것보다 오히려 기업을 만드는 것이 그 유지비용을 고려하더라도 결국 더 효율적인 시스템이라는 것이다.

구체적인 비즈니스 모델의 분류를 위한 생각의 시발점으로 우리는 효율성의 관점에서 기업이 어떻게 가치사슬을 통합하고 세분화하며 재정의하는지에 대한 생각을 먼저 살펴보도록 한다.

Chapter 2

가치사슬형 비즈니스 모델

Chapter 2

가치사슬형 비즈니스 모델

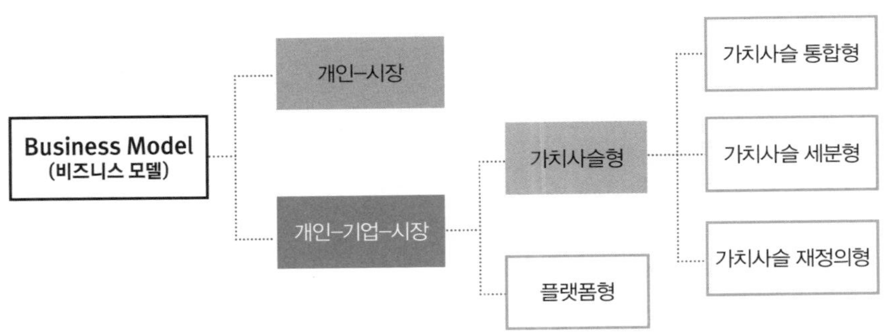

오늘날 IT나 빅데이터 등과 똑같은 무게를 갖는 새로운 발명품 혹은 기술의 진보가 1800년대에 존재했다면 그것은 과연 무엇이었을까? 바로 전보에 이어 가장 중요한 제품으로 떠오른 철강이었다.[8] 스코틀랜드의 가난한 이민자 가정에서 태어난 카네기는 열심히 일한 덕분에 서른세 살이 되던 해에 펜실베이니아 철도회사에서 근무하며 좋은 연봉에 회사 주식도 소유할 수 있게 된다. 그러나 그는 잘 다니던 직장을 그만두고 영국으로 건너가서 그동안 모은 돈을 털어 최신 제철설비를 사고 기술자를 영입했다. 철강이 철도시대에 가장 중요한 제품이 될 것을 알고 있었기 때문이다.

카네기가 철강산업을 제패한 방법은 흥미롭다. 생산과정을 정비해 철광석의 채굴에서부터 최종 제품의 출하까지를 단일한 생산라인 체제로 만든 것이다. 이로써 카네기의 공장은 세계 최초로 일관된 생산라인 방식을 확립한 기업이 되었다. 20년이 되지 않아 카네기는 획기적으로 철강 가격을 88%나(1톤당 100달러에서 12달러로) 줄이게 된다.

우리는 이와 같이 가치사슬상의 중요 분야를 수직계열화해서 기업을 효율적으로 만드는 많은 사례를 접하게 된다. 이와 같은 기업들은 이미 다른 책이나 경영 사례에서 충분히 소개되었기에 이 책에서 굳이 많은 지면을 할애하지는 않겠다. 하지만 논의의 전개를 위해 수직계열화의 방법을 창의적으로 적용한 파버카스텔과 우나 브랜즈의 사례를 살펴본다.

산업이 고도로 심화되면 단순히 가치사슬의 통합만 일어나는 것이 아니다. 해피리턴즈와 같이 고객의 구매 여정을 세분화하여 반품 경험에만 집중하며 더욱 전문화된 서비스를 제공하기도 한다. 또한, 기업가정신을 가진 경영자들은 자원을 적절히 재배치하고 생산과정에서 자원을 재조합하는 것과 같은 창의적인 방식으로 산업의 균형을 깨트리기도 한다. 예를 들어, 철도왕 밴더빌트는 모든 철도를 다 건설한 것이 아니라, 단거리 철도를 사들여 서로 연결하는 것만으로 전국적인 철도망을 탄생시켰다.[9] 각기 다른 사람들이 운영하고 있는 철도를 서로 연결하고 열차시간표와 운임을 통일하는 것만으로 당시에 수익률이 가장 낮았던 철도 업종에서 천문학적인 수익 창출이 가능하게 된 것이다. 사례 기업으로 나온 힐티Hilti의 경우, 다른 기업들이 공구를 판매해서 수익을 창출하는 상황에서 공구를 팔지 않고 대여와 관리를 해주는 서비스를 통해 가치사슬을 재정의함으로써 수익을 창출한다.

비즈니스 모델은 이처럼 획일적으로 굳어 있는 것이 아니라 창의적인 방법으로 끊임없이 수정·보완되어 발전하는 동적인 모형이다. 산업과 기술이 성숙함에 따라 거의 모든 영역과 업종에서 가치사슬의 통합과 세분화 그리고 새로운 정의와 조합의 프로세스가 반복해서 일어나고 있다.

2.1.

1. 프로세스 수직적 통합 모델:
파버카스텔 Faber-castell

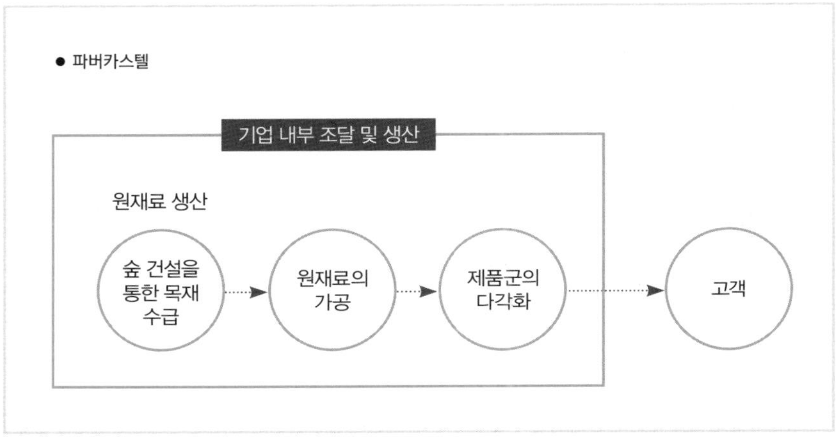

기업이 하나의 제품을 생산하기 위해서는 원재료 조달에서부터 최종 제품의 생산, 판매에 이르기까지 많은 단계를 거친다. 프로세스의 수직적 통합이란, 원재료의 획득에서부터 최종 제품의 생산과 판매에 이르기까지의 가치사슬을 기업 내부에서 수행 및 통제해 기업활동의 효율성을 증진시키는 것을 의미한다. 파버카스텔은 1761년에 설립된 독일의 기업으로, 색연필, 연필과 같은 필기구를 만드는 회사로 유명하다. 매년 230억 개 이상의 연필을 제조, 전 세계 색연필 시장의 절반 정도를 파버카스텔이 점유하고 있다. 목재 수급부터 제조, 유통에 이르기까지 모든 분야에서 다양한 이해관계자들과의 관계를 통해 제품을 완성하는 타 기업들과는 달리, 파버카스텔은 목재 수급 이전에 나무의 재배부터 연필의 제조까지 직접 완성하는 통합 밸류체인을 보유하고 있다.[10]

01 핵심제공가치

파버카스텔은 260년이 넘는 시간 동안 높은 퀄리티의 필기구 제품들을 시장에 제공해왔다. 9세대동안 이어져 온 전통 있는 기업으로, 단순히 회사의 소유주들이 대대로 잘 먹고 잘사는 것에서 그치지 않고 모두가 지속 가능한 삶을 유지하는 것을 목표로 한다. 파버카스텔 그룹의 8대 회장이었던 안톤 볼프강 폰 파버카스텔 백작은 "사업가로서 절대로 미래 세대의 비용을 사용하여 이익을 창출하지 않겠다"는 포부를 남기기도 했다. 파버카스텔은 친환경적인 공업 생산 분야업계의 선구자로서 가치를 전달하기 위해 노력하고 있다. 환경, 사회, 경제적 부분에서 지속 가능한 경영을 하기 위한 노력을 지속하고, 회사 매출을 회사 성장만을 위해 사용하는 것이 아니라 사회에 다양한 방법으로 환원하고 있다. 매년 회사의 지속 가능한 성과 관련 리포트를 발간하고, 구체적으로 어떤 분야에서 파버카스텔이 목표를 설정하고, 이를 달성했는지에 대해 대내외적으로 알리고 있다.[11]

가장 집중하고 있는 분야인 환경 분야에서의 지속가능성 추구를 위한 첫 번째 노력으로, 파버카스텔은 브라질에 1만 헥타르 규모의 삼림을 조성했다. 연필 제조를 위한 원료 수급의 목적 외에도, 숲 전체의 1/3을 716종 이상의 동물들을 위한 서식지로 제공하고, 환경보존을 위한 곳으로 관리하고 있다. 또한 재생 가능한 에너지원을 이용하고, 재생 플라스틱과 같이 재생원료를 활용하거나 더 많은 재활용 원료를 사용하기 위한 시도를 계속하고 있다. 지속적으로 탄소 배출을 줄이고 탄소 중립적인 제품을 만들기 위해 노력하고 있다.[12]

사회 분야의 경우, 파버카스텔만의 사회헌장을 공표하고, 조직에서 인종, 지역, 성별, 국적 등과 관계없이 동등한 기회를 제공할 것을 약속한다. 단순히 목표를 세우는 것에서 그치지 않고, 컴플라이언스 위원회를 조직하고 투명하게 조직 내부의 운영에 대한 지표를 측정, 이 또한 대내외적으로 공개하고 있다. 어린이를 위한 기금을 설립하고 개발도상국의 어린이들에 대한 경제적 원조를 하는 등 어린이를 위한 사회적 정책 또한 아끼지 않고 있다.

02 수익공식

파버카스텔의 매출은 대부분 각종 필기구의 판매를 통해 발생한다. 필기구, 특히 연필이 주요 제품이라고 하면 많은 이들이 박리다매를 떠올릴지 모른다. 그러나 파버카스텔의 철칙은 가격으로 경쟁하지 않는 것이다. 가격과 관계없이 오로지 고품질 제품을 만드는 것에 집중해왔다. 물론 과거와 같은 방법으로 생산하는 것은 아니며, 계속해서 생산과정을 효율화하고자 노력한다. 또한 필기구 외에 새로운 사업 분야인 화장품 쪽으로도 눈을 돌려 아직은 적지만 해당 분야 매출이 발생하고 있다.

03 핵심자원

파버카스텔의 주요 제품인 연필제조를 위해서는 지속적으로 목재가 필요하다. 연필 소비량의 경우, 변동이 크지 않고 오히려 소비량이 안정적으로 증가하는 산업이기 때문에 1980년대부터 장기간 안정적인 목재를 소싱하는 것이 기업의 숙제 중 하나였다. 파버카스텔은 연필 제조를 위한 원료 수급, 그리고 환경보호의 목적을 가지고 직접 대규모 숲을 조성했다. 현재는 브라질에 빠르게 성장하는 침엽수재를 심고 이를 제품 생산에 사용하고 있다. 묘목들은 성장 주기에 따라, 벌목한 나무들을 대체하여 지속적으로 심어지고 관리된다. 매년 백만 그루 이상의 어린 소나무 묘목들이 재배되며, 이들은 10~12년간 재배된 후에 색연필의 친환경 원료로 사용된다.

04 핵심프로세스

파버카스텔은 필기구 관련 오랜 전통을 가지고 있는 회사이다. 디지털 기기들이 점점 더 발전하면서 외부에서는 점점 더 연필 및 필기구 시장에 대한 우려를 표해왔다. 성장하는 것이 아닌 사양산업이 아니냐는 것이다. 그러나 예상외로 필기구, 특히 연필은 소비량의 변동이 크지 않고 오히려 매년 안정적으로 수요가 증가하는 산업이다. 실제로 2022년 매출의 경우 역대 매출 중 두 번째로 높은 수치(€ 649.2M)를 달성했다. 그럼에도 불구하고 파버카스텔은 연필과 같이 안정적인 필기구 사업 외에 화장품이라는 전혀 다른 산업군으로 진출하면서 도전적인 행보를 보이면서도 그 입지를 단단히 하는 중이다. 화장품 중 연필과 비슷한 소재가 사용되는 제품군으로 진출하면서 타 브랜드와 콜라보레이션도 진행해가고 있어, 전통은 유지하면서도 항상 새로운 모습을 보이기 위해 노력하고 있다.[13]

2.1. 가치사슬형 비즈니스 모델 I 가치사슬 통합형

2. 브랜드 애그리게이터 모델:
우나 브랜즈 Una Brands

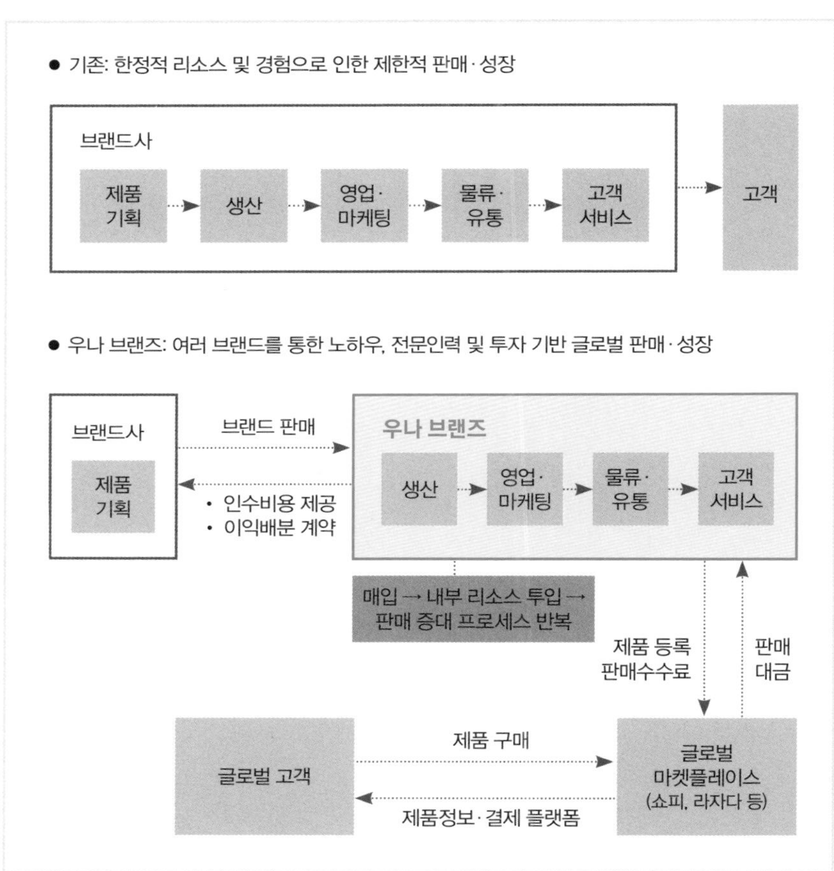

우나 브랜즈Una Brands는 이미 출시되어 판매 중인 기존 브랜드들을 사들여 우나 브랜즈 내부의 영업, 마케팅, 유통 등의 역량을 활용하여 판매량을 최단 시간에 끌어

올리는 것을 목표로 하는 브랜드 애그리게이터Brand Aggregator 모델 기반의 기업이다. 직접 제품을 기획하여 생산하는 것에서 시작하기보다 이미 시장에서 판매되고 있으나 운영 관리 실패로 어려움을 겪고 있는 기업의 브랜드 또는 마케팅 역량의 부족으로 소비자들에게 잘 알려지지 않은 성장 가능성이 큰 브랜드를 발굴하여 매입한다. 최초 제품기획을 제외한 모든 가치 사슬 단계는 우나 브랜즈 내부에서 수행하고 자원을 관리하며 효율성을 극대화 시킨다. 또한 여러 브랜드를 매입하고 키워나가는 과정의 반복을 통해 쌓인 노하우를 적극 활용하여 다음 브랜드의 성공 확률을 높인다. 아시아 내에서의 최대 브랜드 애그리게이터인 우나 브랜즈는 싱가포르, 말레이시아, 인도네시아 및 호주 등의 여러 나라에서 브랜드들을 매입하고 있으며, 2022년 국내 브랜드 애그리게이터 클릭 브랜즈Klick Brands에 전략적 투자를 진행하며 국내 중소기업들의 상품들에도 관심을 보였다.

01 핵심제공가치

우나 브랜즈는 상품이 좋은 것은 확실하지만 더이상 사업을 이어나갈 수 없거나 벽에 부딪힌 중소기업들에게 엑싯Exit 즉 어려움에 처한 브랜드를 팔아서 자금을 회수하고 수익을 얻을 기회를 제공한다. 한시가 급한 중소기업들의 니즈에 맞춰 발 빠르게 인수 과정을 진행하며, 6주 이내로 최초 미팅부터 인수 완료까지 진행하는 것을 목표로 한다. 또한 브랜드 매입 후에도 브랜드를 최초 기획하고 소유했던 기업들에게 수익 분배의 기회를 지속적으로 제공하며[14] 함께 성장하는 방법을 모색하기도 한다. 전 세계 소비자들의 경우 우나 브랜즈를 통해 품질 좋은 상품을 더 쉽게 만나볼 수 있을 뿐만 아니라, 체계적인 고객 서비스 및 사후 관리와 같은 중소기업이 꼼꼼히 챙기기 어려웠던 부분까지 제공받을 수 있어 전반적으로 더 나은 구매 경험을 하게 된다.

02 수익공식

우나 브랜즈는 가능성은 충분하나 저평가된 브랜드를 매입한 후 시장 가치를 높이기 위해 노력한다. 시장 조사, 마케팅, 영업, 물류 등 내부적으로 통합된 사업 프로세스와 여러 브랜드를 다루며 얻은 성공 공식을 기반으로 신규로 매입한 브랜드를 빠르게 성장시키고, 전 세계의 마켓플레이스 등에서 제품을 판매하여 수익을 극대화한다. 우나 브랜즈는 2023년 기준 라이프스타일 분야 위주의 브랜드 20여개 이상을 매입하였으며, 이들은 이후 50% 이상의 매출 신장을 보였다고 한다.[15]

03 핵심자원

브랜드 애그리게이터로서 여러 브랜드의 판매 증대를 위한 다양한 시도와 성공과 실패를 거쳐 얻은 노하우가 장기적으로 우나 브랜즈 만의 핵심 자원으로 발전한다. 반복적으로 브랜드들을 성장시키며 그 과정을 통해 성공 방식을 찾고 효율적인 사업 프로세스를 구축하며 계속해서 기술력을 쌓게 된다. 제품의 특성별로 적합한 판매 채널, 마케팅 방식, 물류사업자 선정 등 판매에 필요한 정보를 누구보다 많이 가지고 있으며 경험을 토대로 빠르게 결정을 내릴 수 있다. 궁극적으로 한 상품의 성장을 통해 노하우를 쌓아 다음 상품에 적극 활용하는 선순환 과정 및 규모의 경제를 이루게 된다. 이런 구조를 기반으로 우나 브랜즈는 시간이 지날 수록 브랜드를 성공시킬 수 있는 확률을 더욱 높일 수 있다.

04 핵심프로세스

여러 브랜드를 인수하여 이들을 통해 매출을 내는 우나 브랜즈에게 있어 가장 중요한 점은 매일 새롭게 생겨나는 브랜드의 홍수 속에서 저평가된 고품질의 상품 및 브랜드를 발굴하는 일이다. 우나 브랜즈는 이를 위해 사업 초기부터 본사를 둔 싱가포르뿐만 아니라, 호주 및 말레이시아 등 여러 나라에 지점을 개설하였고 현지의 업계 내 유망한 인재들을 스카웃하며 그들을 통해 빨리 성장할 수 있었다. 인수한 브랜드 상품들은 우나 브랜즈의 노하우와 자원들을 통해 재정비 후, 쇼피, 라자다 등과 같은 아시아 지역의 이커머스 마켓플레이스에서 판매된다. 이때 각기 다른 플랫폼들의 시스템상 제품을 등록하고 재고를 관리하는 작업에 있어 효율성을 극대화하기 위해 자동화 기술을 개발하고 운영하는 데 많은 투자를 했다고 한다.[16]

3. 반품 프로세스 언번들링:
해피리턴즈 Happy Returns

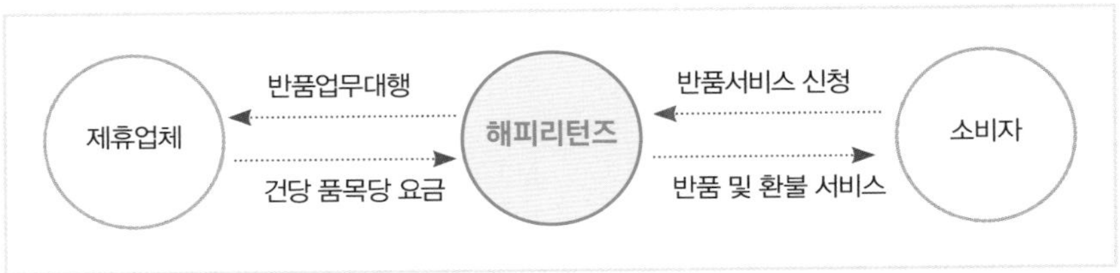

해피리턴즈[17]는 고객이 기존에 가지고 있던 구매 제품의 반품 프로세스를 재구조화하는 '반품 대행 서비스 플랫폼'이다. 온라인을 통해 구입한 제품을 다시 포장하여 우편 시스템을 통해 반품할 필요 없이 가까운 지역에 위치한 해피리턴즈 매장에 가서 즉시 반품할 수 있도록 하는 서비스를 제공한다. 이는 애프터 서비스 분야의 운영이 아직 취약한 스타트업에는 비용 절감과 운영의 부담을 줄여주고 소비자에게는 번거로운 반품 과정을 대행해주는 서비스를 제공한다.

01 핵심제공가치

해피리턴즈가 제공하는 핵심 가치는 크게 세 가지로 나누어서 살펴볼 수 있다. 먼저, 소비자 편이성 제공이다. 온라인 기반 이커머스 시장이 확대되면서, 점점 더 많은 고객이 오프라인 매장보다는 온라인을 통하여 상품 구매를 하고 있다. 온라인 기반 상품 구매는 가격적인 장점뿐만 아니라 가격 비교와 구매 과정의 간편함이라는 장점이 있는데, 반대로 구매한 제품을 반품할 때에는 오프라인 매장에 비해 불편한 과정이 존재한다. 예를 들어 오프라인 매장에서 구매한 상품을 반품할 경우에는, 고객은 상품을 매장으로 가져가서 돌려주고 바로 구매 대금을 돌려받을 수 있다. 반면, 온라인 구매자들은 온라인으로 반품 신청을 한 후 상품을 다시 포장하고, 우편(택배)으로 반품 처리 신청을 해야 한다. 그 후에 우편으로 구매했던 상품이 판매처로 돌아가 검수 절차를 거치고 나서야 구매 대금의 환불 절차가 이루어지게 된다. 보통 이 과정은 3~7일 정도 소요되기 때문에, 반품 과정의 번거로움 이외에도 환불 완료 시까지 일정 기간을 기다려야 하는 불편함이 존재한다. 한 소비자단체의 설문조사에 따르면 소비자들의 62%가 구매 상품의 오프라인 매장 내 반송 처리in-store refund가 가능한 업체를 선호한다고 답하였는데, 이는 앞서 설명한 이커머스의 번거로운 반품 과정에 대한 불편과 불만 때문으로 추측할 수 있다. 이러한 사용자의 불편을 해소하기 위해 해피리턴즈는 제휴를 맺은 브랜드의 고객들이 특별히 포장할 필요 없이 물건을 'Return Bar'라고 불리는 해피리턴즈 매장으로 가져와서 반품하면 그 자리에서 즉시 환불해주는 서비스를 제공하고 있다. 온라인에서 구매했지만 마치 고객이 매장에서 반품한 것처럼 바로 금액을 돌려받을 수 있는 것이다. 이 과정에서 고객은 어떠한 비용도 지불할 필요가 없으며, 즉각적인 환불 과정을 통해서 고객들의 만족감을 높일 수 있다. 이 같은 사용자 편리성 덕분에 해피리턴즈 서비스를 이용하였던 사용자의 95%가 서비스 추천 의사가 있다고 답하였다.[18]

둘째, 상품 판매자에게 반품 업무 처리과정에 관련된 비용과 시간의 절약이라는 가치를 제공한다. 판매자의 입장에서도 기존의 반품 프로세스는 번거로움과 비용의 발생이라는 가치 감소가 발생한다. 온라인 판매를 하는 업체 중 많은 업체가 스타트업이라는 점을 감안할 때 이들이 반품 서비스 관련 인력과 시스템을 체계적으로 구축하지 못한 상태일 경우가 대부분이다. 따라서 이들이 반품을 처리할 때는 '오프라인 매장'이 구축되어 있거나 기존 업체에 비해 비용이 많이 들고, 이 과정에서 경쟁력이 저하될 수 있다는 위험이 있다. 나아가, 반품 처리 과정에서 매끄럽지 못한 프로세스로 인하여 소비자 불만이 발생하였을 경우에는 고객의 이탈이라는 위험 또한 발생할 수 있다.

마지막으로, 해피리턴즈는 불필요한 포장재 및 쓰레기의 감소를 통해 지속 가능한sustainable 환경을 조성함으로써 환경 친화적인 가치를 생산한다. 특히, 해피리턴즈의 서비스 제공 지역인 미국의 경우, 고객의 40%가 반품 시 새로운 포장 재료를 구매하는데, 해피리턴즈의 서비스를 활용할 경우 포장재 발생을 감소시킬 수 있다는 장점이 있다.[19]

02 수익공식

해피리턴즈는 서비스를 이용하는 소비자에게는 무료로 반품 서비스를 제공하고 있으며, 계약을 맺은 업체로부터 수수료를 받음으로써 수익을 창출하고 있는데, 제휴 업체는 반품 품목당 수수료를 지불할 수도 있고 월 단위로 수수료를 지불할 수도 있다. 월 단위의 반품 프로세스 대행 서비스를 이용할 경우, 최저 350달러부터 비용이 부과된다.

03 핵심자원

해피리턴즈는 이커머스 시장이 증가함에 따라 넘쳐나는 반품 물품들에 대해 신속한 재고 처리가 가능한 전자 시스템을 보유하고 있으며, 이들을 보관할 수 있는 물류 창고를 확보하고 있다. 또한 제휴를 맺고 있는 브랜드의 재고 관리 시스템과 완벽하게 통합되기 때문에, 반품 처리 과정을 최적화하여 소매업체의 시간과 자원을 절약시켜줄 수 있다는 강점을 지니고 있다.

해피리턴즈는 이러한 강점을 기반으로 800개 이상의 가맹점과 파트너십을 맺고 있다. 이들 제휴 업체가 짊어지고 있는 반품 처리 관련 기업 비용의 최대 20~30%를 절감시켜주는 효과를 만들어내고 있다.

지역별로 운영하는 반품 오프라인 매장 또한 해피리턴즈의 핵심자원으로 볼 수 있다. 해피리턴즈와 제휴를 맺고 있는 많은 업체는 이커머스 기반 스타트업들로 이들은 지역별로 오프라인 매장을 확보하지 못한 경우가 대부분이다. 따라서 반품 시 무조건 온라인 프로세스를 통해 진행해야 했기에 이에 따른 고객 불편이나 불만을 해소하지 못한다는 한계가 있었는데, 이런 점을 해결해주는 시스템을 해피리턴즈가 보유하고 있는 것이다.

해피리턴즈는 2023년 4분기 페이팔Paypal에서 UPS로 인수되었다. UPS가 새 주인이 되면서 해피리턴즈에게는 기존의 핵심자원을 강화할 수 있는 역량을 확보하는 기회가 될 것으로 보인다. 반납지점을 UPS의 소화물 네트워크 및 UPS 매장 등과 결합하여, 미국 내에만 1만 2,000개 이상으로 확대할 예정이라고 한다.

04 핵심프로세스

해피리턴즈를 이용하는 고객들은 3단계를 통해 서비스를 이용할 수 있다. 먼저 자신의 위치 근처에 있는 'Return bar'를 검색하여 오프라인에서 반품할 수 있는 가게를 검색한다. 그다음, 오프라인 Return bar를 방문하여 이메일이나 상품 QR 코드 중에 선택하여 반품 정보를 입력한다. 마지막으로, 그 자리에서 바로 환불 계좌로 제품 구매 대금을 환불받거나 신용카드 결제 취소를 받을 수 있다.

4. 난임 치료 언번들링:
카인드바디 kindbody

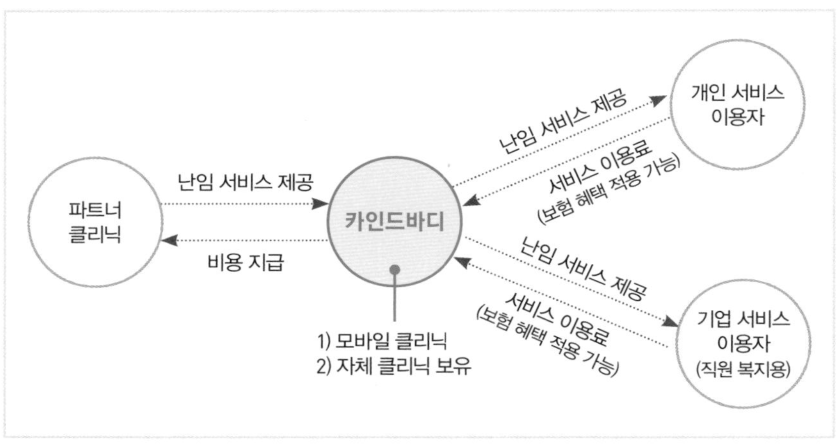

카인드바디는 2018년 미국에서 설립된 기업으로, 임신, 출산과 관련된 서비스를 제공하는 회사이다. 구체적으로, 카인드바디는 난임으로 가족계획에 어려움을 겪는 이들을 대상으로 하며, 일반적인 부부들 외에 LGBTQ 부부들 또한 대상으로 한다. 산부인과 및 기타 진료를 모두 제공하는 것은 아니며 해당 분야에서 난임과 관련된 인공수정, 체외수정, 정자은행, 전후 멘탈 및 건강 케어, 부인과 진료 서비스 등의 다양한 서비스를 제공하고 있다. 현재 미국 내 30개 이상의 장소에 센터를 보유하고 있으며, 그 외에도 계약된 파트너 클리닉이나 모바일 클리닉을 통해 고객들에게 서비스를 제공하고 있다.

01 핵심제공가치

미국은 병원 진료를 자유롭게 하기 어려운 나라이며, 여기에서 특히 난임 치료fertility care는 받는 것도 어렵지만 매우 비싸기도 하다. 카인드바디의 창립자는 본인이 난임 치료를 받으면서 치료과정에서의 투명성이나 정확도에 대한 불신을 가졌고, 이를 개선하기 위해 카인드바디를 설립했다.

카인드바디가 제공하는 가장 큰 가치는 접근성의 개선과 낮은 치료 가격이다. 기존에는 난임 치료가 무조건 오프라인에서 진행되었기 때문에 병원 산부인과를 예약하고 오랫동안 기다려야 했다. 카인드바디는 미국 전역에 30개 이상의 자체 클리닉을 보유하고 있으며, 그 외에도 400개 이상의 파트너 클리닉을 보유하고 있다. 기존 병원의 경우 산부인과에서 난임 치료를 병행했기에 타 질환을 위해 찾는 환자들이 많아 접근성이 확연히 떨어졌으나, 카인드바디는 난임 치료를 전문으로 하고 있어 이 부분에서 개선되었다.[20]

또, 카인드바디는 오프라인 진료가 어려운 사람들을 위해 온라인 진료virtual session를 병행하고 있다. 면허를 소지하고 있는 전문가들로 구성된 팀이 온라인으로 가능한 영양상담, 명상, 피지컬 테라피 등의 서비스를 제공한다. 병원에 직접 방문해야 하는 치료 외에 전반적인 케어를 온라인으로 받을 수 있다.

02 수익공식

카인드바디는 제공되는 서비스에 대한 비용을 홈페이지에 투명하게 공개해 두었다. 요금제의 구분은 대표적으로 상담consulting, 보존preservation, 임신getting pregnant, 코칭coaching 등으로 나뉜다.

카인드바디는 보험이나 직장에서의 지원이 있다면 서비스별 금액이 달라질 수 있음을 고지했으며, 지역별로 어떤 보험을 가지고 있을 경우 혜택이 있는지에 대해서도 투명하게 밝히고 있다. 또한 고객의 거주지에 따라서도 서비스 비용이 달라질 수 있음을 미리 고지해두었다.

그 외에 홈페이지를 통해 집에서 할 수 있는 여성 및 남성용 테스트 키트, 영양 보조제의 판매를 통해 부가적인 수익을 발생시키고 있다.[21]

03 핵심자원

카인드바디가 보유하고 있는 미국 내 33개소의 직영 클리닉 그리고 그 외 400개 이상의 파트너 클리닉들이 핵심자원이다. 직영점은 물론 파트너 클리닉을 통해서도 저렴한 가격대에 질 좋은 서비스를 제공하고 있어 난임 치료를 원하는 많은 이들이 카인드바디를 찾고 있다. 이에 따라 월마트를 비롯한 미국의 대형 기업들이 카인드바디의 서비스를 직원 복지를 위해 제공하기도 하며, 온라인 서비스를 이용하는 고객의 수도 빠르게 증가하면서 시장에서 좋은 반응을 얻고 있다.

04 핵심프로세스

카인드바디는 2023년까지 4,000억 원 이상의 투자를 유치했다. 현재까지 미국 전역에 33개의 오프라인 직영 클리닉을 보유하고 있으나, 기타 난임 치료 클리닉보다 높은 퀄리티의 서비스를 제공하는 것을 목표로 하는 만큼, 직영 클리닉의 수를 확장하는 것에 총력을 기울이고 있다. 실제로 충분한 투자금을 바탕으로 바이오스 퍼티러티 인스티튜트Vios Fertility Institute 등 관련 기업들을 인수합병하면서 지속적으로 고객들의 접근성을 높이기 위해 노력하고 있다.[22]

5. 헤어 서비스 언번들링:
드라이바 Drybar

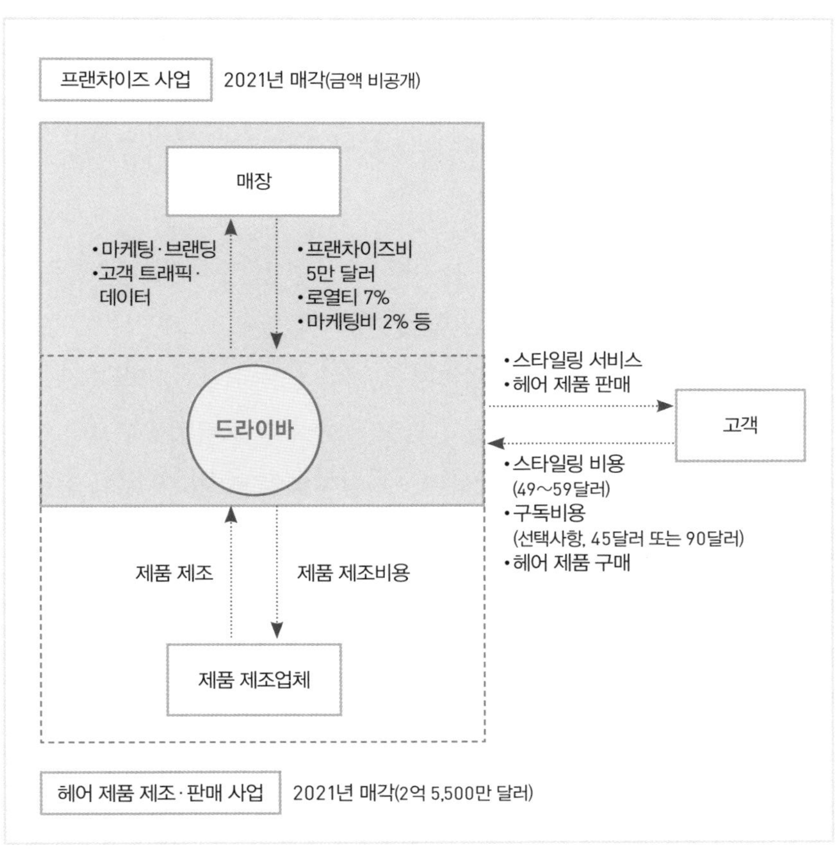

미용 산업은 대표적으로 성숙기에 접어든 산업 중 하나로 어느 미용실을 가더라도 제공되는 본질적인 서비스는 커트, 염색, 펌 등으로 대부분 비슷하다. 하지만 2010년 미국에서 시작한 미용실 체인점 드라이바Drybar 고객들의 방문 목적은 조

금 다르다. 드라이바는 다소 정형화되어 있는 미용 서비스를 언번들링하여 그중에서도 드라이기와 고데기를 활용한 1회성 헤어 스타일링 서비스만 제공하는 미용실로 커트, 염색, 펌 등의 서비스는 일체 제공하지 않는다. 또한, 원하는 헤어 스타일링이 복잡하거나 머리 길이가 길어질수록 비싸지는 보통의 스타일링 가격 정책과 달리 드라이바는 균일가를 보장하며 고객들의 부담을 줄였다. 더 나아가 헤어 제품 브랜드를 만들어 샴푸나 드라이기 등을 매장에서 사용하고 온라인 및 오프라인에서 판매해왔으며, 덕분에 매장에서 손님을 받을 수 없었던 코로나19 팬데믹 시기에도 꾸준한 매출을 올리며 빠르게 성장했다.

01 핵심제공가치

드라이바는 부가 서비스로 여겨지는 헤어 스타일링만을 위해 미용실을 방문하는 것을 부담스럽게 느끼거나 할 생각조차 없었던 고객들의 욕구를 불러일으켰다. 기존에는 헤어 스타일링을 특별한 날을 위한 서비스로 생각했다면, 드라이바는 이를 마치 손톱 관리 또는 마사지를 받는 것과 같이 단순한 기분 전환의 수단으로 재정의하여 스타일링에 대한 심리적 부담을 줄여주었다. 또한 펌 또는 염색 등의 서비스는 한 번 받으면 최소 몇 주부터 몇 개월까지는 같은 스타일을 유지해야 할 뿐만 아니라 보통 가격대가 높아 자주 활용하기는 어려운 편이다. 반면 스타일링 서비스의 경우, 마음에 들지 않더라도 큰 문제가 되지 않아 고객들의 만족도가 높다는 점을 파악한 창업자 앨리 웹Alli Webb은 오프라인 매장을 열며 드라이바 사업을 전국으로 확장시켰다.

02 수익공식

드라이바는 크게 세 가지의 채널을 통해 수익을 내고 있다. 가장 먼저 드라이바를 이용하는 고객들로부터 받는 서비스 이용비로, 2023년 기준 지역에 따라 49~59달러를 받고 있다. 간단한 커트 서비스에 평균 70달러 정도를 지불해야 하는 미국에서는 합리적인 가격이라 볼 수 있다.[23] 또한 서비스를 자주 이용하는 고객들에게는 구독 플랜을 제공하여 매월 45달러 또는 90달러를 청구하는 대신, 기본 스타일링 서비스 무료 제공과 더불어 헤어 제품 할인 등의 혜택을 준다. 또한 자체적으로 헤어 관련 제품들을 제작하고 판매하며 수익 채널을 확장했다. 마지막으로 드라이바는 프랜차이즈 모델을 택하여 프랜차이즈 매장들로부터 최초 프랜차이즈 비용 5만 달러와 매출의 7%를 로열티로 받고 있으며 부가적으로 광고 및 마케팅 비용으로 2% 등을 부과한다.[24] 전 지점의 40% 정도가 프랜차이즈 지점이며, 60%는 본사가 직접 운영하는 직영점이었다고 한다.[25]

03 핵심자원

헤어 스타일링 서비스만 집중 공략하며 기발하게 사업을 시작했으나 이 자체로는 여타 경쟁사가 쉽게 따라 할 수 있다. 더 확실한 차별화를 위해 드라이바는 브랜드 특화 서비스에 많은 신경을 썼다. 창업자 앨리 웹은 드라이바가 단순히 머리를 하는 공간이 아닌 바처럼 가볍게 방문하여 스트레스를 풀 수 있는 장소가 되길 희망하며 이름을 드라이바로 지었다. 고객들은 방문 시 와인, 샴페인, 커피와 같은 음료를 마시며, 바에서나 있을 법한 메뉴판에서 칵테일 이름에 따라 지어진 헤어 스타일링 메뉴를 선택한다. 특별한 행사 준비를 위해서만 방문을 하는 곳이 아닌, 혼자서 또는 친구들과 같이 놀러 갈 수 있는 분위기를 조성했다. 영화사와 파트너십을 맺고 매장 안에서 영화를 상영해 주는 행사를 기획하기도 했다.[26] 이러한 노력을 기반으로 드라이바의 브랜드가 핵심자원이 되어 비슷한 서비스를 제공하는 경쟁사 대비 확실한 인상을 남길 수 있었다.

04 핵심프로세스

드라이바의 성장에 있어 가장 핵심적이었던 프로세스는 빠른 확장을 위한 프랜차이즈화와 매출 다각화를 위한 자체 상품 제작 및 판매이다. 스타일링을 제공하는 과정에서 사용되는 드라이기와 샴푸와 같은 다양한 헤어 제품들을 소비자들이 구매할 수 있도록 브랜드를 출시하며 생산·판매했다. 드라이바 매장들이 손님을 전혀 받지 못했던 코로나19 팬데믹 시기, 해당 제품들의 매출이 전체의 80%에 이르며 위기를 넘기고 비즈니스를 키울 수 있었다.[27] 또한 드라이바는 직영점 운영과 더불어 프랜차이즈 모델을 통해 경쟁사 대비 빠르게 미국 전역에 서비스를 소개했다. 이를 통해 150개 이상의 매장을 두며 서비스 접근성을 올렸고, 자체 제작하여 판매하는 헤어 제품들의 판매 채널로도 활용하는 시너지 효과를 볼 수 있었다.

창업자 앨리 웹은 이러한 전략적 선택을 통해 빠르게 드라이바를 성장시켰으며 2020년에 세계적인 소비재 회사 헬렌 오브 트로이Helen of Troy에 헤어 제품 사업 부문을 2억 5,500만 달러에 매각했다.[28] 이듬해인 2021년에는 프랜차이즈 사업 부문까지 매각하며 창업 10여 년 만에 성공적으로 엑싯하였다.

6. 판매에서 대여 및 관리로의 전환-가치사슬 재정의형:

힐티 Hilti

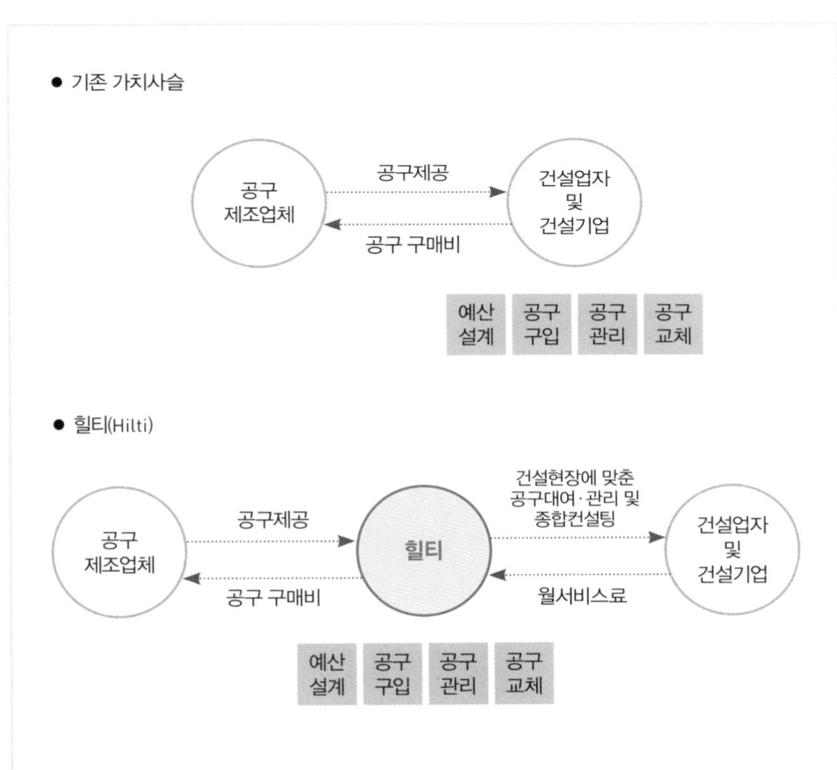

대부분의 기업은 자사의 제품 또는 서비스 판매를 통해 고객들에게 가치를 전달한다. 힐티의 기존 비즈니스 모델 또한 범용화된 공구를 소매업체를 통해 고객들에게 판매하는 것이었다. 그러나 대부분의 건설업자가 공구를 구매하는 목적은 공구제품의 소유를 위해서가 아니라 공사를 진행하기 위해서라는 점에 주목한 힐티는 기존의 상품판매 중심의 비즈니스 모델을 '공구대여 및 관리 서비스'로 재정의하여 고객에게 단순 상품판매가 아닌 고부가가치 서비스를 제공하고 있다.

01 핵심제공가치

"여러분의 공구는 우리가 관리하겠습니다. 여러분은 사업에 매진하십시오."

1990년대 후반, 공구시장의 범용화가 본격화되었지만, 당시 건설현장의 공구들은 제조업체가 달라 호환이 제대로 되지 않는 부품들로 이루어진 것들이 대부분이었다. 이를 조합한 공구들도 있었으나, 대부분 억지로 끼워 맞춘 저가형 공구들이었다. 이러한 공구들은 일회용품으로 여겨져 건설업 종사자들은 비가 오는 날씨에도 공구들을 외부에 방치할 정도로 관리에 소홀했다. 공구들의 호환은 물론이고 관리까지 어려운 건설현장의 애로사항에 주목한 힐티는 범용화가 불러온 편리함과 맞춤화 사이의 문제점을 기회로 삼았다. 그들은 공구가 필요한 고객에게 이를 단순히 판매하는 것이 아니라, 사용료를 지불하는 고객에게 관리가 잘된 전동공구세트를 이용할 수 있도록 하는 임대서비스를 제공함으로써 '공구관리'에 대한 종합적인 해결책과 서비스를 제공하는 비즈니스 모델을 선보였다.[29]

힐티는 제품의 수명주기* 전반에 대한 소유권을 가지며, 소비자에게 제품의 관리(수선, 교체, 처분 등)에 대해서는 책임을 부여하지 않는다. 힐티가 제품의 수선, 교체, 처분에 대한 책임을 지는 대신 소비자는 이에 대한 서비스 금액을 지불한다. 또한 처분과정을 힐티가 담당하기 때문에 제품의 불필요한 폐기를 방지할 수 있고 재활용 비율을 높이는 데도 효과적이다.

---

* 제품의 수명주기는 제품이 시장에 진입한 후 성장·성숙의 과정을 거쳐 쇠퇴하여 사라지는 과정을 설명하는 것으로 도입기·성장기·성숙기·쇠퇴기로 나눠볼 수 있다. 도입기에는 기업이 생산한 제품이 시장에 도입되어 판매가 시작되는 단계로 수요가 적은 반면 많은 비용투입이 요구된다. 성장기에는 제품이 시장에서 본격적으로 수용되어 고객이 증가하며 순이익이 발생하기 시작한다. 성숙기에는 대다수의 잠재 고객들의 제품 구매가 이루어진 시기로 신규고객이 감소하며, 경쟁기업들의 진입으로 인한 이익의 정체, 하락을 겪는다. 쇠퇴기는 제품의 진부함, 고객의 기호 변화 등으로 인해 제품의 판매량이 감소되는 시기로 기업은 시장에서 철수할지, 제품판매를 유지할 것인지 대한 결정을 내려야 한다.

02 수익공식

힐티는 건설현장에 공구대여와 관리서비스를 제공하고 매달 사용료를 받음으로써 수익을 창출한다. 기존 소매업체와 최종소비자를 대상으로 종합적인 지원을 포함하는 대여서비스를 통해 지속적으로 매출을 발생시킨다. 또는 기존에 힐티를 통해 대여용으로 유통되던 공구를 원하는 기업에 저렴하게 판매해서 수익을 올리기도 한다. 이를 통해 주력제품인 공구 관련 자본지출을 줄일 수 있으며 총비용 역시 30~50% 줄일 수 있다.

03 핵심자원

힐티의 플릿 매니지먼트 프로그램은 고객들이 일정 금액의 월회비를 지불하면 필요한 공구사용과 관련 서비스 및 공구수리 서비스를 받을 수 있는 사업 모델이다. 건설회사들은 공사과정에 필요한 공구의 소유보다는 이를 사용함으로써 얻을 수 있는 생산성에 더욱 관심이 많다. 힐티는 이 점에 주목해 건설회사와 현장에 공구를 판매하는 업계의 기존 비즈니스 모델에서 벗어나 공구사용에 필요한 전반적인 서비스를 판매하고 동종업계에서는 보기 힘든 전문적인 고객지원부서를 만들어 고객케어시스템을 제공한다. 고객들이 필요하다면 언제든 공구를 바꿔 사용할 수 있도록 하며 사용하는 공구의 수명이 다 되거나 도난 시 보험 등을 공구와 관련된 기본적인 서비스로 제공한다. 서비스 보증, 공구배송 및 회수, 고객별 맞춤 로고 부착, 최신식 공구로의 정기적인 업그레이드 등과 같은 건설현장에서 필요한 포괄적인 부분들에 대한 서비스 또한 제공한다.[30]

더불어 힐티에 소속된 고도로 숙련된 지식과 기술을 겸비한 엔지니어들은 건설과 관련된 기본적인 부분부터 고도화된 부분까지 다양한 기술과 문의사항에 대한 컨설팅과 지원을 제공한다. 이들은 고객이 진행하는 건설공사의 성격과 예산에 맞춰 제품선택에 필요한 조언을 제시하고, 시공단계에서도 높은 수준의 기술자문과 기술지원을 제공한다.[31]

04 핵심프로세스

힐티는 직원을 건설현장에 파견하여 시찰한 뒤 어떤 제품을 어떻게 현장에 설치·사용해야 최적의 결과를 얻을 수 있는지 꼼꼼히 살펴본 후 이를 바탕으로 고객에게 필요한 서비스를 제공한다. 이는 힐티만의 독특한 세일즈 방식이다.

또한 기업 간 거래 홈페이지 개편을 통해 건설업체 관리자들이 온라인으로 도구의 재고상태를 파악한 후 사전에 공구사용계획을 세울 수 있도록 하며, 이렇게 축적된 자료들을 다시 공구임대사업 관리 및 운영에 활용하고 있다. 기존 동종업계 기업들의 웹사이트는 제품판매에 집중하고 있지만, 힐티는 맞춤화서비스 등 고객관리기능을 통한 고객과의 관계형성에 더욱 초점을 맞추고 있다. 고객들은 온라인을 통해 그동안 힐티에서 구매한 서비스의 이력을 확인할 수 있으며, 설계사무소나 엔지니어사무소에서 필요한 기술정보도 얻을 수 있다. 더불어 과거 이력을 바탕으로 향후 시공단계에 필요한 공구와 예산 등에 대해 효율적으로 계획을 세워 관리할 수 있다. 또한 힐티가 제공하는 제품에 대한 승인문서와 상세 정보 등을 서비스와 함께 제공하여 신뢰감을 높이며, 실시간 온라인채팅 서비스를 통해 고객관리에도 더욱 힘쓰고 있다.[32]

BUSINESS MODEL STORY 101

플랫폼형 비즈니스 모델

Chapter 3

플랫폼형 비즈니스 모델

플랫폼형 비즈니스란 상품, 서비스, 기술 등이 기반이 되어 다른 이해관계자들이 이 위에 더해 보완적인 상품, 서비스, 기술을 제공하는 생태계를 말한다.[33] 여기서 일종의 토대가 되는 '기반'이 중요한데, 이 기반이 되는 것은 제품이나 부품 같은 유형의 것을 넘어 기술, 저작권, 콘텐츠 등 모든 무형의 자원도 가능하다.[34]

이 책에서 우리는 먼저 플랫폼 비즈니스 모델의 일종으로 널리 알려진 개방형 혁신에 대해 살펴보면서 이야기를 시작하고자 한다. 구체적으로는 플랫폼을 구성하는 정보흐름의 방향이 내향형outside-in(외부에서 혁신과 같이 필요한 자원을 찾아 기업 내부로 들여오는 방법)인지 외향형inside-out(내부 유휴자원을 외부로 돌려 공동의 이익을 추구)인지에 대한 논의에서부터 출발한다.[35] 계속해서 플랫폼 거래의 유형을 집합형, 제품형, 다면형으로 나누어 구체적인 비즈니스 모델과 함께 이야기를 전개하며, 이를 다시 각 플랫폼이 제공하는 가치별로 분류하여 금융거래형, 대여형, 정보형, 마켓플레이스, 공유경제형, 매체형, 게이미피케이션으로 정리했다. 덧붙여, 다수의 대안alternative들을 선택하는 방법에 따라 역경매형, 필터형, 경쟁형, 고객참여형, 리스트형으로 분류하였다. 끝으로 각 플랫폼의 구체적인 사업방식에 따라, 회비형, 사업확장형, 수수료형, 보조형, 투자형, 프랜차이즈형, 차익거래형의 7개 수익공식으로 정리하였다.

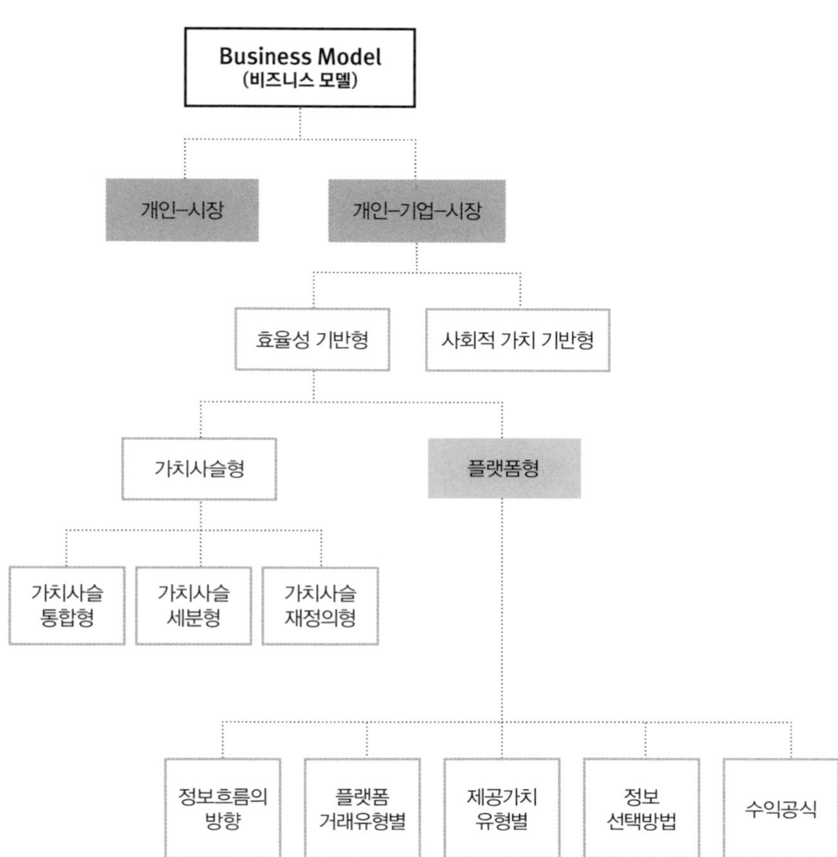
Business Model
(비즈니스 모델)
개인–시장
개인–기업–시장
효율성 기반형
사회적 가치 기반형
가치사슬형
플랫폼형
가치사슬
통합형
가치사슬
세분형
가치사슬
재정의형
정보흐름의
방향
플랫폼
거래유형별
제공가치
유형별
정보
선택방법
수익공식

3.1.

정보흐름의 방향

가치사슬형이 기업 내부에서 사업영위의 핵심요소들을 생산해낸다면 플랫폼은 더 광범위한 영역에서 기업활동을 전개해나간다. 이는 커뮤니티 기반의 외부 생태계가 혁신을 주도할 것인지, 아니면 기업 주도의 혁신이 주를 이루는 것인지에 대한 질문이기도 하다. 이러한 질문은 또한 최근 언론에서 자주 회자되고 있는 개방형 혁신과 그 맥을 같이한다.

예를 들어, 혁신을 가져오는 가장 근본적인 단위인 '사람'을 살펴보자. 기업 주도의 혁신을 하는 경우, 채용은 철저히 기업 내부에서 이루어진다. 그러나 기업 입장에서 보면 전 세계를 통틀어 가장 똑똑한 인재를 뽑기란 근본적으로 불가능하기에 여러 가지 조건들을 감안해 그나마 나은 인재를 채용하는 데 만족해야 한다. 선마이크로시스템스의 창업자 중 한 명인 빌 조이Bill Joy[36]는 이를 두고 이렇게 말했다. "가장 똑똑한 인재는 누구든지 간에 분명히 다른 사람을 위해 일하고 있다. 그렇다면 우리는 왜 그 사람들을 채용하지 못하는 것일까? 실상 우리는 그들이 어디에 있는지조차도 모른다. 우리는 유능한 인재를 찾는 것이 아니라 학력, 직업, 경력 등 우리가 고려할 수 있는 쉬운 조건들을 이용해 인재를 찾는 것일 뿐이다. 그러나 세상에서 가장 똑똑한 인재를 찾으려고 노력하는 것은 결코 현실적인 대안이 될 수가 없다. 실제로 가능한 대안은 여러분의 회사가 그들을 찾는 것이 아니라, 그러한 유능한 인재가 여러분의 회사를 찾아오도록 만드는 것이다. 이것이 바로 개방형 혁신의 근간이다."

우리가 다음 페이지에서 사례로 소개하는 CSL의 경우, 내부의 아이디어를 외부에서 활용하도록 하여 상품화 하는 외향형inside-out(내부의 유휴 자원을 외부에 돌려 공동의 이익을 추구)의 혁신을 지향한다. 기업 내부에서 사용하지 않은 유휴자원을 방치하는 것이 아니라 공동의 선을 추구하다 보면 결국에는 산업 전체가 이익을 향유할 수 있게 되는 특허 풀Patent Pool 등도 이와 같은 취지의 연장선이다.

반면 레고 아이디어스의 경우, 레고 빌딩을 좋아하는 사람들이 모인 커뮤니티를 적극 활용하여 제안된 여러 아이디어를 기반으로 실제 제품을 출시한다. 이와 같은 내향형outside-in(외부에서 혁신과 같이 필요한 자원을 찾아 기업 내부로 들여오는 방법) 혁신을 추구하는 또다른 기업인 몰스킨도 함께 살펴보았다.

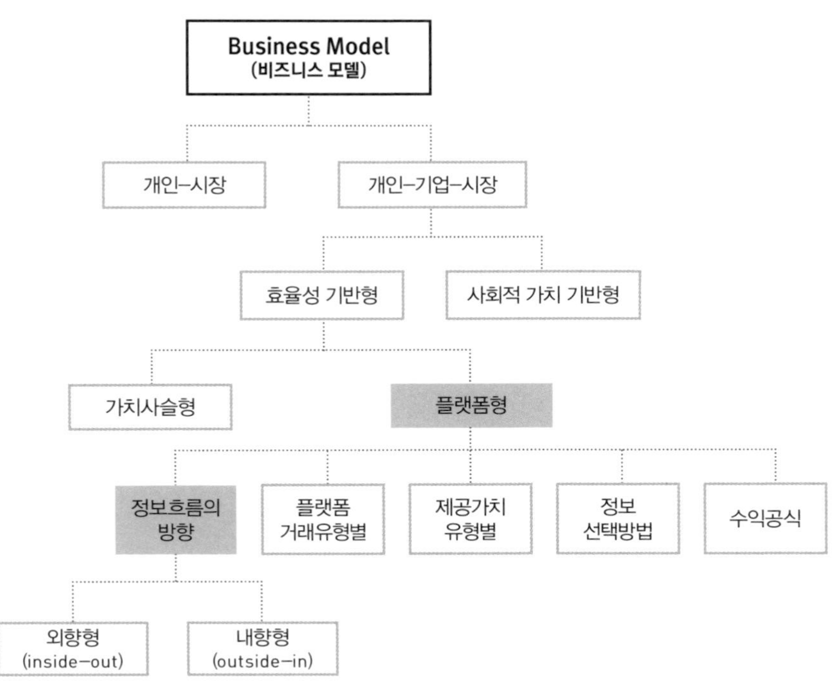

3.1.1. 플랫폼형 비즈니스 모델 | 정보흐름의 방향: 외향형

7. 라이선싱 아웃형:

씨에스엘&머크 CSL & Merck

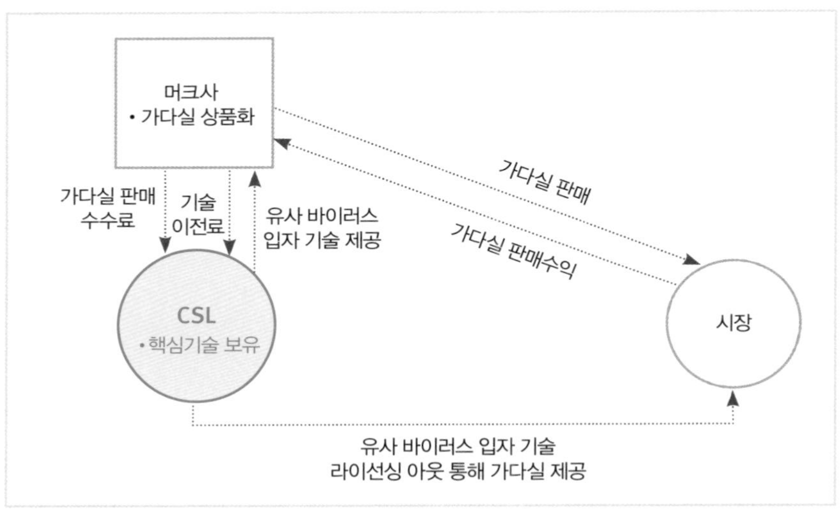

기업이나 조직이 내부에서 모든 것을 하는 것이 아니라, 내외부를 모두 활용하는 것이 개방형 혁신Open innovation의 핵심인데, 이는 혁신의 분업화라고도 볼 수 있다. 누군가 참신한 아이디어를 고안해내면, 다른 조직이 이를 활용하고 상품화해 시장에 출시하는 것이다. 이 중 외향형은 개방형 혁신의 한 유형으로,[37] 내부의 아이디어를 다른 기업이 활용할 수 있도록 하는 비즈니스 모델이다. CSL은 호주의 바이오 벤처기업으로, 유사 바이러스 입자 기술을 라이선싱 아웃하였고 머크Merck가 이 기술을 이용해 연구개발과 임상실험을 거쳐 세계 최초의 암예방백신인 '가다실Gardasil'을 시장에 내놓았다.[38] CSL과 같은 바이오 벤처가 한두 개의 신약 후보 물질이나 핵심 기술을 보유하고 있더라도 이 파이프라인을 끝까지 개발하는 데에는

많은 어려움과 위험이 따른다.[39] 바이오 벤처기업들은 대부분 기술개발에 성공한다 해도 자본을 조달하는 데 어려움을 겪을 때가 많아 제품화단계까지 도달하지 못하는 경우가 많기 때문이다. 따라서 제약 비즈니스에서는 핵심기술을 가진 바이오 벤처기업과 거대 제약사가 라이선싱 계약을 맺는 방식이 효율적이다. 바이오 벤처기업의 입장에서는 일단 다국적 회사들에 라이선싱 아웃을 최대화한 뒤, 여기서 발생하는 수수료를 통해 수익을 창출하는 모델에 주목할 필요가 있다. CSL의 라이선싱 아웃형 모델은 혁신의 경제적 비용뿐 아니라 혁신과정에 소요되는 시간 또한 줄여준다는 이점이 있기에 여러 기술 분야에 적용 가능한 모델이다.

01 핵심제공가치

바이오·제약산업의 경우, 라이선싱 아웃형 모델은 신약개발 R&D의 역할 분담과 리스크 최소화라는 가치를 제공해준다. 신약이 개발되기까지 많은 시간과 비용이 필요하기 때문에 개발을 시작한 기업에서 완성제품을 발매하기까지의 과정이 쉽지가 않다. 특히, 기술력과 지식이 있지만 재정적 자본이 부족한 벤처기업은 개발과정의 리스크가 더욱 크다. 반대로 대기업도 히트상품을 계속 생산하면서 신약개발을 동시 추진하는 게 쉽지 않다.[40] 따라서 라이선싱 아웃 모델은 대기업과 벤처기업에게 신약 발굴 기회 포착과 제품의 완성 역할을 동시에 부여한다고 할 수 있다.

02 수익공식

머크의 자궁경부암 백신 '가다실'의 원 개발자는 호주의 CSL이라는 회사이다. 이 회사는 가다실을 개발임상단계에서 머크에 팔았고, 머크는 이를 상품화하는 데 성공했다. CSL이 라이선싱 아웃하고 머크가 상용화에 성공한 가다실은 혁신적 신약으로 평가받으며 시장을 석권하고 있다. 가다실이 많이 판매될수록 CSL이 원개발자로서 받게 되는 수수료가 늘어난다. CSL은 가다실의 로열티로 판매액의 10%를 가져가고 있다.

03 핵심자원

CSL의 핵심자원은 우수한 기술력이다. 가다실의 개발 완성을 위해서 가장 필요한 핵심 기술은 유사 바이러스 입자 기술인데, CSL이 이 기술을 보유하고 있는 것이다. 이처럼 우수한 기술력이 전제되어야 그 기술에 대한 니즈가 높은 글로벌 제약사와 제휴할 가능성이 높아진다. 한편, CSL은 바이오 관련 기술과 관련한 특허를 다수 보유하고 있다. 이같이 바이오 벤처가 가능한 한 많은 특허를 획득하는 것도 중요한데 이는 바이오 벤처 분야에는 초기 단계의 아이디어를 가지고 시작한 기업들 또한 많기 때문이다. 특허는 여러 바이오 벤처기업 중에서 차별화된 장점을 부각시키기 위한 수단으로 활용될 수 있다. 바이오 벤처가 보유하고 있는 특허는 신약 후보 물질을 발굴할 기업을 찾는 글로벌 제약사에게 이들이 다른 바이오 벤처들과 남다른 경쟁력을 가졌다는 신호가 된다.[41]

04 핵심프로세스

라이선싱 아웃형 모델이 성공하기 위해서는 개별 기업들은 자신의 상황에 적합한 모델을 적용해야 한다. 아웃 라이선싱 유형은, 후보 물질을 넘기기만 하는 순수한 아웃 라이선싱 방식, 아웃 라이선싱 이후 후보 물질에 대해 공동개발을 진행하는 방식, 마일스톤(신약개발단계별 조건 충족) 기반의 아웃 라이선싱 이후 인 라이선싱 방식 등 세 가지가 있다. 이 중 공동개발과 마일스톤Milestone 기반의 아웃 라이선싱 방식은 목표달성 과정에서 다국적 기업과의 의사교류를 통해 경험과 이득을 공유할 수 있다는 장점이 있다.[42][43]

한편, 라이선스 아웃을 선택하는 바이오 벤처가 긴 호흡을 가지고 지속적인 수익을 내기 위해서는 후보 물질을 다양하게 보유하는 것 또한 중요하다. 가령 신약 물질 개발의 경우, 여러 개의 물질을 후보군으로 두고 라이선싱 아웃 수수료를 통해 수익을 얻는 한편, 기업들은 새로운 물질을 개발할 수 있도록 연구와 개발에 투자해야 한다. 즉, 라이선싱 아웃을 통해 상용화되지 못하고 개발단계에 머물러 있는 다양한 신약 후보 물질들을 외부 파트너와 공유하는 동시에 신약 개발에 수반되는 위험과 창출되는 수익들 또한 나눌 수 있도록 하는 개방형 혁신을 실현할 수 있다.

3.1.2. 플랫폼형 비즈니스 모델 I 정보흐름의 방향: 내향형

8. 외부 전문가 활용형:

레고 아이디어스 Lego Ideas

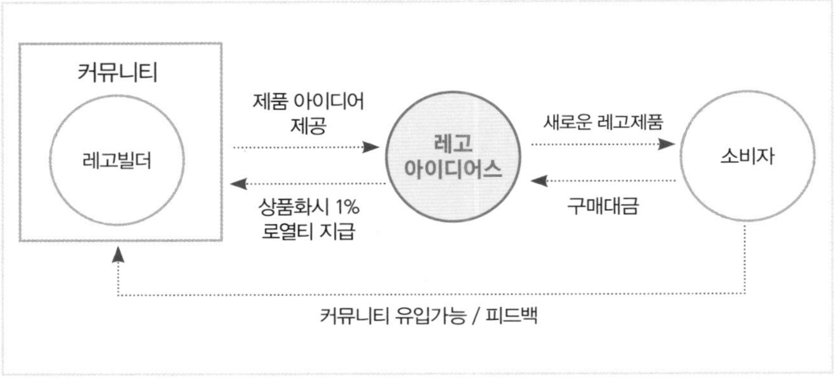

레고는 1900년대 중반부터 다양한 형태의 블록들을 제공해왔으며 의류, 게임, 출판 등 다양한 분야의 사업에 진출해왔다. 전 세계 130여 개국에서 매년 700억 개 이상의 레고 블록이 판매될 정도로 인기가 있었으나, 1990년대부터 비디오 게임 등이 발전하면서 레고에 대한 수요가 점차 줄어들었다.[44] 위기를 타개하기 위해 지나치게 다각화되어 있던 레고 사업을 좀 더 단순화시키고, 시장이 정말로 원하는 레고 제품을 출시하는 것에 집중해왔다. 어린이를 위한 제품뿐만 아니라 키덜트kidult를 위한 제품 라인을 강화해왔다. 2010년, 레고 내부의 아이디어에서 그치지 않고 외부의 다양한 아이디어를 신제품 개발을 위해 흡수하고자 하는 노력의 하나로 레고 아이디어스Lego Ideas를 운영하기 시작했다. 레고 아이디어스의 커뮤니티 안에서 레고 빌딩을 좋아하는 사람들이 자신만의 레고 모형을 만든 후 이를 웹페이지 내 콘테스트에 출품하여 1만 건 이상의 추천을 받으면, 전문가와 상의하여

정식 제품으로 출시할 수 있다.[45] 이처럼 레고 아이디어스는 외부 전문가들의 다양한 아이디어를 커뮤니티를 통해 하나의 제품으로 구현하는 오픈 이노베이션의 형태를 가진다.

01 핵심제공가치

그동안 만들어진 레고를 구입만 하던 소비자들이 직접 제품을 기획하는 단계에 참여할 수 있게 된다는 점이 의미 있다. 레고 아이디어스 커뮤니티에 주제에 맞는 자신만의 레고 모형을 출품하고 서포터를 모으게 되면서 레고 제품에 대한 높은 애정도를 가지게 되며, 실제 제품으로 출시될 경우에는 정식으로 레고의 전문 디자이너로 활동할 수 있다. 이를 통해 레고 소비자들은 더욱 다양한 제품을 만나볼 수 있으며 레고 사는 제품을 출품하거나 서포터로 참여하는 고객들이 레고 아이디어스를 통해 더욱 큰 소속감을 느끼게 해 밀도 있는 고객 집단을 얻을 수 있다.

02 수익공식

레고 아이디어스는 최소 1만 건 이상의 추천을 받은 모형들은 실제 제품에 대한 수요가 그만큼 있다고 판단하여 이들을 제작·판매하여 수익을 창출한다. 아이디어를 제공한 디자이너는 판매한 금액의 1% 로열티와 함께 상품화된 자신의 제품 10세트를 선물로 받으며, 이는 본인이 소장하거나 주변인에게 홍보하기 위한 수단으로 활용된다.[46] 2023년 12월 기준 52개의 레고 아이디어스 모형들이 실제 제품으로 제작되어 글로벌 시장에 출시되었다.

03 핵심자원

레고 아이디어스의 핵심 자원은 탄탄한 고객층이다. 레고의 베이직 블록들로 본인들이 좋아하는 테마의 제품 아이디어를 아낌없이 제공하고 이를 제품화하기 위해 서포터로 후원을 아끼지 않는 커뮤니티 회원들이 레고 아이디어스의 가장 강력한 자원이다. 레고에 대한 애정 없이는 이러한 노력을 들이지 않을 것이기 때문이다.

또한 레고 사는 회원들에 의해 탄생한 레고 제품들이 글로벌 시장에 실제로 론칭되는 사례들을 보여줌으로써, 단순히 만들어진 제품을 사기만 했던 구매자들이 제품 개발에 적극적으로 참여할 확실한 동기부여를 제공해 레고에 더 큰 애착을 갖도록 했다.

04 핵심프로세스

레고 빌딩을 좋아하는 사람들이 레고 사가 제시하는 주제에 맞춰 직접 레고 모형을 만든 후 이를 커뮤니티에 출품한다. 커뮤니티 내에서 누구나 출품할 수 있으며 출품한 후 자신의 서포터를 모으기 위해 꾸준히 외부에 홍보해야 한다. 정해진 기간에 1만 명 이상의 서포터를 모집해야 하며, 1만 명의 서포터가 모인 후 상품성이 있다고 판단되면 전문가 리뷰를 통해 해당 출품작이 정식 레고 제품으로 론칭된다.[47]

9. 디지털 자원 활용을 통한 내향형 혁신 플랫폼:
몰스킨 MOLESKINE

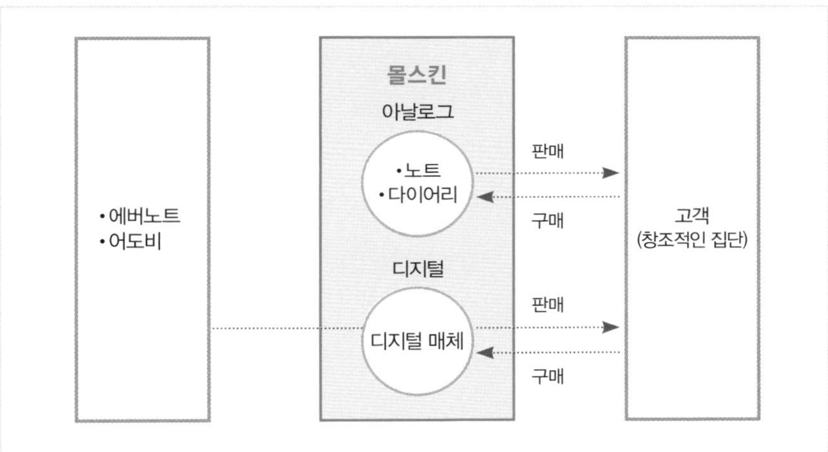

몰스킨은 설립 이후 노트와 다이어리 판매를 통해 성장했고 이 분야의 선두주자로 자리를 지키고 있다. 노트와 다이어리는 전형적인 아날로그 분야의 제품인데, 디지털 기반 생활양식이 사용자들의 기록 습관에도 영향을 미치면서 몰스킨은 아날로그에 디지털 기술을 결합한 비즈니스 모델을 선보였다. 가령, 다이어리에 기록한 내용을 촬영하여 앱과 연동하거나, 클라우드에 저장하는 방식이다. 이 같은 아날로그와 디지털 결합 비즈니스 모델은 디지털 네이티브라는 달라진 고객층을 고려한 비즈니스 모델 혁신으로도 볼 수 있다. 이 같은 몰스킨의 비즈니스 모델은 자신의 IP 없이 협업을 통해 혁신 역량을 내재화한 내향형 비즈니스 모델의 유형으로도 볼 수 있다.

01 핵심제공가치

"아직 쓰이지 않은 책이자 들려줄 이야기다." 몰스킨 노트가 지향하는 정체성이다. 단순히 메모나 일정, 혹은 일기를 기록하는 노트가 아니라 고객의 이야기가 담긴 책과 같은 노트를 만들겠다는 것이 몰스킨의 정책이다.

몰스킨의 시작은 1800년대 프랑스 파리의 작은 문구점으로 거슬러 올라간다. 이 당시 파리 문구점에서 흔하게 판매하던 이름 없는 검정 노트가 몰스킨의 출발점이다. 몰스킨은 다른 노트보다 10배 비싸게 판매하겠다는 것을 목표로 프리미엄 브랜드로 가치를 창출하기 위한 방안을 모색하였고 그 방법이 바로 '창조적 집단'을 위한 노트라는 정체성이었다.

창조적 집단을 위한 프리미엄 브랜드로서의 가치를 만들어내기 위해 몰스킨은 고흐, 피카소, 헤밍웨이와 같은 유명한 아티스트와 작가들이 몰스킨('두더지 가죽'이라는 의미의 프랑스어) 재질로 만든 노트를 사용했다는 일화를 퍼뜨렸다. 그리고 이러한 전략을 통해 몰스킨 재질 노트는 아티스트들이 즐겨 쓰는 노트를 나타내는 상징이 되었다. 호주 여행기로 유명한 브루스 채트윈의 경우에도, 호주로 떠나기 전 파리 문구점에서 검은색 작은 노트를 100권이나 구매하고 분신처럼 애용했다는 일화가 전해지기도 한다.

몰스킨은 이러한 상징성을 강조하여 검은 표지의 단순한 수첩에 '고흐와 피카소가 사랑한 노트'라는 스토리를 입히고 차별화된 노트로서의 브랜드 이미지를 확대시켜나갔다. 나아가, 메모를 기록한 노트를 넘어서 반짝이는 아이디어와 창의성, 그리고 나의 이야기가 담긴 제품이라는 이미지를 강조하기 위해 문구점이 아닌 서점으로 판매 장소를 정한 것 또한 주목할 만한 점이다. 사람들의 생각과 창의성을 표현할 제품이라는 이미지를 강화하기 위해서는 그에 걸맞는 판매 장소가 중요하다고 판단하였기 때문에 판매 장소를 서점으로 정했던 것이다.

한편, 몰스킨이 프리미엄 브랜드로서의 가치를 유지하기 위해 협업을 통해 가치를 증폭시켜 나간 과정도 흥미로운 대목이다. 디지털 메커니즘이 사람들이 생활 방식에도 스며들면서 종이 사용에 대한 니즈가 전반적으로 감소하였다. 어찌 보면 종이 노트를 주요 품목으로 지닌 몰스킨으로서는 불리한 상황일 수도 있다. 하지만 몰스킨은 어도비와 에버노트와 같은 디지털 분야의 주요 플레잉들과 협업을 함으로써, 끄적이는 습관의 디지털 트랜스포메이션이라는 새로운 가치로 바꾸는 데에 성공하였다.

02 수익공식

몰스킨은 몰스킨 노트 제품 판매가 주요 수익원이다. 제품 판매 카테고리는 노트, 다이어리, 몰스킨 스마트, 필기구, 가방과 액세서리 부문으로 구성되어 있다. 몰스킨은 연 매출 1억 5,000만 유로라는 수치를 보이며(2021년 기준), 전 세계 시장을 대상으로 매출을 발생시키고 있다. 몰스킨의 글로벌 지역별 매출을 살펴보면, 유럽 시장이 43%, 미국 시장이 39%, 아시아 시장이 18%의 비율로 수익을 만들어내고 있다.

03 핵심자원

몰스킨이 가지고 있는 'MOLESKINE'이라는 브랜드 자체가 몰스킨의 강력한 자산이다. 창조적인 집단의 멤버들이 사용하는 창의성, 세련됨, 예술성 등으로 연상되는 몰스킨의 브랜드 이미지를 유지하기 위해 몰스킨은 책에서 볼 수 있는 국제표준도서번호(ISBN)를 수첩에 붙여 판매하였다. 이러한 전략을 통해 몰스킨은 제품에 대한 애정도와 충성도가 높은 팬덤을 형성할 수 있었고 노트와 관련한 고수익 제품으로의 제품 확장 전략을 펼칠 수 있는 계기를 마련하였다.

04 핵심프로세스

몰스킨의 아날로그와 디지털 결합 비즈니스의 핵심은 아날로그의 정체성을 잃지 않는 것이다. 2010년 수첩에 적은 필기를 스마트폰으로 촬영해 온라인으로 공유하는 앱을 개발하면서 디지털 결합을 위한 첫 시도를 하였다. 이후 2013년에는 문서 클라우드 서비스 기업 에버노트와 제휴하여 몰스킨 노트에 기록한 내용을 스마트폰·태블릿PC와 동기화할 수 있는 제품을 출시하였다. 2015년엔 어도비와 손잡고 노트에 그린 그림을 스마트폰 앱으로 옮긴 뒤 작업을 이어서 할 수 있는 서비스를 개발했다. 손으로 그린 그림을 스마트폰으로 촬영하고 크리에이티브 클라우드와 연동, 포토샵·일러스트레이터를 통해 디테일한 디자인 작업을 할 수 있도록 한 것이다. 이처럼 몰스킨은 디지털 환경에서 아날로그의 가치를 극대화하는 새로운 기록 방식을 제공하면서 몰스킨은 디지털과 경쟁하는 방식이 아닌 아날로그와 디지털의 연결자로서의 역할을 담당하며 여전히 시장의 선두 주자로서의 지위를 차지하고 있다.[48]

3.2.

플랫폼 거래유형별

플랫폼을 잘 이해하려면, 상품, 서비스 등의 가장 중요한 자원들에 대한 구체적인 행위들을 누가 장악하고, 그 흐름을 어떻게 유도하는지에 대한 이해가 필요하다. 누가 누구에게 무엇을 사고팔며, 이를 통제하는 힘을 행사하는지가 중요하다는 말을 되새기며, 다음 세 가지 유형에 주목하자.[49]

1. 집합형Integrator

플랫폼 사업자가 실제 그 제품·서비스를 가지고 있으면서 이를 판매하는 형태를 말한다. 이들은 실제 제품이나 서비스를 가지고 있어 플랫폼 전체에 강한 지배권을 행사할 수 있다. 개개인이 하나의 분할된 정보를 가지고 있으면 아무런 의미가 없지만, 하나의 집합체로 된 큰 생태계를 갖추게 되면 힘을 발휘하는 많은 플랫폼이 여기에 속한다. 예를 들어, 오픈테이블은 전 세계 레스토랑들과 그들의 예약 관련 정보들을 모아 예약 통합 플랫폼을 제공한다. 개별 정보로는 큰 가치가 없으나 이를 집합한 경우 서비스 이용자들에게 큰 편의성을 제공하게 된다.

2. 제품형Product

때로는 플랫폼이 인터넷 상에만 존재하는 것이 아니라 제품이나 소재, 물리적 기계 등의 형태를 띄기도 한다. 고어텍스를 만드는 화학회사의 경우 그 소재가 플랫폼의 기반과 같은 역할을 해서, 다양한 외부 생태계 기업들이 이를 활용해 패션 제품들을 만들어낸다. 즉, 소재를 만들어내는 고어텍스의 방수 옷감은 고어텍스가 모든 디자인을 스스로 생각해 최종 소비자에게 직접 판매할 제품을 만드는 것이 아니라, 90개 이상의 파트너사들에게 라이선스를 제공해, 이들 회사가 더욱 다채로운 최종 패션 제품들을 만드는 것을 가능하게 해준다. 마찬가지로 네스프레소 커피머신이 주축이 되어 다양한 제3자 업체들이 커피 캡슐을 만들어내 소비자의 취향에 맞는 다양한 커피 캡슐이 가능해졌다. 또한, 이러한 사업 모델은 기본이 되는 제품/서비스를 먼저 제공하고, 그 기반을 바탕으로 더 큰 성장을 하기도 한다. 사례로 소개된 고고로의 배터리 교체 스테이션이 그 좋은 예이다.

3. 다면형Multi-sided

다면 플랫폼에서 외부의 사업자는 스스로 자유롭게 고객들과 사업을 영위할 수 있다. 단, 플랫폼을 이용하는 모든 외부 사업자 및 이용자들은 기본적으로 플랫폼의 정책을 따라야 한다. 예를 들어, 중고거래를 원하는 누구나 당근마켓에 들어와 중고 상품을 판매 혹은 구매할 수 있지만 중고거래가 제한되는 카테고리의 물건은 등록할 수 없는 등, 당근마켓이 요구하는 플랫폼 규약을 충실히 이행해야만 이용이 가능하다.

또한, 다면형의 경우 이러한 상품·서비스 거래에서 새로운 행위자를 끌여들여 비용을 분산하거나 새로운 수익모델을 만들어내기도 한다. 건강 관리 플랫폼 눔과 같이 개인을 대상으로 건강 정보를 제공하는 것에서 더 나아가 직원들의 건강을 관리하고자 하는 기업들을 통해 서비스 비용을 나누고 기업 대상 프로그램을 추가로 제공하며 수익을 올리는 것이 그 좋은 예이다.

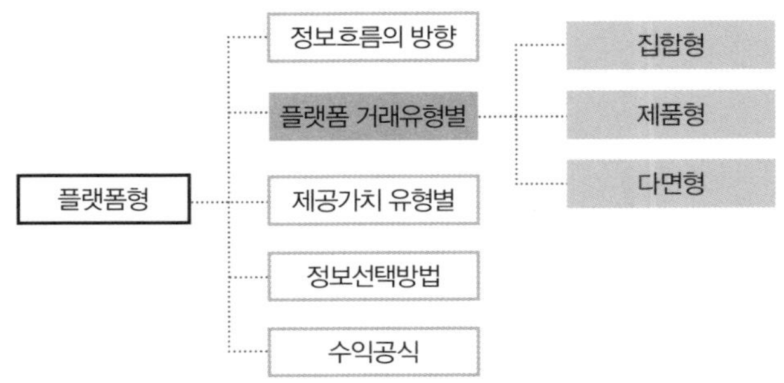

10. 고객참여형 문제은행 집합형 플랫폼:

콴다 Qanda

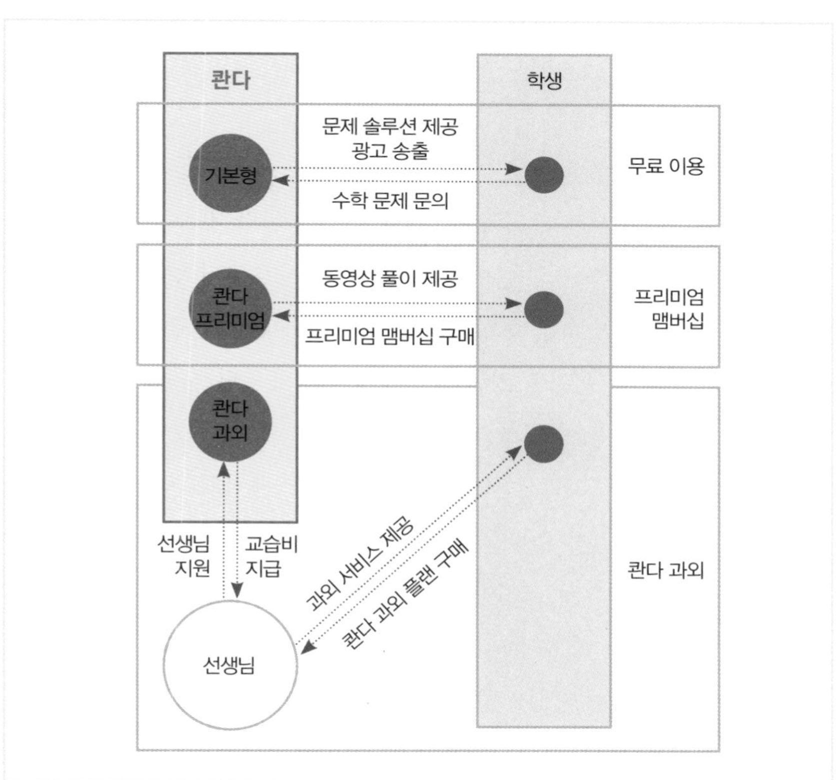

학생이라면 한 번쯤 답이 없는 문제 혹은 풀이 없이 답만 있는 문제를 풀다가 풀이 방식에 대한 도움이 필요한 경우가 있을 것이다. 하지만 검색만으로는 유사한 문제를 찾는 것조차 쉽지 않으며, 모두가 과외나 학원 선생님을 활용할 수 있는 것도 아니다. 이러한 상황을 고객들이 적극적으로 참여하게 하여 해결한 비즈니스가 있다. 학생들이 문제를 올리면, 인공지능을 기반으로 5초 만에 그 문제의 풀이를 찾아서 알려주거나, 동일한 문제가 없을 땐 유사한 문제 및 풀이를 알려주는 플랫폼인 콴다이다. 직원들을 동원하지 않아도 콴다에는 유저들이 궁금해서 올리는 문제 데이터가 지속적으로 축적되고 있으며, 이를 통해 더 많은 유저에게 풀이 제공이 가능해지는 선순환 구조를 가지고 있다. 더불어, 콴다는 맞춤형 동영상 풀이를 제공하는 프리미엄 멤버십과 온라인 과외, 광고 등을 통해 수익을 창출하고 있다.

01 핵심제공가치

콴다가 제공하는 핵심가치는 교육 격차의 해소를 통한 기회의 평등이다. 실제로 콴다를 서비스하고 있는 매스프레소Mathpresso 기업의 창업자는 학창시절 과외를 했을 때, 학생이 속해 있는 지역과 환경에 따라 교육의 격차가 있음을 느꼈다고 한다. 이러한 경험이 콴다를 시작하게 된 동기가 되었다. 우수한 선생님의 도움을 받기 어려운 환경에 있는 학생들에게 콴다의 기술을 이용한 빠른 탐색으로 시간 및 노력을 절감해주는 효과가 있었다. 글로벌하게 확장하며 콴다가 추구하는 교육의 평등이라는 가치를 전하고 있다. 2018년 일본을 시작으로, 2019년 베트남에 진출하였는데, 우리나라에 비해 교육 혜택을 많이 볼 수 없는 학생들이 많은 베트남에서 월간 사용자가 400만 명에 이르는 등 큰 인기를 끌고 있다고 한다.[50]

02 수익공식

콴다는 2021년부터 본격적으로 수익구조를 만들어 나가기 시작했다. 2021년 9월 업데이트를 통해 앱 내 광고를 노출하기 시작했는데 이것이 첫 수익모델이었다. 커뮤니티 내에 배너 혹은 전면 광고를 노출하고 사용자가 클릭하면 단가에 따라 구글에서 수수료를 받는 전형적인 방식이다. 더불어,

2021년 학생에게 맞춤형 동영상 풀이를 제공하는 프리미엄 멤버십과 1:1 과외 서비스인 콴다 과외를 출시하였다. 현재까지도 서비스되고 있는 프리미엄 멤버십은 정상가 월 4만 9,000원, 할인가 월 1만 8,500원에 제공되고 있다.[51] 과외 서비스는 고등학생 기준 60분, 주 1회, 3개월 수업을 신청하면 월별 21만 6,000원에 제공되고 있다.[52] 과외의 경우 선생님에게 시간당 2만 원의 교습비가 지급되는데, 21만 6,000원에서 4주 기준 선생님에게 지급되는 8만 원을 제외한 13만 6,000원이 콴다의 매출이라고 볼 수 있다.[53] 이와 같이 광고, 멤버십, 온라인 과외의 세 가지 수익모델을 통해 2022년 매출이 76억 원을 달성하였으며, 이는 2021년 대비 3배가량 증가한 수치이다.[54]

03 핵심자원

콴다의 핵심자원은 문제를 찍으면 빠르게 이를 인식하여 풀이 및 유사 문제를 찾아주는 기술력에 있다고 볼 수 있다. 콴다는 광학문자인식OCR 기술을 활용해 사용자가 찍은 사진 속 문제를 복잡한 수식까지 정확히 인식하고 자연어처리NLP 기술을 서비스에 접목해 풀이를 텍스트로 출력한다. 또한 대단히 방대한 1,200만 개 이상의 수학 문제 풀이 빅데이터를 꾸준히 구축해오고 있는 점도 핵심자원이다. 기술과 고객의 참여가 곧 데이터의 축적으로 이어지는 선순환 구조에 근거하여 경쟁력을 확보하고 있다.

04 핵심프로세스

콴다는 2023년 9월 KT로부터 100억 투자를 유치하는 등 누적 1,500억 원이 넘는 투자를 받았고, 연 매출이 76억 원에 이르고 있다.[55] 하지만 매출이 증가하고 있음에도 불구하고 2022년 꽤 큰 규모의 영업손실을 기록했다. 이러한 상황에서 시장에는 콴다를 보고 성공 가능성을 가늠하고 뛰어든 신규 경쟁자도 속속 등장하고 있다. 콴다가 이들과 경쟁하여 지속적으로 우위를 유지하기 위해서는 지금까지와는 다른 경쟁력을 확보할 필요가 있다.

경쟁력 강화를 위해 콴다는 최근 최고의 수학 GPTGenerative Pre-trained Transformer를 만들겠다는 포부를 가지고 업스테이지라는 기업과 함께 수학 문제까지 풀어주는 '수학 도메인 특화 프라이빗 대형언어모델Private Large Language Model' 개발에 나섰다.[56] 새로운 시장을 개척하려는 도전적인 기술 개발에 더불어 글로벌하게 사업을 확장하고 있는 콴다가 수익성까지 확보할 수 있기를 기대해 본다.

11. 예약정보 통합형:
오픈테이블 Open Table

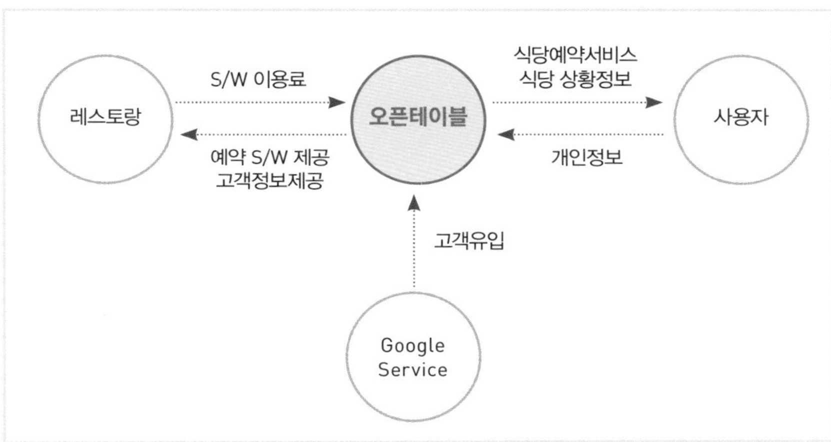

오픈테이블은 미국 샌프란시스코에서 1998년 시작된 레스토랑 예약 서비스이다. 처음에는 샌프란시스코의 몇 개 식당에 대한 예약만을 담당하던 작은 회사였으나, 2014년 프라이스라인Priceline에 인수된 후 점차 서비스 범위를 넓혀 현재 전 세계 7개국의 약 5만 4,000개 레스토랑에 대한 예약 서비스를 제공하고 있다. 이용 고객은 앱 내에서 방문하고자 하는 지역의 어떤 레스토랑들이 오픈테이블 서비스를 이용하는지 볼 수 있으며, 이 레스토랑들의 예약 가능한 시간을 확인하고 앱 내에서 직접 예약할 수 있다. 오픈테이블은 음식점 정보 및 예약 정보를 앱 사용자들에게 실시간으로 전달하여 편의성을 증대하는 예약 정보 통합형 플랫폼이다.[57]

01 핵심제공가치

오픈테이블은 고객들이 간편한 과정을 통해 레스토랑 예약을 할 수 있도록 하여 즐거운 경험을 연계해주는 동시에 서비스를 구독하는 레스토랑 측에도 이로운 가치를 제공한다. 앱 이용자들은 예약을 위해 일일이 레스토랑에 확인할 필요가 없으며, 클릭 한 번으로 가능한 시간대에 예약을 완료할 수 있다는 점에서 편리성을 얻는다. 예약을 취소할 때에도 마찬가지로 앱을 통해 간편하게 진행할 수 있으며 식당의 주요 메뉴가 무엇인지, 가격대는 어떤지, 실제 이용자의 경험은 어떠했는지 등의 정보까지 앱을 통해 얻을 수 있다. 레스토랑은 오픈테이블 앱에서의 노출을 통해 홍보 효과를 얻을 수 있으며, 예약을 위한 전화 문의 수를 줄일 수 있다는 점에서 이점을 가진다. 또한 이 서비스를 통해 예약 고객이 사전 예고 없이 방문하지 않아 이슈가 되는 노쇼No-Show를 어느 정도 방지할 수 있다는 것도 큰 장점이다.

02 수익공식

앱 이용자들은 오픈테이블 서비스에 어떠한 비용도 지불하지 않는다. 대부분의 수익을 차지하는 것은 소프트웨어인데 서비스를 이용하고자 하는 레스토랑에 구독 방식으로 제공된다. 구독 플랜은 베이직Basic, 코어Core, 프로Pro의 세 가지로 나뉜다. 베이직 플랜은 매달 39달러를 지불하며, 기본적인 예약, 고객 관리, 고객 유치, 리뷰 관리, 이용 설문조사 등을 제공한다. 코어 플랜은 테이블 관리, 온라인 대기, 실시간 재고 관리, POS 통합 등의 서비스를 추가로 제공하고 매달 249달러로 책정되어 있다. 프로는 매달 449달러이며, 이메일 광고 자동화, 고객 선호도 식별 자동화, 고객 프로필 자동화 등 다양한 자동화 서비스를 제공한다.[58]

03 핵심자원

오픈테이블의 핵심자원은 이용이 편리한 소프트웨어와 그간 구축한 레스토랑들이다. 오픈테이블이 지금까지 성장할 수 있었던 기반은 예약 관리, 테이블 관리, 고객 인식, 이메일 마케팅 등 레스토랑 비즈니스에 중요한 기능과 프로세스를 간소화하고 향상시켰기 때문일 것이다. 이러한 기술력 없이는 지속적으로 증가하는 레스토랑과 각 레스토랑의 고객 및 재고 등을 실시간으로 관리하기 어렵기 때문이다. 하지만 아무리 좋은 서비스를 제공하고 예약 과정이 간편하더라도 고객들이 방문하고 싶어 할 만한 퀄리티의 레스토랑들을 많이 섭외하는 것은 오픈테이블에게 핵심적인 문제일 것이다. 이렇게 모인 사용자들은 오픈테이블에 가입 시 이메일 등의 연락처 정보를 제공하는데, 이는 레스토랑들이 마케팅을 위해 활용할 수 있으므로 오픈테이블의 편리한 ERB(Electronic reservation book)을 이용하는 것 외에도 오픈테이블을 구독할 만한 큰 이점으로 작용, 또 하나의 중요한 자원이다.

04 핵심프로세스

가장 기본적으로는 앱 이용자가 지역을 선택했을 때, 지역별 필터링이 잘 되는 것이 중요하다. 이 기능을 기반으로 오픈테이블을 처음 사용하게 된 고객들이 한번 서비스를 이용하고 바로 떠나지 않도록 붙잡아두는 것이 지속적인 서비스 성장에 있어 핵심적이다. 이를 위해 오픈테이블에서는 고객들에게 포인트를 부여하는데, 이 포인트를 일정량 모으면 레스토랑 이용 시 할인을 위해 사용할 수 있도록 하는 프로모션을 진행하며 앱 재접속을 장려한다. 또한 사업의 다각화를 위해 우버이츠Uber eats와의 제휴를 통해 배달 분야로도 진출하는 등 사업의 다각화를 위해서도 노력했다.[59]

3.2.1. 플랫폼형 비즈니스 모델 | 거래유형별 | 집합형

12. 웨딩정보 통합형:
웨딩북

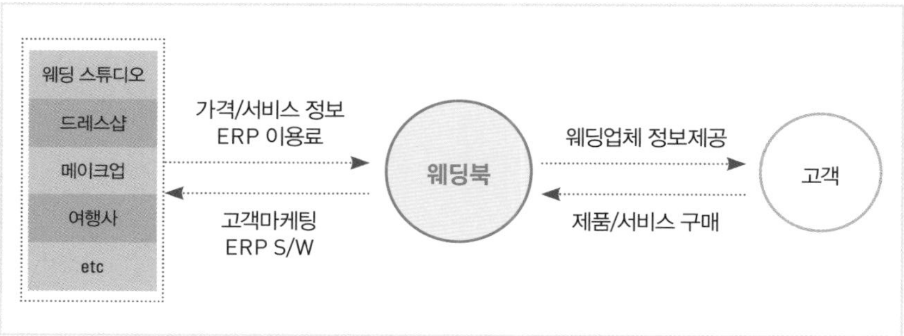

결혼 인구가 점차 줄어들고 있다고는 하나 여전히 웨딩 시장은 약 20조 원 정도의 상당히 큰 규모를 자랑하는 시장이다. 특이한 것은 결혼은 대부분 일회성 이벤트에 불과하기 때문에 이 과정에서 어느 정도 과다 비용이 발생하거나 불만이 생기더라도 일단 지나가고 나면 이를 고치고자 하는 의지가 사라져 시장 자체의 발전이 크게 없었다는 점이다. 대부분의 사람들은 웨딩 컨설팅 업체를 이용하거나 혹은 직접 발품을 팔아 결혼식 준비를 해왔다. 웨딩 컨설턴트를 이용할 경우 심신은 편하나 컨설팅 업체와 계약된 업체들에만 접촉할 수 있고 과다 비용이 발생할 수 있다는 단점이 있으며, 직접 발품을 팔 경우 당사자의 취향과 꼭 맞는 결혼을 준비할 수 있으나 시간과 체력이 많이 소모된다는 단점이 있다. 이러한 웨딩 시장의 문제점을 해결하기 위해 웨딩북은 좋은 업체들을 선정하고 모든 가격을 투명하게 공개했으며, 소비자가 원하는 조건에 맞춰 파격적인 가격으로 결혼을 준비할 수 있도록 했다. 웨딩북은 결혼하는 사람과 웨딩 업체 사이에 존재하는 정보의 비대칭

성을 해소하고 필요한 정보를 통합해 전달하는 플랫폼이다.[60]

01 핵심제공가치

웨딩 업계는 현금거래가 자주 이루어지고 컨설팅사와 업체 간의 담합이 이루어지는 경우가 많아 업체에서도 내부 현금 상황이나 관리 시스템이 부재한 상황이었다. 따라서 웨딩북 측에서는 웨딩 업체들이 내부 시스템 관리를 쉽고 편하게 할 수 있도록 ERP(전사적 자원 관리) 시스템을 제공하면서 웨딩 업계 정보를 모으고 서비스를 시작했다.[61]

웨딩 업체 측은 기존의 종이 장부에서 벗어나 ERP로 편리하게 내부 시스템 관리를 할 수 있게 되었으며, 그동안 대부분 컨설팅 업체들을 통해서만 고객들과 접해왔으나 이들 없이도 웨딩북을 통해 더욱 다양한 고객들과 접촉할 수 있게 되었다.

웨딩북 이용자의 경우 웨딩 업체들의 가격 정보를 투명하게 제공받을 수 있으며, 따라서 굳이 컨설팅 회사를 이용하면서 높은 가격을 지불하고 서비스 제공을 받을 필요가 없어졌다. 또한 직접 발품을 팔 필요 없이 웨딩북을 통해 더욱 다양한 업체들과의 컨택이 가능해져 원하는 결혼 준비를 더 수월히 할 수 있다는 장점이 있다. 실제 결혼을 준비하는 예비 부부가 6,000개 이상의 웨딩 업체를 방문 및 계약한 후 작성한 14만 개 이상의 후기를 보유하고 있다.

02 수익공식

이용자들이 앱을 통해 스드메(스튜디오, 드레스, 메이크업숍)를 계약할 경우에 여기에 웨딩북의 마진이 포함되어 있다. 기존 대형 컨설팅 업체 대비 웨딩북은 절반도 안 되는 마진만을 취득하는 구조이다. 또한 웨딩북은 스스로 선택을 어려워하는 고객들을 위해 개인 플래너와 이들을 매칭시켜 주고, 이

를 통해 '스드메 패키지'를 판매하고 있다.[62]

오프라인 팝업 스토어 형태로 '웨딩북 청담'도 운영하고 있는데, 여기서는 웨딩드레스, 예복, 예물, 화보 등을 실물로 볼 수 있으며 웨딩 및 허니문 상담이 가능하다. 대부분의 서비스는 무료이지만 방문자가 드레스 피팅 서비스를 원할 경우 2만 원의 이용료를 수취한다.[63]

03 핵심자원

퀄리티 있는 서비스와 제품을 제공하는 웨딩 업체 네트워크를 많이 보유하는 것이 중요하다. 웨딩북이 비즈니스 시작을 위해 보급했던 ERP 시스템은 현재 서울 시내 드레스숍 중 약 85%가, 예식장의 40% 정도가 사용하고 있으며, 이를 시작으로 많은 수의 웨딩 업체를 보유할 수 있었다.

웨딩북 내에 있는 커뮤니티도 핵심자원이라고 할 수 있다. 결혼, 생활, 임신, 육아 등에 대한 다양한 이야기들이 오가는 커뮤니티가 이용자들로 하여금 웨딩북에 머물도록 하는 주요 요소가 될 수 있다. 실제로 결혼하고 난 후에도 커뮤니티에 상당수의 이용자가 잔류하고 있다.

04 핵심프로세스

서비스 이용자가 원하는 조건을 기입한 후 적절한 업체를 추천해줄 때에 이 추천 알고리즘이 제대로 작동해야 한다. 이용자가 원하는 바를 추천 리스트에 반영하지 못한다면 웨딩북 서비스에 대한 신뢰도가 떨어질 것이다.

13. 배터리 교체 스테이션 기반 제품형 플랫폼:

고고로 Gogoro

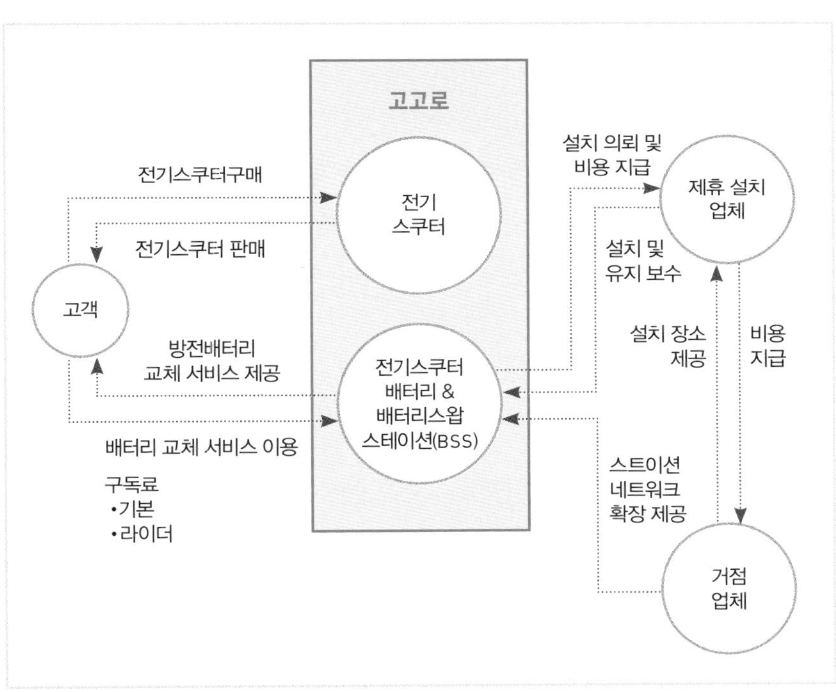

고고로는 전기스쿠터를 판매하면서 스쿠터의 전기배터리 교환을 위한 스테이션을 운영한다. 해당 서비스는 구독료를 지불하고 이용할 수 있는데, 이용자는 충전을 기다리는 것이 아니라 빠르게 이미 충전된 배터리로 교체할 수 있다. 이러한 교환 스테이션 네트워크는 약 55만 명의 라이더를 지원하며 일일 평균 배터리 교체 횟수가 40만 회에 달한다고 한다. 고고로는 빠르고 안전한 배터리 교체를 통해 출시 이후 2023년까지 67만 톤 이상의 CO_2를 절약하는 효과가 있었다고 한다.

01 핵심제공가치

고고로는 스마트폰과 연동하여 스쿠터 상태를 모니터링할 수 있는 새로운 형태의 스마트 스쿠터를 제작하고 판매하고 있다. 다른 전기스쿠터 기업들이 스쿠터 자체의 성능과 기술 개발에 집중하고 있을 때, 고고로는 다른 부분에서 차별화에 성공했다. 바로 전기스쿠터 운전자들에게 골칫거리였던 배터리 충전 문제를 해결하는 것이다. 고고로는 고스테이션을 만들었다. 고스테이션에서는 고고로 스쿠터의 배터리를 충전하는 것이 아니라 교체할 수 있다. 따라서 전기가 모자란 경우, 운전자는 고스테이션만 찾으면 기다릴 필요 없이 편리하게 완충된 배터리를 획득할 수 있다. 교환되는 배터리는 고스테이션이 스스로 인식하여 유지 보수한다. 이렇게 특별한 서비스를 제공함으로써 고고로는 대만 전기스쿠터 시장점유율 90% 이상을 차지하는 1위 기업이 되었으며, 2023년 하반기부터 한국에도 배터리 네트워크를 구축하고 있다.

02 수익공식

고고로는 기본적으로 배터리를 교체하는 BSS_{Battery Swapping Station} 이용에 대해 월 구독 요금제를 운영하고 있다. 요금제는 다양하게 설정되어 있는데, 마치 통신사 요금제처럼 나뉜다. 월 단위이고, 기본 요금제는 월 110Ah_{Ampere-hour} 이용 시, 5,500원이다. 배터리 1회 완충 시 소요되는 암페어는 약 74Ah라고 하며, 110Ah를 충전하면 100km를 달릴 수 있다. 출퇴근 및 간단한 주말 레저활동을 즐기기에는 기본 요금제부터, 33, 55, 77까지 활용해도 충분하다. 배달 등 업무에 사용하는 스쿠터인 경우 라이더 기본과 라이더 맥스로 나뉘며 최대 월 5,100Ah까지 요금제가 있다. 라이더 맥스는 29원/Ah으로, 기본 요금제가 50원/Ah인데 비해 상당히 저렴하다. 무제한으로 이용을 원하는 사용자에게는 한 달에 16만 5,000원을 부과한다. 다양한 요금제의 도입 덕에 고고로는 2023년 9월 기준으로, 약 9,100만 7,500달러 매출을 달성했다.

03 핵심자원

고고로의 핵심자원은 스왑 스테이션Swap Station 네트워크이다. 곳곳에 위치한 스왑 스테이션을 통해 이용자들에게 편리한 배터리 교체를 제공하고 있다. 방전된 배터리는 고스테이션GoStation에서 배터리를 충전하여 다른 이용자들이 활용하게 함으로써 배터리를 회수하여 재배치하는 비용 절감을 가능하게 한다. 고고로는 현재 대만에서 전체 매출의 90%가 발생하고 있는데, 대만 내에만 2,500개 이상의 지역에 스왑 스테이션을 설치하였고, 총 110만 개 이상의 배터리를 배치 및 운영하고 있다. 국내에 진입한 지 오래되지 않았는데도 14개 도시에 150개 이상의 스왑 스테이션을 구축한 상태다.[64] 스쿠터를 판매함으로써 배터리 충전소 구독 고객도 동시 확보하는 전략을 활용함과 동시에 스테이션 확장을 통해 고객 편의를 제공함으로써, 고고로의 경쟁력을 강화하고 있다.

04 핵심프로세스

고고로의 핵심프로세스는 판매와 연계되는 스테이션 구독이다. 따라서 고고로는 인구밀도가 높고 스쿠터를 많이 이용하는 대만과 같은 곳에서 탁월한 성과를 보이고 있으며, 시너지를 만들어내며 시장점유율을 높이고 있다. 하지만 이는 자체 스쿠터 이용자에게만 스테이션을 제공할 수 있다는 면에서 시장 확장에 제한이 있다. 예를 들어, 자동차가 많고 지역이 넓은 미국과 같은 곳이나, 휘발유 가격이 엄청나게 저렴한 인도네시아와 같은 시장에서 휘발유로 구동하는 이동수단을 대체하도록 사람들을 설득하기는 쉽지 않을 수 있다.[65] 따라서 사업 확장에 있어 이에 대한 고민이 필요할 것이며, 이를 극복한다면 더욱 세계적인 비즈니스가 될 것으로 보인다.

3.2.2. 플랫폼형 비즈니스 모델 | 거래유형별 | 제품형

14. 락인(Lock-in) 제품 플랫폼:

네스프레소 버츄오 Nespresso Vertuo

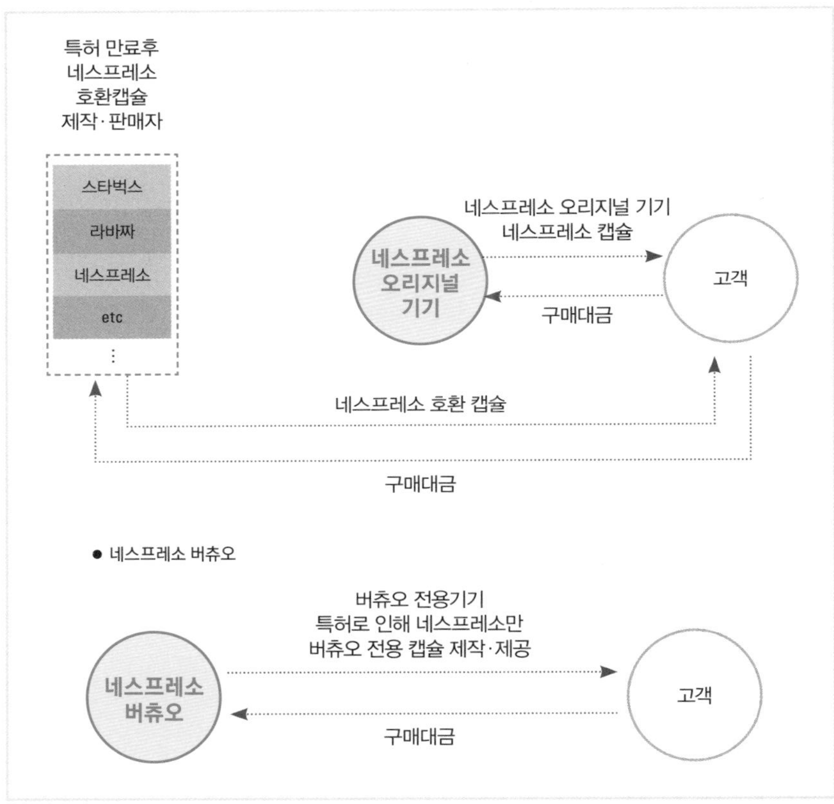

네스프레소는 네슬레가 만든 캡슐커피 브랜드이다. 네스프레소는 자체 커피 추출 기기를 생산하며, 이에 호환되는 전용 커피캡슐을 판매하여 수익을 올리는 구조를 가지고 있다. 따라서 초기에 큰 매출은 소비자들이 전용기기를 구입할 때 발생

하지만, 지속적인 매출은 전용 캡슐로부터 발생하게 되는 형태였다. 그러나 커피 캡슐에 대한 특허가 만료되면서 타사에서 좀 더 저렴한 가격으로 네스프레소 기기와 호환 가능한 캡슐을 만들어 판매하기 시작했고, 이에 따라 네스프레소의 캡슐 매출은 급감하게 되었다. 이에 대한 대안으로 네스프레소는 타사에서는 만들지 않는 '버츄오' 커피 추출기기를 개발하였다. 여기에 들어가는 커피 캡슐은 아주 독특한 형태로 만들어 타사 모방이 불가능하여 해당 기기를 사용하는 고객들은 반드시 버츄오 전용 캡슐을 구입해야 한다.[66]

01 핵심제공가치

네스프레소 버츄오 기기는 기존 커피 추출기기들과는 다른 방식인 회전식 추출을 통해 풍부한 크레마와 깊은 바디감을 가진 커피를 추출한다. 따라서 고객들은 기존에 마시던 커피보다 더욱 풍성해진 맛의 커피를 맛볼 수 있다.[67]

또한 많은 사람들은 독특한 것, 보편적이지 않은 제품들에 열광하는 경향이 있는데, 버츄오의 커피캡슐은 기존 모델과는 전혀 다른 모양으로, 타사에서 모방 불가능하여 오직 네스프레소에서만 캡슐을 구매할 수 있다. 다른 것으로 대체 불가능하다는 점이 고객에게 주는 독특한 매력일 수 있다.

02 수익공식

버츄오 전용 커피추출기(하드웨어)를 판매하여 초기수익이 발생하며, 이후 지속적으로 버츄오 전용 커피캡슐의 판매 수익이 발생하게 된다. 현재 버츄오 전용 커피추출기는 최소 23만 9,000원에 판매되고 있으며 캡슐은 개당 720~1,050원에 10개 단위로 판매되고 있다. 네스프레소는 현재 버츄오 전용기기를 구입할 때 일정 수량 이상의 캡슐을 함께 구매하면 큰 폭으로 할

인해주는 프로모션을 진행함으로써 버츄오 기기를 확산시키기 위해 노력하고 있다.[68]

03 핵심자원

버츄오 기기를 통해 아무리 높은 퀄리티의 커피를 마실 수 있게 되더라도, 다양한 종류의 커피캡슐이 제공되지 않는다면 아무 소용없다. 네스프레소의 기존 커피캡슐은 수십 개의 맛으로 구성되어 있으며, 때로는 한시적으로만 판매하는 이벤트용 플레이버flavor 제품을 판매하기도 한다. 버츄오는 특징으로 내세우는 깊은 바디감과 풍부한 크레마를 표현하기 적합한 맛의 커피 제품들 수십 개를 선별하여 캡슐화였다. 이에 고객들은 여전히 타사 제품들보다도 다양한 종류의 커피를 더 맛있게 즐길 수 있다.

04 핵심프로세스

고객들이 기존 커피추출기기에서 벗어나 버츄오에 관심을 보이도록 유인하는 방안이 가장 중요하다. 사실 버츄오에서 내세우는 회전식 추출방식을 통하지 않더라도 더 맛좋은 커피를 마실 수 있는 여러 가지 방법이 있다. 네스프레소가 버츄오라는 플랫폼을 통해 기존 추출방식을 벗어나 다양한 방식을 시도할 수 있는 기기들을 고안해낸다면 지속적으로 독특한 것을 사랑하는 고객들을 유치할 수 있을 것이다. 또한, 버츄오는 네스프레소가 이전부터 제공하던 24시간 고객 서비스인 '네스프레소 클럽'과 재활용을 위한 사용 캡슐 무료 수거 프로그램 등을 통해 고객에게 편리함을 선사하며 시너지 효과를 발휘, 꾸준히 확산될 것으로 보인다.

15. 스마트팜 기술 기반 제품:
엔씽 N.THING

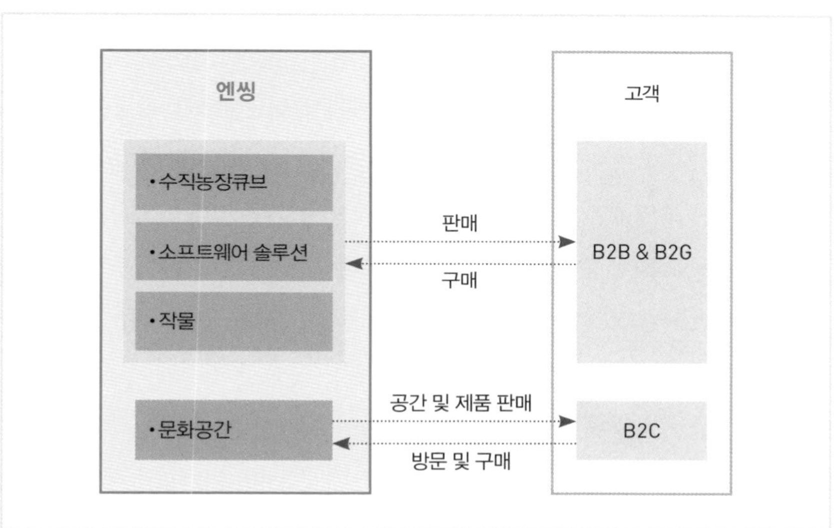

기술 고도화가 상대적으로 많이 이루어지지 않고 있는 농업 재배 분야는 아직 사람에 의해 많은 작업이 이루어지고 있는 대표적인 분야로 인식되어왔다. 또한 농작물 재배는 기후와 환경오염 등 외부 환경의 영향을 많이 받기 때문에 농작물의 상품으로써의 가치가 출하 시기마다 들쭉날쭉하고 가격 또한 불안정한 분야였다. 엔씽은 컨테이너 기반 스마트팜 기술을 통해 수직형 콘테이너 사업으로 출발해서 스마트 재배 시스템 구축 및 관리 운영 시스템 솔루션으로 비즈니스를 확장해나가며 농산물 재배 및 유통 부분에 혁신을 가져왔다.

01 핵심제공가치

엔씽은 큐브-IoT 기술, 클라우드 컴퓨팅 기술을 활용하여 사용자가 운영체제OS와 대시보드 기반 서비스를 제공하여, 농작물 재배자의 농업 경험이 없거나 관련 지식 수준이 낮더라도 같은 품질의 농작물을 전문적으로 재배하고 관리할 수 있도록 하고 있다. 큐브가 외부 자연환경과 기후의 영향력을 차단하고 농작물이 자랄 수 있는 환경을 제공하면서 오염 없는 환경에서 재배되는 안전한 상품의 출시를 가능하게 한다. 이는 농작물을 재배하는 생산자들에게 퀄리티 높은 농작물 재배를 기술로 구현하게 하고 기후 및 오염 등의 외부 환경 리스크를 차단했다는 점에서 새로운 고객경험을 창출하였다. 또 한 가지 흥미로운 점은 엔씽의 스마트팜 비즈니스 모델이 농작물을 구매하는 고객에게도 새로운 고객경험을 제공하였다는 점이다. 스마트팜 비즈니스 모델이 등장하기 이전에 농작물 구매자들이 마트에서 채소를 고를 때 신선도의 상태와 같은 시각적인 요소가 구매를 결정하는 중요한 요소였다. 시각적으로 어느 채소가 더 싱싱한지 눈에 보이기 때문이다. 하지만 온라인 플랫폼을 통해 구매하는 고객들이 증가하면서 판단 기준이 바뀌기 시작했다. 구매하려는 채소가 어떻게 재배됐고 어디에서 왔는지에 대한 정보의 중요성이 상대적으로 커진 것이다. 이처럼 재배 프로세스가 중요한 요소가 되면서 고객들은 수경재배, 유기농으로 키운 작물에 대한 선호도가 증가하였고, 농약 없이 재배되는 스마트팜 채소가 고객들이 선호하는 프리미엄 농작물에 대한 니즈를 충족시키는 재배기술로서 중요성을 인정받게 되었다.

02 수익공식

엔씽은 스마트팜 솔루션 판매와 작물사업, 그리고 작물성이라는 브랜드를 통한 샐러드 같은 제품 판매, 마지막으로 도산공원에서 운영 중인 복합 문화공간 운영을 통해 수익을 창출하고 있다. 솔루션 판매의 경우 눈에 띄는 계약으로는 KT&G와 특수 작물 재배 연구를 위한 스마트팜 내부 시스템 납품 수주계약이 있다(2022년 체결). 엔씽은 작물재배와 연구에 필요한 재배실과 재배관리용 공조, 조명, 배양액 설비 및 각종 부대시설 등 스마트팜 구축을 위해 필수적인 하드웨어를 제공한다. 이와 더불어 재배시설 운영에 최적화된 소프트웨어 시스템 또한 설계 과정에서부터 구축하고 운영 검증과 교육 서비스를 모두 제공하면서 6억 원의 매출을 올렸다.[69] 엔씽은 국내보다는 기후 환경이 열악한 해외 시장을 주력 대상으로 삼고 있는데, UAE에 100억 원 규모의 수직농장을 수출한 것을 포함해 중동 지역에서 지속적인 수출을 통해 수익을 창출하고 있다.

03 핵심자원

엔씽의 수직농장 기술력이 경쟁우위를 창출한 핵심역량이다. 엔씽이 개발한 수직농장 큐브Cube는 컨테이너 안(하나당 40피트)에서 상추와 양상추류의 작물을 1년에 최대 13번 수확이 가능하게 한다. 큐브를 통해 재배하기 때문에 햇빛과 흙, 농약이 불필요하고, 기존의 노지 재배 방식 대비 물을 최대 98%까지 절약할 수 있다는 장점도 있다. 이러한 스파트팜 기술을 통해 균일한 작물을 1년 내내 재배할 수 있고 컨테이너 내부의 환경을 조절하여 작물의 식감이나 맛 그리고 성분까지 조절할 수 있다. 또한 엔씽은 '큐브 OS'라는 자체 운영시스템이 있는데, 이를 활용하여 재배 데이터를 축적하였으며, 데이터 기반 농장 자동 운영화까지 선보이고 있다. 이 같은 엔씽의 기술력은 국내외에서 인정을 받아 CESConsumer Electronics Show에서 스마트시티 부문 '최고혁신상Best Innovation Awards'과 지속가능성, 에코 디자인 및 스마트 에너지 부문 'CES 혁신상CES Innovation Awards'을 받기도 하였다.

04 핵심프로세스

엔씽은 큐브-IoT 기술, 클라우드 컴퓨팅 기술을 활용하여 사용자가 운영체제OS와 대시보드를 통해 농업 경험과 관련 지식의 수준에 관계없이 같은 품질의 농작물을 전문적으로 재배하고 관리할 수 있도록 하고 있다. 큐브가 외부 자연환경과 기후의 영향력을 차단하고 농작물이 자랄 수 있는 환경을 제공하면서 오염 없는 환경에서 재배되는 안전한 상품의 출시를 가능하게 한다. 큐브의 가장 큰 매력은 기상 조건에 따라 출하 시 수확량과 품질에 차이가 나는 문제를 기술로 해결했다는 점이다. 소프트웨어를 통한 운영체제는 스마트팜을 관리하고 고객이 실시간으로 모니터링할 수 있는 서비스를 제공한다. 이는 농작물 재배과정에서 사람에 의존하는 프로세스를 개선하여 농업 인구 감소 혹은 농업 전문가 공백 발생 시 해결하는 효과를 제공한다. 누구라도 운영시스템과 데이터를 통해 농작물 재배를 가능하게 한 것이다. 컨테이너 형태로 모듈화화 되어 있는 엔씽 큐브는 있어 어떠한 곳에 갖다 설치하더라도 현지 날씨나 토양 상황에 관계없이 각종 작물을 재배할 수 있기 때문에 농작물 재배가 어려운 기후의 해외 국가로부터 많은 관심을 받고 있다. 2020년부터 UAE 아부다비 도심에 시범 농장을 설치하고, 현지인을 대상으로 기술 검증을 하면서 이후에 사우디아라비아, 러시아 등 해외 국가들로부터 발주가 이어지고 있다.

이처럼 엔씽은 제품을 통해 B2C, 제품과 솔루션을 통해 B2B 외에도 B2G로 여러 분야에서 사업을 진행하고 있는데, B2G의 경우 국가마다 다른 제도적 환경과 농업 니즈를 정확히 파악해야 한다는 또 다른 과제를 잘 풀어나갔을 때 성공적인 결과를 얻을 수 있을 것이다.

16. 반려동물 생애주기 기반 다면형 플랫폼:

핏펫 Fitpet

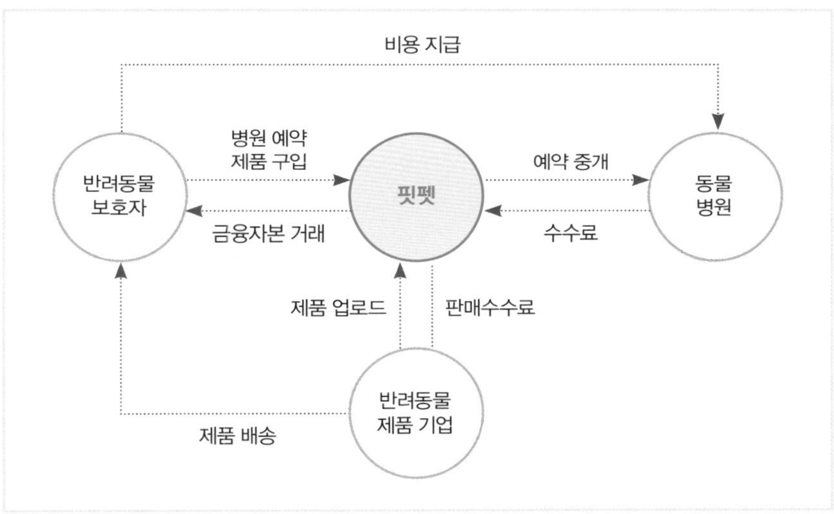

우리는 현재 반려동물 1,500만 시대에 살고 있으며, 그에 따라 펫테크Pet Tech에 대한 관심도 점점 증가하고 있다. 핏펫은 반려동물에 대한 관심이 높아지던 2017년에 반려동물의 건강을 좀 더 긴밀하게 살피고자 하는 보호자들이 손쉽게 헬스케어를 할 수 있게 하기 위해 소변검사 키트를 개발하며 시작된 비즈니스이다. 초기에는 단순한 소변검사 키트와 고양이 체형을 고려한 투명화장실을 제공하는 기술이 기반이었으나, 그 영역을 점점 넓혀갔다. 현재는 동물병원 예약, 케어, 그리고 쇼핑까지 연계하는 서비스를 제공하여 반려동물의 생애주기에 필요한 모든 것을 편리하게 해결할 수 있는 통합 모바일 플랫폼을 향해 나아가고 있다.

01 핵심제공가치

핏펫이 제공하고자 하는 핵심가치는 반려동물의 생애주기에 따른 맞춤 케어다. 초기 소변검사 키트, 투명화장실, 외장 칩 등을 활용하여 기술력에 기반한 제품들을 선보였으나, 이제는 비즈니스 모델을 확장하여 커머스, 동물병원 연계, 보험 등까지 통합하여 통합적으로 반려동물의 헬스케어를 관리할 수 있는 플랫폼으로 성장하고 있다.[70] 가족같이 소중하게 반려동물을 키우는 사람이 많아지면서 생애주기에 따른 적절한 관리를 편리하게 받을 수 있게 하는 것에 가치가 높아졌다.[71] 핏펫은 이 지점에 해당하는 서비스를 제공하는 것에 비즈니스의 정체성을 두고 있다.

02 수익공식

핏펫은 건강검진 키트인 어헤드 제품 판매가 매출에서 빼놓을 수 없는 부분이다. 또한, 핏펫몰의 커머스를 통한 판매수수료도 중요한 매출원이다. 최근 IPO를 목표로 하면서, 매출 다변화에 박차를 가하고 있는데, 광고 수수료 매출 확대에 노력을 기울이고 있다.[72] 더불어, 2022년 12월 13일 출시한 '핏펫플러스 멤버십'도 수익모델의 한 부분이다. 월 2,900원으로 제공되는 해당 멤버십을 통해 고객은 핏펫몰 제품의 무료배송 서비스와 구매 제품에 대해 두배 높은 적립금을 받을 수 있다.[73]

03 핵심자원

핏펫은 기술력과 통합적인 서비스가 가장 핵심적인 자원이라고 볼 수 있다. 초기부터 제공해온 어헤드Ahead에 반려동물 소변을 묻혀 업로드했을 때, 자동으로 영상처리를 통해 분석해주는 알고리즘을 통해 편리하게 결과를 확인할 수 있게 하는 기술이 적용되어 있다. 반려동물에게도 편리하고 보호자에게는 병원비를 절약할 수 있는 것이다. 또한 이렇게 핏펫이 제공하는 반려동물 건강검사 서비스를 통해 쌓이는 반려동물들의 건강 관련 데이터들은 특성별 생애주기와 질병에 관련한 정보를 담고 있다. 이러한 정보들은 어헤드 제품 업데이트 및 추후 자체 반려동물 PB 제품 제작에도 사용될 수 있기 때문에, 주요한 자원이라고 볼 수 있다. 또한 반려동물의 신원확인 기술도 보유하고 있는데, 이러한 기술은 펫보험인 '프로미 반려동물보험' 출시로 이어지기도 했다. 기술을 바탕으로 한 다양한 네트워크 확장을 통해 반려동물 생애주기를 잇는 파이프라인을 구축하고 생태계를 만들어가고 있다.[74]

04 핵심프로세스

핏펫의 핵심프로세스는 기술력에 기반한 사업 확장력에 있다고 볼 수 있다. 이러한 역량을 인정받아 지속적인 성장을 보여왔고, 중소벤처기업부에서 2020년 아기유니콘, 2021년 예비유니콘으로 선정되었다. 많은 투자금 유치를 통해 다양한 사업으로 생태계를 확장한 핏펫은 2023년 들어, '경영 효율화 $TF_{\text{Task Force}}$'를 출범했다. 해당 TF는 수익성 강화 및 서비스 구조조정, 불필요한 경비 절감 등을 위해 도입되었다. 스타트업이 IPO를 바라볼 정도로 성장함에 따라 피할 수 없는 조직적 변화 또한 TF의 추진 배경 중 하나이다. 핏펫은 2021년 223억 원의 매출액을 기록했음에도, 영업손실이 130억 원 발생했고, 2022년에는 손실 증가 폭이 더욱 증가하여 280억 원의 영업손실을 기록했다.[75] 핏펫이 확장과 공격적인 투자에 따르는 수익성 부진을 개선하고 효과적인 생태계를 구축할 수 있을지 관심 있게 지켜볼 필요가 있다.[76]

3.2.3. 플랫폼형 비즈니스 모델 I 거래유형별 I 다면형

17. 재미 콘텐츠 기반 공간 브랜딩 플랫폼:
어반플레이 URBANPLAY

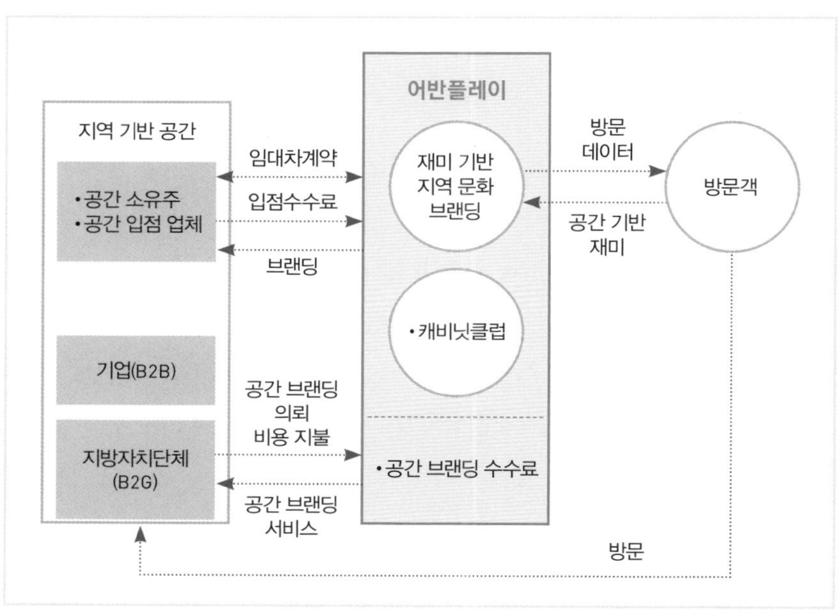

디지털 경제의 도래와 함께 디지털 중심의 생활 방식이 확산되면서 오프라인보다는 온라인 공간에 대한 관심이 증가하였다. 이에 따라 오프라인 공간이 점점 황폐화되는 현상이 등장하였다. 어반플레이 홍주석 대표는 오프라인 공간이 사람을 모으지 못하는 이유가 콘텐츠의 부재와 재미있는 경험을 제공하지 못하는 데에서 기인한다고 판단하였다. 예전에는 역세권과 같은 주요 조건들이 상권을 형성하고 사람들을 모이게 했다면, 이제는 재미있는 콘텐츠가 있는 장소가 사람들이 보이는 공간이 될 수 있다는 아이디어를 토대로 경험과 재미가 존재하는 오프라인

공간 브랜딩 서비스를 선보였다. 지역의 특색과 문화를 기반으로 '동네 문화'가 될 수 있는 콘텐츠를 만들고 이를 기반으로 동네에서 즐길 수 있는 플리마켓, 갤러리, 인디 공연, 동네 맛집 등을 체험할 수 있는 문화 프로젝트를 개발하고 있다. 고객들이 동네라는 공간에 가치를 창출시킬 수 있도록, 유휴 공간을 재해석하여 브랜딩한다. 예를 들어 연희동 유효 공간에 만들어진 연남장은 문화예술 부문 크리에이터들의 작업 공간이면서 동시에 쇼케이스 공간으로 재탄생하면서 로컬 크리에이터 라운지의 색깔을 가지게 되었다. 연남장은 크리에이터들의 업무를 위한 독립 스튜디오 및 공유 업무공간을 포함해서 로컬 식음료 큐레이션 레스토랑과 카페, 창작자의 콘텐츠를 소개하는 문화공간으로 구성되어 있다.

01 핵심제공가치

문화와 사람, 동네 상점을 모아서 공간의 가치를 높이는 동네 브랜딩이 어반플레이가 제공하는 가치이다. 오프라인 공간의 가치가 과거에는 지하철역과 대로변과 같은 지리적 특성에서 만들어졌지만, 콘텐츠와 문화를 제공하니 골목에 위치한 공간이라도 사람들이 모이는 효과를 만들면서 공간에 새로운 의미를 부여하였다. 이처럼 유휴공간에 의미를 부여하면서 문화공간으로 재탄생시키고, 라이프스타일 창작을 기반으로 다양한 콘텐츠를 가지고 실험적인 시도를 하면서 공간에 활기를 불어넣고 있다. 어반플레이의 비즈니스 모델은 디지털 전환으로 온라인 중심 생활 패턴이 확산되면서, 감소해가던 오프라인 공간의 의미를 되살렸다는 데에서도 큰 의미를 지니고 있다. 또한 최근에는 부산 영도와 같은 지방으로도 활동 범위를 넓히고 있는데, 지역소멸이라는 또 다른 위기를 맞고 있는 지역을 활성화시킬 수 있는 역할을 해낼 비즈니스 모델로도 주목을 받고 있다.

02 수익공식

콘텐츠를 통해 도시를 브랜딩하는 작업을 진행하지만, 콘텐츠 자체가 수익을 만들어내지는 않는다. 초기 골목 콘텐츠를 제작하던 콘텐츠 회사로 출발했던 어반플레이는 수익모델에 대한 고민을 하였고, 이후 유휴공간을 운영하면서 수익이 발생하기 시작했다. 크게 살펴보면, 매출의 50%는 공간 운영에서 발생하고 나머지의 20~30%는 B2B 사업에서 나오고 있다. 먼저 오프라인 공간을 브랜딩하여 입점 업체들로부터 입점료를 받는 것과 동시에 입점 업체로부터 IP를 확보해 관련 굿즈를 제작하여 판매하여 수익을 발생시키고 있다.[77] 굿즈 제작과 판매는 어반플레이의 '캐비닛클럽'이라는 아트 브랜드를 통해 진행하고 있으며, 크레에이터들과 계약을 맺고 어반플레이가 IP를 확보하여 굿즈를 제작하고 판매 수익을 배분하고 있다. 기업과 지방자치단체의 의뢰를 받아 공간 브랜딩 작업을 진행하여 수익을 창출하기도 한다. 부산 영도의 복합문화공간 '피아크'의 경우 제일SR그룹으로부터 의뢰를 받아 진행한 공간 브랜딩 프로젝트이다. 이처럼 오프라인 공간 운영 및 임대, 굿즈 판매, 기업 및 지자체에 공가 브랜딩 솔루션 판매 등을 통해 수익 부문에서도 지속적인 성장을 이루어 나가면서 2020년에 손익분기점을 넘겼다.[78]

03 핵심자원

공간을 위한 콘텐츠를 개발하는 역량이 어반플레이의 핵심자원이다. 건축을 전공한 홍주석 대표는 공간 디자인에서 핵심적인 것은 그 공간을 '무엇으로 채워 나갈 것인가'라고 보았다. 이러한 인식을 통해 공간-콘텐츠를 효과적으로 연결시키고 사람들을 불러모을 스토리를 만들어내고 있다. 단순히 동네 정보를 모으거나 음식점이나 상점들을 큐레이션한다고 해서 그것이 동네 브랜딩이 되지 않는다. 동네 브랜딩을 하기 위해서는 공간을 가고 싶은 사람들을 무작정 많이 모으는 것이 아닌, 하나의 세계관을 공유하는 사람들이 모일 수 있는 문화를 공간에 불어넣는 작업이 중요하다. 공간적 특성과 콘텐츠에 대한 탁월한 이해가 필요한 이유이고, 어반플레이는 바로 이 지점을 정확히 알고 있는 기업이라고 할 수 있다.

04 핵심프로세스

어반플레이는 동네 고유의 콘텐츠를 발굴하기 위해, 동네 특성을 파악하여 동네 실험을 시도하여 문화 복합 공간을 기획하는 프로세스를 통해 브랜딩 작업을 진행한다. 가령, 연희동의 경우 지역적으로 문화예술 기반의 창업들이 많다는 특징과 함께 오래된 로컬 브랜드가 다수 존재하는 공간이었다. 이러한 특징을 기반으로 로컬 갤러리 투어와 오래된 맛집 투어, 그리고 특별 이벤트를 결합한 '연희걷다'라는 명칭의 로컬 페스티벌을 기획하여 운영 중이다. '연희걷다'가 유명해지면서 지역에 있는 유명한 갤러리 작가들이 참여하기 시작하고 이는 다시 연희걷다의 브랜딩 파워를 강화시키는 힘이 되기도 하였다.

한편 최근 오프라인 공간을 어떻게 운영할지에 대한 고민을 하는 기업들이 많아지면서 로컬 스몰 브랜드를 발굴을 고려하는 기업들이 꾸준히 증가하고 있다. 더불어 지역 활성화에 관심이 많은 지방자치단체로부터 또한 증가하면서 공간 브랜딩 프로젝트가 필요한 영역이 확장될 것으로 보인다. 이처럼 공간 브랜딩 솔루션에 대한 니즈가 증가하면서 신규 진입자와의 경쟁에서 어반플레이가 어떻게 경쟁우위를 만들어 나갈 것인지가 중요하다. 따라서 지역과 공간만의 특징을 잡아내어 특색 있는 공간으로 재창조할 수 있는 역량의 강화가 앞으로의 주요 과제가 될 것이다.

3.2.3. 플랫폼형 비즈니스 모델 I 거래유형별 I 다면형

18. 명함관리 서비스 기반 다면 플랫폼:
드라마앤컴퍼니(리멤버) Drama & company

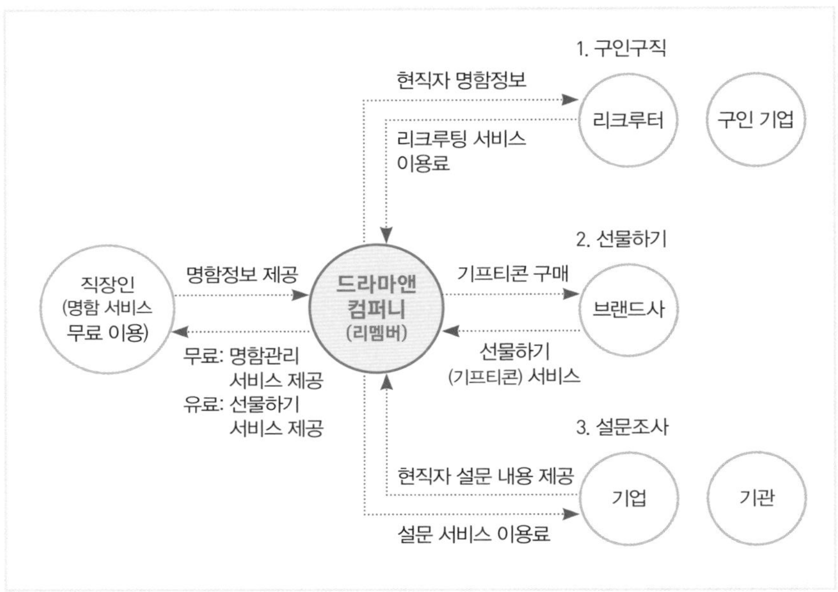

드라마앤컴퍼니는 2013년 설립된 국내 기업으로, 현재 국내에서 명함관리 서비스를 제공하고 있다. 초기에는 인력을 고용해 완전히 수기로 업로드된 명함들을 입력했으나, OCROptical character recognition(광학식 문자판독장치) 기술을 도입한 후에는 95% 이상의 명함들이 자동으로 입력되고 있다. 초기에는 국내 직장인들의 명함을 최대한 많이 모으기 위해 노력했으며, 실제로 3억 장 이상의 명함정보를 수집한 후에는 이에 다양한 비즈니스를 접목하기 위한 시도를 계속하고 있다. 명함관리 서비스는 무료로 제공하고 있으며, 현재 대표적으로 수익을 내고 있는 서비스

는 명함정보를 통해 헤드헌터와 구직자를 연결하는 서비스이다. 그 외에도 리멤버 1촌에게 선물하기나 리워드 설문조사 등을 진행하면서 일부 수익을 내고 있다.[79]

01 핵심제공가치

직장생활을 하는 모든 이들이 중요하다고 생각하면서도 잘하지 못하던 것이 명함관리였다. 실물 명함을 받아 이를 명함첩에 보관하거나 따로 관리해야 할 필요가 있었는데, 이를 디지털화해 앱으로 간편하게 관리할 수 있도록 만들어준 것이 드라마앤컴퍼니의 리멤버 서비스이다. 리멤버가 제공하는 가장 큰 가치는 편리함이다. 예를 들어, 사용자가 이직을 한 후 새로운 명함을 리멤버에 등록하게 되면, 이 사실은 설정에 따라 리멤버를 사용하는 지인들에게 알림으로 전달되어 따로 이직 소식을 전할 필요가 없다. 이와 관련해 리멤버가 선물하기 기능을 제공하면서 기존에 타 플랫폼을 통해 선물을 보내거나 축하할 수밖에 없었던 부분을 개선했다.[80]

이직에 따라 단순히 리멤버에 명함을 등록하는 것만으로 리멤버에 그동안 어떤 회사에 다녔는지와 회사에서의 직급, 연락처 등을 기록하게 되기 때문에 자연스럽게 그동안의 커리어 패스career path를 그리게 된다. 이와 같이 리멤버에 기록되는 내용들은 단순 이력서 외에 헤드헌터들이 가장 원하는 정보이다. 헤드헌터들은 사용자들의 명함정보에 따라 맞춤으로 이직 제안을 할 수 있으며, 이직 생각이 없었던 사용자일지라도 헤드헌터의 맞춤형 제안에 솔깃할 가능성이 크기 때문에 기존에 헤드헌터들이 해왔던 방식과 달리 매칭의 성사도가 높다. 맞춤형이기 때문에 리멤버를 통해 이직하는 사용자들도 제안에 대한 만족도가 높은 편이다. 리멤버는 2023년 상반기 연봉 1억 원 이상, 소득 기준 대한민국 상위 5%에 속하는 억대 연봉자 전용 채용 공고 서비스인 '리멤버 블랙' 서비스를 출시하기도 했다.[81]

02 수익공식

리멤버의 메인 서비스인 명함관리 서비스는 무료로 제공하고 있다. 명함관리 서비스를 통해 최대한 많은 명함 관련 데이터를 수집하는 것이 핵심이기 때문에, 명함관리 서비스를 무료로 제공하면서 편리성을 강조해 현재 국내에서 가장 많은 명함 데이터를 보유하고 있다.

리멤버가 수익을 창출하는 주된 서비스는 채용공고로, 헤드헌터 및 기업이 리멤버를 통해 구직자에게 맞춤형 구직을 제안할 때 발생하는 중개료 수익을 얻는다. 이 중개료 수익은 두 가지 형태로 나누어 볼 수 있는데, 첫째, 채용 성사 시 건당 수수료를 수취하는 플랜과 둘째, 연간계약을 맺고 일정 금액의 구독료를 수취한 후 헤드헌터로 하여금 무제한의 이직 제안이 가능하도록 하는 플랜이다.

그 외에 선물하기 기능을 통한 기프티콘 판매 수익이 일부 발생하고 있으며, 각종 기업이나 기관의 위탁으로 리멤버 앱 내에서 대행하는 리워드 설문조사를 통해서도 일부 수익이 발생하고 있다.

03 핵심자원

리멤버는 국내에서 독보적인 1위 명함관리 애플리케이션이라는 타이틀을 보유하고 있다. 수익이 나지 않을 때도 많은 인력을 들여 최대한 명함을 편리하게 등록할 수 있도록 하는 것에 집중했는데, 이러한 아날로그 방식의 입력과정을 크게 바꿔준 것은 OCR 기술의 도입이었다. 초반에는 OCR 기술이 크게 발전하지 않아 명함입력을 돕는 인력들이 다수 필요했으나, 점차 기술 고도화를 통해 보조 인력들 없이도 명함 입력이 가능해졌다.

현재는 명함을 입력하는 데 걸리는 시간이 많이 짧아졌는데, 이는 OCR 기술의 발전 때문도 있겠지만 리멤버가 명함정보를 데이터로 보관하고 있기 때문에 기존에 입력되었던 명함정보를 빠르게 불러올 수 있기 때문으로도 보인다.

이러한 기술의 발전 덕에 리멤버는 현재까지 국내에서만 3억 장 이상의 명함 정보를 보유하고 있으며, 직장인이라면 누구나 사용하는 애플리케이션이라는 인식 덕분에 수많은 사람이 머물고 있어 이를 활용할 수 있는 다양한 사업 분야에 도전하고 있다.

04 핵심프로세스

드라마앤컴퍼니는 2021년 매출 58억 원에서 2022년 매출 124억으로 1년 새 무려 두 배로 성장했다. 또한 2023년 7월에는 최초로 손익분기점을 넘어섰으며, 매출은 전년 동기 대비 3배 성장했다. 이는 국내 최대 명함관리 애플리케이션이라는 타이틀로 시작한 리크루팅 서비스가 잘 성장했으며, 직장인 맞춤형 플랫폼으로서 다양한 비즈니스를 도입한 것이 성공적이었던 것 때문으로 보인다.[82]

많은 사람이 편리한 명함관리를 위해 리멤버를 사용하고 있다. 주변 비즈니스 인맥들의 소식을 쉽게 알 수 있고, 따로 전화번호를 저장하지 않아도 전화 수신 시 명함을 등록한 인맥의 명함이 자동으로 뜨는 등 사람들에게 리멤버는 직장생활에서 없어서는 안 될 필수 서비스가 되었다. 리멤버가 수많은 사람이 사용하는 애플리케이션이 된 만큼, 다양한 비즈니스 시도를 위해 이 인력들이 애플리케이션에 머무는 시간이 많아지도록 다방면으로 노력하고 있다. 리멤버 커뮤니티를 통해 직장인들의 고민이나 여러 가지 주제에 대해 이야기할 수 있는 공간을 만들고, 인사이트 카테고리를 통해 직장인들이 필요로 하는 내용들에 대한 전문가의 기고문을 볼 수 있도록 하기도 한다.

3.2.3. 플랫폼형 비즈니스 모델 | 거래유형별 | 다면형

19. 헌옷 수거 간편화 플랫폼:
리클 Recl

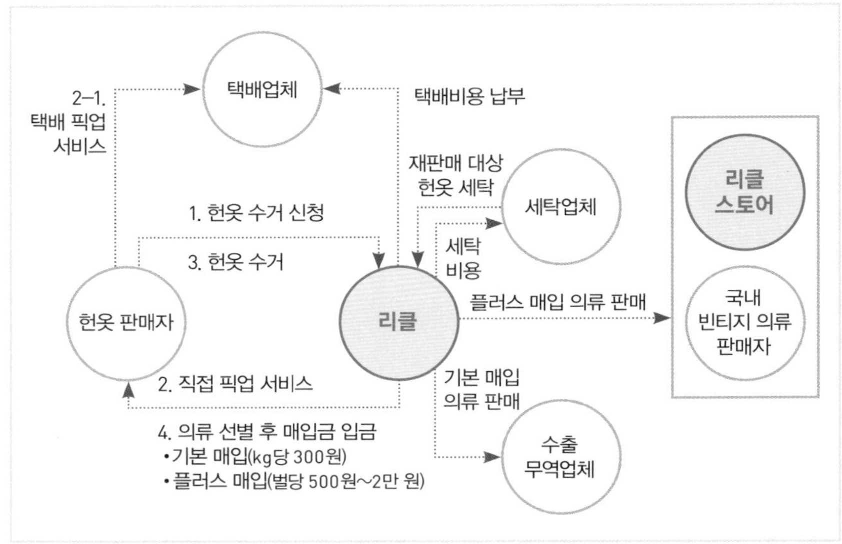

리클은 2021년 설립된 국내 기업으로, 국내에서 간편 의류 수거 및 리세일 서비스를 제공하고 있다. 많은 이들이 집에 있는 헌옷을 처리할 방법을 몰라 의류수거함에 넣거나, 쓸만한 옷들은 중고거래를 통해 거래하고 있지만 이 과정은 매우 번거롭다. 리클은 사용자가 집에서 헌옷을 모아둔 후, 모바일이나 PC를 통해 의류수거 신청을 하면 이를 픽업하여 세탁 및 분류 후 매입금액을 입금해주는 방식이다. 사용자들은 집에서 편하게 헌옷을 처리할 수 있고, 이에 대한 매출까지 발생시킬 수 있다. 현재 서울 및 경기 일부 지역에서 직접 픽업이 가능하며 그 외 도서·산간을 제외한 지역에서는 택배를 통해 리클 서비스를 이용할 수 있다.[83]

01 핵심제공가치

사람들은 계절 및 유행에 따라 여러 옷을 구입하며, 이 과정에서 입지 않게 되거나 낡은 헌옷이 많이 생기게 된다. 헌옷이 생길 경우 이를 처리하기 위해 택할 수 있는 방법들은 한정적이다. 동네 어딘가에 있는 의류수거함에 넣거나, 중고거래를 통해 멀쩡한 옷들을 다른 사람들에게 판매하거나, 헌옷 매입업체를 통해 처리할 수 있다. 의류수거함은 많이 비치되어 있지 않으며 헌옷을 모두 가져가 넣어야 하는 수고로움이 있고, 수익 또한 발생하지 않는다. 중고거래 판매 시에는 옷 사진을 찍고, 글을 작성하고, 구매자를 기다리는 과정이 필요한데 워낙 중고거래 플랫폼에 헌옷을 업로드하는 사람들이 많아 언제 팔릴지 알 수 없다. 헌옷 매입업체의 경우 대부분이 수거할 헌옷이 20kg 이상 되어야 무상으로 수거해주며, 옷의 상태나 브랜드에 상관없이 일괄로 무게를 달아 매입가를 산정해주기 때문에 좋은 옷을 버릴 때에는 제값을 받을 수 없다.[84]

리클은 기존 헌옷 처리방법을 훨씬 간편하게 개선했다. 사용자는 집의 헌옷을 정리한 후, 리클 애플리케이션이나 PC를 통해 헌옷 수거를 신청하고 추후 매입금을 정산받을 계좌만 연동해두면 사실상 모든 절차는 끝난 것이나 다름없다. 이후에는 정리해둔 헌옷을 지정된 수거일에 집 문 앞에 두면 리클의 내부 픽업팀이 비대면 수거하게 된다. 이렇게 수거한 헌옷들을 리클은 자체 검수기준에 맞추어 선별하게 되는데, 상태가 좋지 않거나 재판매가 어려울 것으로 판단되는 옷들은 '기본 매입' 대상 의류로, 옷의 상태가 좋아 세탁 후 재판매가 가능할 것으로 판단되면 '플러스 매입' 의류로 선별된다. 헌옷들이 어떻게 선별되느냐에 따라 매입 단가가 달라지며, 현재는 헌옷이 리클로 입고된 후 3영업일 내에 매입금의 입금까지 완료된다.

리클은 서울 및 일부 경기지역에서 비대면 픽업 서비스를 제공하고 있으며, 그 외 지역에서는 택배를 통해 헌옷을 수거하고 있다. 이 경우 헌옷 수거를 신청하면 전용 수거 키트가 집에 도착하고, 헌옷을 이 키트에 담아 지정된 날짜에 문 앞에 내놓으면 택배사를 통해 수거가 완료되는 방식이다. 수거까지의 시간이 조금 더 걸린다는 것을 제외하면 택배를 통한 수거도 기존 헌옷 처리방식에 비해 매우 편리하다.

02 수익공식

리클은 수거한 헌옷을 세 가지 방법으로 처리하여 매출을 발생시키고 있다. 첫 번째는 무역업체에 헌옷을 납품하여 수익을 발생시키는 방법이다. 리클에서 기본 매입으로 지정된 옷들은 재판매가 어려울 것으로 판단된 옷들로, 리클은 이렇게 분류된 옷들을 kg당 300원의 가격으로 매입한다. 기본 매입 옷들은 이후 수출 무역업체를 통해 해외로 수출되는데, 대부분의 경우 개발도상국으로 수출된다. 이 과정에서 리클은 무역업체에 kg당 약 100-200원 정도의 순이익만을 남기고 헌옷을 넘긴다.

두 번째는 리클이 직접 운영하는 리클 스토어를 통해 헌옷을 판매하는 방법이다. 여기서 판매되는 옷들은 플러스 매입으로 분류된 것들로, 상태도 좋고 유행에 뒤처지지 않아 재판매 가능성이 크다고 판단되어 리클의 온라인 스토어나 오프라인 스토어에서 판매된다. 플러스 매입으로 분류된 헌옷은 리클의 내부 규정에 따라 한 벌당 500원~2만 원 이상으로 매입단가가 책정되며, 이 옷들은 깨끗하게 세탁 및 관리된 후 매입단가 이상의 가격으로 판매된다.[85]

세 번째는 의류판매 관련 도소매 업체들을 통한 매출의 발생이다. 플러스 매입으로 수거한 헌옷 중, 리클의 자사 스토어를 통해 판매할 의상으로 선정되지는 못했지만 시장에 충분히 수요가 있는 것으로 판단되는 옷들을 국내의 빈티지 의류 업체들에게 판매해 수익을 올리게 된다.

리클은 헌옷 수거 시 직접 픽업이나 택배 픽업을 통해 관련 비용들을 지불하고 있으며, 직접 스토어를 통해 판매할 때는 전문업체에 살균과 클리닝을 맡기고 있어 해당 비용의 지출 또한 발생하고 있다.

03 핵심자원

리클의 첫 번째 핵심자원은 픽업 서비스와 선별 서비스이다. 많은 사람이 옷장 정리를 한 후 이를 처리하는 데에 애를 먹는데, 가장 큰 문제점은 산더미 같은 헌옷들을 직접 선별하고 운반해야 한다는 점이다. 헌옷에 대한 수익을 기대하지 않고 의류수거함에 넣어 단순 처리하려는 사람들은 무거운 옷을 들고 여러 번 이동해야 하며, 심지어 주거지 근처에 의류수거함이 없다면 이를 찾아 멀리까지 이동해야 한다. 헌옷의 중고거래를 통해 일부 수익을 발생시키고자 하는 사람들의 경우, 헌옷들 중 팔릴 만한 옷이 무엇인지 직접 선별해야 하는 번거로움이 있으며 플랫폼에 업로드할 때 옷의 사진을 잘 찍어 올리고, 판매가 됐을 경우에도 직접 택배나 직거래를 통해야 한다. 리클은 이러한 점을 잘 파고들어 헌옷을 버리려고 하는 사람들과 헌옷을 통해 소액이라도 수익을 발생시키고자 하는 사람들의 니즈를 모두 만족시킬 수 있었다.

리클의 두 번째 핵심자원은 판매 데이터이다. 리클은 그동안 헌옷들을 매입해 직접 판매해보면서 어떤 옷이 잘 팔리는지에 대한 데이터를 쌓을 수 있었다. 이를 통해 플러스 매입하고자 하는 옷의 기준에 대해 정립할 수 있었고, 어떤 옷을 얼마에 매입해야 판매자와 리클 모두 만족할 만한 수익을 창출할 수 있는지에 대해서도 기준을 만들 수 있었다.

04 핵심프로세스

현재 리클을 통해 헌옷을 처리하기 위해서는 최소 20벌을 모아야 한다. 또 리클이 매입하는 옷 종류에 대해서도 기준이 존재하는데, 속옷이나 유니폼, 수영복 같은 품목들은 매입하지 않고 있으며, 아기용품이나 넥타이, 에코백 등 기타 잡화류의 경우에도 매입하지 않는다. 단, 평범한 의류 외에도 가방과 신발 등은 매입하고 있다. 매입 대상이 아닌 품목들을 리클을 통해 처리할 경우, 해당 품목들은 무상 수거되며, 매입금액을 산정할 때 이 품목들을 제외한 무게로 매입금액을 정산하고 있다.

또한 리클의 플러스 매입단가에 대해서 여러 가지로 의견이 나오고 있다. 당근마켓과 같은 중고거래를 통해서 헌옷을 판매하게 될 경우, 리클의 매입단가보다 더 높은 가격에 판매해 수익을 얻을 수 있기에 리클의 플러스 매입단가가 너무 낮은 것이 아닌가 하는 의견이다. 적은 수의 헌옷을 처리할 때는 직접 중고거래를 통해 판매하는 것이 더 유리할 수 있다. 그러나 20벌 이상의 옷에 대해서만 수거 서비스를 제공한다는 측면에서도 알 수 있듯, 소량이 아닌 여러 벌의 옷을 처리하고자 할 때는 리클의 서비스가 압도적으로 높은 효용을 제공한다고 볼 수 있다.

20. 현지 맞춤화 여행중개 플랫폼:

마이리얼트립 My Real Trip

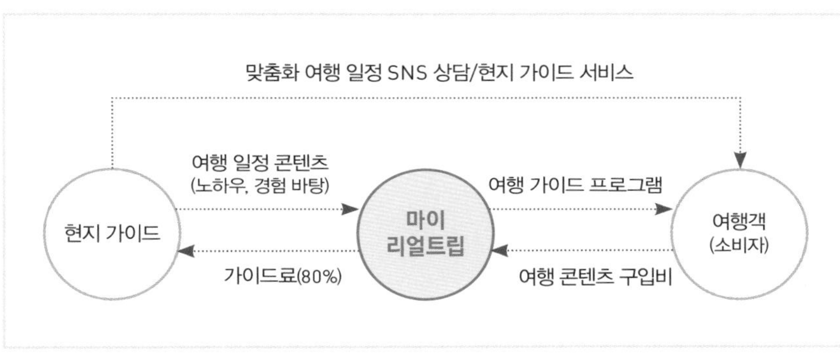

마이리얼트립은 온라인을 통해 국내외에 거주하는 현지 가이드와 그곳을 여행하고자 하는 여행자를 연결해주는 맞춤형 여행중개 플랫폼이다. 현지 거주 가이드가 자신의 경험을 바탕으로 개발한 여행코스를 상품으로 만들어 등록·판매하면 해당 여행코스를 희망하는 여행자가 구매할 수 있는 플랫폼을 제공한다. 마이리얼트립은 사실 여행사보다는 IT기업에 더 가깝다. '여행'은 고객에게 제공하는 서비스이자 가치이지만, 실제 여행 기획자와 여행 콘텐츠 제공자는 모두 기업 외부에 존재한다. 누구나 여행상품을 사고팔 수 있도록 플랫폼을 제공한다.

01 핵심제공가치

"진짜 여행의 시작!" 마이리얼트립은 '여행자와 가이드가 모두 즐거운 여행'을 만들고자 하는 일념하에 가이드가 있는 '패키지 여행'과 획일화된 코스를 탈피한 '자유여행'의 장점을 합친 여행서비스 플랫폼을 제공한다. 기존 대형 여행사에서 제공하는 여행 패키지들은 개인의 취향을 일일이 반영하지 못하고 수박 겉핥기 식의 장소 찍기, 불가피한 옵션 관광, 강제 쇼핑과 팁 요구 등 많은 문제들이 산재한다. 하지만 이를 피해 자유여행을 하려면 떠나기 전 현지 언어와 문화 등을 공부해야 하며, 여행자가 위험을 온전히 떠안는 불편함이 있다. 이러한 문제점에 대해 마땅한 대안을 제시하는 여행사 혹은 프로그램이 없다는 점에 주목하여 마이리얼트립은 여행지에 대해 가장 잘 아는 현지 거주인을 가이드로 고용해 '현지인과 함께하는 맞춤형 여행서비스'를 제공한다. 현지인 가이드는 마이리얼트립으로부터 자신의 지식과 재능을 여행상품을 통해 공유할 수 있는 기회를 제공받으며, 여행자들은 이를 통해 기존과 차별화된 맞춤형 여행을 경험할 수 있다.[86]

자유여행에 익숙하지 못한 사람들을 위한 패키지 여행 또한 새롭게 론칭하고, 비즈니스 여행을 위한 창구를 따로 마련하면서 다양한 형태의 여행을 모두 지원하고자 하는 노력 또한 계속하고 있다.

02 수익공식

마이리얼트립은 여행상품 판매 시 수취하는 수수료를 주 수입원으로 한다. 마이리얼트립은 메인상품인 투어상품을 운영하는 가이드 외에 티켓이나 숙소, 렌터카 대여 비즈니스와 관련된 제공자들을 파트너로 등록하고 해당 상품에 대한 판매가 발생할 때마다 수수료를 수취한다. 마이리얼트립이 20%, 서비스 제공자가 80%를 수취하는 정확한 수익분배를 통해 기존 패키지 여행의 옵션상품, 쇼핑 항목 등을 없앴다. 또한, 특정 장소 방문 시 구매할 수 있는 티켓은 금액에 따라 천차만별이나 평균 9.7% 정도의 수수료를 수취한다. 최저가 항공권의 경우 발권 수수료를 없애 해당 상품으로 수익을 창출하기보다는 항공권 구매를 위해 마이리얼트립 플랫폼에 들어온 고객들이 다른 상품에 대해서 검색하고 구매할 수 있도록 하는 크로스셀링 전략을 택했다. 그 외에는 여행에 필요한 렌터카, 여행자보험 등의 상품을 중개해 중개 수수료를 수취함으로써 수익을 발생시킨다.

03 핵심자원

마이리얼트립은 여행 상품을 사고팔 수 있는 플랫폼만을 제공할 뿐, 이를 구성하고 판매하는 주체는 가이드이다. 즉, 가이드들이 제공하는 여행상품의 내용이 얼마나 흥미로운지가 관건이다. 마이리얼트립에서 제공하는 여행상품은 프로 가이드뿐만 아니라, 현지에 사는 일반인들이 구성한 콘텐츠로도 구성되어 있다. 현지에 사는 일반인들이 자신이 잘 아는 분야를 테마로 여행상품을 만들어 제공할 수 있기에 다양한 가이드 풀이 여행내용에 영향을 미치는 중요한 요소가 된다. 여행객들은 기존 여행사들이 제공하는 획일화된 프로그램에서 벗어나 색다른 코스의 관광을 즐길 수 있으며, 투어 전 가이드와 미리 교류할 수 있기 때문에 자신이 원하는 바를 가이드와 충분히 상의 후 최종 여행일정을 결정할 수 있다. 현지인 가이드는 그 지역에 거주하면서 터득한 생생한 지역정보를 바탕으로 패키지 여행코스에서 찾아볼 수 없는 흥미로운 여행지식을 상품화한다. 여행객들은 현지인들만이 알 수 있는 알짜배기 장소들을 방문하고 색다른 체험을 하며 여행을 즐기는 것이 가능하다. 마이리얼트립에 가이드로 등록하기 위해서는 현지에 1년 이상 거주한 경험이 있어야 하며 해당 국가 내에서 취업과 관련된 비자를 보유하고 있어야 한다. 이처럼 현지인들이 가지고 있는 독특한 여행상품과 여행 가이드를 본업으로 하거나 가이드 및 여행업과 관련된 회사를 운영하고 있는 전문 가이드들의 여행상품을 함께 제공하기 때문에, 고객들은 다양하면서도 수준 높고 안정적인 여행상품과 서비스를 즐기는 것이 가능하다.

04 핵심프로세스

차별화된 여행상품을 제공하기 위해 마이리얼트립은 총 4단계에 거쳐 신중하게 가이드를 선발한다. 자기소개와 여행계획을 제출하는 1차 심사에서부터 심도 있는 질문을 통해 단순한 호기심에 지원하는 선발자들을 걸러내며, 가이드의 신분 확인을 명확히 하기 위해 신분증 사본을 받고, 화상 인터뷰를 진행하는 등 많은 노력을 기울인다. 또한 전 세계 주요 대도시에 상주하는 글로벌 마케터들이 직접 현지 가이드의 투어를 체험하는 현장 점검을 통해 검증된 상품을 제공하고 있다. 더불어 마이리얼트립을 이용한 고객들과의 만남, 전화 인터뷰 등을 통해 가이드와 여행상품에 대한 만족도조사와 서비스관리를 실시해 양질의 상품을 제공하기 위해 노력한다.[87]

또한, 마이리얼트립은 투어상품에 대한 수요가 많은 기업의 복지포인트 시장을 대상으로 발을 넓히고자 하는 시도를 하고 있다. 이미 삼성전자를 비롯해 넥슨, 농심 등의 큰 기업들을 거래처로 확보한 바 있다. 이를 시작으로 추후에는 기업의 모든 출장 및 여행 서비스를 전담하는 여행사로서 입지를 다지고자 한다.

그 외에 해외의 독특한 여행 프로그램들 위주의 서비스를 제공해 왔으나 현재는 국내여행을 원하는 사람들을 위한 여행 서비스도 제공하고 있다. 숙박예약은 물론 항공 서비스와 여행보험 서비스까지 론칭하여 여행과 관련된 모든 것을 아우르는 종합여행 서비스 플랫폼으로 거듭나고 있다.

21. 쇼핑 대행형 다면 플랫폼:

인스타카트 instacart

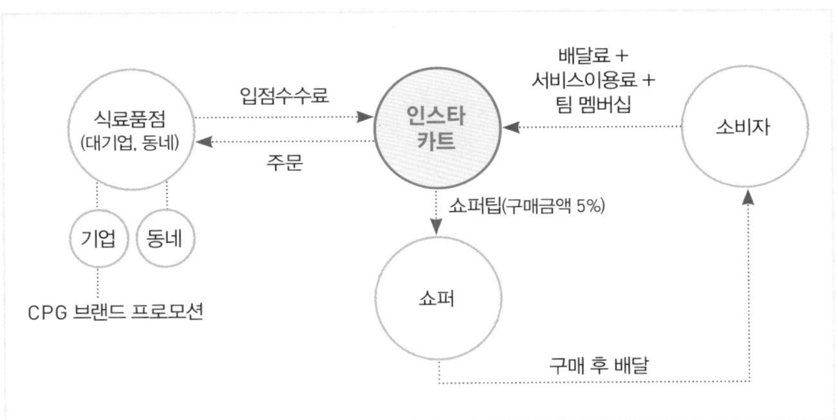

전통적인 온라인 식품 배송의 초기 목표는 식품의 신선도와 안전한 배송에 있었다. 소비자들은 직접 상품을 선택하고, 그 상품의 질을 확인하는 과정을 통해 구매하는 경험을 중요시했다. 그러나 콜드체인과 같은 식품 물류 체계의 발전과 함께 소비자들의 니즈는 빠르고 편리한 배송으로 이동했다. 이러한 시장의 변화에서 인스타카트는 '오늘의 식탁을 위한 장보기'를 대행하는 서비스의 가치를 창출했다. 이후 점차 참여하는 식료품점의 범위를 확대하고, 배달 서비스의 카테고리를 확대하면서 다면형으로 진화하였다.

01 핵심제공가치

인스타카트의 핵심가치는 소비자들의 변화하는 니즈와 즉시성에 대한 갈망을 깊이 이해하고 반영한 결과이다. 즉, 즉시성과 편리함을 중심으로 한 서비스 가치였다. 고객들은 집 근처의 마트에서 원하는 상품을 주문하고, 그 상품들은 쇼퍼라고 불리는 배달원에 의해 신속하게 배달된다. 이러한 서비스 모델은 소량·다빈도의 구매 패턴을 반영하며, 실제 마트와의 연계를 통해 물류창고의 필요성을 제거하고 직접적인 구매대행을 제공하는 것이 핵심적인 특징이다. 결국, 인스타카트는 전통적인 온라인 식품 배송의 경계를 넘어서, 현대의 소비자들이 원하는 즉시성과 편리함을 핵심가치로 삼아 시장의 리더로 자리매김하게 되었다.

02 수익공식

상품 판매로부터의 직접적인 마진을 추구하지 않는 대신, 고객들에게 배달비 개념의 수수료를 부과한다. 이 수수료는 인스타카트가 제공하는 편의성, 즉시성, 그리고 선택의 다양성을 반영하는 가격이다. 또한 연간 멤버십 가입비를 통해서도 수익을 창출한다. 멤버십을 통해 고객들은 추가적인 혜택이나 할인을 받을 수 있게 되며, 이는 고객의 재방문율을 높이는 데 기여한다. 하지만 더욱 눈에 띄는 변화는 광고로부터의 수익이다. 2023년 상반기 인스타카트의 매출 중 광고 비즈니스 매출이 전체 매출의 약 28%에 달한다는 것은 주목할 만하다. 인스타카트 플랫폼에는 현재 5,500개 이상의 브랜드가 광고하고 있으며, 이는 인스타카트가 단순히 배달 서비스를 제공하는 플랫폼이 아닌, 다양한 브랜드와 소비자를 연결하는 중요한 마케팅 플랫폼으로서의 역할을 하고 있음을 의미한다. 또한, 미국의 로컬 마트 특성을 고려할 때, 인스타카트는 중소규모의 지역 마트들에게 디지털 전환과 온라인 배송 시스템을 갖추는 솔루션을 제공함으로써 파트너 매장들로부터 매출에 비례한 커미션을 받는다. 이러한 협력은 로컬 마트들이 디지털 경쟁력을 갖추도록 도와주며, 인스타카트에게는 더 넓은 네트워크와 다양한 상품을 제공하는 기회를 가져다주었다. 이처럼 인스타카트의 수익모델은 다양한 수익원을 통한 다각화 전략과 고객, 파트너, 광고주와의 상생 전략을 중심으로 구축되어 있다. 이를 통해 2023년 상반기에는 매출 14억 8,000만 달러, 순이익 2억 4,200만 달러를 기록하며 업계의 주목을 받게 되었다.

03 핵심자원

인스타카트는 물류창고도, 배송트럭도, 재고도 없다. 비용을 최소화할 수 있는 구조이다. 직접 온라인 슈퍼마켓이 되는 대신 지역 곳곳의 수많은 슈퍼마켓 매장과 협력 관계를 맺고 있다는 것도 특징이다. 현재 크로거, 코스트코, 퍼블릭스, 월마트, 타깃 등 1,400개 업체의 총 8만 개 이상 매장이 인스타카트를 통해 배달한다. 이는 미국 오프라인 식료품 매장의 85%에 해당한다.[88] 이처럼 많은 식료품 매장이 인스타카트에 입점함으로써 인스타카트의 카테고리의 폭과 깊이가 다양해졌다. 이러한 결과는 소매점인 식료품 매장과 경쟁관계가 아닌 협력관계를 통해 성장을 추구했던 성장지향 윈윈 전략에 기인한다. 인스타카트는 아마존과 같은 기존 업체가 소매점의 고객들을 대상으로 공격적으로 경쟁체제에 돌입한 것과 달리, 소매점들에게 파트너십을 강조하였다. 즉, 소매점들은 인스타카트가 중요시하는 파트너이며, 인스타카트가 단순한 중개업자가 아닌 사용자 경험을 공유하는 파트너라는 점을 어필하였다. 이러한 설득이 지역의 특색있는 다양한 소매점들에게 통했고, 그 결과 거대 물류창고를 활용하는 기존 유통 플랫폼에서 보유하고 있는 것과는 다른, 다양하고 특색 있는 식료품 카테고리의 구축을 가능하게 하였다.

04 핵심프로세스

인스타카트의 물류창고, 배송트럭, 그리고 재고를 보유하지 않는 구조는 단순히 비용 절감만을 의미하는 것이 아니라, 빠른 시장 변화에 유연하게 대응하며 다양한 리테일 파트너와 협력할 기회를 제공한다. 이러한 유연성은 팬데믹 기간 중, 사람들이 오프라인으로 장을 보는 것을 피하면서 온라인 쇼핑의 수요가 폭증했을 때 특히 빛을 발하여 인스타카트가 급성장하는 계기를 만들어냈다. 인스타카트는 한국의 장보기 서비스인 B마트나 컬리와 달리 물류창고와 물류시스템 없이 플랫폼만을 통해 장보기 서비스를 제공한 것이 빠른 성장의 비결이기도 했다.

기존의 대형 마트들이 각자의 전속 배송 시스템을 운영하는 한국과는 달리, 미국의 경우, 대다수 대형 마트는 자체 배송 시스템을 보유하고 있지 않다. 이러한 시장의 공백을 인식한 인스타카트는 코스트코, 타깃과 같은 전국적인 대형 마트부터 다양한 중소기업에 이르기까지, 여러 매장과 협력 관계를 구축하며 배송 대행 서비스를 제공하고 있다. 또한 인스타카트는 식료품 배달에만 국한되지 않고 다양한 업종으로 서비스를 확장하고 있다. CVS와 같은 약국 체인, 세븐일레븐과 같은 편의점, 그리고 세포라와 같은 화장품 매장에서의 주문도 배달해주며 이를 통해 사업 영역을 확장하고 있다.

한편, 소비자들이 배달하는 배달 서비스를 여러 품목으로 확장시키면서, 음식 배달과 같은 기존의 배송 서비스 업체들과의 경쟁에서 지속적인 차별점을 어떻게 만들어낼 것인가가 인스타카트의 또 다른 과제라고 할 수 있다. 배달이 핵심 서비스인 다른 서비스 분야의 경쟁자들과 마주칠 가능성이 커졌기 때문이다. 또한 물류시스템 없이 성장했다는 인스타카트의 핵심 전략은 잠재 진입자에게도 매력적인 성장전략이 될 수 있기 때문이다.

22. 위치 기반형 다면 플랫폼:

당근마켓

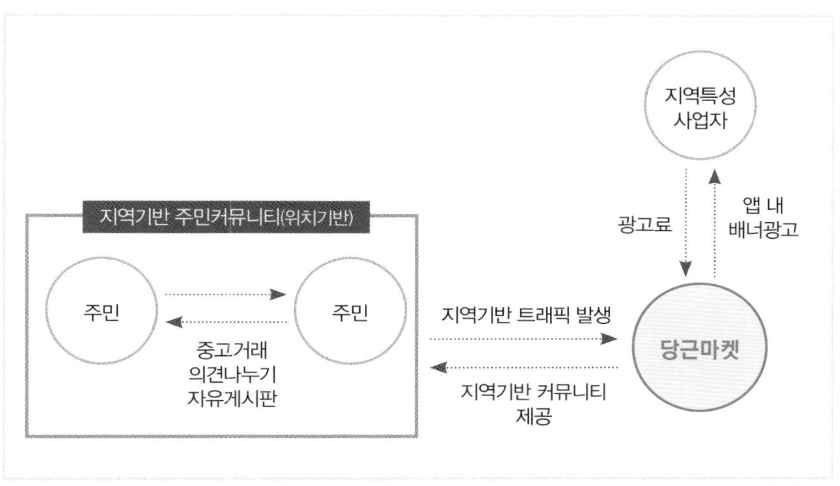

사람들이 가지고 있던 중고물품을 거래하고자 하는 욕구는 고대부터 존재해왔다. 물물교환, 장터, 벼룩시장 등을 통해 꾸준히 중고물품 거래가 이루어졌으며, 온라인 시장이 활성화된 후에는 '중고나라'와 같은 곳을 통해 거래가 이루어졌다. 이런 중고거래 사이트에는 지역 제한 없이 다양한 물품들이 올라왔기에 먼 지역이어도 택배 또는 직접 방문을 통해 거래가 이루어졌으며, 이 과정에서 심심치 않게 사기 범죄가 일어나기도 했다. 당근마켓은 이름(당신 근처의 마켓)처럼 지역 기반(위치 기반)으로 거래 범위가 제한되는 중고물품 거래 플랫폼이다. 내가 현재 있는 위치를 기반으로 내 주변 동네를 앱 내에 인증할 수 있으며, 이 인증된 지역에서만 내가 판매할 중고물품을 거래할 수 있다. 따라서 타지역에 어떤 물품이 올라오는지는 볼 수 없고, 내 위치 기반 약 10km 안에서 거래되는 물품과 게시글만을 열람할 수 있다. 내 주변의 중고거래 물품들만 올라오기 때문에 거래 대부분은 택배거래가 아닌 직접 만남을 통해 이루어진다.[89]

01 핵심제공가치

당근마켓은 '당신 근처의 마켓'이라는 이름에서 알 수 있듯 지역사회 기반의 거래 플랫폼으로, 위치상으로 내 주변 10km가 되지 않는 곳의 사람들과 거래를 진행하기 때문에 택배 거래 빈도가 적고 직거래가 용이하다. 이는 흔히 발생하는 중고 거래 사기를 방지할 수 있다는 점에서 장점이 있다.

또한 앱 내부에 채팅 기능과 댓글 기능이 탑재되어 있어 사고자 하는 물건을 올린 사람과 앱 내에서 바로 채팅으로 문의와 협상negotiation이 가능하며 댓글로 다양한 의견을 표출할 수 있다는 점도 앱 사용자에게 주는 편의성이다.

중고거래 외에도 당근마켓은 '동네생활' 탭을 통해 같은 동네에 사는 이웃끼리 다양한 주제에 대해 소통하고, 모임을 만들 수 있도록 하는 서비스를 제공하기도 한다. 한 동네 이웃간 소통에 대한 고객들의 니즈가 있었기에 출시한지 오래되지 않았지만 시장에서 좋은 반응을 얻고 있다. 모임 기능을 통해 맛집 탐방이나 스터디, 운동 모임 등이 만들어지면서 빠르게 활성화되고 있다.

02 수익공식

현재 당근마켓은 중고물품 판매자와 구매자에게 어떤 이용료도 수취하고 있지 않다. 현재 당근마켓의 유일한 수익원은 광고이다. 이 광고도 불특정 다수의 광고물을 수신하는 배너광고형이 아니라, 이용자들의 거주지역을 타깃으로 하는 지역 특성 사업자들의 광고이다. 주로 지역의 개인이나 소상

공인들이 지역 주민들을 고객으로 맞이하기 위한 광고를 게재하고 있다. 불특정 다수를 대상으로 하지 않기 때문에 주변의 동네 주민들이 방문해 실제 지역 사업자들의 매출로 연결되는 경우가 대부분이다.
그 외에 애플리케이션 내에 알바, 부동산, 중고차 직거래 탭을 따로 운영하고 있는데 이 부분에 대한 수익 또한 광고비의 형태로 수취한다. 예를 들어 부동산 카테고리에서 직거래를 원하는 집주인이 직접 매물을 올리기 위해서는 건당 일정 금액의 광고비를 지불해야 한다. 부동산 탭의 경우, 직거래로 이루어지기 때문에 중개인을 통해 거래하는 것에 비해 중개 수수료를 아낄 수 있다고 홍보하고 있다.

03 핵심자원

당근마켓은 사용자의 위치를 기반으로 자잘하게 쪼개진 수많은 커뮤니티를 가지고 있다. 이 커뮤니티가 유지될 수 있도록 지역적 유대감을 반영한 정보와 신뢰를 지속적으로 유지하는 것이 가장 중요하다. 이를 위해서는 중고거래 시장에 많이 존재하는 전문 업자들이 유입되지 않도록 해야 한다. 또한 중고거래 시 부정거래나 사고가 발생하지 않도록 적절하게 커뮤니티를 모니터링하고 적합한 규정을 만드는 노력이 필요하다.

동네 주민들 간의 거래라고 해서 사기 범죄가 아예 일어날 가능성이 없는 것은 아니기에, 당근마켓은 '매너온도'라는 지표를 사용한다. 이는 실제 일어났던 중고거래 과정에서 거래 상대자로부터 받은 칭찬, 후기, 비매너 평가, 운영자 징계 등을 종합해서 만든 매너 지표이다. 점수가 좋을수록 첫 온도인 36.5도에서 조금씩 온도가 올라가도록 설정되었으며 매너온도와 함께 재거래 희망률이 노출되도록 해 중고거래를 고려하는 이용자들의 걱정을 덜 수 있도록 한다. 또한 이와 별개로 실제 거래 후기를 남기게 되어 있어 이용자들 간에 걱정 없는 거래가 가능하도록 했다.

당근마켓 거래가 빠르게 증가하면서 2024년에는 당근마켓 거래 시 개인

간 분쟁에 대한 조정 사례집이 발간될 예정이다. 또한 분쟁에 대한 전담 조정기관인 분쟁조정센터가 신설되었다.

04 핵심프로세스

보통 동네 중고거래 커뮤니티라고 하면 소소한 물품들만 올라오는 것으로 오해할 수 있으나, 실제 이용자들은 당근마켓을 단순 중고거래 플랫폼을 넘어 다양한 용도로 활용하고 있다. 예를 들어 중고차 거래 딜러가 본인 홍보를 위해 당근마켓을 이용하기도 하며, 동네에서 발견한 분실물의 주인을 찾기 위한 게시물이 작성되기도 한다. 당근마켓의 시작은 동네 중고거래를 위한 플랫폼이었으나 현재 '동네생활'이라는 탭을 통해 주민들 간의 고민 토로나 정보 전달을 위한 커뮤니티의 성격도 띠고 있다. 현재는 광고 외에 주요한 수익 출처가 부재하나 향후 많은 이용자가 방문하는 동네 커뮤니티로서 두각을 드러낸다면 트래픽을 기반으로 하는 어떤 비즈니스로도 확산이 가능하다.

현재 당근마켓의 가장 큰 고민은 수익화 방안이다. 이와 관련해 당근마켓은 커뮤니티 서비스를 통해 당근 플랫폼에 사람들이 더 많이, 더 오래 머무르도록 한 후 이용자들을 기반으로 당근마켓의 서비스 방향과 잘 맞는 여러가지 비즈니스를 시도하고자 한다.

23. 인테리어 큐레이팅 기반 다면형 플랫폼:
오늘의 집

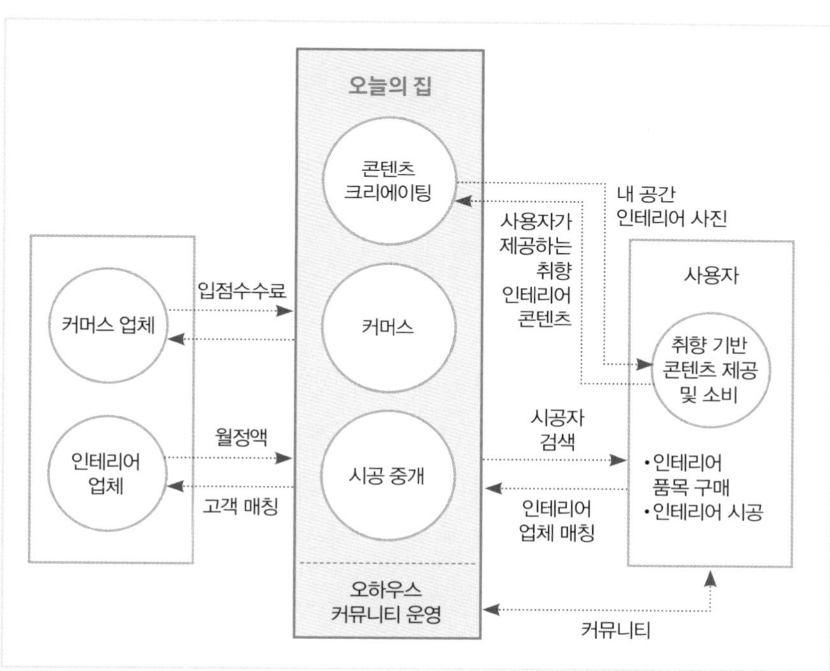

디지털 메커니즘이 산업 전 분야로 확대되면서 비즈니스 생태계 내의 정보 비대칭 현상은 과거에 비해 빠르게 감소하는 현상을 보이고 있다. 여기에서 기술이 진보하면서 최근 두드러지게 나타나는 현상은 단순히 정보를 수집하여 제공하는 성격의 서비스로는 서비스의 차별화가 어려워지고 있다는 점이다. 즉, 정보의 제공에 있어서 어떠한 내용 혹은 성격이 담겨 있는지가 중요해졌고 이러한 내용에는 취향이라는 요소가 점차 중요해지기 시작했다. 오늘의 집은 점차 다양해지고 있는 라이프스타일을 사용자가 추구하는 취향이 담긴 인테리어 정보를 제공하는 콘텐츠 플랫폼을 구축하고자 하였다. 즉, 오늘의 집은 정형화된 인테리어 정보가 아니라, 취향별로 고도화된 정보를 제공하면서 인테리어 정보를 고객 맞춤형 콘텐츠로 제공될 수 있는 서비스를 제공하는 비즈니스 모델을 지니고 있으며, 취향을 기반으로 콘텐츠 제공, 제품 판매, 커뮤니티 운영, 그리고 출판까지 영역을 확장하고 있다.

01 핵심제공가치

사용자들은 오늘의 집을 통해, 나의 집을 취향에 맞게 꾸밀 수 있는 인테리어 정보를 얻고, 취향에 맞는 독특한 인테리어 용품을 구매할 수 있다. 또 인테리어 시공이 필요한 경우, 내 취향에 맞는 시공을 해줄 수 있는 업체 또한 오늘의 집을 통해 알아볼 수 있다. 집안 꾸미기와 관련된 모든 것이 오늘의 집을 통해 해결되는 구조이다. 또한 집안 꾸미기는 일회성으로 끝나는 것이 아니라 지속성이 필요한 부문이다. 어떻게 하면 좀 더 집안을 특색 있고 또 효율적으로 꾸미고 관리할 수 있을지에 대한 아이디어도 지속적으로 필요하다. 오늘의 집은 이런 집안 꾸미기에 대한 아이디어와 정보도 제공하면서 사용자의 집이 취향이 실현되는 가치 있는 공간으로 탈바꿈될 수 있도록 돕는다. 결론적으로 오늘의 집은 라이프스타일 콘텐츠를 만들어가면서 좋은 콘텐츠를 모으고, 콘텐츠를 찾는 고객을 모으고, 고객이 모이자 고객니즈를 파악하게 되고, 좋은 고객경험을 제공하면서 고객경험을 새롭게 혁신해나가는 모습을 보이고 있다.

02 수익공식

오늘의 집은 수퍼앱으로 진화하면서 여러 수익모델을 통해 수익을 창출하고 있다. 수익모델은 인테리어 입점 업체 중개 수수료 및 제품 중개료를 통해 수익을 만들었다. 수수료는 품목별로 조금씩 다른데 15~20%로 부과하고 있다. 주목할 만한 점은 오늘의 집은 2023년 11월, 월간 흑자 전환에 성공하였는데, 커머스 분야에서의 매출 상승이 커다란 역할을 담당하였다는 점이다. 오늘의 집 커머스에는 가구, 패브릭, 홈데코, 가전 등의 카테고리가 있는데, 다양한 카테고리를 구성하여 평균 객단가를 높이는 전략을 취하고 있다. 구체적으로 2022년의 커머스 분야 매출을 살펴보면, 오늘의 집에서 100만 원 이상 구매한 고객의 수 증가율은 24%이며, 500만 원 이상 구매한 고객의 수도 62%가 증가하였다고 한다.[90] 이는 가전 카테고리 확장에 따른 결과로 볼 수 있다. 2024년부터는 수익 증대를 위하여 어필리이에이트 제휴 마케팅 서비스를 시작했다. 이 서비스는 '오늘의 집 큐레이터'라는 명칭으로 론칭하였는데, 기업의 제품이나 서비스를 홍보하고 실적에 따라 큐레이터에게 리워드를 지급하는 방식이다. 큐레이터가 지니고 있는 SNS 규모에 따라 프로는 판매 금액의 기본 3%, 우수 등급은 2%, 이웃 등급은 1%의 리워드를 제공한다. 이 서비스를 통해 인플루언서들 혹은 콘텐츠 크리에이터들이 커머스 마케팅에 동참할 수 있고 앞으로 커머스 수익 확대에 기여할 수 있을 것으로 보인다.

03 핵심자원

오늘의 집이 사용자를 통해 축적해온 '좋은 콘텐츠'는, 다른 인테리어 정보 플랫폼과 오늘의 집을 다르게 만드는 핵심자원이다. 단순히 평형에 표준화된 인테리어 사진을 모았다거나, 혹은 일반 가정들은 실현하기 어려운 지나치게 전문화된 인테리어 사진이나 상품 정보, 아니면 특이점이 없는 평범한 인테리어 용품들을 모아 놓은 플랫폼들과 비교해서 '오늘의 집'은 확실히 차별화된 콘텐츠가 모여 있는 곳이다. 어디서나 볼 수 있는 인테리어 콘텐츠가 아니라, 사용자들이 보면 반할 수밖에 없는 콘텐츠가 바로 오늘의 집을 성장시킨 원동력이 되었다. 또한 오늘의 집이 지니고 있는 콘텐츠는 단순히 좋은 콘텐츠라는 것을 넘어서서 '실현 가능한 콘텐츠'로서 나의 취향화로 이어질 수 있다는 장점을 지니고 있다. 즉, 센스 있는 일반인들이 꾸며 놓은 멋진 인테리어를 보면서, 나의 집에도 적용할 수 있는 인테리어 스타일, 예쁜 인테리어 소품들에 대한 정보가, 취향이 반영된 콘텐츠라는 점이 독특하다. 이처럼 차별화된 콘텐츠는 오늘의 집에서 일회성으로 정보를 탐색하는 사용자가 아닌 지속적으로 독특한 취향 콘텐츠를 보고자 하는 사용자들을 모으고 이들이 지속적으로 플랫폼에 머무르게 하는 유인책이 되었다. 좋은 콘텐츠에 대한 가치를 중시하는 오늘의 집은 '오하우스'라는 커뮤니티를 운영하여 사용자들이 더욱 활발하게 콘텐트를 업로드할 수 있는 환경을 제공하였고, 이렇게 쌓인 콘텐츠를 종이책으로 출간하기도 하여 사용자들이 생각날 때마다 꺼내 보고 기억할 수 있는 아날로그 감성의 콘텐츠로도 보유할 수 있도록 하였다.

04 핵심프로세스

오늘의 집은 오늘의 가든, 반려동물 콘텐츠 및 상품, 가구 배송 서비스를 통한 물류 서비스 혁신 등 '집'과 '라이프'를 기반으로 하는 다양한 콘텐츠와 커머스 분야로 끊임없이 확장하며 성장하는 모습을 보여주었다. 이러한 성장 경로는 오늘의 집의 비즈니스 프로세스를 보다 명확하게 이해할 수 있게 한다. 오늘의 집은 먼저 수익을 창출하는 부분에 집중하는 것이 아니라 사용자들이 필요한 '콘텐츠'를 수집하고 축적하는 데에 주력을 다하였다. 하지만, 창업 초기에 좋은 콘텐츠를 많이 쌓아도 이것이 수익화로 이어지지 않으면서 많은 어려움을 겪으면서, 어느 정도 사용자가 모이고 콘텐츠가 축적되니 이후에는 이러한 자원들을 수익으로 이어지게 하는 프로세스를 구축하는 데 중점을 두었다. 그 결과 사용자들이 인테리어 사진이 담긴 인테리어 용품의 구매처를 궁금해하는 점에 착안, 커머스 서비스를 도입하였고 사용자들이 오늘의 집 플랫폼에서 좋은 고객경험을 할 수 있는 커머스 시스템을 구축하였다. 구체적인 사례가 가구 커머스 서비스이다. 기존의 가구 커머스 시장에서는 가구를 구매하고 배송받을 때, 배송 기간인 길면 2주라는 긴 시간이 소요되었고 이마저도 고객이 원하는 날짜를 지정하기 어렵다는 문제가 있었다. 오늘의 집은 가구 판매를 시작하면서 품목에 따라서는 내일 도착, 그리고 원하는 날에 도착하는 지정 배송 및 설치 서비스를 선보이면서 기존 가구 커머스 시장의 불편함을 개선하고 고객경험을 향상시키고자 하였다. 이처럼 고객경험 향상 기반의 커머스 시스템을 구축하면서, 인테리어 용품과 가구에서 캠핑, 반려동물 그리고 반려식물 분야로 카테고리를 확장했다. 한편 오늘의 집은 여러 분야로의 카테고리 확장해 나가면서, 취향 기반 인테리어 큐레이이팅이라는 정체성을 어떻게 지켜나갈 것인지에 대한 새로운 도전에 직면하기도 하였다.

3.2.3. 플랫폼형 비즈니스 모델 | 거래유형별 | 다면형

24. 짐 배송 전문 다면 플랫폼:
짐캐리 Zimcarry

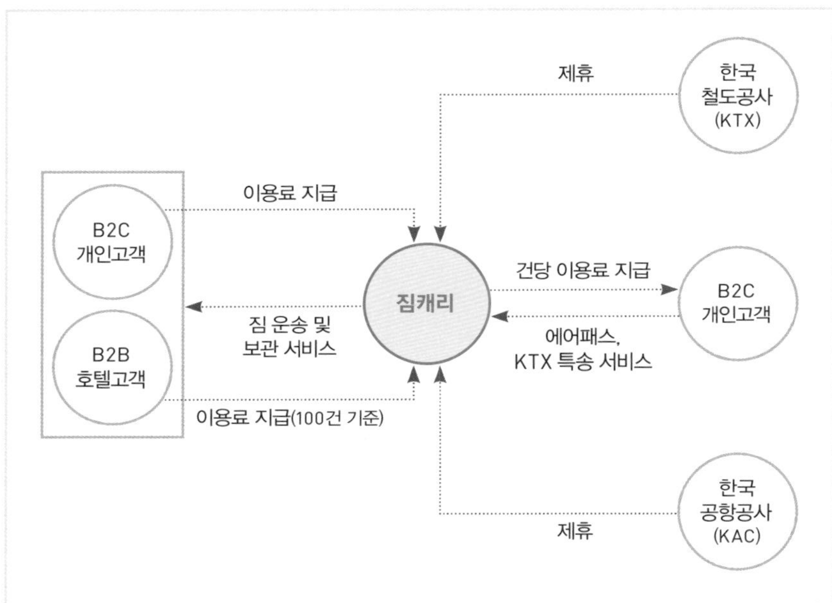

어딘가로 출장 혹은 여행을 떠날 때 반드시 동반하게 되는 것은 내가 사용할 물건들이 담긴 '짐'이다. 자가용을 이용하는 경우와 다르게 대중교통이나 비행기 등을 이용하는 여행을 할 경우 여행지에서 짐 보관이나 짐 이동의 니즈가 계속해서 발생할 수밖에 없다. 짐캐리는 이러한 문제점을 라스트 마일 배송 플랫폼을 통해 해결하고자 했다. 여행지의 역에 짐 보관 혹은 짐 이동을 맡긴 후, 빈손으로 편안하게 여행을 즐길 수 있도록 하는 서비스를 메인으로 제공하고 있으며, 그 외에도 KTX 특송을 통해 빠르고 정확한 짐 배송, 국내선 위탁 수하물 픽업 배송 등을 제

공하고 있다. 현재 짐캐리 서비스는 대부분 동남권 지역을 중심으로 제공되고 있다.[91]

01 핵심제공가치

여행지에 도착하면 대부분의 사람은 숙소 체크인을 먼저 하거나, 혹은 식사를 하더라도 그 후 거의 바로 숙소 체크인을 한다. 이는 들고 있는 짐이 거추장스러워 계속해서 들고 다니기 어렵기 때문에 짐을 내려놓고 편안한 여행을 즐기기 위함으로 볼 수 있다. 짐캐리는 이를 포착하고 출발지, 혹은 역에서부터 짐을 목적지의 숙소나 역까지 배송해주는 서비스를 제공한다. 이 서비스는 역이나 숙소에서 대면으로 진행될 수도 있으며, 혹은 필요에 따라 배송기사를 통한 비대면 방식으로 이루어질 수도 있다. 여행지로 출발, 혹은 여행지에 도착해서도 짐을 들고 다닐 걱정 없이 바로 여행을 즐길 수 있다는 점에서 짐캐리의 서비스는 매우 큰 편리함을 제공한다.[92]

그 외에도 짐캐리는 짐 운송, 보관과 관련해 다양한 서비스를 제공한다. 주요 역이나 공항 내부에 유인 시설을 보유하고 있어 24시간 짐을 안전하게 보관할 수 있도록 하고 있으며, 무인 보관함 등도 운영해 최대한 여행객들의 짐 보관이 용이하도록 노력하고 있다. 짐 운송 서비스와 관련해서는 KTX와 계약을 맺고 KTX 철도망을 통해 전국의 짐을 빠르게(반나절 안) 운송해주는 서비스를 하고 있으며, 에어패스 서비스(제주 한정)를 통해서는 출발지 공항에서 짐을 부치고 도착지의 숙소에서 바로 찾아볼 수 있도록 하는 위탁 수하물 픽업 배송 서비스를 제공하고 있다.[93]

02 수익공식

짐캐리의 수익은 B2C와 B2B로 나누어 볼 수 있다. B2C 서비스는 개인이 이용료를 지급하는 것으로, 짐의 크기와 보관시간 등에 따라 가격이 정해진다. 여행지 역이나 공항에서 숙소까지 짐을 배송해주는 짐 운송 서비스의 경우 짐의 크기를 세 가지(S, M, L)로 나누고 이에 따라 최소 1만 원에서 최대 2만 원 이상까지 서비스 비용이 발생한다. 에어패스 서비스의 경우에도 오직 짐의 크기로 가격이 정해지는데, 짐의 크기를 네 가지(S, M, L, 골프백)로 나눈 후 최소 1만 5,000원, 최대 2만 원의 서비스료가 발생한다. 그 외에 짐의 크기 및 보관시간에 따라 가격이 결정되는 서비스는 유인과 무인 보관 서비스이며, KTX 특송의 경우 짐의 크기와 무게, 목적지, 짐의 성격 등에 따라 가격대가 다르게 형성된다.[94]

B2B 수익은 호텔을 통해 발생한다. 짐캐리의 B2B 서비스를 이용하는 고객들은 대부분 특급 호텔들로, 이들은 숙박고객들에게 짐캐리의 짐 운송 및 보관 서비스를 제공하고 그 이용료를 자신들이 지불한다. 이용료는 100건을 기준으로 80만 원이며, 이후 추가 건수에 따라 추가 정산되는 방식이다.

03 핵심자원

짐 운송 및 짐 보관과 관련해 여러 가지 서비스들이 시장에 나와 있다. 그중 짐캐리의 핵심자원으로 볼만한 것은 KTX와의 계약, 그리고 에어패스 서비스를 위해 한국공항공사로부터 보안검색대 출입을 허가받았다는 점이다. 현재 국내에서 KTX 철도망을 통해 빠르게 도착지까지 짐을 옮길 수 있는 사업자는 짐캐리뿐이며, 짐 없이도 종일 이동하는 KTX를 통해 짐을 운송하기 때문에 이에 따른 비용을 적게 들이고 서비스를 제공할 수 있다는 점에서 큰 메리트를 갖는다. 또한 경쟁사 중 골프백과 함께 여행용 캐리어를 골프장까지 이송해주는 서비스를 제공하는 곳이 존재하기는 하나, 한국공항공사로부터 허가를 받고 수하물을 위탁하여 제주의 숙소까지 배송할 수 있는 공식적인 서비스는 짐캐리의 에어패스뿐이다.[95]

04 핵심프로세스

짐캐리는 부산 기업으로, 자연스럽게 부산을 중심으로 하는 동남권 지역 중심의 서비스 제공하고 있다. 현재까지 가장 활발하게 거래가 발생하고 있는 곳은 부산 지역이며, 점차 이를 확대하면서 전국구 서비스로 나아가고자 하고 있다.

여행지에서의 짐 운반과 관련된 고객들의 부담을 덜기 위해 짐캐리는 여행지에서 짐캐리의 서비스를 이용할 수 있도록 하는 숙소들의 확보에 힘썼다. 현재 부산 지역의 경우 웨스틴 조선, 시그니엘, 파크하얏트, 파라다이스 호텔과 같은 고급 호텔을 비롯한 130개 이상의 숙소들이 짐캐리 서비스를 이용하고 있으며, 향후 지역을 확장한 후 더 많은 장소를 확보하고자 한다.

3.2.3. 플랫폼형 비즈니스 모델 I 거래유형별 I 다면형

25. 건강관리 정보 제공 다면 플랫폼:
눔 NOOM

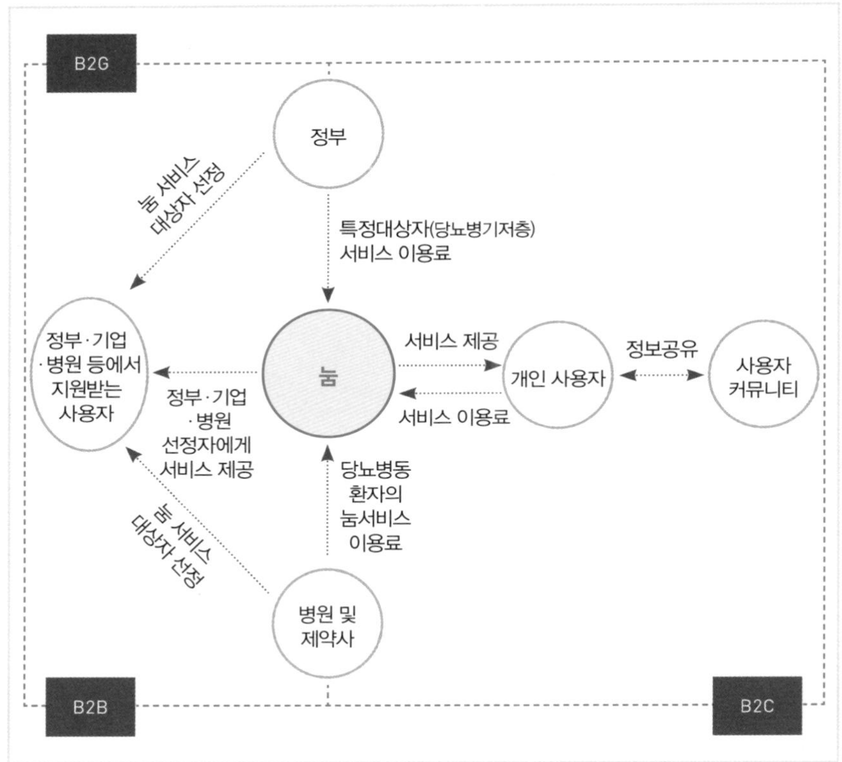

눔은 사용자의 식단과 운동 정보를 분석하여 다이어트와 건강한 라이프를 코칭해주는 서비스를 제공하고 있다. 더불어 병원, 보험사 및 대기업과도 연계하여 이들의 환자 혹은 직원들에게 눔의 서비스를 제공하여 건강한 습관을 형성할수록 돕고 있는 건강관리 다면 플랫폼이다. 매일 사용자에게 맞춤화된 건강

관리 미션과 팁을 제공하고 사용자가 앱에 기록한 데이터와 사용자가 설정한 목표 체중과 운동으로 소모한 칼로리를 기반으로 바람직한 식단을 알려준다. 중간에 포기하지 않고 끝까지 다이어트 목표를 달성할 수 있도록 개인 코치의 응원과 심리 기반 아티클을 제공한다. 그리고 체중 그래프를 통해, 사용자의 체중 변화 추이를 알려주는데 눔의 코칭을 제대로 실천할 경우 가까운 기간(예-일주일) 내에 얼마의 체중 감량이 가능한지를 미리 제시해주어 사용자의 동기를 자극한다. 눔은 단순히 다이어트를 위한 서비스가 아니라 사용자가 균형 잡힌 건강관리 습관을 형성하도록 가이드한다는 목표를 가지고 있다. 사용자들은 자신들의 식단과 운동 기록을 커뮤니티에 공유한다. 당뇨병, 성인병 같은 분야에서는 병원과 연계하여 환자들의 건강정보를 관리한다. 또한 B2B 서비스로 보험사와 대기업을 연계하여 직원들의 맞춤형 건강관리 서비스를 제공하고 있다.

01 핵심제공가치

눔의 미션은 건강과 관련된 행동을 올바른 방향으로 변화시킬 수 있도록 도와주는 모듈이 되는 것이다. 이를 위하여 개인 맞춤형 식단, 행동 변화 유도, 건강한 습관 형성이 가능하도록 매일매일 사용자의 건강 관련 데이터를 분석하고 전문 지식을 제공하고 있다. 특히 눔은 올바른 식습관의 형성을 강조하는데, 우리가 섭취하는 음식이 건강 균형에 있어 핵심적인 요소라고 보는 여러 전문가의 의견과 일치한다. 눔이 제공하는 식습관 관련 기능들은 장기적 관점에서는 이용자에게 유의미한 건강 관리 방법이라고 할 수 있다.

구체적으로 눔은 맞춤화 서비스를 위해 전담 코치를 배정하여 개개인의 식습관 및 운동 패턴을 파악하고, 적절한 식단과 운동을 병행할 수 있도록 도와준다. 또한 사용자들을 위한 커뮤니티를 제공하여 설정한 목표 달성 및 그날의 기록을 회원들끼리 공유하고, '좋아요'나 댓글 통해 서로 독려할 수 있도록 하였다.

02 수익공식

눔은 맞춤화된 당뇨 또는 식습관 개선 프로그램을 제공하며 월별 비용을 청구한다. 비용은 프로그램에 따라 월 5만 5,000원에서 10만 9,000원으로 책정되어 있다. B2B 모델로도 매출을 내고 있는데, 전 세계 여러 기업이 직원 복지 차원에서 눔 이용권을 구매하여 제공하고 있다. 특히 미국의 경우 임직원들의 건강보험 비용을 기업이 부담하는 경우가 많은데, 직원들이 눔을 통해 효과적으로 건강을 관리하게 되면 장기적으로 비용 절감에 도움을 줄 수 있다는 장점이 있다. 더불어 눔은 비만 또는 당뇨 치료제 제약사와 연계하여 특정 약을 처방받은 환자들은 무료로 서비스를 이용할 수 있으며, 그에 따른 비용은 제약사가 눔에게 지불하고 있다. 마지막으로 2017년 미국 질병통제예방센터(CDC)로부터 당뇨 예방 프로그램으로 공식 인증을 받았으며, 이를 기반으로 눔을 이용하는 당뇨 환자에게 최대 630달러의 비용을 미국 정부가 지원해주는 방식으로 B2G 방식의 수익을 창출했다.[96] 이같이 B2C, B2B, B2G 분야에서의 수익 채널을 통해 연 매출 5억 달러를 창출하고 있다.[97]

03 핵심자원

심리학과 커뮤니티, 전문가의 일대일 코칭을 통하여 사용자의 동기 부여를 높이고, 목표를 이루도록 도와주는 프로그램이 눔의 핵심자원이다. 많은 기술 기반 스타트업이 사용자들에게 기능적인 서비스만 제공하면 된다는 안일한 인식으로 사업에 뛰어드는 경우가 많은데, 그 분야에서 장기적으로 살아남기 위해서는 사용자들에 대한 정확한 이해가 있어야 한다. 눔은 이를 위하여 사용자들에게 필요한 전문 지식 풀을 구축하고 대면과 비대면 서비스의 조합을 통한 시너지 창출을 추구하였다.

먼저 헬스케어 분야의 전문가 풀을 구성하여 사용자 건강과 심리 분야 정보 제공이 가능하도록 하였다. 또한 영양사와 트레이너들을 직접 고용하여 이들에게 전문 교육 프로그램과 사용자들에 대한 커뮤니케이션 스킬 향상을 위한 교육을 꾸준히 진행하였다. 사용자들이 중도에 이탈하지 않고 꾸준히 건강관리 프로그램에 참여하기 위해서는 무엇보다 개인 코치의 역할이 중요한데, 개인 코치가 단순히 건강정보를 제공하는 것을 넘어서 사용자와 효율적인 커뮤니케이션을 하는 것이 필요하다고 보았기 때문이다. 즉, 시장과 사용자에 대한 이해, 그리고 코치(사람) 역할의 중요성을 간파한 점이 눔의 핵심역량이라고 할 수 있다.

04 핵심프로세스

눔은 핵심자원인 전문 지식 콘텐츠와 코치들이 제공하는 서비스 품질 관리에 노력을 기울이고 있다. 마치 코치들이 사용자들로 하여금 목표를 이룰 수 있도록 관리해주는 것과 같이, 코치들에게도 '슈퍼 비전'을 제시하여 코치들 스스로 사용자들에게 향상된 서비스를 제공할 수 있도록 가이드하고 있다. 코치들은 서로의 코칭 경험을 자발적으로 공유하여 사용자 만족도를 높이려는 노력을 하는데, 이는 사용자들이 어떤 코치에게 관리를 받아도 비슷한 서비스를 제공받을 수 있는 프로세스를 구축하는 역할을 한다. 또한, 그동안 축적된 정형 데이터와 비정형 데이터를 기반으로 서비스의 자동화 또한 추구한다. 가령, 코치가 사용자에게 개인 메시지를 보낼 때 자동완성 기능을 제공하여 관리 효율화를 도모한다.

마지막으로, 눔은 이용자들이 건강 관리와 습관 형성(웰니스) 서비스에 돈을 지불하도록 만들었다는 점에서 의미가 있다. 비교적 바로 효과를 볼 수 있어 비용 지불 의사가 확실히 존재하던 미용 관리 서비스가 아닌, 장기적인 식습관 개선과 건강 관리 서비스에 대한 가치를 전달하는 것에 성공했다는 의미로 볼 수 있기 때문이다.

3.3.
제공가치 유형별

플랫폼을 분석하는 좋은 방법 중 하나는 그 플랫폼이 고객들에게 주는 단순하면서도 명쾌한 핵심가치를 이해하는 일이다. 글의 서두에서 소개했듯이 개인이 직접 거래를 하지 않고 기업을 특히, 플랫폼을 사용하려면 소비가 플랫폼을 통해야만 하는 '무엇인가'가 존재해야만 한다. 이 글에서 우리는 그 구체적인 효용의 내용을 일곱 가지로 분류했다. 1) 결제의 신뢰성과 편의성을 증대하는 금융거래형, 2) 서비스 이용의 장벽을 줄여주는 대여형, 3) 단순 중개형의 플랫폼이 아니라 플랫폼 사업자가 가지고 있는 정보를 다시 분석하고, 매칭해주며, 큐레이팅하고, 판매, 협상에 의해 선택해주는 정보형, 4) 시장과 같이 거래를 할 수 있는 장터를 제공하고 수수료를 받는 마켓플레이스형, 5) 스스로 구입하기에는 비용이 많이 드는 상품·서비스를 나누어 써서 상품 경험 비용을 낮추는 공유경제형, 6) 하나의 제품을 매개로 새로운 부가서비스를 창출해내는 매체형, 7) 게임 또는 미션 등을 통해 재미를 선사하여 서비스 이용을 늘리고 수익을 창출하는 게이미피케이션이다.

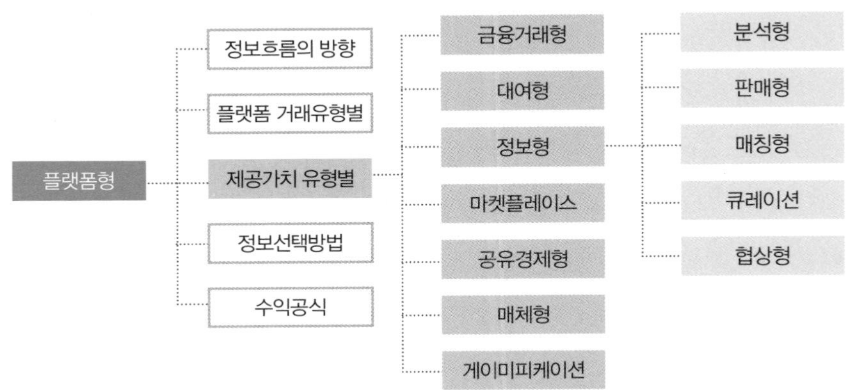

26. 간편 송금 중개형:

토스 Toss

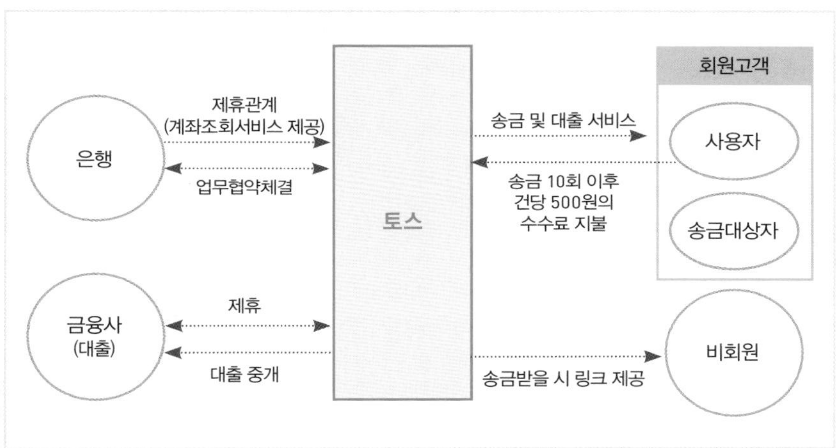

지인 간에 더치페이나 소액을 서로 빌려주고 갚는 등 자잘한 금전 거래가 크게 늘어나면서 소액을 계좌 이체하는 사람들의 숫자도 급증했다. 이에 은행들이 모바일 기반의 인터넷 뱅킹 서비스를 도입했으나 그에 따르는 보안 절차가 복잡해서 불평하는 사람들이 많았다. 토스의 송금 서비스는 복잡한 절차를 줄이고 최대한 간단한 송금을 가능하게 만들어 고객들에게 편리함이라는 가치를 제공한다. 토스에 가입하고 초기에 본인 계좌 번호를 입력하고 이에 대한 본인 인증 절차를 한 번 거치고 나면 그 다음부터는 간단한 비밀번호를 입력하는 것만으로 계좌 이체를 간편하게 진행할 수 있다. 이러한 간편 송금 서비스로 시작된 토스는 현재 투자, 대출, 보험 등의 영역을 모두 섭렵하며 종합 금융 플랫폼으로 성장하였다.

01 핵심제공가치

거액의 돈을 송금할 때는 보내는 입장에서 불안한 마음이 크기 때문에, 여러 가지 보안 단계를 거칠수록 오히려 안심할 수 있다. 따라서 본인 인증, 보안 프로그램 설치, 공인인증서 발급 등 귀찮고 많은 것들이 요구되어도 불평을 하지 않는다. 그러나 핸드폰 요금, 개인 간 더치페이와 같은 자잘한 액수의 돈, 통신료 혹은 모임 회비와 같은 소액을 계좌 이체해야 할 경우에는 거쳐야 하는 모든 보안 관련 단계가 거추장스럽고 귀찮기까지 하다. 토스 송금 서비스는 이런 불편함을 해소하기 위해 최소한의 간단한 절차를 통해 개인 간 소액 계좌 이체가 가능한 서비스를 제공한다.[98]

토스 가입 시 내 명의의 계좌를 연동할 경우 토스 플랫폼 안에서 신용카드 생성, 소액 투자, 대출, 자동차, 보험, 휴대폰, 부동산, 환전 등 금융 관련 모든 서비스를 이용할 수 있게 해 항목별로 굳이 다른 서비스를 탐색할 필요가 없도록 한다. 또한 사용하는 카드 내역을 연동할 경우 자동으로 사용자의 소비를 분석해주는 서비스를 제공한다.

02 수익공식

토스의 주된 수익은 금융 플랫폼 내 중개에서 발생하고 있다. 이용자들에게 금융사, 카드 등을 비교 분석할 수 있는 플랫폼을 제공하고, 이를 통해 실제로 계약이 발생하면, 수익이 발생하는 것이다. 실제 토스 매출의 과반을 발생시키는 항목이 대출, 카드, 보험 중개 등 금융 플랫폼 비즈니스라고 한다.[99] 또 다른 수익은 토스 이용자가 토스 비이용자에게 하는 송금 시 발생하는 수수료이다. 월 10회까지는 토스에서 수수료를 부담하지만 이후부터는 건당 500원의 수수료를 받는 형식으로 수익에 기여한다.

03 핵심자원

고객들이 간편하게 토스의 서비스를 이용할 수 있는 것은 이를 가능하게 하는 섬세한 배려와 기술력 덕분이다. 예를 들어 누군가에게 돈을 보내달라는 문자 메시지를 받았다면 이를 복사하기만 해도 토스 앱이 자동으로 실행되면서 계좌 이체를 진행할 수 있다. 또 앱 내의 더치 페이하기 서비스에서는 총 금액과 함께했던 인원수를 연락처 추가를 통해 입력하면 자동으로 각자 부담해야 할 금액을 계산하여 각 연락처로 메시지를 전송해준다. 이렇게 사람들이 평소에 자잘하게 불편하다고 느끼거나 필요하다고 생각했던 부분을 기술력을 통해 해결하려는 노력이야말로 핵심적인 자원이라고 생각된다.

04 핵심프로세스

토스의 송금 서비스를 이용하려면 먼저 가입 후 본인의 계좌 번호를 입력하고 이에 대한 본인 인증 절차를 거쳐야 한다. 그다음부터는 계좌 이체를 간편하게 진행할 수 있다. 이후에는 상대방 연락처나 계좌 번호와 액수를 입력한 후, 처음에 지정했던 네 자리의 숫자와 한 자리의 알파벳으로 구성된 비밀번호를 입력하거나 지문 인식 기능을 통한 간단한 확인 절차를 통해 바로 송금 절차를 마무리할 수 있다. 돈을 받을 상대방 계좌 번호가 아닌 연락처를 입력하면 상대방이 문자로 받은 토스 링크로 접속하여 본인 계좌 번호를 기억하고 입력할 필요 없이 연락처만 입력하면 상대방에게 문자 메시지가 발송되며, 안내된 토스 링크로 접속하여 상대방이 직접 계좌 번호를 입력하는 방식으로 간단하게 송금할 수 있다.

3.3.1. 플랫폼형 비즈니스 모델 | 제공가치 유형별 | 금융거래형

27. 현지 맞춤형 대출 플랫폼:
밸런스히어로 Balancehero

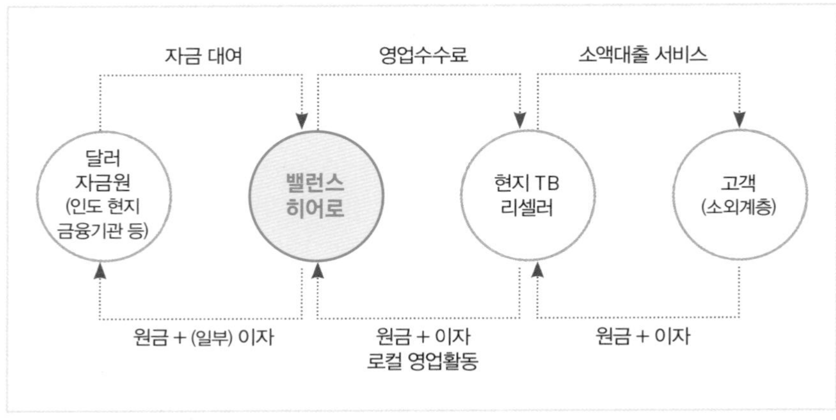

밸런스히어로는 2016년 인도 시장을 타겟으로 설립되었다. 초기에는 인도의 휴대폰 통신요금 틈새시장을 보고 시장에 진입하게 되었다고 한다. 당시 인도 사람들은 통신요금을 선불로 충전해서 사용했는데, 잔액이 얼마나 남아 있는지를 알기 위해서는 매번 특정 번호로 전화해서 문자메시지로 확인해야 하는 불편함이 있었다. 밸런스히어로는 이에 선불제 통신료 충전 앱 서비스인 '트루밸런스'를 출시하였으며, 해당 앱을 통해 통신료 잔액이 얼마인지 실시간 확인이 가능하도록 했다. 이후 서비스를 커머스, 보험 서비스, 공과금 결제 등으로 확대하면서 그 규모를 확장해 나갔다. 2019년에는 자체적으로 개발한 대안 신용평가 모델을 통해 인도의 저신용자들을 대상으로 하는 소액대출 서비스를 론칭하고 리셀러들을 통해 해당 비즈니스를 확대해나갔다. 현재는 약 8,000만 이상의 다운로드 수를 기록하며 지속

적으로 금융 플랫폼으로써의 규모를 키워 나가고 있다.[100]

01 핵심제공가치

인도의 인구는 14억 명에 육박하나, 이들 중 개인신용으로 은행에서 대출이 가능한 인구는 채 2억 명이 되지 않는다. 은행거래는 할 수 없지만 다달이 소액으로 돈을 벌어 실제 생활하는 데에는 큰 문제가 없는 사람들이 대부분이다. 이들은 은행을 통해 대출을 받지 못하기 때문에 돈이 필요할 때마다 1.5만 원에서부터 20만 원까지의 소액대출에 대한 니즈가 항상 있다. 밸런스히어로는 리셀러라고 불리는 현지의 서비스 대리인을 통해 은행 및 온라인 거래가 불가능한 금융소외층을 대상으로 결제, 보험 가입, 기차표 예매, 대출 등의 모든 금융상품을 제공하고 있다. 현재 인도 내에서는 상위 소득 계층을 대상으로 하는 결제 서비스는 존재하지만, 밸런스히어로처럼 금융소외층을 대상으로 서비스를 제공하는 업체는 없는 상황이다.

02 수익공식

밸런스히어로가 만든 대출상품을 현지의 리셀러가 인도 사람들에게 판매하고, 이들이 원금을 갚을 때 함께 지불하는 이자가 밸런스히어로의 주 수익원이 된다. 리셀러는 이 과정에서 일종의 수수료(캐시백)를 챙기게 되고, 밸런스히어로는 여기에서 자금원에 지불해야 하는 수수료를 제외한 금액을 순수이익으로 보유하게 된다. 밸런스히어로의 대상 고객인 인도인들은 소득수준이 충분하지 않아 통신이나 전기 요금을 지불할 때 이를 몇 번에 나눠서 결제하는 경우가 많다. 예를 들어 통신요금의 경우 적은 금액을 여러 번 결제하면 월 1기가 정도의 데이터밖에 쓸 수 없지만, 이를 밸런스히어로의 소액대출을 통해 한 번에 결제하게 되면 통신사의 마케팅 정책에 따라 매일 무제한으로 데이터를 사용하는 혜택을 누릴 수 있게 된다. 이처럼 일상에서 소액대출에 대한 니즈가 꾸준히 있어 이자율이 낮지 않음에도 불구하고 점점 사용하는 고객들이 늘어나고 있다.

밸런스히어로의 대출상품은 금액대에 따라 나뉘어 있는데, 신규 사용자들을 위한 'Welcome Loan'의 경우 1.5만 원~9.5만 원까지의 범위 내에서 대출이 가능하며 월 이자율이 최소 3.9%에서부터 시작되고 대출금을 62일 내에 이자와 함께 분할상환할 수 있다.[101]

03 핵심자원

밸런스히어로의 핵심자원은 인도 현지의 리셀러와 직접 개발한 대안 신용평가 체계ACSS이다.

먼저 인도 현지 리셀러의 경우, 숫자가 부족하고 거리가 너무 먼 은행, 높은 인도 사람들의 문맹률, 신용사회가 아닌 현금사회이기에 높은 온라인 불신 등의 장벽을 모두 넘게 해주는 사람들이다. 한국의 스타트업이 뚫기 어려운 인도의 시장을 파고들 수 있도록 한 중요한 인적 자원이라고 볼 수 있다. 리셀러들은 인도 사회 내에서 어느 정도 신용이 있고, 평판이 좋은 사람들로 밸런스히어로는 이 리셀러들을 집중적으로 관리해 이들이 좋은 성과를 달성할 수 있도록 하고 있다.

대안 신용평가 체계는 밸런스히어로가 인도 시장에서 선불제 통신료 충전 앱 서비스를 통해 확보한 7,000만 사용자들의 데이터(통신료 충전 및 결제 이력, 단말기 사용정보, 행동 데이터 등)를 기반으로 하는 시스템이다. 밸런스히어로는 이를 리셀러들에게 제공, 소액대출상품 판매 시에 활용할 수 있도록 하고 있으며 해당 시스템을 통해 신용도가 좋은 사람들에게 대출상품 판매 시 연체율이 상당히 낮은 것으로 나타났다.[102]

04 핵심프로세스

밸런스히어로의 대출 상품이 인도 내에서 본격적으로 확장되면서 이를 위한 대출자금이 지속적으로 필요한 상황이다. 이를 위해서 밸런스히어로는 2023년 국내에서 약 2,200억 원의 기업가치를 기반으로 약 300억 원 규모의 자금 조달을 마쳤다.[103] 밸런스히어로는 2020년 이후 3년 동안 대출 건수 8.3배 성장, 대출 실행금 액 7.4배 성장, 매출 7.6배 성장 등 폭발적인 성장을 통해 2022년 취급액 2,900억 원, 매출 694억 원, 연결기준 영업이익 107억 원을 기록하고 있다.

28. 부동산 선구매 거래대행 플랫폼: 플라이홈즈 Flyhomes

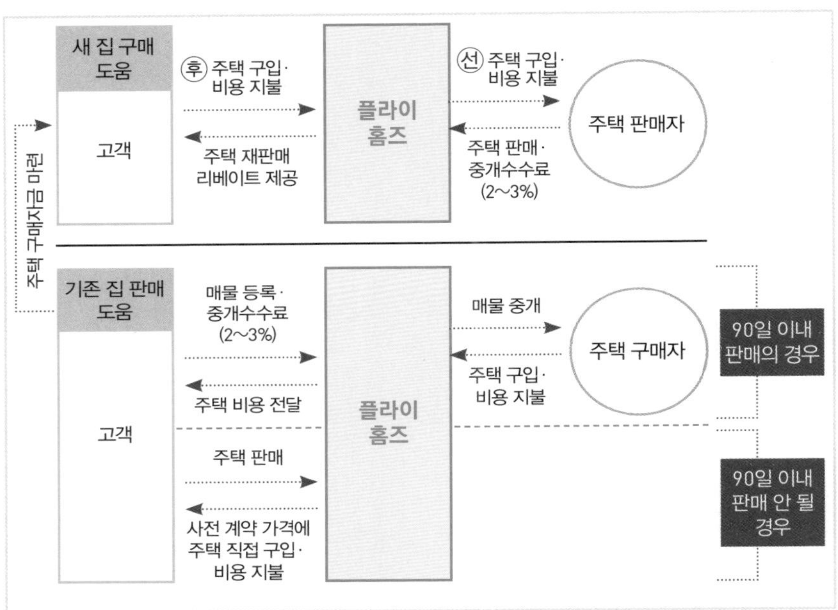

대부분의 사람은 '내 집'을 구하는 과정에서 비슷한 어려움을 겪는다. 마음에 드는 집을 찾는 것 자체도 쉽지 않지만, 운 좋게 발견하더라도 여기서 끝이 아니다. 대출 승인 절차를 기다리거나 현재 거주 중인 집을 처리하는 과정에서 조금이라도 시간이 지체되면 매물은 이미 다른 누군가에게 팔려 사라지는 상황이 자주 발생한다. 이런 어려움을 해결하고 주택 구매 과정의 복잡함을 줄여 구매 의사가 있는 구매 희망자의 내 집 마련 과정을 돕고자 플라이홈즈가 존재한다. 주 고객인 주택 구매 희망자가 원하는 집을 선택하면 플라이홈즈는 발 빠르게 구매 조건을 파악하고 전액 현금으로 직접 주택을 구매한다. 고객의 대출 승인이 완료되거나 기존의 집이 팔려 자금이 마련되면 그때 다시 고객에게 같은 가격으로 이를 되파는 시스템을 구축했다. 그뿐만 아니라, 살고 있던 주택이 빠른 시일 안에 팔리도록 정비와 홍보를 도와주는 동시에, 기간 내에 판매가 되지 않는다면 사전 계약된 가격에 플라이홈즈가 직접 집을 구매하여 고객은 부담 없이 새집에서 새롭게 시작할 수 있도록 도와준다.

01 핵심제공가치

플라이홈즈는 부동산 거래 시 주택 구매자와 판매자 사이에서 발생하는 불확실성을 줄여주고 과정을 단순화시켰다. 구매 희망자가 매물에 관심을 보이면 플라이홈즈는 2일 안에 빠르게 전액 현금으로 계약을 체결하므로 구매자는 매물을 보장받을 수 있으며 판매자는 원하는 조건에 빠르고 편리하게 집을 팔 수 있기 때문에 양측의 만족도를 높인다. 또한 플라이홈즈 고객의 40% 이상은 이미 집을 보유하고 있는 유주택자들로 기존의 집을 정리하는 동시에 새로운 집을 찾아야 하므로 큰 부담을 느낀다.[104] 기존 주택 보유자가 판매와 구매의 타이밍을 절묘하게 맞추기가 어렵다는 점은 부동산 거래에서 너무나도 많은 사람이 경험하는 딜레마이다. 플라이홈즈는 이를 보완하고자 메인 서비스인 주택 사전 구매 대행과 더불어 기존 주택의 판매를 위한 매물 등록과 관리를 돕고, 만약 90일 안에 팔리지 않는다면 플라이홈즈가 이를 직접 사들여 나중에 제3자에게 판매하는 과정을 책임진다. 플라이홈즈를 통하면 복잡했던 주택 매매가 쉽고 간편하게 진행되기에 서비스에 대한 수요가 증가하고 있다.

02 수익공식

플라이홈즈의 수익은 기존 부동산 중개 업체와 마찬가지로 거래를 중개하는 명목으로 받는 수수료에서 발생한다. 미국은 주택 거래 시 주택 판매자가 중개인에게 거래 금액의 2~3%를 중개수수료로 지불하는데, 플라이홈즈는 계약 구조에서 실구매자인 고객을 대신해서 주택을 미리 계약해주는 구매자인 동시에 이 둘을 연결해 준 중개인의 역할도 맡은 경우이므로 모든 거래에서 판매자로부터 이 수수료를 받게 된다. 이 과정에서 구매자는 비용을 지불하지 않을 뿐만 아니라 다양한 부동산 중개 업체 중에서 플라이홈즈를 선택하여 매매까지 완료했다는 점에서 오히려 수수료의 0.75%를 리베이트로 돌려받는 혜택까지 보게 되므로, 더더욱 플라이홈즈를 이용할 유인책이 된다. 마찬가지로 이렇게 주택을 구매한 고객이 원래 보유하고 있던 집의 판매를 돕고 보장하는 교환 프로그램 '트레이드업Trade Up'을 통해 실제 판매까지 이어진 경우에는 플라이홈즈는 판매자가 된 고객에게 거래가의 2~3%(지역에 따라 상이)의 비용을 중개 수수료로 청구한다.

03 핵심자원

플라이홈즈는 미국 캘리포니아 또는 시애틀과 같이 주택난으로 인해 비교적 부동산 경쟁이 치열한 지역들부터 우선적으로 사업을 확장하고 있다. 수요 대비 공급이 적어 비교적 우위에 있는 판매자들은 전액 현금 구매를 기본 조건으로 내거는데, 이런 상황에 어려움을 겪는 구매 희망자들이 많은 곳일수록 주택 거래의 불확실성과 위험성이 크기 때문이다. 이렇듯 가장 불확실한 시장 속에서도 구매 희망자의 안전망 역할을 해줄 수 있는 플라이홈즈의 프로세스가 가장 중요한 핵심자원이다. 또한 플라이홈즈가 보유하고 있는 주택 구매력 또한 핵심자원이라고 할 수 있다. 플라이홈즈는 매력적인 서비스를 바탕으로 2015년 창업부터 2020년 현재까지 1.4억 달러 정도의 큰 자금을 투자받고 있는데,[105] 이 투자금을 기반으로 계속해서 도움이 필요한 구매 희망자를 대신하여 주택을 현금으로 구매해주며 시장을 키워나가고 있다.

04 핵심프로세스

수수료를 판매자에게서 수취하는 기존의 중개 업체들은 거래 과정에서 판매자의 입장에 치우쳐 거래를 대리한다. 따라서 판매자가 아닌 구매자 중심의 프로세스를 만든 점이 플라이홈즈의 차별화 포인트이다. 이 과정에서 계약 불발이나 대금 미지급 등의 위험을 줄이기 위해 플라이홈즈는 여러 안전장치를 마련해야 한다. 구매자 대신 주택 비용을 지불하고 매입하기에 앞서 고객의 신용도를 다방면에서 조사한다거나, 고객이 예정된 재구매 일자 또는 대금 지급일을 넘기면 추가 비용을 고객에게 청구하는 등의 방식을 활용한다. 또한 고객이 유주택자일 경우 현재 거주하고 있는 주택이 빠르게 팔릴 수 있도록 도와주는 탄탄한 중개 시스템과 더불어, 만약 90일 이내에 판매되지 않아 직접 구매하게 될 경우 지불할 계약 가격을 사전에 책정하는 방식도 중요하다. 여러 면에서 플라이홈즈는 부동산 데이터 기반의 정확한 예측 모델과 분석 및 활용이 사업의 핵심이라고 할 수 있다. 새집을 얻고자 하는 고객들에게 편리함을 제공하되, 플라이홈즈도 위험을 최소화하며 사업을 이어가는 것이 중요 과제 중 하나이다.

플라이홈즈의 사업이 주택 시장의 활성화 혹은 침체와 같이 부동산 경기의 흐름에 영향을 받기 때문이다. 2021년까지 성장하면서 직원 수가 280명까지 달했지만, 이후 부동산 경기가 침체기에 접어들면서 주택 구입 수요가 감소하면서 플라이홈즈도 구조조정을 단행하는 등 경기 변동성에 영향을 받는 모습을 보였다.[106] 따라서 내 집을 마련하고자 하는 사람들과 판매자들에게 도움을 주면서도, 부동산 경기 침체 시에 충격을 완화시킬 수 있는 새로운 방안에 대한 모색도 장기적으로 필요할 것으로 보인다.

3.3.1. 플랫폼형 비즈니스 모델 | 제공가치 유형별 | 금융거래형

29. 스타트업을 위한 재무정보 기반 신용카드 발급 모델:

브렉스 Brex

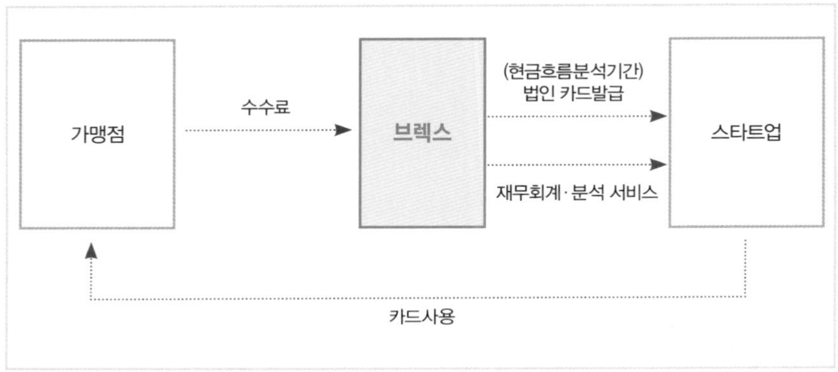

브렉스의 사업 아이디어는 창업자인 엔리크와 페드로가 직접 창업 과정에서 겪은 불편을 토대로 만들어졌다. 스타트업을 비롯한 기업들은 기업 활동을 하면서 여러 가지 이유로 법인카드를 사용한다. 하지만 초기 스타트업은 은행이 신용대출이나 법인카드를 발행해줄 신용이 없는 경우가 대부분이다. 이에 창업자는 법인이 아닌 개인카드로 회사 비용을 지불해야 하는 불편을 겪고, 회사 실적에 따라서는 개인이 신용불량자가 되는 위험까지 감수해야 한다. 브렉스는 이러한 상황에 놓인 스타트업에게 법인카드를 발급해주고 있는데, 스타트업의 투자 유치 상황, 현금흐름 등을 기준으로 발급 여부를 결정한다. 이러한 기준에 따라 신용을 충분히 쌓지 못한 스타트업이라도 법인카드를 발급할 수 있다.

01 핵심제공가치

브렉스의 핵심 가치는 '다른 대상', '다른 기준', '다른 절차'에서 찾아볼 수 있다. 먼저 신용카드 발급 대상이 스타트업이라는 점에서 이들의 사업이 차별화되어 있다. 창업한 지 얼마 되지 않은 스타트업에는 확실한 담보도, 실질적인 영업이익이나 안정된 매출도 존재하지 않는 경우가 대부분이다. 심지어 시장에서 주목을 받고 투자자로부터 성장 잠재력을 인정받아 투자 유치를 한 경우에도 말이다. 기존 기업들의 경우 법인카드를 발급받아 사업비 지출에 사용하는데, 스타트업의 경우 기존 신용카드사의 기준에 따른 담보나 신용의 미비, 안정적인 수익의 미확보로 인해 법인 신용카드 발급에 필요한 조건을 갖추기가 어렵다. 사정이 이렇다 보니 창업자들은 개인이 소유한 신용카드로 사업비 지출을 하게 되는데, 사업이 제대로 운영되지 않을 경우 이들은 신용불량자로 전락할 위험에 노출된다. 브렉스는 이처럼 기존 카드 회사에서 외면한 스타트업을 대상으로 향후 성장 가능성을 고려해 법인 신용카드를 발급해준다.

브렉스의 창업자들은 그들의 창업 경험을 바탕으로 스타트업에 적용하기 적합한 기준을 찾을 수 있었다.[107] 바로 신용 기록과 담보보다는 자금력을 바탕으로 법인카드를 발급하는 것이다. 발급을 위해 개인의 보증이나 제3자 보증은 요구하지 않는다. 자금력을 평가하기 위하여 기업별로 통장 잔고와 비용 지출 수준, 자기자본금 등을 감안하여 신용카드 한도를 결정하는데 보통 기존 법인카드 대비 20배가 넘는 한도를 설정한다.[108]

마지막으로 브렉스는 "Easy to start, Easy to scale"이라는 모토 아래, 빠르고 간편한 카드 발급 절차를 지향하고 있다. 온라인상에서 카드 발급 신청을 하고 나면 신청 즉시 사용이 가능한 가상 카드가 발급된다. 실물 카드는 7~10일 이내에 배송되며 팀별 카드 또한 온라인상에서 즉시 추가로 발급 가능하다. 카드의 종류는 유형에 따라 세분화되어 있는데, ① 초기 스타트업 ② 어느 정도 성장한 스타트업과 기존 기업 ③ 이커머스 분야 ④ 생명

과학 분야에 따라 다른 혜택을 제공하고 있다.

02 수익공식

브렉스는 법인카드를 발급한 스타트업으로부터 가입비나 수수료를 받지 않는 것을 원칙으로 한다. 하지만 처음 발급 이후 추가로 발급하는 카드(예, 팀 카드)의 경우에는 카드당 5달러를 받고 발급한다. 더불어, 프리미엄 구독 서비스를 제공한다. 프리미엄premium 플랜의 경우 매달 12달러에 기본계정보다 더 다양한 비용 관리, 여행 예약 및 이벤트 관리, 실시간 예산 관리 및 통합 서비스를 제공한다. 또한, 엔터프라이즈enterprise 플랜은 글로벌 기업에 맞춤형 요구사항을 제공하는데, 50개 이상의 국가에서 현지 카드 및 결제 등을 제공하며 비용은 서비스 규모에 따라 징수된다.[109] 이와 함께 브렉스의 주요 수익원 중 하나는 법인카드로 결제가 가능한 가맹 상점으로부터 받는 수수료라고 할 수 있다. 브렉스는 기업의 성장 가치를 인정받아 투자 유치를 통해 1조 이상으로 기업 가치를 끌어올리면서 유니콘 스타트업이 되었고 현재는 IPO를 목표로 하고 있다.

03 핵심자원

창업자인 엔리크와 페드로의 기술에 대한 이해와 역량, 그리고 이전의 창업 경험이 브렉스의 핵심자원이다. 엔리크와 페드로는 코딩과 프로그래밍, 그리고 금융 분야(특히 지급·결제)에 관심이 많았다. 이들은 브라질에서 10대 때 'Pargar.me'라는 핀테크 스타트업을 창업하여 성공한 경력이 있다. 이후에도 비욘드라는 가상현실 분야의 사업을 시도하기도 하였다. 헨리와 페드로가 보유한 뛰어난 기술적 역량에 스타트업 특유의 현금흐름 및 가치 산정 방식에 대한 이해, 그리고 사업 운영 방식에 대한 높은 통찰력이 있었기에 이들은 브렉스 창업 4개월 만에 시장에서 그 가치를 인정받아 유니콘으로 등극할 수 있었다. 이러한 기술력을 바탕으로 인공지능까지 접목한 브랙스는 더욱 고도화된 서비스 제공을 위해 힘쓰고 있다.

04 핵심프로세스

브렉스의 핵심 프로세스는 신용카드이지만 신용카드와는 다른 결제 방식을 사용한다는 것이다. 이는 브렉스의 신용카드는 각 청구 주기마다 잔액을 전액 지불해야 하며 부채를 이월할 수 없음을 의미한다. 따라서 기업은 부채를 오래 둘 수 없고 잔액이 자동으로 인출된다.[110] 브렉스는 신용카드 발급과 관련된 안전장치 확보를 위하여, 신용 한도를 유지하기 위해 고객에게 최소 2만 5,000달러의 현금 잔액을 유지할 것을 요구한다. 계좌의 순현금 잔고가 이 최소 잔액 미만으로 떨어지면 브렉스는 해당 금액을 유보하여 잔액을 0달러로 변경함으로써 더 이상의 손해를 차단한다.[111] 이와 같은 방법으로 위험도가 높은 기업을 상대로 현금 지불에 있어 안정성을 유지할 수 있다.

더불어, 스타트업에게 필요한 금융 관련 서비스를 제공하고 있다. 법인카드의 사용 내역을 분석하고 관리하는 서비스를 제공하고 있는데, 스타트업이 보다 간편하게 이 서비스를 이용하도록 하기 위해, 종이 영수증이 아닌 영수증 사진만으로 지출 내역 관리가 가능하도록 하였다(이들이 제공한 지출 관리 내역은 기업의 회계 시스템과 연동할 수도 있다). 이 서비스를 통해 기업은 일목요연하게 정리된 지출 내역을 제공받아, 더욱 효율적인 지출 관리와 앞으로 투자해야 할 부분에 대하여 쉽게 파악할 수 있다. 또한 브렉스는 스타트업의 리워드 프로그램을 다각화하고자 노력하고 있는데, 스타트업의 특성을 고려하여 다양한 할인 혜택과 포인트를 부여하고 있다.

3.3.2. 플랫폼형 비즈니스 모델 I 제공가치 유형별 I 대여형

30. 대여 기반 미술품 큐레이션 플랫폼: 오픈갤러리 Open gallery

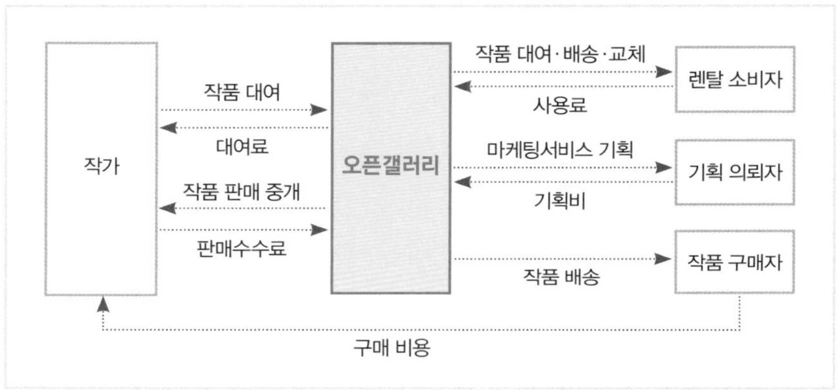

오픈갤러리는 매달 대여료를 받고 미술작품을 큐레이팅 및 대여해주는 기업으로 역량 있는 작가들을 발굴하여 이들의 작품을 합리적인 가격에 많은 사람들에게 유통하는 것을 목적으로 한다. 매달 일정한 사용료를 지불한 소비자가 직접 고르거나 큐레이팅을 통해 선택된 그림을 원하는 곳까지 배달·설치해주는 서비스를 제공하고, 매 3개월마다 계절 등의 분위기에 따라 그림을 교체해주는 사업을 진행하고 있다. 더불어 소비자가 그림을 소장하고 싶어하는 경우 판매를 하기도 하며, 미술강의, 전시, 프로모션 등 기업 미술 관련 마케팅서비스도 제공한다. 오픈갤러리는 그림뿐만 아니라 조각작품이나 다른 예술분야로 렌탈 서비스의 범위를 확대할 계획을 가지고 있다.

01 핵심제공가치

오픈갤러리는 미술작품에 대한 소비자의 접근성을 높여 작품을 소유하지 않고서도 얼마든지 미술작품을 즐길 수 있게 해준다. 소비자는 오픈갤러리를 통해 합리적인 가격에 엄선된 좋은 작품들을 온라인상으로 선택하고 배송받을 수 있다. 과거에는 그림을 소유하고 싶은 소비자는 적절한 그림을 찾기 위해 여러 갤러리를 돌아다녀야 했고, 구매를 위해서는 수십에서 수천만 원에 이르는 금액을 지불해야 했다. 하지만 미술에 대한 깊은 지식이 있지 않은 경우 정확한 작품의 가치를 알기가 어려워 과한 비용을 지불할 가능성이 있으며, 이후 그림을 더 이상 소유하고 싶지 않은 경우가 생기기도 한다. 이와 같은 이유들로 소비자는 미술작품에 대한 구매를 고민하게 되는데, 오픈갤러리는 가격장벽을 낮추고 큐레이터를 통해 엄선된 작품들을 제공하며, 소비자가 온라인으로 그림을 선택하면 배송과 설치까지 담당해줌으로써 소비자의 접근성을 높였다. 또한 주기적으로 대여작품을 교체함으로써 소비자들이 다양한 작품을 어려움 없이 즐길 수 있게 해주어 과거보다 미술작품에 대한 소비자 범위를 확장시켰다.

더불어 오픈갤러리는 유명하지 않지만 실력 있는 작가들이 시장에 접근할 수 있는 유통채널을 만들어준다. 기존의 미술작품 유통채널은 매우 제한적이었다. 소비자들은 가격과 접근성의 장벽으로 보수적인 소비를 하는데, 이로 인해 유명한 작가들의 작품 위주의 소비자들의 진입이 힘든 시장이 형성되었다. 오픈갤러리는 새로운 비즈니스 모델을 통해 기존 미술작품 시장에 대한 소비자의 장벽을 낮춤으로써 더욱 진보적인 소비를 촉진하고, 더 나아가 역량 있는 신진작가들의 새로운 작품들도 감상할 수 있게 도와준다. 젊은 작가들은 채널이 없어서 대중을 만나지 못하는 경우가 많은데, 오픈갤러리가 신진작가와 소비자를 연결해주는 플랫폼을 제공하는 것이다.

02 수익공식

주된 수입원은 작품 렌탈로 그림에 따라 가격이 다르게 책정된다.[112] 예를 들어 가로 50㎝, 세로 45㎝인 10호 그림은 39,000원의 월대여료를 받는다. 또한 첫 렌탈 서비스를 신청하는 사람에 한하여 3개월간 가장 작은 사이즈인 10호부터 60호까지 월 33,000원에 렌탈 서비스를 제공한다. 대여료에는 그림 이용료뿐 아니라 배송과 큐레이팅 비용까지 포함된다. 이렇게 부과된 대여료는 작가와 분배하고 있다. 소비자가 구매를 원할 경우 그림을 판매하기도 하며, 이 경우는 수수료를 제외한 판매대금을 작가에게 전달한다. 한편, 전시나 협찬 등의 아트 마케팅 서비스 사업은 프로젝트별로 수입을 얻는다.

03 핵심자원

엄선된 미술작품들은 오픈갤러리의 핵심자원이다. 핵심사업인 렌탈에 사용되는 작품들은 오픈갤러리가 작가들과 직접 계약을 체결해 확보한 그림들이다.[113] 2020년 4월 기준 31,189점의 작품들을 확보하고 있으며, 이 작품들은 모두 작가의 작업실 등 개인 공간에 있기 때문에 오픈갤러리가 공간을 따로 확보하지 않고 렌탈 수요가 있을 때 보관장소에서 고객들에게 직접 배송한다. 렌탈 시 작가들이 전시하는 기간을 피해 활용되기 때문에 작가의 작품활동에도 지장이 없다.

오픈갤러리는 미술작품에 대해 친숙하지 않은 소비자를 대신해서 작품을 엄선해주며, 자신의 취향을 알려주는 소비자에게는 큐레이팅을 통해 작품을 추천한다. 더 다양하고 좋은 미술작품을 제공하기 위해 실력 있는 신진작가들을 발굴하기 위한 노력도 지속하고 있다.

04 핵심프로세스

오픈갤러리는 SNS 등을 통해 자사와 제휴를 맺은 예술가들의 전시를 홍보해주고 있다. 이는 플랫폼의 파트너 중 공급자 역할을 담당하는 예술가를 끌어들이는 유인으로 작용하는 동시에 수요자인 고객들이 작품에 더 쉽게 다가갈 수 있도록 해준다. 또한, 비전문가인 고객들을 위해 인터넷을 통해 기호에 대한 설문을 진 맞는 그림을 추천해주는 서비스를 제공한다.

그림 렌탈 시장에서 꾸준히 성장하는 모습을 보여온 오픈갤러리는 최근 그림 렌탈 서비스 외에 그림을 통한 아트테크 비즈니스를 선보이기 시작했다. 고객이 오픈갤러리를 통해 그림을 매입하여 오픈갤러리에 위탁하여 렌탈하거나 재판매하여 수익을 거둘 수 있는 서비스이다.

3.3.2. 플랫폼형 비즈니스 모델 | 제공가치 유형별 | 대여형

31. 시간 세분형 대여 모델:

바이아워스 Byhours

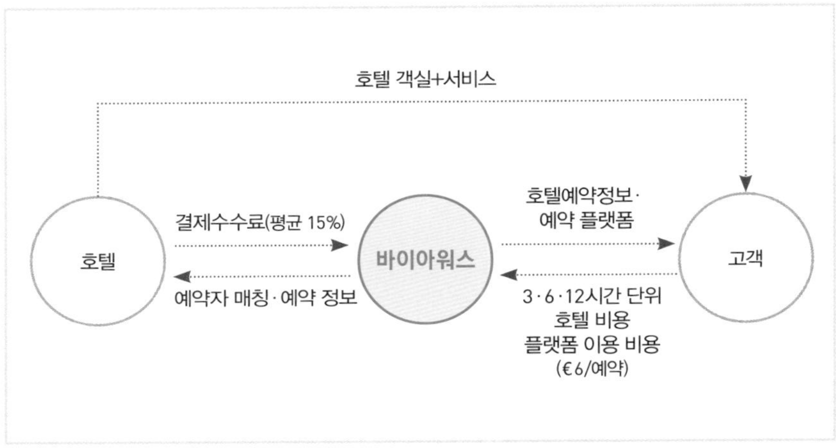

바이아워스는 에어비앤비Airbnb와 같이 개인의 주거공간을 공유하는 플랫폼의 등장으로 소비자들의 숙박 선택지가 다양해지면서 위기에 처한 숙박업계가 혁신을 추구하는 흐름에 발맞추어 등장했다. 바이아워스는 최소 하루 단위의 숙박이 기본이었던 호텔 이용에 대한 고정관념을 깨고 숙박의 장벽을 낮추는 '마이크로스테이Microstay' 서비스를 제공한다. 바이아워스, 즉 '시간 당' 이라는 회사 이름에서 알 수 있듯이, 고객은 최소 3시간부터 객실 또는 호텔의 부대시설을 예약할 수 있다. 고객의 필요에 따라 자유롭게 시간을 조정할 수 있으며, 예약을 받는 호텔들도 원래라면 종일 비어 있었을 객실을 활용하여 추가 수익을 벌 수 있다는 점에서 두 당사자 모두에게 이익을 제공하는 플랫폼으로 성장했다. 스페인에서 시작한 바이아워스는 현재 유럽과 남미 지역 등의 숙박업체 4,000여 개가 등록되어 있으며, 최

근 아시아 시장 진출을 위해 싱가포르 투자사로부터 자금을 유치하기도 하였다.[114]

01 핵심제공가치

바이아워스는 하루 단위로 예약하는 것이 당연하게 여겨졌던 숙박 업계의 관행을 깨고 고객 니즈에 맞게 호텔을 예약할 수 있는 시간 활용의 자율성을 제공한다. 기차나 비행기 탑승을 기다리는 출장객 또는 관광 중 피로가 쌓인 여행객들은 바이아워스를 통해 이용 시간만큼의 비용만 지불하고 합리적이면서 편리하게 호텔을 이용할 수 있게 되었다. 호텔의 입장에서는 예약이 되지 않아 종일 비어 있었을 객실의 공실률을 줄이고 판매 가능 객실당 수입Revenue Per Available Room을 올릴 수 있다는 장점이 있다. 또한 이런 마이크로스테이 서비스는 호텔 업계가 객실을 빠르게 정리하고 관리하는 인력 및 시스템을 구축하고 있기에 가능한데, 에어비앤비와 같은 개인 대 개인 중개 플랫폼들에서는 제공하기 힘든 가치를 통해 차별화를 꾀하는 데 중요한 역할을 한다.[115]

02 수익공식

통합 호텔 예약 플랫폼인 바이아워스는 예약자와 호텔 양쪽 모두에게 수수료를 청구한다. 바이아워스 웹사이트 또는 앱에서 진행되는 예약 결제 건에 대해 호텔들은 평균적으로 15%의 중개 수수료를 지불하며, 예약 고객은 예약 건당 6유로 정도를 플랫폼 이용료로 추가 결제한다. 바이아워스의 공식 수치에 따르면 2012년 서비스 오픈 후 30만 건 이상의 예약을 통해 1,500만 유로의 추가 수익이 호텔들에 돌아갔으며,[116] 바이아워스는 평균 26%의 마진을 남긴다고 한다.[117]

03 핵심자원

통합 호텔 예약 플랫폼이 가장 기본적으로 갖춰야 하는 부분은 고객이 언제 어디서나 원하는 호텔을 예약할 수 있도록 마련된 다양한 옵션들이다. 바이아워스의 경우, 전통적이지 않은 비즈니스 아이디어를 기반으로 매우 전통적이며 보수적인 것으로 잘 알려진 유명 호텔 체인들까지도 설득시켜 참여하도록 한 마이크로스테이 파트너 네트워크가 중요한 중요한 자원이다. 특히 코로나19 팬데믹 기간 중 남아도는 객실을 활용하기 어려워했던 호텔들을 설득하여 더 많은 파트너사를 모을 수 있었다고 한다.[118] 이렇게 기존 숙박 업체들이 하나둘씩 바이아워스가 제공하는 가치를 직접 경험하고 효용성을 느끼게 되면, 자연스레 다른 호텔들도 네트워크에 합류하게 되어 업계의 새로운 관행을 만들어 갈 수 있다.

04 핵심프로세스

숙박 서비스를 부분적으로 예약하는 아이디어 자체가 사실 새로운 것은 아니다. 비슷한 아이디어를 기반으로 1박이 아닌 '무박'의 개념을 도입하여 오전과 낮 시간대를 나눠서 예약할 수 있는 데이유즈(Dayuse.com) 또는 모텔 대실 서비스를 제공한 야놀자와 같은 국내외 기업들이 이미 존재한다. 다만, 바이아워스의 경우 보통의 통신사 또는 세금 책정에 적용되는 사용량 기반pay-per-use 과금 방식을 호텔 예약에 적극 도입하여 고객의 자율성을 극대화했다는 점에서 의의가 있다. 그뿐만 아니라 서비스의 주요 타깃을 산발적으로 시간이 비는 출장객이나 휴식이 자주 필요한 관광객 또는 가족 단위의 고객으로 확실하게 정해두고, 기차역과 공항, 박물관 또는 미술관과 같은 관광명소 근처의 특급호텔들과의 연계를 우선시하여 시간 단위 예약이 긍정적인 이미지를 가질 수 있도록 마케팅에 힘쓴 것 역시 바이아워스만의 핵심 프로세스이다.

32. 제품정보 분석형:
푸듀케이트 Fooducate

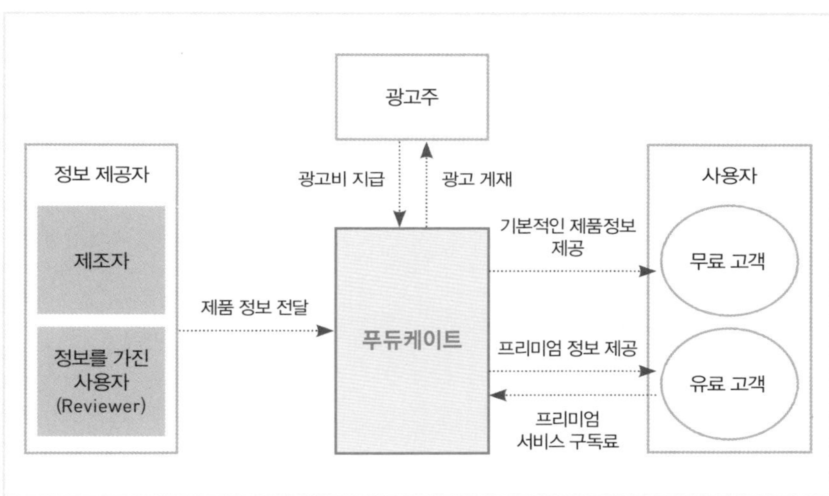

푸듀케이트는 슈퍼마켓에서 판매하는 제품의 정보를 제공하는 데 있어 사용자가 원하는 정보를 단순히 전달하는 데 그치지 않고 상세한 분석을 거친다. 정보를 제공하는 것 자체가 수익을 올리는 직접적 수단이 되진 않지만, 많은 사용자들이 더 많은 정보를 원할수록 정보와 함께 노출되는 광고의 수와 광고를 보게 되는 사용자의 수가 늘어나면서 간접적으로 수익을 올리는 데 기여할 수 있게 된다. 현대인들은 음식의 질에 상관없이 많이 먹는 것보다는 몸에 좋은 방향으로 작용하는 질이 좋은 음식을 섭취하고 건강을 유지하기를 바란다. 푸듀케이트는 모바일 기반의 애플리케이션에 사용자의 기본 신체 상태를 입력한 후 구입하고자 하는 제품의 바코드를 휴대폰 카메라를 통해 촬영하면 해당 식품의 성분이 어떠한지, 건강을 위해 어떤 점이 좋고 나쁜지, 사용자의 건강에 어떤 식으로 작용할 것인지에 대해 분석된 정보를 제공한다. 정보 분석뿐만 아니라 제품에 대해 A부터 D까지의 점수를 매겨 사용자들이 사려고 했던 식품의 질이 어떠한지까지도 알려준다. 또한 나쁜 점수의 제품보다 더 나은 점수의 대체 제품을 추천해주기 때문에 사용자들이 물건을 고를 때의 고민을 덜어준다.[119]

01 핵심제공가치

푸듀케이트가 내세우는 가치는 "조금 더 건강하게 먹자"이다. 푸듀케이트 애플리케이션을 설치함으로써 사용자들이 슈퍼마켓의 식품들이 어떤 성분과 어떤 퀄리티를 가지는지를 정확히 알고, 이를 참고하여 더 건강하게 먹고 균형된 삶을 유지하기를 바라는 것이 푸듀케이트가 추구하는 바이다.[120] 아무 생각없이 슈퍼마켓에서 맛있어 보이는 제품을 집어들던 사람들도 푸듀케이트의 애플리케이션을 사용한다면 물건을 고를 때에도 신중해지고, 비슷한 제품도 어떤 것이 더 건강에 좋은지를 따지면서 살 수 있다. 즉, 푸듀케이트의 애플리케이션을 설치하는 것 자체가 사용자의 식생활에 영향력을 미치게 된다. 애플리케이션 사용자는 조금 더 건강한 생활을 할 수 있고, 식품 제조업자들은 자신들의 제품이 얼마나 건강에 좋은지를 푸듀케이트의 분석정보를 통해 피드백을 받을 수 있다. 물론, 건강에 좋지 않은 식품을 만드는 제조업자들이 절대로 알리고 싶지 않아 하는 정보 또한 담고 있다는 점도 특징이다.

02 수익공식

푸듀케이트는 기본적으로 사용자들에게 무료로 식품에 대한 정보를 분석 및 제공한다. 하지만 특정 성분이나 알레르기를 유발하는 물질, 다이어트에 도움이 되는 식단, 애완동물 관련 식품에 대한 정보 등 특별한 정보를 제공받기 위해서는 애플리케이션 내에서 일정 금액을 지불하고 프리미엄 서비스를 구매해야 한다. 2023년 기준 프리미엄 서비스의 월 이용료는 구매 채널에 따라 상이하지만 최저 6.99달러에서 시작되며, 연간 회원권 또는 평생 회원권 구매시 할인이 적용된다. 이외에 푸듀케이트는 애플리케이션 내 광고 게재를 통해서 주 수익을 올린다. 그 외에 음식 제품의 정보를 조사하는 데서 추가적인 지출이 발생하기도 한다.[121]

03 핵심자원

푸듀케이트는 근본적으로 음식 제품들에 대한 정보를 수집하고 정리하여 편리하게 제공하는 서비스로서, 꾸준하게 쌓아온 데이터가 가장 중요한 자원이다. 매일매일 새로운 음식 제품이 쏟아져 나오는 만큼 푸듀케이트가 항상 모든 제품들에 대한 정보를 가지고 있을 수는 없다. 그러나 상당 부분의 예산을 신제품 및 정보가 없던 기존제품의 정보를 업데이트 하기 위해 꾸준히 투자하고 있으며 2023년 기준 미국 내 35만 개 이상의 제품 정보를 보유하고 있기 때문에 사용자들이 슈퍼마켓에서 어떤 제품을 들어서 정보를 확인하려고 해도 원하는 정보를 제공받을 수 있으리라는 기대를 만족시켜 준다. 또한, 앱 내에 바코드 인식 기술을 탑재하여 제품 검색에 편의를 제공한 점 역시 푸듀케이트의 장점 중 하나라고 볼 수 있다.

04 핵심프로세스

푸듀게이트는 광고주와의 계약을 통해 주 수익을 올리는 만큼 더 많은 사용자들이 애플리케이션을 사용하도록 유도하여 더 많은 광고주들이 푸듀케이트의 애플리케이션에 광고를 싣도록 원하게 만드는 것이 중요하다. 현재 푸듀케이트는 미국 내의 식품시장에만 국한되어 있고 다른 나라에서의 서비스는 시행하지 않고 있다는 점을 고려할 때, 다른 국가로의 진출을 고려해볼 수 있다.

또한 유통되는 식품들에 대한 제대로 된 조사가 이루어지고, 공신력 있는 정보만을 제공할 수 있도록 정보의 출처를 확실히 해야 한다. 핵심자원에서도 언급되었지만 신제품이 나오는 즉시 제품정보를 확보하여 정보 보유 제품 수를 늘려간다면 사용자들이 계속해서 푸듀케이트를 신뢰하며 사용할 수 있을 것이다.

33. 시장정보 분석형: 오픈서베이 Opensurvey

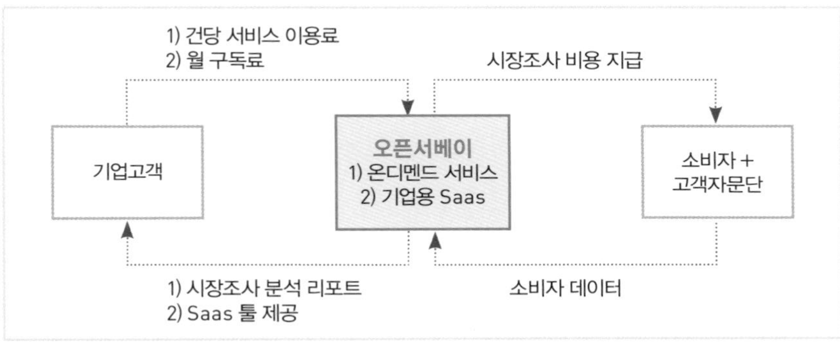

오픈서베이는 2011년 설립된 국내의 B2B 시장조사 서비스 제공업체로, 소비자들의 의견을 수집해 분석하고 데이터를 만드는 회사이다. 국내 유수의 기업들이 오픈서베이를 통해 소비자들의 니즈를 분석하고 이를 마케팅이나 기획에 이용하고 있다. 오픈서베이는 10년이 넘는 시간 동안 누적 2,500개 기업고객과 함께 소비자 데이터를 모아왔다. 주로 모바일 설문조사를 통해 이용자 데이터를 수집하고, 해당 데이터를 분석해 보고서 형태로 기업에 제공한다. 전용 애플리케이션으로 검증된 패널을 통해 설문조사를 진행하는데, 퀄리티 높으면서도 다양한 데이터를 짧은 시간 안에 수집할 수 있어 기업들로부터 좋은 반응을 얻고 있다.[122]

01 핵심제공가치

오픈서베이의 주요 서비스는 온디맨드 마케팅 리서치 서비스로, 주요 비즈니스 이슈별로 활용할 수 있는 소비자 조사 솔루션이다. 기업들(고객)이 요청하는 특정 브랜드나 항목에 대한 소비자들의 실제 경험 및 시장 기회 등에 대한 전반적인 데이터를 수집하고 이를 분석해서 보고서 형태로 제공하는 서비스이다. 단순히 개개인에 대한 데이터를 모으는 것에서 그치지 않고 고객이 해결하고자 하는 비즈니스에 대한 설문을 디자인하는 것에서부터 서비스가 시작된다. 모바일 앱인 오베이Ovey를 통해 고객이 원하는 응답자 대상을 빠르게 찾아 관련 데이터를 수집하는데, 1,000명 대상의 설문조사 응답 수집이 평균 3시간 안에 완료될 정도이다. 데이터를 수집한 후에는 자동 결과분석 서비스를 제공해 맞춤형 데이터(보고서)를 제공한다.[123]

온디맨드 서비스를 통해서 오픈서베이가 데이터를 수집하고 보고해서 결과물을 고객에게 제공했다면, 또 다른 서비스인 기업용 Saas(서비스형 소프트웨어) 데이터 스페이스로는 고객이 직접 원하는 대로 데이터를 수집하고 실시간 분석이 가능한 툴을 제공한다. 오픈서베이가 데이터 수집을 위해 사용하던 내부의 툴을 그대로 플랫폼화해 고객들이 직접 데이터를 생산하고 분석하고자 하는 니즈를 해당 서비스로 충족시킨다.[124]

02 수익공식

오픈서베이의 수익 중 가장 높은 비중을 차지하는 것은 온디맨드 서비스를 통한 건당 사용료 수익이다. 설문조사의 규모에 따라 건당 서비스료가 달라지는데, 타사 대비 높은 가격대를 형성하고 있으나 제공하는 데이터의 퀄리티가 높아 국내 유수의 기업들이 꾸준히 사용하고 있다.

기업용 Saas의 경우 월 구독료를 통해 수익을 발생시킨다. 현재 네 가지의 플랜으로 서비스를 제공하고 있으며, 구체적인 구독료에 대해서는 오픈하지 않았다. 오픈서베이의 노하우를 모두 담은 서비스인만큼 구독료가 매우 높은 편이나, 프로세스나 결과물에 대한 만족도가 높아 지속적으로 기업 고객이 늘어나고 있다고 한다.

비용 측면으로는 자체 설문조사 애플리케이션인 오베이에서 패널들에게 지급하는 응답료가 있다.

03 핵심자원

오픈서베이가 10년 이상 쌓아온 전문성과 높은 신뢰도가 가장 핵심적인 자원이다. 그동안 소비자에 대한 설문조사를 수행하는 기업이 없었던 것은 아니지만, 오픈서베이처럼 체계적으로 자체 고객 자문단(패널)을 통해 데이터를 수집하고, 이를 높은 퀄리티의 분석 보고서로 제공할 수 있는 기업은 없었다. 10년간 쌓아온 노하우를 통해 오픈서베이의 설문조사 과정이나 결과물이 신빙성이 있다는 것을 검증해왔으며, 이제는 국내에서 기업들이 소비자 설문조사 시 반드시 사용해야 하는 서비스로 자리 잡았다. 경쟁사 대비 높은 가격으로 서비스를 제공하지만 꾸준히 기업고객들이 찾는 것은 이러한 신뢰를 방증하는 것이라고 볼 수 있다.

04 핵심프로세스

오픈서베이는 2022년 기준 142억 원의 매출을 달성했으며, 특이하게도 성장하는 동안 큰 규모의 투자를 받아오지 않았고 마케팅을 많이 하지도 않았다. 그럼에도 불구하고 매년 20억 원 이상의 매출 성장을 이루어내고 있으며, 설문조사 업계에서 가장 큰 네임밸류를 가지게 되었다.[125]

오픈서베이는 쌓아온 데이터를 바탕으로 꾸준히 트렌드 리포트를 발간한다. 트렌드 리포트의 내용은 소비자나 기업들이 궁금해할 만한 내용으로, 최근에는 시니어 트렌드 리포트, 여행 트렌드 리포트, Z세대 트렌드 리포트 등을 발간하기도 했다. 조사 대상을 명확히 하고, 또 신뢰할 만한 조사결과를 내놓기 때문에 자주 언론에서 트렌드 리포트가 인용되고, 이를 통해 오픈서베이가 언급되는 마케팅 효과를 얻기도 한다.

3.3.3.1. 플랫폼형 비즈니스 모델 | 제공가치 유형별 | 정보형: 분석형

34. 유전정보 활용형 모델: 23앤드미 23andMe

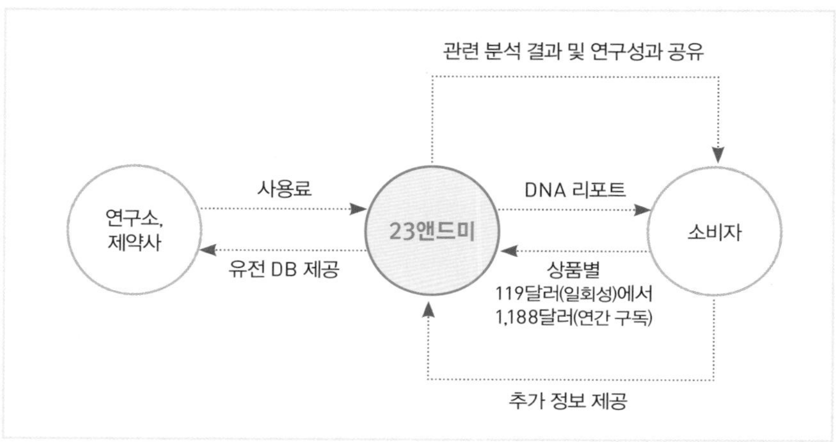

23앤드미는 유전정보 기업으로, 유전분석 서비스와 개인의 계보 및 표현형에 대한 정보를 제공한다. 고객의 타액을 통해 분석한 유전정보를 바탕으로 120여 개 주요 질병에 대한 발병 확률, 50개 질병 유전자의 보인자 현황, 20여 개 특정 약물에 대한 반응, 그리고 유전적 특징들에 대한 분석 등을 제공한다. 그뿐만 아니라 선조의 유전자 분석과 오른손잡이·왼손잡이, 쓴맛을 인식하는 정도, 음주 후 얼굴이 붉어지는 정도, 우유의 유당을 분해할 수 있는 능력 여부 같은 분석까지도 제공한다. 이러한 유전적 정보 분석을 제공하는 대가로 비교적 저렴한 119달러를 받고 있는데, 23앤드미는 가격장벽을 낮추어 더 많은 사람이 자사 서비스를 이용하도록 유도하고 있다. 자사의 마진을 낮추면서까지 데이터 확보에 주력하는 이유는 축적된 유전정보의 가치를 활용하기 위해서이다. 제약사 및 연구소와의 협력을

통해 유전 데이터베이스를 제공하고 수수료를 받는 사업을 진행하며, 궁극적으로 기존 시장의 가격으로는 형성되지 않는 방대한 데이터를 활용하여 유전질병 연구에 이바지하겠다는 목표를 가지고 있다. 23앤드미는 2021년 미국 나스닥 시장에 상장했으며, 2023년 기준 전 세계 1,400만 명의 고객을 보유하고 있다.[126]

01 핵심제공가치

23앤드미는 고객에게 저렴한 가격에 간편하게 DNA 분석을 할 수 있게끔 한다. 119달러의 매우 합리적인 가격을 지불하면 3~4주 안에 150개가 넘는 유전자 분석 리포트를 받아볼 수 있어 기존의 비싸고 오래 걸리는 유전 검사를 대체할 수 있다.

또한 별도로 병원에 가지 않고 집에서 배송받은 DNA 키트로 타액 샘플을 채취하고 이를 보내 분석을 받기 때문에 고객 입장에서는 더 간편하게 검사를 진행할 수 있다. 이와 더불어 고객들은 유전학 연구에 기반이 되는 유전정보를 자발적으로 제공할 수 있는 옵션을 선택할 수 있어 유전학 연구에 기여할 기회를 갖게 된다.

23앤드미는 축적된 유전정보 데이터를 이용하여 제약사와 연구소에 연구 기반으로 쓰일 정보를 제공한다. 한 예로, 23앤드미는 2018년 세계적인 제약회사 글락소스미스클라인(GSK)과 연구개발 제휴 계약을 맺었으며, 2022년 이를 다시 한번 연장하며 데이터의 가치를 증명했다.[127] 유전적 질병 치료에 기여하겠다는 목표 아래 자체적인 연구성과도 달성하고 있으며, 특히 파킨슨 병의 경우 관련 유전자에 대한 특허도 보유하고 있다.

02 수익공식

23앤드미는 기본형 서비스의 경우 119달러의 가격으로 유전정보 분석을 제공하는데, 이 상품에는 타액 채취를 위한 DNA 키트 배송과 분석 서비스가 포함되어 있다. 더욱 전문적이고 정교화된 보고서의 경우, 229달러의 비용을 받고 있다. 유전정보를 기반으로 건강 관리를 도와주는 기능들도 출시하였는데, 이를 이용하기 위해서는 연간 구독료로 1,188 달러를 부과한다(2023년 기준). 또한 제약사 및 연구소에게 유전데이터를 제공하고 수수료를 받는데, 2022년 글락소스미스클라인이 1년간 제휴 계약을 연장하며 지불한 비용이 2,000만 달러였다고 한다.[128]

03 핵심자원

23앤드미가 가지고 있는 유전분석 데이터가 핵심자원이라 볼 수 있다. 합리적인 가격에 편리하게 유전분석을 제공하는 대신 많은 사람이 이용할 수 있도록 한 점에서 데이터 확보를 우선순위로 두고 있다는 것을 알 수 있다. 이렇게 모은 데이터베이스의 규모가 커질수록 연구소와 기업 등과의 계약 진행 시 경쟁사 대비 23앤드미의 협상력이 커진다.

04 핵심프로세스

고객들의 유전정보를 모아 이를 데이터베이스화하여 또 다른 사업 기반으로 삼는다는 발상은 고객들에게 비록 싼값으로 유전검사를 할 수는 있지만 자신의 유전정보가 누군가에게 공개되고 활용된다는 거부감을 느낄 수 있게 한다.[129] 이러한 반감을 줄이기 위해 23앤드미는 고객들이 직접 유전학 연구에 참여할 수 있도록 장려하고 있다.

기존의 유전 분석서비스를 이용한 고객들이 설문을 통해 자신의 유전자와 관련된 데이터를 23앤드미에 제공하면 23앤드미가 유전분석 결과 및 설문 데이터를 기반으로 유전학 연구를 진행한다. 유전정보 활용에 동의할 경우, 참여자들은 자신들의 데이터를 이용해서 발표된 모든 연구결과와 논문들을 받아볼 수 있다. 따라서 23앤드미는 고객들의 자발적인 참여를 유도하여 별도의 비용 없이 추가적인 데이터를 모을 수 있고 고객들은 자신들이 유전학 연구에 참여했다는 만족감을 느낄 수 있다. 이로써 23앤드미는 고객들의 정보공개에 대한 심리적 장벽을 낮추고 있다.

2023년 타 사이트에서 유출된 아이디와 비밀번호를 23앤드미에서 재사용했던 고객들의 유전자 데이터가 해킹되는 사건을 기점으로 더 강화된 2단계 보안 방법을 채택하였다. 고객들의 가장 개인적인 정보를 다루고 있는 서비스인 만큼 지속적으로 보안을 강화하고 신뢰를 쌓는 노력이 매우 필요하다.

3.3.3.2. 플랫폼형 비즈니스 모델 I 제공가치 유형별 I 정보형: 판매형

35. 기상정보 판매형:

투머로우.io Tomorrow.io

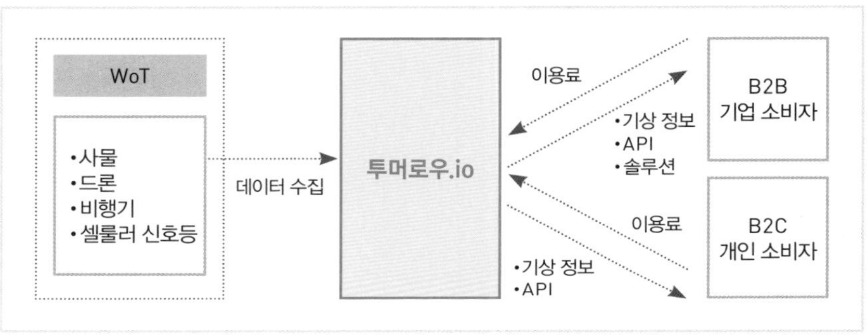

흔히 기상과 관련된 정보를 수집하기 위해서는 날씨 및 기후와 밀접한 관련이 있는 풍속, 방향, 습도, 구름 등의 데이터를 활용한다. 투머로우.io는 이 같은 기상 정보 데이터 수집 방식과 관련하여 발상의 전환을 보여주었다. 거리 CCTV와 드론 등에서 얻는 정보를 무선 시그널로 수집하고 그 데이터를 분석하여 기상 예보 서비스를 제공하는 방법을 고안하였다. 투머로우.io의 시몬 엘카베츠 최고경영자CEO는 기존의 기상 예보가 정확하지 않은 주요 이유가 데이터 수집에 신기술을 적용하는 것이 느리기 때문이라고 지적하면서 투머로우.io의 방식이 더욱 정확한 기상 정보를 제공하는 데 유용할 것이라고 강조하였다. 투머로우.io는 이처럼 기상 정보를 더 정확한 데이터 원천을 통해 확보하고 이를 판매하는 비즈니스 모델을 가지고 있다.

01 핵심제공가치

정확한 기상 정보를 토대로 개인과 기업의 의사결정을 돕는 것이 투머로우.io가 지향하는 가치이다. 등산이나 소풍 날짜부터 항공사의 비행 스케줄 결정까지 날씨는 개인과 기업의 의사결정에 영향을 미치는 중요한 요소이다. 그렇다면, 이러한 날씨에 대한 예측은 어떠한 데이터를 기반으로 분석되고 결정되는 것일까? 전통적인 방식을 살펴보면 날씨 위성, 레이더, 기상 관측소에서 기압·기온·바람·습도 등 다양한 정보가 관측된다. 이렇게 수집된 데이터를 공식에 대입해 슈퍼컴퓨터의 분석을 통해 날씨를 예측한다. 이에 따라 기존 일기 예보 기업들은 수집한 날씨 관련 요소 데이터를 바탕으로 더 정확한 계산을 할 수 있도록 소프트웨어를 개선하는 데 집중했다. 투머로우.io는 발상을 전환했다. 제한된 날씨 관측 데이터 자체를 획기적으로 늘릴 방법을 찾아낸 것이다. 투머로우.io는 각국 통신 회사로부터 스마트폰이나 태블릿PC 등 각종 IoT(사물인터넷) 기기들이 기지국과 통신하는 전파 데이터를 받아서 이를 분석에 활용한다. 스마트폰 전파가 기지국으로 얼마나 정확하게 전달되는지, 전달되는 데 시간은 얼마나 걸리는지에 대한 데이터들인데 이러한 데이터들은 날씨에 크게 좌우되기 때문이다. 이런 전파 데이터를 분석하면 거꾸로 날씨를 파악할 수 있다. 투머로우.io는 전 세계적으로 5억 개가 넘는 기기의 전파를 날씨 관측 데이터로 활용하며, 그 결과 날씨 예측 정확도는 종전 대비 두 배 이상 높아졌다. 또한, 민간 기업으로서는 처음으로 위성 기반 기상 레이더를 설치하기도 했다.[131]

02 수익공식

수익은 기상 예측 정보 판매와 데이터 API 서비스, 그리고 위성 데이터 판매로부터 발생한다. 제트블루Jetblue, 델타Delta 등의 항공사, 태양열과 풍력발전 등 기상에 민감한 재생 에너지 업계 등과 같이 날씨를 정확히 예측하고 대비하는 것이 사업에 필수적인 기업들에 데이터를 판매하고, API 연동 서비스를 제공하며 B2B 수익을 만들어낸다.

다음으로, 앱을 통해 개인에게 날씨를 구독형 서비스의 형태로 제공하는 B2C 사업이 있다. 기본적으로는 무료로 사용이 가능하나 더 상세하고 정확한 날씨 정보를 알고 싶다면 비용을 지불해야 하는 프리미엄Freemium 모델로, 1개월에 2.99달러 혹은 연간 24.99달러의 사용료가 청구된다.

03 핵심자원

데이터 기반 비즈니스에서 중요한 것은 데이터에 대한 통찰력이다. 투머로우.io는 특히 데이터의 원천과 이 데이터를 수집하는 방식부터 남다른 통찰력을 가졌다. 눈에 보이지 않지만 날씨와 직접적으로 관련된 전파 데이터의 전달 속도를 소스로 활용함으로써 분석에 필요한 데이터의 수를 획기적으로 늘릴 수 있었다. 데이터가 많을수록 결과의 정확도가 높아지기에, 투머로우.io의 데이터 수집 방식은 더욱 정확한 기상 정보를 제공해줄 수 있다. 투머로우.io는 사물, 드론, 비행기, 셀룰러 신호 등과 같은 여러 소스로부터 수백만 개의 데이터를 활용하며 이를 WoTWeather of Things라고 칭하고 있다. 또한 데이터 분석 시 자체 연구 및 개발된 독점 모델을 활용하고 있는데, 몇 시간대였던 기존 기상 예측의 단위를 몇 분 수준으로 쪼개어 결과를 제공하고 있으며, 분석 지역 역시 킬로미터 대가 아닌 미터 단위로 제공하면서 최고 수준의 정확도를 달성하고 있다. 이처럼 뛰어난 데이터 수집과 분석 역량을 바탕으로 투머로우.io는 '마이크로 웨더 시스템' 구축에 박차를 가하고 있으며, 미국에서 가장 유망한 인공지능 회사 50위(AI 50) 안에 선정되기도 하였다.[132]

04 핵심프로세스

투머로우.io는 단순히 기상 관련 데이터를 대량으로 제공하는 것에서 그치지 않는다. 각 산업 분야에 필요한 인사이트를 제공하여 기상 상황에 미리 대비할 수 있도록 도와준다. 예를 들어 항공 산업의 경우 날씨로 인한 비행기 출발 혹은 도착 지연이 잦고 스케줄 혼선이 많은 편으로, 이와 같은 예상치 못한 변경들은 항공사에게 경제적 손실을 안겨준다. 투머로우.io는 바람이 너무 거세거나 천둥 번개가 치는 항로로 이동하는 비행편들이 미리 우회하도록 제안하거나 안전한 이착륙을 위해 제빙 작업을 관리할 수 있는 툴 또한 제공한다. 태양광이나 풍력 에너지 산업의 경우, 기상 정보를 적극 활용하여 더 많은 생산량을 낼 수 있는 시간대를 제안하거나 외부의 작업자들이 위험에 처할 수 있는 기상 상황에 대한 알림을 주고 있다. 이처럼 실무에서 바로 활용될 수 있도록 데이터를 수집하고 가공하여 전달한다는 점에서 투머로우.io의 고객사들은 더 정확한 의사결정을 할 수 있다.

3.3.3.2. 플랫폼형 비즈니스 모델 I 제공가치 유형별 I 정보형: 판매형

36. 개인정보 거래형:
시루카페

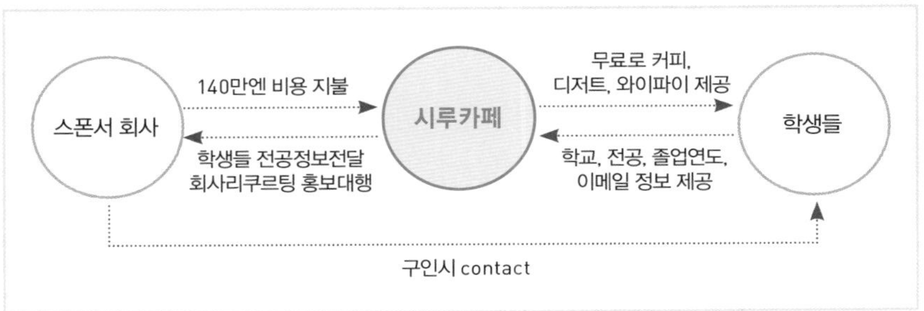

시루카페는 일본에서 시작된 카페 체인이다. 타 카페 브랜드와 다른 점은 주로 학생들이 많이 방문하는 장소에 위치하며, 이곳을 방문하는 학생들은 무료로 커피와 디저트, 와이파이와 스터디 공간 등을 제공받을 수 있다는 점이다. 학생들에게는 단 한 푼도 받지 않음에도 불구하고 시루카페는 매년 지속적으로 매출을 올리며 비즈니스를 유지하고 있는데, 이는 시루카페를 지원하는 스폰서 기업들 덕분이다. 이 기업들은 카페를 이용하는 학생들의 대학교, 전공, 연락처 등의 정보를 얻고 이를 인재 채용에 활용하는 대신 시루카페에 일정 금액을 지불한다. 시루카페의 글로벌 네트워크에는 하루에 천 명 단위로 학생들의 구직자 데이터가 업로드된다고 한다. 현재 일본 내에 19개, 인도 내에 9개의 지점을 운영하고 있다.[133]

01 핵심제공가치

시루카페는 구인을 원하는 스폰서 회사들과 구직을 원하는 학생들을 연결

해주는 플랫폼이다. 회사 입장에서는 구인 공고를 냈을 경우 제한된 수의 구직자 정보들만을 얻을 수 있었으며, 이 제한된 풀 내에서 원하는 인재를 찾기 위해 노력해야 했다. 시루카페를 후원하게 되면 시루카페 주변의 다양한 구직자들의 정보를 모두 얻을 수 있어 선택의 폭이 넓어지며, 이들 중 직무에 적절하다고 생각되는 구직자들에게 자유롭게 접촉할 수 있다. 정보를 제공하는 학생들의 입장에서는 장기적으로는 구직에 도움이 되는 직접적인 정보를 회사 또는 시루카페를 통해 얻을 수 있게 되며, 단기적으로는 필요한 공간과 커피와 디저트 등을 무료로 얻을 수 있어 이득이다.

02 수익공식

학생들은 본인들의 학교, 전공, 개인 연락처 등의 정보를 제공하는 대신 아무런 금전적인 대가도 지불하지 않는다. 시루카페는 학생 정보를 스폰서 회사에게 전달하며, 학생들에게 회사의 구인 정보를 전달하고 때로는 회사와 구직자 학생의 미팅을 주선하는 대신 일정 금액을 스폰서 회사로부터 지급받는다. 기사에 의하면 각 스폰서 기업으로부터 연간 약 140만 엔(약 1,500만 원)의 스폰서십 비용을 수취한다고 한다.[134]

03 핵심자원

정보 이용료를 제공하는 스폰서 기업들은 당연히 우수한 학생들의 정보를 원하게 마련이다. 이 때문에 일본과 인도 내의 시루카페 지점들은 모두 높은 수준의 학생들을 배출하는 대학가에 위치한다. 이와 마찬가지로 학생들도 좋은 회사로의 취직을 꿈꿀 것이기 때문에, 시루카페는 스폰서 회사 풀과 구직 학생들의 풀 모두의 퀄리티를 잘 관리할 필요가 있다. 예를 들어 일본 내에서 시루카페의 서비스를 지원하는 기업들에는 닛산, 마이크로소프트, JP모건 등이 있으며 일본 내 지점들은 교토대, 도쿄대, 와세다대 등 최고 수준의 학교들 근처에 위치를 두고 있다.

04 핵심프로세스

시루카페에 방문하는 학생들은 매장 내에 비치된 태블릿PC에 재학 중인 학교명과 전공, 졸업 예정 연도, 이메일 등의 정보를 기입하고 나면 무료 커피와 디저트, 스터디 공간을 이용할 수 있다. 기업들은 이 정보들을 토대로 시루카페 매장 내에서 채용 설명회를 열기도 하고, 매장 내의 컵이나 기타 용기, 주문용 모바일 앱과 키오스크 등을 통해 채용 정보를 홍보하기도 한다.

이런 비즈니스를 운영하기 위해서는 사회에서 합의된 문화적인 측면을 고려하는 것이 중요하다. 일본 내에서는 기업과 학생들 간의 니즈가 정확히 매칭되었기에 성공적으로 운영되었으나, 향후 기타 국가로 진출 시 해당 국가의 상황은 어떤지 제대로 된 검증이 필요하다.

3.3.3.3. 플랫폼형 비즈니스 모델 I 제공가치 유형별 I 정보형: 매칭형

37. 위치 기반의 정보 매칭형 플랫폼:

모두의 주차장

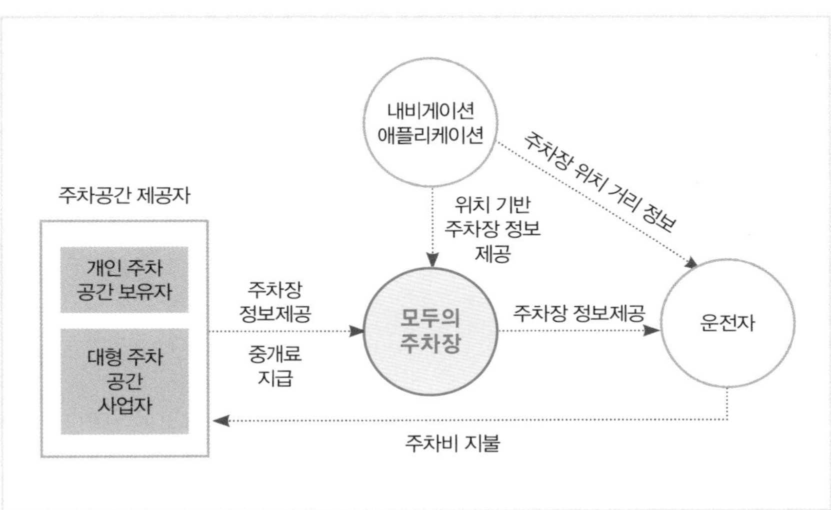

'모두의 주차장'은 사용자의 위치와 원하는 사항을 고려하여 정확히 매칭되는 정보를 제공함으로써 수익을 올리는 위치 기반의 정보 매칭형 플랫폼 비즈니스 모델이다. 모두의 주차장은 애플리케이션 사용자의 위치에 기반하여 운전자들이 알기 힘든 공영·민영·개인·부설주차장 안내서비스를 제공한다. 이를 통해 운전자는 주차공간을 쉽게 찾을 수 있다. 또한 주차공간을 소유하고 있는 기업이나 개인들이 쉽게 고객을 찾을 수 있도록 돕는다. 이 서비스는 시, 구와 같은 정부기관과 협력하여 공공 데이터의 구축에서부터 개방 및 활용까지 성공한 최초 사례이다.[135] 모두의 주차장은 단순히 주차장사업을 운영하는 기업과 운전자를 연결해주는 데 그치지 않고 개인 주차공간을 보유하고 있는 개인이 요금을 받고 그 공간을 타인과 공유하는 것 또한 가능하도록 해준다.[136] 즉, 모두의 주차장은 정보 공유형 플랫폼의 역할을 하는 동시에 공유경제 서비스도 제공한다. 위치 기반의 서비스를 제공하기 위해서 내비게이션 애플리케이션과 제휴를 맺어 운전자의 현재 위치를 파악하고, 목적지에 가장 가까운 주차장이나 저렴한 유료주차장을 손쉽게 검색해볼 수 있다는 장점 또한 가지고 있다. 주차공간의 위치만을 알려주는 것이 아니라 주차시간을 설정하고 주차료를 계산할 수 있게 하는 서비스 또한 제공한다. 아울러 주차장에 대한 정보를 지인들과 공유할 수 있는 시스템을 갖추고 있다.[137]

01 핵심제공가치

민간기업이 제공할 수 있는 정보의 범위를 넘어서서 공공 데이터를 이용하여 더욱 폭넓은 정보를 소비자들에게 제공한다는 점이 모두의 주차장이 제공하는 가장 큰 가치라고 할 수 있다. 더 나아가 개인이 사용하고 있지 않은 유휴 주차면을 확인하고 공유할 수 있어 제공자에게는 추가 수익을, 이용하는 운전자에게는 편리함을 제공한다. 주차장 안내 애플리케이션이 생기기 전에는 운전자들이 직접 주차장소에 방문해야 주차료와 운영시간, 주차공간의 유무를 알 수 있었던 반면, 모두의 주차장은 직접 장소에 가보지 않아도 필요한 정보를 알 수 있다. 운전자들은 이를 통해 효율적이고도 효과적으로 시간을 활용하는 것이 가능하다. 또한 시나 구의 공공기관 입장에서도 이 애플리케이션을 통해 주차난을 어느 정도 해결할 수 있어 운전자와 공공기관 양측 모두에게 이득이다. 모두의 주차장은 2023년 기준 전국의 주차장 정보를 제공하고 있다.

02 수익공식

정부가 공공기관이 가지고 있는 정보를 민간에 무료로 개방하여 새로운 가치를 만들어내고자 하기 때문에, 모두의 주차장은 서비스 제공에 필요한 공공 데이터를 무료로 사용하고 있다. 모두의 주차장의 정보 제공 서비스역시 무료로 제공되기 때문에 이를 통한 이용자들로부터의 수익은 없다. 그러나 모두의 주차장이 운영하고 있는 제휴 주차장을 이용할 경우, 제휴 주차장 주차권 구입 시 발생하는 주차비의 일부를 수수료로 수취하는 방식으로 수익을 올린다. 모두의 주차장이 보유한 사전 결제가 가능한 제휴 주차장의 수는 2,100여 개로 타사 대비 많은 편이며, 제휴 주차장의 주차권을 구입할 경우 여러가지 할인 혜택을 제공하고 있어 많은 이들이 이용하고 있다. 또한 모두의 주차장은 내비게이션 애플리케이션들 그리고 커뮤니케이션 애플리케이션들과 제휴를 맺어 수익을 창출하고, 주차공간을 가지고 있는 업체 혹은 개인들로부터도 중개료를 받아 수익을 올리는 구조를 가지고 있다. 예를 들어 공유 주차 서비스의 경우, 주차면을 제공받은 이용자가 시간당 비용을 지불하게 된다. 해당 이용 금액 중 절반은 주차면을 제공한 사람에게, 20%는 구청에 돌아가며 나머지 30%를 모두의 주차장이 수익으로 가져간다.[138]

03 핵심자원

모두의 주차장의 핵심자원은 공공 데이터 활용이다. 시나 구에서 보유하고 있는 주차장에 대한 정보가 공개되지 않았다면 모두의 주차장에서 제공하는 서비스는 가능하지 않았을 것이다. 주차장과 관련된 정보뿐만 아니라 사용자의 위치를 바로 추적할 수 있도록 하는 위치 기반 서비스 시스템과 유휴 주차장 제공자와 이용자를 빠르게 연결해주는 기술 역시 핵심적인 자원이 된다. 더불어 내비게이션 애플리케이션과의 제휴는 운전자들로 하여금 주차공간까지 더 빠르게 갈 수 있는 길을 찾아 안내하여 더욱 편리한 생활(주차)을 하는 것이 가능하도록 만드는 중요한 사항들이다.

04 핵심프로세스

공공 데이터를 민간에 공개 가능한 형태로 가공하여 운전자들이 유용하게 사용하도록 하는 것이 모두의 주차장의 핵심프로세스이다. 이러한 핵심프로세스는 운전자에게만 유용한 것이 아니다. 시나 구의 살림을 운영하고 있는 공공기관도 주차난과 교통난을 해결할 수 있기 때문에 데이터 제공자와 이용자 모두에게 긍정적으로 작용한다. 또한 주차장사업을 전문적으로 하는 대형업체들이 아닌, 주차공간을 보유하고 있지만 현재 사용하고 있지 않거나 혹은 사용할 계획이 없는 개인들에게는 그 공간을 활용해서 수익을 올릴 기회까지 제공하고 있어 모두의 주차장과 연관되어 있는 모든 기업과 개인들은 이득을 얻는다고 볼 수 있다. 모두의 주차장은 이에 그치지 않고 내비게이션 애플리케이션과 제휴를 맺어 주차공간이 있는 장소까지 어떻게 갈 수 있는지를 사용자가 알 수 있도록 하였고, 주차비용까지 제시하고 있다. 이처럼 사용자들이 애플리케이션을 이용할 때 어떻게 하면 가장 편리하게 자주 이용할 수 있을지를 고려한 흔적을 엿볼 수 있다.

모두의 주차장은 2021년, 카셰어링 서비스를 제공하는 기업 쏘카에 인수되었다.

38. 소기업 무역 매칭형 통합 관리 플랫폼:

플렉스포트 Flexport

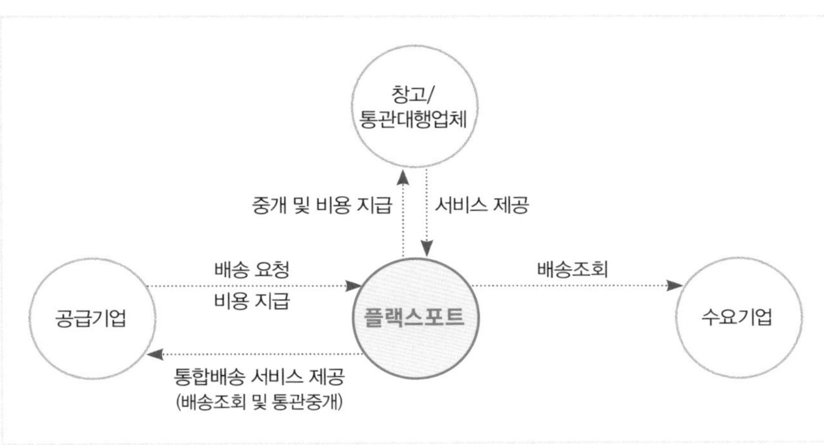

플렉스포트는 소기업들을 글로벌 공급망에 편리하게 접근할 수 있도록 하는 무역 통합 플랫폼 기업이다. 플렉스포트는 이커머스E-commerce 산업 무역에 디지털 기술을 적용하여 출고부터 도착까지 화물배송의 전 과정을 실시간으로 추적하고 분석하는 등 고도화된 포워딩 시스템을 공급하였다. 이와 같은 시도는 불확실성이 높았던 해운 프로세스를 명확화하고, 소화물주들의 화물배송 프로세스를 간소화함으로써, 산업구조를 변화시켰다는 평가를 받고 있다. 플렉스포트는 2022년 쇼피파이Shopify로부터 9억 3,500만 달러를 투자받아 시리즈 E를 진행하면서 80억 달러의 기업가치를 달성하였다.[139]

01 핵심제공가치

창립자인 라이언 피터슨Ryan Petersen은 2000년대 초반, 대학을 졸업한 후 동료들과 함께 중국에서 스쿠터와 오토바이를 수입하고 재판매하는 사업을 하던 중 처음으로 소기업이 해외 물류에서 직면하는 진입장벽을 깨달았다. 플렉스포트가 진입한 무역 해상운송업은 완전히 기존 방식이 고착화되어 있었고, 진입장벽도 높은 산업이었다. 당시 소화물주들은 해외 무역을 하기 위해서는 전화, 팩스, 이메일 등으로 해운 및 포워딩을 이용할 수밖에 없었던 시장이었으며, 이 과정은 불투명하여 화물의 운송, 통관, 규정 준수 여부, 도착 시각 등을 파악하는 것이 매우 어려웠다. 피터슨은 이러한 어려움을 직접 해결해보고자 플렉스포트를 창립했다. 창립자인 라이언 피터슨은 2016년 자사 블로그에 "인터넷의 영향을 받지 않은 마지막 주요 산업 중 하나에 속해 있다"고 하였다. 플렉스포트는 이러한 산업에 새로운 기업이 들어와 기술력을 바탕으로 성공한 사례이다. 플렉스포트가 제공하는 핵심가치는 편의성이다. 기술력을 바탕으로 기존에 단절되어 있던 과정들을 디지털로 통합하여 시스템화함으로써 소화물주들도 손쉽게 글로벌 무역을 시도할 수 있도록 산업을 변화시켰다는 점이다.

02 수익공식

플렉스포트의 주 수입원은 화물 이동 및 소프트웨어 이용에 대한 서비스 이용료이다. 대량 배송에 있어 규모의 경제가 있기 때문에, 배송하는 양이 많을수록 개당 단가가 낮아지는 형태로 비용을 청구하고 있다. 이는 대규모 운송을 하는 이른바 검증된 파트너Certified partner가 혜택을 볼 수 있게 함으로써 비즈니스에 계속 남아있게 하는 락인Lock-in 효과를 기대할 수 있다.

또한 플렉스포트는 '플렉스포트 플러스Flexport+'라는 멤버십도 제공한다. 플렉스포트 플러스는 90일 무료 평가판을 먼저 사용해볼 수 있으며, 가격은 2023년 9월 기준 월 149달러로 책정되어 있다. 멤버십을 활용하면, 최대

120일간 파이낸싱Financing을 신청할 수 있는 독점 액세스로 지불유예가 가능하고, 최대 5일 더 빠른 배송 속도와 우선 배송, 재고 보관 및 추가 적립, 숙련된 물류 전문가들의 조언 등의 서비스를 이용할 수 있다.[140] 이와 같은 서비스를 통해 플렉스포트는 한정된 자원 내에서 더 나은 서비스에 대한 고객들의 아쉬움을 달래고 매출을 지속적으로 증가시키고 있다.

03 핵심자원

플렉스포트의 핵심자원은 클라우드를 기반으로 하여 물류의 각 과정을 통합적으로 연결하면서 진행과정을 실시간으로 추적하는 정보통신 기술과 통합 온라인 시스템에 있다. 이러한 통합 시스템은 매우 많은 소화물주에게 편리함을 제공함으로써 글로벌 무역에 대한 진입장벽을 낮출 수 있었다. 물류 과정에서 발생하는 복잡한 행정절차 등을 간소화함으로써, 거래처와의 실질적인 무역 및 거래에 집중할 수 있게 되었다.

04 핵심프로세스

코로나19 팬데믹 시기에 온라인 쇼핑 급증과 화물량 증가로 승승장구하던 플렉스포트는 막상 팬데믹이 끝나고 나니 위기에 봉착했다. 수익성이 악화된 것이다. 창립자인 라이언 피터슨은 CEO에 복귀하면서 직원들을 정리해고하기 시작했다. 2023년 10월 그는 성명을 내고 플렉스포트 전 세계 직원의 약 20%를 감축할 것이라고 했다.[141] 이처럼 거시경제에 부는 한파는 무역에서 가장 큰 리스크로 자리할 수 있기 때문에, 사업 및 인프라 확장을 신중하게 하면서도 서비스의 질을 유지하는 것이 플렉스포트의 숙제일 것이다.

3.3.3.3. 플랫폼형 비즈니스 모델 | 제공가치 유형별 | 정보형: 매칭형

39. 온오프라인 이벤트 매칭형: 이벤터스 EVENTUS

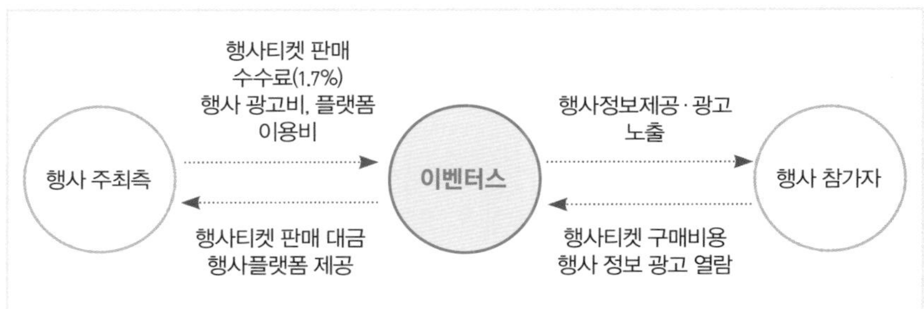

이벤터스는 2014년부터 "누구나 자신이 원하는 행사를 개최하거나 참여할 수 있는 세상을 만든다"는 미션을 기반으로 서비스를 제공하고 있다. 하나의 온·오프라인 행사 개최를 위해서는 행사 전의 기획과 홍보, 행사 중의 프로그램 진행과 운영, 그리고 행사 후의 참가자 데이터와 진행 결과 정리 등의 업무가 넘쳐난다. 이벤터스는 행사 준비와 운영 과정에서 꼭 필요한 기능을 하나에 모은 플랫폼으로 행사의 시작부터 끝까지 활용 가능한 원스톱 솔루션 서비스를 주최 측에 제공하여 운영과 관리의 효율성을 제공한다. 또한 참가자에게는 다양한 행사들에 대한 정보를 제공하고 간편하게 참가 신청을 접수해주며, 행사 당일에는 이벤터스의 웹 기반 플랫폼을 통해 다양한 프로그램에 참여할 수 있도록 도와준다.

01 핵심제공가치

맞춤형 행사 지원 플랫폼을 통해 소수의 동호회 모임부터 수천 명이 함께

하는 대형 행사까지 쉽고 편리하게 주관할 수 있다는 것이 이벤터스의 핵심 가치이다. 주최 측은 행사 관련 모든 업무 리스트를 플랫폼 내에서 관리하고 해결할 수 있으며, 이벤터스가 제공하는 기능을 활용하여 획일화된 진행 방식에서 벗어나 다양한 프로그램도 손쉽게 시도해볼 수 있다. 행사 당일 모바일로 일정 또는 연사 소개 정보를 제공할 수 있는 모바일 가이드 솔루션, 질의응답과 설문조사 등을 진행할 수 있는 실시간 소통 솔루션, 그리고 경품 추천 또는 퀴즈대회 등을 개최할 수 있는 이벤트 솔루션 등 여러 기능을 제공하고 있다. 이런 유료 서비스를 재구매하는 비율은 75%로, 만족도가 매우 높은 편이다.[142] 더 나아가 이벤터스는 직접 운영 중인 여러 소셜네트워크나 뉴스레터와 같은 미디어 채널들을 동원하여 행사를 홍보해주며 행사에 관심이 있는 사람들에게는 주기적으로 관련된 소식을 전달한다. 행사 당일에는 이벤터스 플랫폼을 통해 주최자–참여자 간 쌍방향 커뮤니케이션이 가능하도록 하여 행사 운영의 효율성을 높인다.

02 수익공식

이벤터스 플랫폼상에서 결제되는 유료 행사의 티켓 대금에 수수료를 책정하고, 주최 측이 행사를 위해 활용하는 몇몇 유료 기능과 서비스의 패키지 비용을 청구하여 수익을 창출한다. 여기에 추가적으로 운영 대행 서비스와 행사 광고 상품도 판매하고 있다.

구체적으로 살펴보면, 이벤터스의 참가자 모집 플랫폼 자체는 무료로 제공되며, 이를 통해 주최자는 손쉽게 행사 안내 페이지를 만들어 공유하고 홍보할 수 있다. 행사 참여를 희망하는 사람이 이 안내 페이지에서 참가 티켓을 구매하면, 이벤터스는 이 금액의 1.7%를 수수료로 받는다(PG사 수수료 포함 총 4.9% 수취). 또한 주최 측이 행사 당일 질의응답이나 경품 추첨과 같은 프로그램의 운영·관리를 돕는 플랫폼의 추가 기능을 활용하기 위해 비용을 지불하는데, 참가 인원과 행사 기간에 따라 최저 1일 25만 원에서 최대 3일 400만 원까지의 다양한 패키지 옵션이 있다.

03 핵심자원

이벤터스가 강조하는 "잘 고른 모집 플랫폼 하나가 열 알바 안 부럽다"라는 슬로건에 걸맞게, 행사 주관 시 필요한 기능들이 모두 모인 플랫폼 그 자체가 이벤터스의 가장 기본적이면서 핵심적인 자원이다. 이벤터스 덕분에 주최 측은 기존처럼 큰 비용을 지불하며 행사 운영 대행사를 고용하지 않고도 행사를 직접 운영하고 관리할 수 있다. 더 나아가 테크 기업들이 자주 개최하는 해커톤 또는 금융회사들이 주관하는 모의 투자 프로그램 진행을 위해 특화된 기능들을 플랫폼에 도입한 것이 이벤터스 서비스만의 특징이라고 할 수 있다. 이를 기반으로 국내 대기업과 정부 기관들을 고객사로 확보하며 탄탄하게 사업을 확장해가고 있다.

04 핵심 프로세스

이벤터스는 행사 운영 대행사가 아닌, 맞춤형 행사 솔루션을 제공하는 기업이다. 플랫폼을 통해 더 다양한 행사 프로그램을 시도해보면서도 오히려 더 쉽게, 복잡한 과정 없이 행사를 성공적으로 마무리할 수 있도록 전 과정을 지원해 주는 프로세스를 구축했다. 이런 면에서 앞으로도 계속해서 주최 측의 니즈에 맞춰 필요한 기능들을 파악하고 추가해나가며 '이벤트 테크' 회사의 방향성을 잃지 않는 것이 매우 중요하다. 조만간 이렇게 모인 행사 기획·운영 노하우와 데이터를 기반으로 주최자들이 더 좋은 행사를 기획하는 것을 돕는 컨설팅 영역으로의 사업 확장을 계획하고 있다고 하니, 행사의 'A-to-Z'를 다루는 완전한 시스템을 구축할 수 있을 것으로 예상된다.

40. 인력 추천 플랫폼:
태스크래빗 Taskrabbit

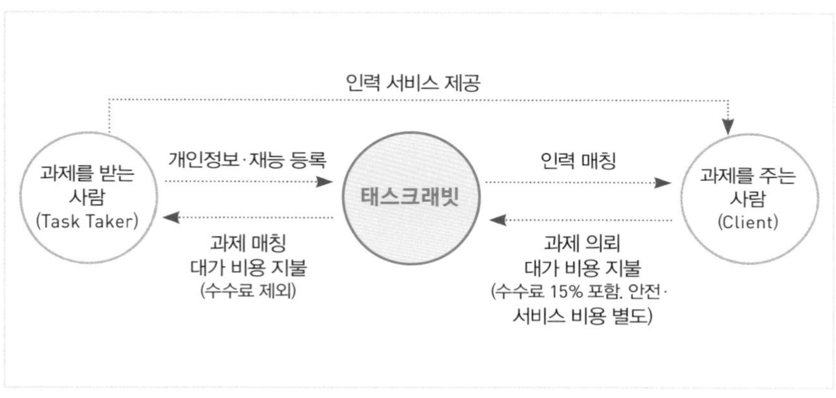

태스크래빗은 '심부름이 필요한 고객'과 '심부름을 해주는 사람들(테이커Taker)'을 실시간으로 매칭시켜 심부름을 분배하는 플랫폼 사업을 하고 있다. 태스크래빗은 각종 심부름을 하기 위한 다양한 능력을 가지고 있는 테이커들의 데이터베이스를 제공하며, 고객은 필요에 따라 위치, 서비스 가능 시간, 경력 등을 상세히 필터링하여 검색할 수 있다. 고객이 심부름 제공자 선택 시, 테이커는 앱 알림을 통해 상세한 작업 내역을 확인하게 되며 이를 수락 또는 거절할 수 있다. 만약 고객이 당일 서비스를 원하는 경우, 태스크래빗은 자동으로 가까운 위치에 있는 테이커들에게 알림을 보내며 수락하는 테이커와 빠르게 연결해준다. 일이 완료되면 고객은 일정 금액을 태스크래빗에 지불하고 심부름 제공자는 시간당 임금을 받는다. 2017년 가구 업체 이케아에 인수된 태스크래빗은 2023년 기준, 미국과 유럽 내 9개국, 60개 이상의 도시에서 서비스를 제공하고 있다.[143]

01 핵심제공가치

플랫폼 비즈니스 모델을 기반으로 하는 태스크래빗은 두 주체에게 서로 다른 가치를 제공한다. 시간 또는 기술이 부족한 고객에게는 다양한 잡일을 처리할 수 있도록 도와준다. 배관 수리 또는 페인트 칠과 같은 기술이 필요하거나 바쁜 와중에 장보기, 줄서기 그리고 강아지 산책 등 다소 시간이 소요되는 일들을 태스크래빗이 자체 검증한 심부름 제공자들을 통해 처리할 수 있다. 또 다른 주체인 심부름 제공자 측면에서 보면 추가적인 수입이 필요한 사람에게 수입원을 제공한다. 심부름 제공자는 자신의 위치와 시간, 전문성에 맞추어 요청되는 심부름들을 선택하거나 거절하여 자신에게 가장 편리한 심부름을 수행할 수 있고 그 일을 소요하는 데 걸리는 시간과 태스크래빗에서 측정한 자신의 숙련도에 비례하여 수입을 벌어들일 수 있다.

02 수익공식

태스크래빗은 심부름 제공자에게는 최초 계정 가입비로 25달러를 청구하며[144] 그 이후 심부름 가격에 부과되는 수수료는 고객이 지불하도록 한다. 심부름 자체의 가격은 심부름의 종류와 수행하는 데 걸리는 시간, 심부름 제공자의 숙련도 등에 따라 차등을 두고 있다. 태스크래빗은 고객이 지불하는 금액 중 15%를 수수료 명목으로 부과하여 수입으로 삼으며, 이와는 별개로 안전을 보장하고 고객 서비스를 제공하는 것에 대한 대가로 고객에게 추가로 비용을 부가한다.[145 146] 또한 추후 고객이 심부름 제공자에게 직접 연락하여 거래할 유인을 줄이기 위한 방안으로 태스크래빗을 통해 같은 심부름 제공자에게 작업을 요청할 경우 할인 혜택을 주고 있다.

03 핵심자원

심부름 제공자의 인력 풀이 태스크래빗의 핵심자원이라 할 수 있다. 고객의 요청에 따라 다양한 전문성을 가진 심부름 제공자를 바로 연결해주기 위해서는 일정 규모 이상의 심부름 제공자 네트워크를 구축해야 한다. 태스크래빗은 지난 10여년 간 900만 건의 작업을 매칭시켜줄 정도로 충분한 제공자 네트워크와 데이터베이스를 가지고 있다.[147] 더불어 심부름 제공자가 수행하는 서비스의 질과 이에 대한 고객의 신뢰 역시 중요한 자원이다. 태스크래빗의 심부름 제공자가 되기 위해서는 반드시 개인 신원과 더불어 사업체를 인증해야 한다. 또한 제공된 심부름에 대한 리뷰 평점이 높고 경험이 많은 심부름 제공자에게 '태스크래빗 엘리트'라는 라벨을 추가로 부여하여, 고객에게는 더 좋은 서비스를 보장하고 제공자에게는 더 높은 시간당 수익을 얻을 수 있는 구조를 만들어 두었다.[148]

04 핵심프로세스

심부름 요청에 실시간으로 대응하기 위한 프로세스 또한 중요하다. 현재의 비즈니스 모델로 바뀌기 이전에 태스크래빗은 경매 형태로 심부름 제공자를 선정하였다.[149] 예를 들어 고객이 과제나 심부름을 포스팅하면 심부름 제공자들이 입찰하는 방식이었다. 하지만 이 방식은 특성상 시간이 오래 걸렸고, 단순한 심부름이 대다수를 이루었기에 고객들이 굳이 낙찰까지 기다리지 않아 거래 성사율이 저조했다. 이후 고객의 심부름 요청에 효과적으로 대응하기 위해서 낙찰 방식을 바꾸었다. 태스크래빗이 심부름의 특성·위치·숙련도에 맞추어 추천하면 이 중에서 고객이 선택하는 방식이다. 또한 당일 예약은 태스크래빗이 자동으로 심부름꾼을 배정하고 심부름꾼이 확정하는 방식으로 바꾸었다.

결제 프로세스는 이러한 실시간 응대를 위해 기술적으로 요구되는 중요한 사항이다. 심부름 완료 후 24시간 내로 별도의 문제 제기가 없다면 고객이 앱으로 지불한 금액이 심부름 제공자에게 임금 형태로 지불된다. 심부름을 한 대가가 바로 입금되는 시스템은 바로 수입을 얻고자 하는 심부름 제공자들에게 이 플랫폼에 참여하게 되는 동기 부여 요인으로 작용한다.

3.3.3.3. 플랫폼형 비즈니스 모델 | 제공가치 유형별 | 정보형: 매칭형

41. 돌봄 서비스 매칭 플랫폼:

자란다

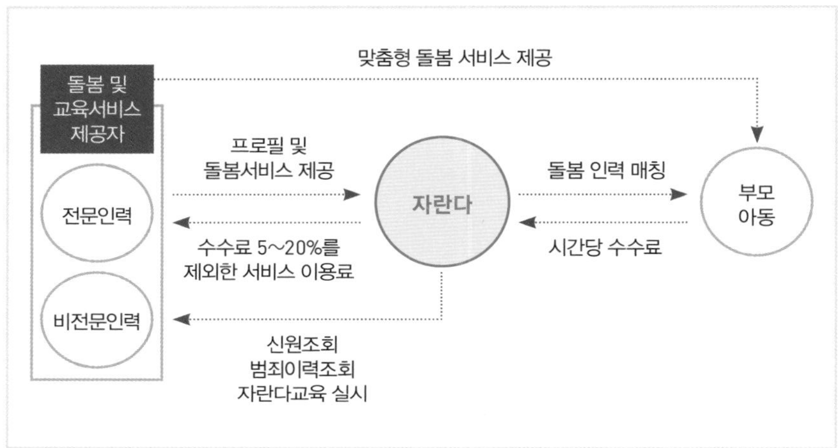

대부분의 부부들이 맞벌이를 하면서 과거에는 가족 내부의 영역이었던 육아를 외부에 의탁하는 사례가 많아졌다. 많은 이들이 부모님에게 아이를 맡기거나 가정에 방문하는 시터들에게 아이를 맡기기도 하지만 이 역시 한계가 있어 많은 엄마들이 '전업 엄마'로 돌아가기도 한다. 기존의 시터들은 아이를 보는 데 익숙해서 돌봄 서비스를 제공하는 데에는 문제가 없었지만, 아이에게 본격적인 놀이 활동 또는 교육을 제공하는 측면에서는 미숙했다. 또, 시터 서비스를 이용하고자 하는 부모라도 이 자체가 외부의 낯선 사람들에 의해 제공되기 때문에 사건·사고를 두려워하지 않을 수 없었으며, 나와 가치관이 다른 사람이 아이의 사고방식에 어떤 영향을 미칠지도 고민해야 했다. 자란다는 놀이와 베이비 시팅을 합친 서비스를 제공하며, 전문가가 만든 지표를 통해 선생님 지원자를 선별하는 과정을 거쳐 낯선 사람

이 아이에게 미칠 부정적인 영향을 최소화하고자 했다. 아이 돌봄 서비스를 신청하고자 하는 부모가 앱상에서 여러 정보를 입력하고 제출하면, 자란다는 보유하고 있는 선생님 풀에서 적당하다고 생각되는 선생님 리스트를 오픈하고 그중 원하는 선생님과 매칭해준다.[150]

01 핵심제공가치

그동안 외부 시터를 통해 돌봄 서비스를 받아왔던 부모들은 온전히 외부의 입소문이나 전문자격증 보유 여부를 통해 시터에 대한 판단을 내릴 수밖에 없었다. 이에 비해 자란다는 보유하고 있는 선생님들에 대해 판단의 지표가 될 수 있는 여러 정보를 투명하게 공개함으로써 서비스를 신청하고자 하는 부모들이 최대한 나의 가치관과 맞는, 안전하다고 생각되는 선생님을 고를 수 있도록 돕는다. 자란다가 공개하는 정보들은 선생님들의 얼굴, 나이, 학력, 자기소개, 자신 있는 활동, 총 활동 시간, 활동 이력 등이다.

또한 정기적으로 장시간 돌봄과 교육을 제공받고자 하는 부모들을 위한 서비스 외에도 하루에 단 몇 시간, 혹은 급하게 잠깐만 돌봄 서비스를 필요로 하는 부모들 또한 단발성으로 최소 2시간부터 서비스를 이용할 수 있어 꼭 필요한 도움을 받을 수 있도록 한다.

02 수익공식

자란다의 주된 수익 모델은 방문 수수료이다. 돌봄 서비스를 제공함으로써 발생하는 금액의 5~20%를 수수료로 취득하고 나머지는 서비스를 제공하는 선생님이 가져가는 구조이다. 선생님의 서비스료는 돌봄의 경우 최초 11,000원이며, 아이 1명 추가 시 시간당 3,000원 추가된다. 배움의 경우, 최초는 15,000원이며, 아이 1명 추가 시 시간당 6,000원 추가, 1시간 30분 수업 시 4000원 추가된다. 선생님의 경력 및 수업 누적 방문횟수에 따라 상향될 수 있다. 또한, 타 플랫폼이나 학원, 과외 등의 아이 지도 경력을 보유한 경우, 자율시급제를 신청할 수도 있다.

부모님의 경우, 돌봄 서비스는 최소 2시간부터 신청할 수 있고 하루 최대 10시간까지 신청 가능하며 시간당 최소 1만 5,000원이다. 배움 서비스는 최소 1시간부터 신청 가능하나 1시간 신청 시 기본 서비스료가 2만 7,000원, 2시간 이상 신청 시 추가 할인되어 2만 1,000원이다. 요일 및 시간을 정해 정기 방문 서비스를 이용하는 것도 가능하다. 아이가 추가될 경우 돌봄은 75% 할인, 배움은 45% 이상 할인된 가격이 적용된다.[151] 따라서 자란다는 돌봄에서는 최소 4,000원, 배움에서는 최소 1만 2,000원을 매출로 확보 가능하다.

03 핵심자원

자란다에 지원하는 선생님들은 모두가 전문적으로 유아교육을 전공했거나 꾸준히 돌봄 서비스를 제공하는 활동을 해온 전문 인력들은 아니다. 따라서 제대로 된 선생님을 선별하는 작업이 매우 중요한데, 자란다는 선생님들이 제시하는 정보들만을 파악하는 데 그치지 않고 신원 검증, 범죄 경력 조회, 대면 인터뷰를 거쳐 선생님들이 정말 안전한 사람인지에 대해서 검증하고자 노력했다. 이러한 검증을 통과한 선생님들은 자란다 교육을 통해 돌봄 서비스를 제공할 수 있는 전문 인력으로 길러지게 된다.

또한 자란다는 선생님별로 수업 일지를 작성하도록 한다. 여기에는 어떤 아이와 언제 어떻게 돌봄 혹은 교육을 진행했는지에 대해 자세히 기술된다. 이 일지에는 활동 내용과 관찰 내용이 모두 포함되며 선생님은 실제로 어떤 활동을 했는지에 대해서도 작성할 수 있지만 이 교육과 관련해 아이가 어떤 반응을 보였는지 등에 대해서도 관찰한 내용을 적을 수 있다. 부모들은 이 일지를 통해 선생님의 성향이나 교육 스타일 등에 대해 더 자세히 파악할 수 있으며, 현재 제공받는 서비스 내용에 아이가 잘 적응하고 있는지 판단하고 선생님 유지 또는 변경 등에 대한 의사결정을 내릴 수 있다.

04 핵심프로세스

돌봄 서비스를 신청하고자 하는 부모들은 자란다의 앱에서 다양한 정보를 입력해야 한다. 방문할 집의 주소는 물론 아이의 성향이나 원하는 돌봄 혹은 교육의 내용 등에 대해 자세한 내용을 입력할 수 있다. 먼저 아이의 이름, 생년월일, 성별과 같은 기본적인 정보를 기입하고 나면 원하는 활동에 대해 자세히 서술할 수 있도록 하고, 해당 활동이 어느 정도로 진행되길 원하는 지까지 적을 수 있도록 되어 있다. 예를 들어 수업 진행 정도는 ① 아이가 원하는 만큼만 ② 가능한 부분까지 하도록 ③ 약속한 분량을 마무리할 수 있도록 ④ 조금 어려워도 꼭 끝낼 수 있도록의 네 가지로 나누어져 있다. 이 입력 과정이 끝난 후 일정과 선생님의 성별을 지정하고 나면 자란다의 자체 시스템에서 추천하는 선생님들의 리스트를 확인할 수 있으며, 희망하는 선생님에게 서비스를 신청할 수 있다.

3.3.3.3. 플랫폼형 비즈니스 모델 | 제공가치 유형별 | 정보형: 매칭형

42. 산업형 맞춤 인재 추천 플랫폼:
에스브이 아카데미 SV Academy

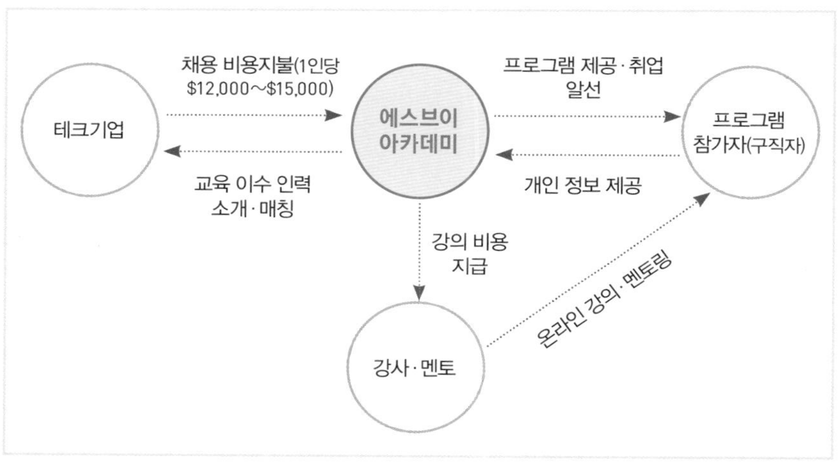

아무리 좋은 아이디어 및 기술 기반의 회사라도 이를 제대로 판매하지 못한다면 성과를 만들어내는 데에 어려움을 겪게 된다. 회사가 고객에게 제공하고자 하는 기술에 대한 이해를 바탕으로 사업을 개발하고 영업할 수 있는 인력은 회사의 성장에 있어 핵심 자원이다. 그런데 초기 스타트업들은 이 같은 인력을 교육하는 프로그램을 구축하는 데에 어려움을 겪는 경우가 많다. 심지어는 이런 직무를 위해서 무엇이 필요한지 조차 모르는 경우도 많다. 이 빈틈을 채워 넣고자 하는 것이 바로 에스브이 아카데미의 직무 교육 및 인력 매칭 서비스이다. 에스브이 아카데미는 직접 모집·선정한 후보자들에게 사업 개발 또는 기술 영업 직무에 필요한 교육을 먼저 제공하고, 12주간 과정을 모두 이수한 이들을 파트너 기업들에 소개해

준다. 기업들은 에스브이 아카데미를 통해 번거로운 채용 절차와 인수인계 과정 없이 바로 업무에 투입 가능한 인력을 뽑을 수 있고, 구직자들은 자신이 원하는 직무를 맡기 위해 필요한 지식을 갖춘 상태로 입사하여 빠르게 능력을 발휘할 수 있다.

01 핵심제공가치

에스브이 아카데미는 업무 역량을 지닌 구직자와 이들을 필요로 하는 기업들을 연결하여 필요한 인력을 매칭해준다는 점에서 유용성을 제공한다. 또한 실리콘밸리에서 일해보고 싶지만 테크 경험과 경력이 부족한 구직자들에게 교육과 채용이라는 기회를 제공하여 이들의 구직 의사가 실질적인 구직으로 연결될 수 있도록 한다. 구직자들은 12주간 업계의 경력자들로 이루어진 강사진으로부터 온라인 직무 교육과 멘토 서비스를 무료로 제공받을 뿐만 아니라, 궁극적으로는 테크 기업 채용까지 100% 보장되어 일주일에 보통 1,000명이 넘는 지원서가 몰린다.[152]

반면 많은 테크 업계 신생 기업들의 경우, 교육 프로그램과 같은 내부 비용 투자는 쉽지 않을 뿐만 아니라 조직 자체의 경험이나 노하우가 충분히 축적되지 않아 오히려 제대로 된 직무 교육을 제공하지 못하는 경우도 있다. 에스브이 아카데미는 서류 및 면접 과정을 통해 선발되어 산업 맞춤형 교육 프로그램을 이수한 졸업생들을 직접 추천하며, 이를 통해 기업들은 복잡한 채용 절차 없이 사업 개발과 영업 직무에 최적화된 인력을 고용할 수 있다. 제대로 된 직무 교육을 받은 에스브이 아카데미 졸업생들은 바로 업무에 투입되어 매출 향상에 기여하므로 고용주이자 에스브이 아카데미의 고객인 기업들의 만족도가 높다.

02 수익공식

에스브이 아카데미는 프로그램에 선발되어 12주간의 교육을 이수하는 참가자들에게 비용을 청구하지 않고 전 과정을 무료로 제공한다. 그 대신, 이들을 채용한 기업들에 채용 인원 1명당 1만 2,000~1만 5,000달러 정도를 청구하며 수익을 창출하는 구조이다.[153] 주요 지출로는 강의와 멘토링을 제공하는 업계 전·현직 강사진들에게 지불하는 비용이 있다.

03 핵심자원

에스브이 아카데미에서 업무 지식을 알려주고 참가자들에게 멘토링을 제공하는 강사진은 모두 구글, 오라클, SAP, 페이스북과 같이 업계에서 사업 개발 또는 영업 직무를 맡고 있는 사람들로 이루어져 있다. 그들은 업무에 실제로 필요한 지식과 노하우를 누구보다 더 정확하게 전달할 수 있으며, 어떠한 커리어로 발전할 수 있는지에 대해서도 가이드를 줄 수 있다. 마치 부서 내의 사수로부터 직접 영업 전략을 배우고, 가까운 회사 선배에게 고민 상담을 하는 듯한 직무 교육 및 인사 프로그램을 구축한 것이 에스브이 아카데미만의 핵심 자원이다. 에스브이 아카데미의 프로그램이 타 채용 연계형 교육 프로그램을 제공하는 회사들에 비해 더 매력적인 이유는 특정 산업의 특정 직무에만 집중하여 더 전문화된 프로그램을 구축했기 때문이다. 이런 프로그램을 통해 테크 기업이 꼭 필요로 하는 성향의 사람들을 선발하고, 교육하여 배출된 프로그램 졸업생들이 궁극적으로 에스브이 아카데미의 핵심자원으로 거듭나게 된다.

04 핵심프로세스

고객이자 고용주인 테크 기업들이 필요로 하는 인재를 양성하여 에스브이 아카데미를 통한 채용이 1회에 그치지 않고 계속해서 이어지도록 관리하는 것이 매우 중요하다. 이를 위해서 초기 참가자 선발부터 많은 신경을 써야 하는데, 실제 에스브이 아카데미는 전화 인터뷰와 에세이 등을 통해 후보자를 평가하며 합격률은 2.5% 정도로 매우 낮아 마치 기업 채용 과정과 비슷하게 진행되고 있다.[154] 또한 사후 관리의 개념으로 이미 프로그램을 졸업하고 근무 중인 이전 참가자들에게도 계속해서 온라인 멘토링을 제공하고, 그들만의 커뮤니티를 구축하여 네트워킹의 장을 만들어주는 방식 등을 통해 기업에서 더 성공적으로 업무를 수행할 수 있는 환경을 조성하여 양측의 만족도를 높일 수 있다.

3.3.3.3. 플랫폼형 비즈니스 모델 I 제공가치 유형별 I 정보형: 매칭형

43. 재미 기반 취향 매칭형 플랫폼:

넷플연가

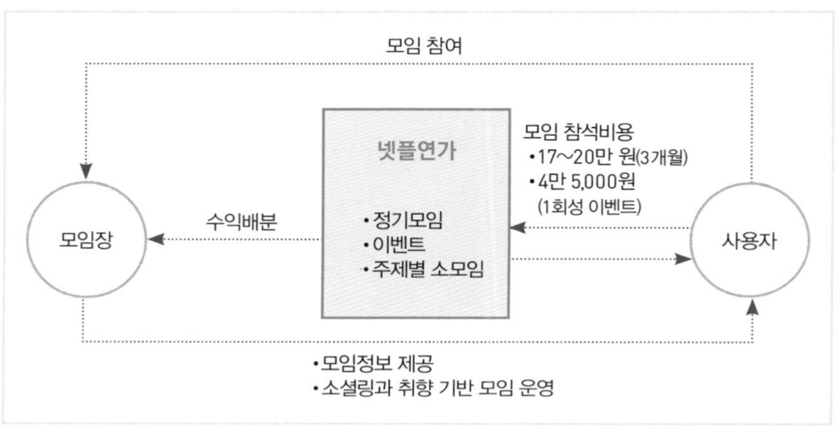

넷플연가는 온라인 동영상 스트리밍 플랫폼OTT의 콘텐츠를 보고 관심사가 비슷한 사람들끼리 만나 교류할 수 있도록 연결해주는 커뮤니티 기반 비즈니스 모델을 선보이고 있다. 좋아하는 취미를 공유하고 재미를 나눌 수 있는 '좋은 관계'를 형성해주는 관계 매칭에 집중하고 있으며, 취미를 기반으로 매칭된 자리가 잘 유지될 수 있도록 넷플연가만의 커뮤니티 운영 서비스를 제공하고 있다.

01 핵심제공가치

넷플연가의 핵심가치는 '즐거움과 품질 있는 관계 형성'이다. 이는 사람들이 돈을 지불하며 질 높은 커뮤니티 경험을 추구하는 최근 트렌드를 반영한

다. 커뮤니티 모임 서비스는 외로움, 불안, 지식 습득 등의 기본적인 사회적 관계에 대한 니즈를 충족시키고 있는데, 무료 모임들과 달리 유료 서비스는 '퀄리티 컨트롤'이라는 중요한 장치를 갖추고 있다는 점에서 차별화된다. 넷플연가 참여자들은 유료로 비용을 지불하며 취미를 공유할 수 있는 커뮤니티에 참여하는데, 노쇼, 무례한 행동, 준비되지 않은 사람들로 인한 문제를 피하며 취향이 비슷한 사람들과 만날 수 있다. 넷플연가는 개인의 프라이버시를 중요시하면서도 디지털 기반의 연결성에 대한 선호라는 최근 MZ세대의 특성을 반영하여 새로운 형태의 커뮤니티 경험을 제공하고 있다.

지식 습득을 기반으로 하는 취향 모임과는 달리 '즐거움'과 '재미'에 더 큰 비중을 두고 있다는 점도 주목할 만한 점이다. 재미와 경험에 초점을 둔 모임 형성을 위해, 콘텐츠, 사람, 주제의 3요소에 집중한다. 3요소의 파악을 위해 이전 모임의 피드백을 확인해보기도 하고 대기자 수를 통해 니즈를 파악하기도 한다.

02 수익공식

넷플연가의 수익모델은 주제별 모임을 기반으로 한다. 한 주제에 대해 3개월 동안 총 4번의 모임을 갖는 형식이며, 참가비용이 있다. 구체적인 참가비를 살펴보면, 정기모임은 3개월에 17~20만 원이며, 1회성 이벤트는 참가비가 4만 5,000원이다. 기존 모임의 멤버는 이벤트에 3만 5,000원으로 참여할 수 있다. 서비스 초기에는 좋아하는 영화를 기반으로 모임이 형성되었지만, 최근에는 와인, 음악, 미술 등 다양한 취미 분야로 카테고리가 확장되고 있다. 이러한 모임 중에서 전문가가 참여하는 모임이나 베이킹, 와인, 위스키, 사케 등을 포함한 다이닝 살롱 모임은 더 높은 가격대를 지니고 있다. 주요 매출원이 참가비라고 할 수 있으며, 2022년 기준 매출액이 7.1억 원이다. 한편, 넷플연가 비용구조는 매출의 20~40% 정도를 모임장에게 모임운영비로, 10~20% 정도는 공간 운영, 나머지는 마케팅과 인건비로 구성되어 있다.

03 핵심자원

넷플연가의 핵심역량은 다양한 배경을 지닌 모임장들이다. 이들은 각기 다른 경험과 지식을 가지고 있으며, 이들의 전문성은 모임의 다양성과 풍부한 내용을 보장하는 데 기여한다. 더불어 넷플연가의 또 다른 핵심역량은 참가자들의 행동과 피드백 관리 역량이다. 넷플연가는 높은 참가비를 내는 유료모임이기 때문에 기본적으로 모임의 분위기를 해치려는 참가자가 참여하는 가능성이 작다. 넷플연가는 모임 활성화를 위해 현장에서 있었던 멤버들의 분위기를 생생하게 전달해줄 조력자도 모임에 배치하고 있다. 커뮤니티라는 분야는 리스크가 끝없이 도출될 수 있다는 점을 인지하고 수십 번, 수백 번 대응과 대처, 방지 등의 노력을 기울이고 있다.

04 핵심프로세스

넷플연가의 주요 프로세스는 모임의 주제 선정과 모임장 선정, 그리고 모임장소 설정에 중점을 두고 있다. 모임 주제는 회사의 기획에 의하거나 사용자의 전문성에 기반하여 제안되며, 이러한 과정을 통해 다양하고 흥미로운 주제들이 모임으로 구성된다. 예를 들어, 전통주 소믈리에 경험이 있는 스타트업 직원이 주제를 제안하여 전통주 관련 모임을 개최할 수 있다. 모임장이 되고자 하는 사람들에게는 필요한 교육이 제공된다. 모임장은 전문가 또는 모더레이터로 구성되며, 이들의 선정 과정은 화상회의를 통해 이루어진다. 인터뷰가 녹화되고 평가를 통해 결정되며, 주성철 〈씨네플레이〉 편집장, 음악평론가 배순탁 작가 등과 같은 분야별 전문가뿐만 아니라 일반인들도 모임장으로 활동한다. 이처럼 다양한 모임장이 모임을 만들어 나감으로써 모임의 다양성과 전문성이 확보된다고 할 수 있다. 모임장소는 일반적으로 역에서 가깝고 접근하기 쉬운 곳에서 선호되며, 자체 공간이나 파트너 공간을 활용한다. 홍대, 서대문, 을지로, 사당 등에 자체 공간을 마련했으며, 모임장들은 때로는 자신의 작업장에서 모임을 주최하기도 한다. 모임당 최대 인원은 12명이며, 보통 10명 정도가 참여한다.

마지막으로 넷플연가는 사람들이 좋아하는 주제를 개발하기 위하여 많은 노력을 기울이고 있다. 가령, 사용자들의 플랫폼상 이동 경로를 파악하여 특정 주제가 재미있었는지 또 모임이 잘 운영되는지를 분석한다. 만약 와인 모임에 참여했던 사용자가 넷플연가의 또 다른 와인 모임에 참여하는 데이터를 확인했을 때 해당 주제에 사람들이 관심이 많으며, 모임 또한 잘 운영되었다고 판단할 수 있다.

44. 방문요양 매칭형 플랫폼:
케어링 Caring

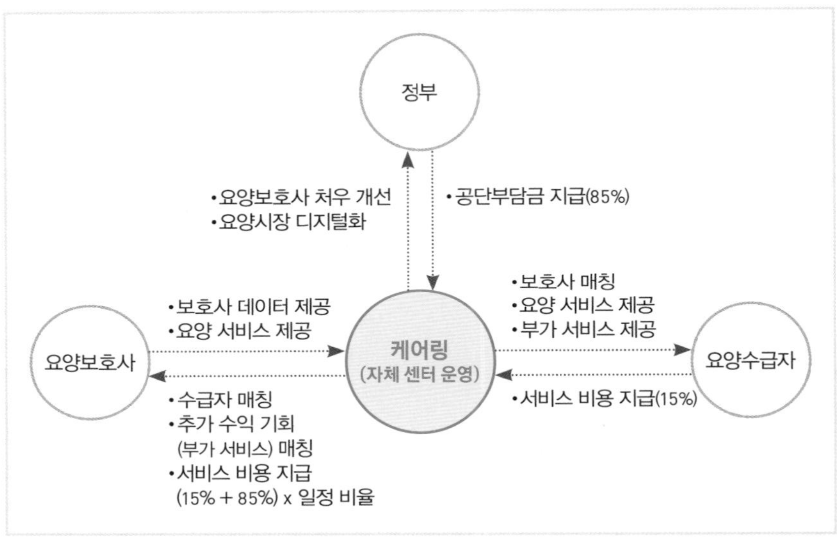

케어링은 2019년 설립된 기업으로, 대표적인 시니어시장인 요양시장을 디지털화하고 있다. 국내 요양시장의 규모는 2022년 기준 약 14.4조 원으로 상당히 큰 규모로 형성되어 있으나 아직까지 시장을 선도하는 기업은 존재하지 않으며, 파편화된 소규모 사업자들이 시장 내에서 경쟁하고 있다. 케어링은 방문요양 서비스를 주로 제공한다. 요양수급자와 요양보호사를 연결하는 비즈니스를 운영하는데, 서비스의 질을 높이고 시장을 더 좋은 방향으로 개척하기 위해 요양센터와 수급자를 연결하는 단순 플랫폼 비즈니스가 아닌 직영으로 전국에 있는 센터를 운영하면서 서비스를 제공하는 구조로 가고 있다.

01 핵심제공가치

기존 요양시장은 서비스 제공자(요양보호사)보다는 수요자(요양수급자)를 중심으로 돌아가고 있었다. 그러나 케어링은 수급자에게 질 좋은 서비스를 제공하기 위해서는 질 좋은 요양보호사를 많이 보유하는 것이 우선이라고 판단하였고, 이를 위해 요양보호사들의 처우를 개선하는 데 힘썼다. 요양보호사들이 가장 중요하게 생각하는 시간당 급여를 늘리는 것에 우선 주력했는데, 업계 최고 수준의 급여를 지급한다는 소식이 퍼지자 자연스럽게 많은 수의 요양보호사들이 케어링으로 모이게 되었다.[155]

다수의 요양보호사를 보유하게 되면서 이들의 정보를 데이터베이스화하는 것이 가능해졌다. 수급자들이 가장 원하는 것은 당사자와 가장 잘 맞는 성향의 요양보호사를 만나는 것인데, 이 '잘 맞는 보호사'의 기준이 기존에는 상당히 애매모호했다. 케어링은 2023년 말 현재 4만 명 이상의 요양보호사 풀pool을 보유하고 있는데, 이들의 데이터를 기반으로 매칭하게 되면서 수급자의 만족도가 급격히 올라갔다.

02 수익공식

케어링은 현재 전국의 12개 요양센터를 운영하고 있다. 케어링을 통해 요양서비스가 제공될 경우 수급자로부터 공단부담금(정부지원금) 85% + 수급자 본인 부담 15%가 수가로 매출이 발생하게 된다. 이 중 케어링은 일부를 요양보호사에게 급여로 지급하는데, 지급비율을 공개하지는 않았지만 정부에서 권장하는 것보다는 높은 금액을 지불하는 것으로 알려져 있다. 요양서비스 매출 외에도 복지용구, 방문목욕, 간호 등에 대한 부가 서비스를 통해서도 매출이 발생하고 있다.

케어링은 요양보호사에게 높은 급여를 지급하기 위해 비용을 줄일 필요가 있었다. 이를 위해 기존에는 직접방문이나 수기로 이루어지던 절차들을 디지털화하기 위해 노력했다. 예를 들어 계약과 같이 서명이 필요한 부분들을 전자서명으로 대체하고, 보호사들의 출퇴근 모니터링을 휴대폰을 통해 해결하도록 했다. 또 자체 ERP 시스템을 구축해 모든 업무를 전산화해 관리 및 운영을 효율화하기도 했다.[156]

03 핵심자원

케어링의 핵심자원은 보유하고 있는 대규모 요양보호사 풀과 그 데이터이다. 이 데이터에는 요양보호사들의 기본적 인적 사항(키, 몸무게, 거주지역, 나이, 성별 등) 외에 특기, 종교, 관심사 등의 업무 외 조건들까지 포함되어 있다. 따라서 수급자는 이런 데이터를 기반으로 가장 잘 맞는 보호사를 매칭받는 것이 가능하다.

요양보호사들에게 다양한 부가 서비스를 매칭시켜 추가 수익이 발생할 수 있도록 하는 것 또한 긍정적인 요소이다. 방문요양의 경우 보통 수급자별로 하루에 3~4시간을 소요하게 된다. 요양보호사들은 이후에 남는 자투리 시간을 잘 활용하지 못했는데, 케어링은 이 시간에 짧은 시간의 방문목욕이나 방문간호와 같은 부가 서비스를 매칭해 요양보호사들이 추가 수익을 얻을 수 있도록 했다. 이를 위해 요양보호사들이 되도록 주변에 있는 수급자들과 매칭될 수 있도록 효율적인 동선을 설계해주는 등의 배려도 하고 있다. 이러한 긍정적 요소들로 인해 더 많은 요양보호사가 케어링을 찾고 있으며, 그에 따라 케어링의 데이터베이스 및 제공 서비스의 질이 더더욱 높아질 수 있다.

04 핵심프로세스

케어링은 2023년 말까지 누적 700억 원이 넘는 투자금을 유치했다. 고령화 시대에 접어들면서 실버산업이 성장하고, 이에 따라 노인인구에 대한 케어 서비스에 대한 수요가 늘고 있기 때문으로 보인다.[157]

케어링은 현재 제공하고 있는 방문요양 서비스 외에도 추후 보건복지부가 추진하는 노인장기요양보험 통합재가서비스 인프라 구축에 힘쓰고자 한다. 통합재가서비스는 장기요양 수급자가 원하는 다양한 서비스(주야간 보호, 방문요양, 목욕, 간호, 단기보호)를 하나의 시설에서 제공하는 제도이다. 이러한 서비스 제공을 위해 케어링은 보유하고 있는 주간보호센터를 중심으로 전국을 연결하는 통합요양 서비스 인프라를 구축하고자 한다.[158]

3.3.3.4. 플랫폼형 비즈니스 모델 I 제공가치 유형별 I 정보형: 큐레이션형

45. 화상 영어 튜터 큐레이션 플랫폼: 링글 Ringle

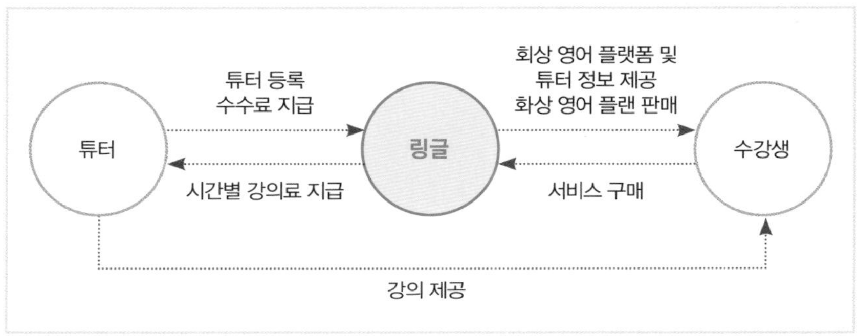

전화 영어에서부터 시작된 원격·온라인 영어회화 학습 플랫폼은 다양하게 시장이 형성되어 있는 오래된 형태의 비즈니스이다. 이러한 시장에 뛰어들어 좋은 성과를 거두고 있는 플랫폼이 있다. 바로 튜터Tutor를 미국의 명문대 학생들로 선별하여 영입함으로써 새로운 영역을 개척한 링글이다. 링글은 다른 화상 영어 서비스와 유사하게 월 구독을 통해 수익을 창출하지만 경험 가능한 수준은 다르다. 실제 미국 대학에서 수업을 받으며 토론이 가능하고, 현지 대학생 수준의 인터뷰를 할 수 있을 정도의 격식 있는 고급 영어회화를 연습할 수 있게 함으로써 차별화된 가치를 제공하고 있다.

01 핵심제공가치

링글이 핵심적으로 제공하는 가치는 크게 두 가지가 있다. 첫째, 아이비리

그Ivy League 명문대 원어민 튜터와 1:1로 온라인 화상수업을 제공하는 차별성이다. 그저 미국 아이비리그 대학생이라고 해서 튜터가 될 수 있는 것은 아니다. 링글은 졸업증명서 제출, 학교 이메일 검증, 수업 시연, 교육 담당자 교육 세션 등 총 4차 검증을 통해 튜터를 선발하고 있다. 기존의 화상 영어 서비스들이 튜터에 이렇게 높은 기준으로 영입하지 않기 때문에 이러한 까다로운 선발 과정은 링글의 확장성을 제한할 수 있으나, 링글만의 고급화·차별화를 달성하는 데에는 효과적이었다. 둘째, 수강생 개인에게 적합한 방식의 맞춤형 수업이다. 링글은 화상 시스템 구축을 통해 수강생의 부족한 점에 대한 정교한 피드백을 제공한다. 또한, 20분이나 40분으로만 구성된 수업시간을 통해 예측 가능하고 완성도 있는 수업을 진행하고 있다.[159]

02 수익공식

링글은 튜터의 유형에 따라 다양한 방식으로 수익을 창출하고 있다. 가장 보편적인 방식은 수업권이다. 수업권은 수업 길이, 평균횟수, 수강방식 등으로 나누어 선택할 수 있으며, 40분씩 월 4회 자유수강 수업에 회당 5만 7,500원을 지불한다.[160] 여기에서 튜터에게 나눠주는 수수료가 최소 17달러이므로, 약 2만 2,000원 정도를 제외하면 3만 5,500원 정도의 매출이 회당 발생한다. 이 매출에서 다양한 비용을 빼야 진정한 수익을 산출할 수 있겠으나, 1시간으로 환산하면, 시간당 25.5달러가 되기 때문에, 이제 막 시작하는 초보 튜터에게도 상당한 금액의 보수가 될 수 있다. 또한, 유료 교정 서비스를 통해서도 수익을 창출하고 있다. 100단어까지 7,700원의 기본료를 받고 있으며, 추가되는 문서에 대해서는 단어당 77원, 500단어 기준 3만 8,500원을 부과한다.

03 핵심자원

링글의 첫 번째 핵심자원은 아이비리그 실제 재학생으로 구성된 원어민 튜터이다. 4단계의 검증을 거쳐 선발된 튜터는 수강생에게 격식 있는 영어 표현에 대한 상세한 교정을 제공할 수 있다는 것이 강점이다. 아이비리그의 재학생들은 수많은 토론수업을 해왔고 논리적인 글을 쓰는 훈련을 받아왔다. 따라서 수강생이 모자란 부분에 대해 단순한 수준의 교정이 아닌 구조적인 피드백이 가능하다. 표현 방식에 대해서도 상황과 문맥에 더욱 적합하도록 수준 높은 표현으로 교정해 줄 수 있다. 두 번째 자원으로는 높은 학력과 경험을 가진 기업 내 담당자들이 직접 만든 교재를 꼽을 수 있다. 실리콘밸리Silicon Valley 내 스타트업 이야기, 범용적인 경영 내용, 세계적으로 이슈가 되는 사회문화 현상을 영어로 다루는데 교재를 매주 업데이트 함으로써 경쟁력을 유지하고 있다.[161]

04 핵심프로세스

양질의 튜터를 섭외하고 기존 튜터들의 이탈을 방지하는 것이 기업의 핵심 프로세스이다. 링글의 창업자들은 아이비리그 재학생들을 튜터로 섭외하기 위해 대학에서 전단지를 돌린다거나, 지인들의 네트워크를 활용하는 등 개인적인 방법을 사용했다고 한다. 하지만 어느 정도 튜터들이 모이고 플랫폼이 성장한 다음에는 튜터들에게 합당한 보상이 있어야 실력 있는 튜터들의 이탈을 막고 학습의 질을 유지할 수 있다. 링글에서 모든 신규 튜터는 레벨 1로, 17달러/40분 수업부터 시작한다고 한다. 이때, 20분 수업을 하는 경우 최소 17달러의 50%인 8.5달러를 받을 수 있다. 튜터로 활동을 잘해서 레벨 4까지 레벨을 올리면 최대 20달러/40분까지 벌 수 있다.[162] 또한, 평균 평점 4.5 이상으로 일주일에 최소 10시간의 수업을 완료하면 5%의 보너스를 받는 위클리 인센티브Weekly Incentive를 시행하고 있다. 더불어, 2주 이상 이전에 예약된 수업이 완료되면, 3%의 보너스를 추가로 받을 수 있다.[163] 튜터는 가장 큰 장점이자 링글의 차별화된 정체성을 확보하는 자원이지만, 사업의 확장성을 저해하는 요인이기도 하기 때문에 이탈이 없는 수준에서 수익성을 저해하지는 않는 적절한 보상을 통해 비즈니스를 유지하는 노력이 지속적으로 필요할 것이다.

3.3.3.5. 플랫폼형 비즈니스 모델 I 제공가치 유형별 I 정보형: 협상형

46. SNS형 음식주문 플랫폼: 스낵패스 Snackpass

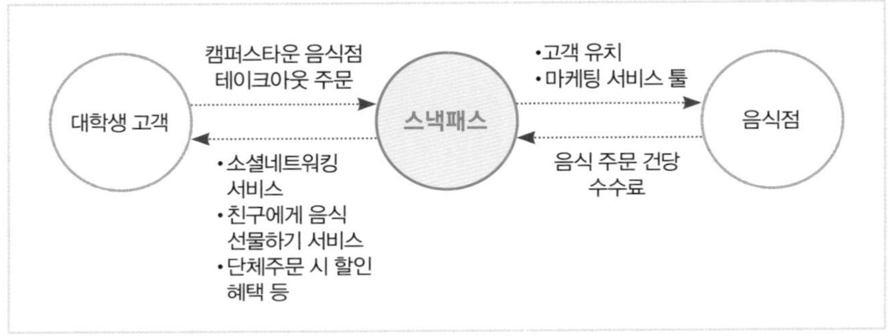

스낵패스는 2017년 설립된 미국의 기업으로, 소셜 네트워킹 서비스social networking service와 음식 주문 서비스를 결합한 모바일 앱을 제공한다. 국내 서비스인 배달의 민족, 쿠팡이츠가 음식 주문 서비스에만 특화된 것과 달라 스낵패스는 여기에 소셜네트워킹 서비스를 도입해 사용자들의 지인이 어떤 음식을 주문하는지를 볼 수 있으며, 지인들에게 선물로 음식을 주문해줄 수도 있다. 또한 공동구매 형태로 그룹 주문 시 추가 할인을 받는 등의 혜택을 얻는다. 스낵패스는 예일, 브라운대학과 같은 미국 캠퍼스타운의 대학생들을 대상으로 시작된 서비스로 현재는 미국 전역으로 그 입지를 넓혀가고 있다. 또한 초기에는 모바일 애플리케이션 서비스에만 주력했으나 현재는 음식점주들을 위한 키오스크와 모바일 주문 서비스 솔루션, POS 솔루션 등을 개발하면서 사업영역을 넓혀가고 있다.[164]

01 핵심제공가치

음식 배달 서비스에 집중하는 타 업체들과 달리 스낵패스의 시작은 음식점을 직접 방문하는 고객들을 주 타깃으로 한다. 따라서 배달인력 관리 등의 문제 없이, 온전히 음식을 주문하고 이를 결제 및 수령하는 과정에 대한 고객경험에 집중하고 이후에 이를 통해 만들어나가는 소셜네트워킹 서비스를 통해 스낵패스에 대한 재방문을 강화하기 위해 노력해왔다.

스낵패스에 대한 입소문을 퍼뜨리고 신규고객을 유입하게 한 가장 큰 역할을 한 시그니처 서비스는 바로 선물하기와 그룹 주문 시 할인혜택이다. 해외에는 국내의 기프티콘과 같은 서비스가 활성화되어 있지 않기 때문에 스낵패스를 통해 친구 주변의 음식점에서 다양한 음식을 선물로 줄 수 있는 것은 큰 장점이었다. 그룹 주문 시 할인 혜택 서비스는 말 그대로 여러 명의 친구들이 모여 한 음식점에서 대량으로 음식을 주문할 경우 할인 혜택을 주는 서비스이다. 음식점에 따라 할인의 폭이 큰 곳들도 많이 있기 때문에 여러 명이 모여서 주문할 경우 스낵패스를 사용할 동기가 높으며, 이를 위해서는 스낵패스 가입이 필수적이기 때문에 신규고객의 유입이 클 수밖에 없다.

시그니처 서비스인 선물하기와 그룹 주문 시 할인 혜택은 모두 음식 주문 서비스에 소셜 네트워킹을 접목하고자 하는 시도로, 스낵패스는 이와 별도로 소셜피드 서비스도 운영하면서 고객들이 각자의 지인들이 어떤 음식을 먹었는지, 어떤 음식을 주문했는지, 어떤 식당을 자주 이용하는지 등에 대해서 볼 수 있도록 만들었고 이는 추후 자연스럽게 선물하기나 그룹 주문으로 이어지는 선순환 구조를 만든다.

단순 음식 주문 서비스에서 그치지 않고 소셜 네트워킹과 접목하는 것에 중점을 두고 있기 때문에 스낵패스는 앱을 통한 단체 챌린지나 게이미피케이션 요소를 꾸준히 도입하면서 고객들이 앱을 사용하는 횟수와 시간을 늘리고자 한다.

스낵패스와 가맹을 맺은 음식점주들은 기존에 맛있는 음식과 질 좋은 서비스를 보유하고 있음에도 불구하고 새 고객 유입을 위한 광고에 고민이 많았으나, 스낵패스를 통해 할인 혜택이나 쿠폰 등을 제공하면서 이에 대한 해결책을 찾은 셈이다. 이에 더해 스낵패스는 음식점주들에게는 자체 CRM 서비스를 이용할 수 있도록 해 고객들에 대한 정보를 데이터로 접하고 더 효율적인 마케팅을 할 수 있도록 돕고 있다.

02 수익공식

스낵패스는 음식 주문 시 건당 수수료를 주요 수익원으로 얻는다. 건당 수수료는 음식점과 지역에 따라 상이하지만 평균 7%로 책정되는데 이는 배달 음식 주문을 전문으로 하는 경쟁사들과 비교했을 때 상당히 낮은 수준으로, 음식점주들이 얻을 수 있는 광고 효과 대비 매력적인 숫자이다. 또한 키오스크나 POS와 같이 고객관리 및 데이터 수집과 마케팅을 할 수 있는 서비스를 음식점주들이 월 구독료를 지불하고 사용할 수 있도록 한다.

스낵패스가 타 서비스 대비 가지고 있는 큰 장점은 서비스를 운영하면서 큰 비용을 들이지 않는다는 점이다. 배달 주문 서비스가 아닌 테이크아웃 고객을 타깃으로 서비스를 운영하고 있기 때문에 따로 배달을 위한 인력이나 플랫폼의 관리가 필요하지 않다. 스낵패스의 창업자들은 음식점주들로부터 수수료를 수취해 수익을 올리고 있지만, 해당 수수료를 경쟁사 대비 낮게 책정하고 더 많은 서비스를 제공함으로써 결국 음식점주들과 공생해야 한다는 생각을 기반으로 기업을 운영하고 있다고 한다.[165]

03 핵심자원

스낵패스는 처음부터 대학교 주변의 상권을 공략하는 작전을 세웠고, 현재도 서비스는 대학교 캠퍼스타운을 중심으로 제공되고 있다. 일반 고객들을 대상으로 하는 서비스가 아닌 학생들을 대상으로 하는 서비스이기에 스낵패스가 공략한 '소셜네트워킹의 강점'이 더 잘 통한 것으로 보인다.

이러한 노력의 일환으로 스낵패스는 고객이 앱을 통해 음식을 주문할 때마다 포인트를 지급하는데, 이 포인트를 적립해 친구에게 음식을 선물하는 것이 가능하다. 기존에 스낵패스를 사용하지 않던 친구이더라도 받은 선물을 사용하기 위해 스낵패스 앱에 유입되는 것은 물론이고, 포인트를 얻기 위해 고객들이 스낵패스를 더 자주 사용하게 되는 장점도 있다.

또, 미국 대학 내에서 학생들은 대부분 그룹 단위로 뭉쳐 함께 생활하는 경우가 많은데 스낵패스는 이러한 고객의 특성을 고려해 그룹 공동 지갑club-based wallet을 운영하고 있다. 해당 서비스를 이용하는 그룹 고객들은 그룹의 공동 행사가 있을 때, 혹은 일상적인 식사에 할인된 가격으로 스낵패스를 통한 음식 주문이 가능하다. 학생들은 할인된 가격으로 음식을 구매할 수 있어서 좋고, 음식점주들은 단체 주문을 편리하게 받을 수 있어서 서로 윈윈하는 구조이다.[166]

04 핵심프로세스

스낵패스는 2023년까지 약 1,294억 원의 투자를 유치했으며, 2022년 매출은 약 27억 원으로 추정된다. 이는 스낵패스가 캠퍼스타운이라는 특수한 시장을 타깃으로 시작했기에 초기 매출이 적을 수밖에 없는 한계 때문으로 추정되며, 이를 극복하기 위해 스낵패스는 POS 서비스나 추가 마케팅 서비스를 음식점주에게 제공하고, 캠퍼스타운 외의 지역으로도 진출하고자 많은 노력을 하고 있다. 서비스의 확장을 위해서는 지역의 확장 외에도, 대학 졸업생들을 어떻게 잡을 것인지, 배달 주문 서비스를 메인으로 하는 경쟁자들이 테이크아웃 시장에도 들어오기 시작한 것에 어떻게 대응할 것인지 등에 대한 고민이 필요할 것으로 보인다.

47. 수집품 라이브 경매형 마켓플레이스:
왓낫 Whatnot

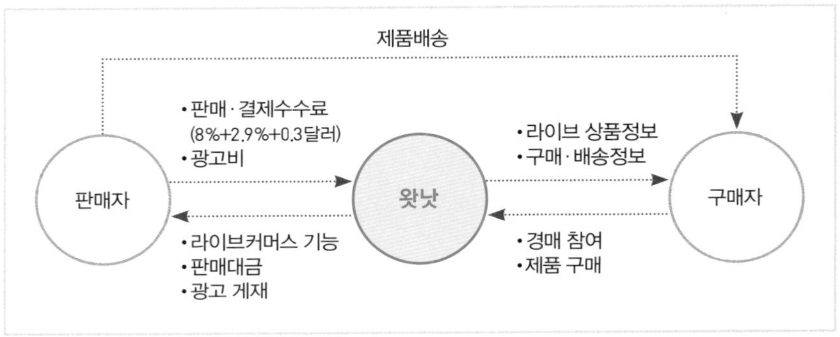

코로나19 팬데믹으로 인해 여러 사업이 어려움을 겪는 와중에 오히려 이를 기회 삼아 크게 성장한 기업들이 있다. 모바일 또는 웹페이지상에서 마치 홈쇼핑 채널을 보듯 라이브 영상을 시청하며 쇼핑을 할 수 있는 서비스를 제공하는 라이브커머스 플랫폼들처럼 말이다. 팬데믹이 막 시작되었던 2020년 50억 달러 규모였던 미국의 라이브커머스 시장은 2022년 170억 달러로 성장하였으며 2026년에는 550억 달러에 달할 것으로 예상되고 있다.[167] 이처럼 빠르게 성장하는 미국 시장에서 독특한 제품군과 경매라는 방식을 접목시켜 세계적인 투자자들의 이목을 사로잡은 서비스가 바로 왓낫Whatnot이다. 왓낫은 다른 라이브커머스 플랫폼과 같이 의류, 화장품 또는 일반적인 소비재뿐만 아니라 희귀 장난감, 피규어, 게임 또는 스포츠 카드와 같이 팬덤을 가지고 있는 상품들을 구할 수 있는 곳으로 유명세를 타며 여러 구매자를 플랫폼으로 유인했다.

01 핵심제공가치

판매하고 싶은 물건과 카메라 하나만 있으면 간단한 계정 확인 절차를 거쳐 누구라도 바로 생방송으로 전 세계의 소비자에게 물건을 팔 수 있다. 실제로 미국의 프로 미식축구 선수가 재미 삼아 왓낫 플랫폼에서 게임 캐릭터 카드를 사고팔다가 엄청난 수익을 올린 후, 선수생활을 은퇴하고 전문 사업가로 변신하며 화제가 되기도 하였다.[168] 구매자들은 구하기 힘든 수집품들을 라이브로 구경하고 바로 경매를 통해 원하는 가격에 구매할 기회와 재미를 제공받는다.

02 수익공식

왓낫은 판매자로부터 수수료를 받는 구조로 수익을 올리고 있다. 라이브커머스 방송을 통해 물건이 팔리면, 판매자는 판매가의 8%를 왓낫에게 판매 수수료로 지불한다. 더불어 전체 결제 건별로 2.9%와 30센트의 결제 수수료도 부과한다. 비슷하게 경매 방식으로 마켓플레이스를 제공하는 전통적인 플랫폼 이베이Ebay가 최대 15% 정도까지 수수료를 부과하는 것을 고려했을 때 경쟁력 있는 가격이라고 할 수 있다. 단, 이베이는 경우에 따라 최소 2% 정도의 낮은 수수료를 부과하기도 하여 왓낫의 판매자가 비교적 더 많은 비용을 지불해야 할 수도 있다. 그럼에도 불구하고 왓낫의 높은 트래픽과 경매에 알맞은 라이브커머스 기능을 통해 더 효과적으로 제품을 노출시켜 쉽게 판매로 이어질 수 있다는 점에서 판매자들은 지속적으로 왓낫을 찾게 된다. 더불어 왓낫은 최근 첫 광고상품을 출시하며 광고비용을 통한 수익화를 시작했다. 경매 방식을 통해 광고를 진행할 수 있는 부스트Boost라는 상품으로, 낙찰 시 각 카테고리 페이지 상단에 15분간 집중적으로 라이브커머스 영상을 띄울 수 있다.[169]

03 핵심자원

지난 몇 년 사이 라이브쇼핑이 커머스산업 내 트렌드로 급부상함에 따라 여러 플랫폼이 해당 기능을 출시하며 경쟁에 뛰어들었다. 왓낫의 경우, 여기서 한발 더 나아가 경매 기능을 추가하고 다른 경쟁사들과 달리 확고한 수요층이 있는 수집품에 먼저 집중했다는 점이 특별하다. 입찰구매 방식으로 유명한 이베이의 경우, 판매자와 구매자 사이의 활발한 소통보다는 단순히 높은 가격을 제시한 구매 희망자에게 제품이 낙찰되고 물건이 발송되는 다소 일방적인 방식으로 진행되어 왔다. 왓낫은 라이브커머스 특성을 적극 활용하여 실제 오프라인 경매와 비슷한 느낌과 분위기를 제공하여 구매자들의 트래픽을 늘릴 수 있었다. 또한 경매와 가장 잘 어울리는 수집품 카테고리를 집중적으로 공략하여 다른 경쟁 이커머스업체와 차별화를 두었으며, 수집품의 특성상 판매자가 구매자가 되고 구매자가 향후 판매자가 될 수 있는 플랫폼으로 성장할 수 있었다.

04 핵심프로세스

왓낫은 어디서도 찾기 힘든 제품과 재미 요소를 부각시킬 수 있도록 사업 초기부터 최근까지 여러 브랜드들의 협업 및 마케팅에 많은 심혈을 기울인다. 소위 말해 특정한 분야에 빠져 있는 현상인 팬덤[170]을 자극시키고, 구매자들이 더 즐겁게 관련된 제품들을 소비하는 '덕질'[171]을 할 수 있도록 다양한 캠페인들을 진행시켰다. 예를 들어, 아이언맨, 어벤저스, 스파이더맨, 헐크 등의 캐릭터로 유명한 미국의 유명 만화 출판사 마블 코믹스와 협업하여 왓낫 이용자 중 한 명을 선발하여 마블 캐릭터로 만들어주거나 스포츠 팬들을 위해 유명한 전 농구선수 마이클 조던이 소유했던 차량을 추첨을 통해 단돈 23달러에 판매하는 등의 행사들을 꾸준히 진행하고 있다. 이를 통해 왓낫이 타깃하는 팬덤 커뮤니티에 흥미를 제공하여 플랫폼상의 트래픽을 늘리고, 판매자와 구매자들 간의 거래가 꾸준히 일어날 수 있는 기반을 마련한다. 가장 최근에는 세계적인 라이브스트리밍 플랫폼 트위치 출신의 인재를 왓낫의 마케팅·홍보 담당 부대표로 영입하며 계속해서 엔터테인먼트적인 요소를 앞세워 차별점을 강화할 것임을 내보였다.

3.3.4.

48. 창작자 주도형 마켓플레이스 플랫폼:

포스타입 POSTYPE

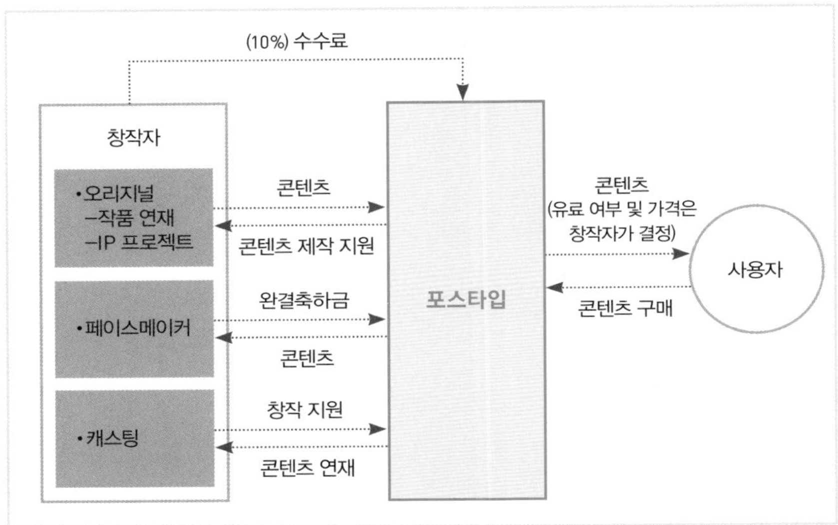

포스타입[172]은 웹툰, 웹소설, 일러스트, 사진, 디자인 등 다양한 종류의 창작물을 업로드하고 판매하여 수익을 얻을 수 있는 개방형 창작 마켓플레이스 플랫폼이다. 이 플랫폼의 특징은 창작자들이 플랫폼이 규정한 마감 일정 등 콘텐츠와 관련된 방식이 정해져 있지 않아서 언제든 자유롭게 작품을 올릴 수 있다는 점이다. 창작자는 자신의 콘텐츠를 업로드하고, 유료화 여부 및 가격을 직접 결정할 수 있다. 또한 포스타입은 창작자들이 자신의 콘텐츠를 브랜딩할 수 있도록 작품 완결 시 축하 지원금 지급, 인기를 얻고 있는 작품들의 연재 유도 등 여러 가지 방법들을 동원하고 있다. 이러한 서비스들은 콘텐츠를 플랫폼 내 거래를 통한 수익 발생 수단으로만 간주하였을 때에는 창작가들이 지속적인 창작활동을 이어 나갈 동기가 유지되기 어렵고, 창작물들의 연속적인 발행이 이루어지지 않을 경우 창작가들의 성장과 양질의 콘텐츠 제작이 어렵다는 판단에서 나온 것이다. 단순히 경제적 수익의 발생이라는 목적을 넘어서 창작가들을 위한 마켓을 조성하고 콘텐츠를 제작하는 방식과 유료와 무료, 가격결정권까지 창작자들에게 부여함으로써 포스타입은 창작 생태계 활성화에 기여할 수 있는 비즈니스 모델을 선보이고 있다.

01 핵심제공가치

작가에게는 자유로운 창작활동과 낮은 데뷔 장벽이라는 가치를 제공한다. 기존 창작 플랫폼에 비해 상대적으로 낮은 수수료와 통제받지 않는 조건의 창작활동과 자유롭게 창작물을 선보일 수 있는 마켓플레이스의 형성이 포스타입이 만들어내는 가치이다. 포스타입은 콘텐츠를 만드는 창작자들이 수익 기반 플랫폼에서 창작물에 대한 정당한 보상을 받지 못하고 있으며 창작의욕이 지속되기 어렵다는 문제의식에서 출발하였다. 기존 플랫폼에서 콘텐츠에 대한 적절한 가치가 제대로 이루어지지 않아서 창작자의 창작 동기가 저해되거나 과도한 광고로 인해 콘텐츠를 이용하려는 독자들이 겪게 되는 불편을 없애고자 하였다.

02 수익공식

일반적인 웹툰이나 웹소설 플랫폼에서는 플랫폼과 출판사 몫을 제하고 나면 작가에게 돌아가는 수익은 대략 35~50% 정도이다. 그러나 포스타입은 거래액의 10%만을 수수료로 취하며, 창작자가 나머지 90%의 수익을 가져간다. 로그인한 사용자 중 약 30%가 유료로 거래할 정도로 창작물에 대한 유료 구입이 보편화되고 있으며, 이러한 개방형 구조 덕분에 포스타입은 원천 IP 확보에 있어서도 경쟁력을 갖추고 있다. 포스타입은 최근 독립창작물을 중심으로 지적재산IP 확보와 활용에도 적극적으로 나서고 있다. 이를 위해 '포스타입 오리지널', '페이스 메이커', '캐스팅 프로그램' 등 다양한 프로젝트를 진행 중이다. '포스타입 오리지널'은 파트너 작가와의 계약을 통해 기획하고 제작한 작품을 유통하는 채널이다. 이 중 〈진짜로 바꿔줘〉, 〈까라마조프의 자매들〉과 같은 웹툰이 대표적인 작품으로, 웹툰 '진짜로 바꿔줘'는 100만 뷰를 기록하고 오디오 드라마로 재가공되었으며 음원도 출시되었다. 이는 포스타입의 오리지널 콘텐츠가 성공적으로 관련 시장에 진출하고 있음을 보여주는 사례이다.

'페이스 메이커' 프로그램은 포스타입을 통해 성장한 독립작품 중에서 선정하여, 창작물이 완결될 때마다 축하금을 지급하고 연재를 독려하는 방식이다. '캐스팅' 프로그램은 공모전과 섭외를 통해 선발된 작가들을 지원하는 프로젝트로, 새로운 재능을 발굴하고 육성하는 데 초점을 맞추고 있다. 이러한 다양한 프로그램과 프로젝트를 통해 포스타입은 독립창작물의 가치를 높이고, 창작자들에게 더 많은 기회를 제공하고자 하며 높은 수익 창출로 연결되고 있다.

03 핵심자원

포스타입의 강점은 내부에 축적된 웹툰, 웹소설 등 다양한 스토리 기반 지식재산권IP에 있다. 이러한 스토리 IP는 비즈니스에 있어 핵심자원으로 인식되고 있으며, 포스타입 내에서 공개 발행된 콘텐츠(포스트)는 300만 건 이상에 달한다. 포스타입은 개방형 콘텐츠 플랫폼이 원천 IP 확보의 첫걸음이라는 점을 강조하며, 대형 플랫폼들조차 이를 직접 구축하는 데 어려움을 겪고 있음을 지적한다. 반면, 포스타입은 지속 가능한 스토리 창작 생태계를 선도하며 이 분야에서 완성된 모델을 구축했다. 이러한 점이 투자 유치 과정에서 긍정적으로 평가받은 배경이다. 이렇게 포스타입은 스토리 기반의 창작물을 통해 지식재산권의 확보 및 활용에 있어 중요한 역할을 하며,

창작자와 산업 전반에 걸쳐 가치를 제공하고 있다.

04 핵심프로세스

포스타입은 2015년 서비스 시작 이후 꾸준한 성장을 이어가고 있다. 2022년 기준으로 누적 거래액이 500억 원을 넘어서는 등, 창작 콘텐츠 플랫폼으로서의 경쟁력을 입증하고 있다. 서비스 론칭 후 4년 만에 100억 거래액을 달성한 데 이어, 이후 2년 만에 500억 원을 달성하는 등 빠른 성장세를 보이고 있다. 2021년 한 해 동안 22만 명 이상의 작가가 포스타입에서 활동했으며, 2022년 2월 기준으로 월간 사용자 수는 483만 명을 넘어섰다. 이는 창작활동을 하는 작가 수가 늘어나고, 플랫폼 내에서 콘텐츠 창작과 소비가 활발하게 이루어지고 있음을 나타낸다. 최근 포스타입은 웹툰, 웹소설뿐만 아니라 여행사진, 자기계발, 에세이 등 콘텐츠의 다양화에도 주력하고 있다. 이러한 노력들은 포스타입이 증가하는 블로그 혹은 콘텐츠 플랫폼과의 경쟁에서 살아남기 위해 어떻게 강건한 플랫폼 생태계를 조성할 것인가라는 고민과도 맞닿아 있다. 마켓플레이스 플랫폼은 양쪽 플랫폼 참여자인 창작자와 사용자들이 서로가 서로를 끌어들이는 선순환 구조를 형성했을 때 지속적으로 성장해나갈 수 있기 때문이다.

3.3.4. 플랫폼형 비즈니스 모델 I 제공가치 유형별 I 마켓플레이스

49. 3D 디자인 소스 재활용 마켓플레이스:

카펜스트리트 Carpenstreet

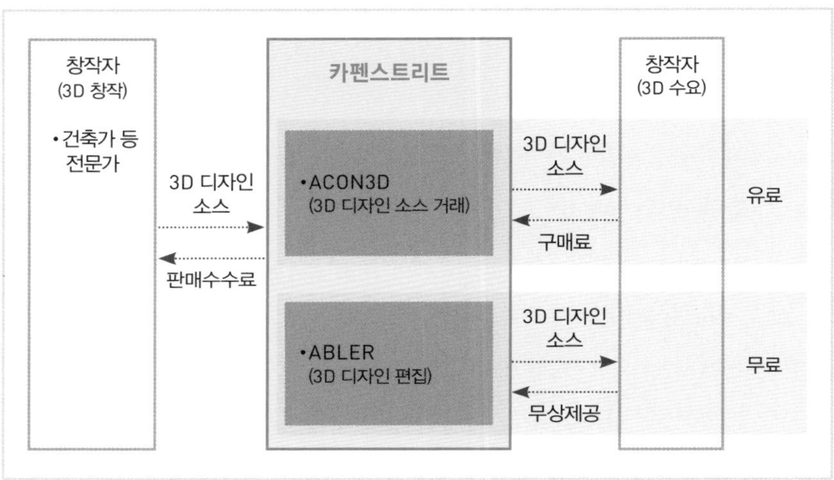

웹툰과 게임 시장, VR 콘텐츠 배경 시장이 성장하면서 3D 모델에 대한 수요는 급격히 증가했다. 이처럼 수요가 증가함에도 불구하고 3D 모델을 자체적으로 제작하여 사용할 수 있는 것은 기업이나 대형팀을 이룬 경우에만 가능했다. 따라서 양질의 3D 모델을 구하기 위해서는 많은 비용을 지불하고 3D 모델 제작자를 찾아가는 방법밖에는 없었다. 하지만 아이러니하게도 시장에서 수요가 증가하는 것과는 반대로 3D 모델이 사장되는 곳이 있었다. 바로 많은 건축가가 모여 있는 곳이었다. 많은 건축가가 3D 모델을 만들어도 건물로 지어지는 사례는 많지 않다. 이러한 시장 마찰을 포착하여 카펜스트리는 공모전이나 입찰에 떨어져서 사장되는 3D 모델을 웹툰이나 게임 배경 등 콘텐츠에 활용할 수 있도록 3D 모델 소스 거래

플랫폼을 운영하고 있다. 이 같은 카펜스트리트의 비즈니스 모델은 웹툰시장, 메타버스, VR 배경 등 새롭게 등장한 콘텐츠시장에서 전문성을 높이기 위한 역량이 새로운 창작가 집단을 발굴하여 양성하는 것이 아니라, 수요가 있던 지점을 찾지 못하고 버려지던 창작물들의 활용처를 발굴함으로써, 기존 창작 전문가 집단(건축가)의 전문성을 활용할 수 있는 시장을 창출하였다는 점에서 의미가 있다.

01 핵심제공가치

카펜스트리트는 "전 세계 창작자들의 가장 든든한 지원군입니다"라는 미션을 지니고 있다. 웹툰 작가들의 경우, 짧은 호흡으로 시간에 쫓기며 작업을 하는 경우가 많다. 그런데, 도시 배경이나 숲, 우주 공간 등 3D 배경이 필요한 경우 제작 시간은 길어지게 된다. 게임 제작자도 비슷한 상황이다. 게임에서 필요한 여러 가상공간에는 3D 영상이나 배경이 필요한데 이러한 모델을 하나하나 작업하는 과정에서 시간과 노력이 무척 많이 필요하다. 작업 효율성을 위해서는 외주를 주거나 괜찮은 3D 디자인 소스를 구매하는 것이 나을 수도 있지만, 3D 디자인이 전문 영역이다 보니 믿을만한 구매처를 찾는 것이 쉽지 않다. 카펜스트리트는 'ACON3D'라는 플랫폼을 통해 건축가와 같은 전문가들이 개발한 질 높은 3D 모델 소스가 사장되지 않고 세상 밖으로 나올 수 있도록 하여, 3D 모델의 사장 방지와 함께 창작자들의 작업 효율이라는 가치를 만들어냈다.

02 수익공식

3D 모델 소스 판매 중개수수료가 카펜스트리트의 주요 수익원이다. 3D 모델 소스를 판매할 때마다 거래 내용에 따라 일정 수수료가 부과되고 있다. 3D 모델 소스는 간단한 픽셀은 몇천 원대이며, 배경으로 쓸 수 있는 3D 모델 소스는 3만 원대에서 10만 원대 이상으로 설정되어 있다. 웹툰 배경, 게

임 배경, 건축물 구조 등 다양한 분야의 카테고리로 구성되어 있다. 2022년 기준 ACON3D에는 500명 이상의 3D 모델 소스 판매자가 입점해 있으며, 전 세계 140여 개국 창작자들이 유료로 이용하고 있다. 판매자의 판매수익은 월별로 이루어지며, 한 달간 총매출에서 세금과 수수료를 제외한 금액을 정산받는다. 카펜스트리트는 3D 디자인 판매자들에게 자동 정산 시스템과 사업자 세금계산서 발행 서비스를 제공하고 있다.

03 핵심자원

카펜스트리트만의 풍부한 3D 디자인 소스가 핵심자원이다. 경쟁자를 꼽기 어려울 만큼 수준 높고 다양한 디자인 소스들을 보유함으로써 국내 웹툰 작가들과 여러 분야의 창작자들이 선호하는 3D 소스 유통 플랫폼을 구축하였다. 창작자들 사이에서는 3D 디자인 소스 주요 매출처로 ACON3D 플랫폼이 각인될 만큼 시장에서는 선두주자로 자리 잡고 있다. 국내뿐 아니라 글로벌 창작들이 카펜스트리트를 찾을 만큼 명성을 획득했다. 카펜스트리트는 다양한 카테고리를 기반으로 더욱 풍부한 콘텐츠 확보에 주력하고 있으며, 풍부한 콘텐츠를 기반으로 3D 소스를 제공하는 창작자들과 사용하는 창작들의 유입이 활발하게 일어나고 있다. 버려지는 3D 모델 소스를 활용한다는 ACON3D 플랫폼과 같은 아이디어의 탄생에는 카펜스트리트의 이민홍 대표가 만화를 좋아했던 건축학과 출신이었다는 점도 중요하게 작용했다. 건축가의 3D 모델을 웹툰 작가와 연결하겠다는 아이디어는 건축가와 만화가의 창작 생태계를 모두 이해했을 때 나올 수 있기 때문이다.

04 핵심프로세스

ACON3D가 시장에서 자리 잡자 카펜스트리트는 'ABLER'라는 3D 모델 편집툴 서비스를 선보였다. 에이블러는 ACON3D에서 다운로드한 3D 디자인 소스를 자유롭게 편집할 수 있는 편집툴이다. 디자인을 다운받고 편집이 카펜스트리트를 통해 가능하도록 하여 고객 가치사슬 측면에서 가치를 높였다고 볼 수 있다. 편집에 필요한 고려한 다양한 기능을 갖추고 있어 사용자 편의성을 높였다. ABLER는 무료로 제공되는 서비스이지만, ACON3D와 에이블리가 고객 편의성과 효용 측면에서 시너지를 내고 있다는 점이 중요하다. 카펜스트리트는 앞으로 웹툰뿐만 아니라 방송과 메타버스 등의 다양한 분야에서 3D 디자인이 필요할 것이고 3D 모델에 대한 수요가 확장될 것이라고 보고 있다. 하지만 이처럼 3D 모델에 대한 수요가 증가하는 만큼 이 분야에서 서비스를 제공하고자 하는 신규 경쟁자 또한 증가할 것이다. 더군다나 카펜스트리트를 찾는 사용자가 글로벌 도처에 존재하는 것처럼 새로운 경쟁자 또한 글로벌 곳곳에서 나타날 수 있다. 이는 카펜스트리트가 글로벌 경쟁력을 갖추어야만 지속적인 성장이 가능하다는 것을 의미하기도 한다.

3.3.5.

플랫폼형 비즈니스 모델 | 제공가치 유형별 | 공유경제형

50. 이동수단 공유 플랫폼: 블라블라카 BlarBlarCar

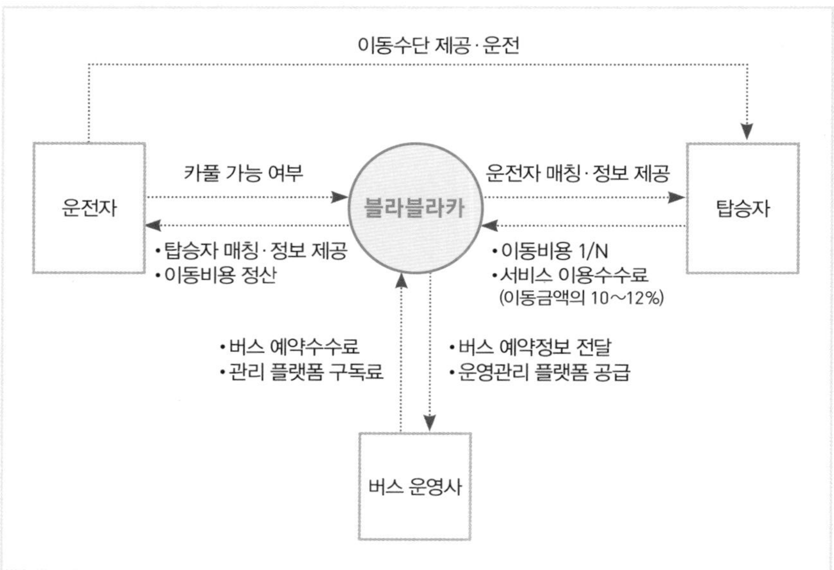

코로나19 팬데믹 이후 국경이 풀리고 여행산업이 활발해지면서 공유경제 기업들이 다시금 성장세를 보이고 있다. 비슷한 목적지로 이동하는 여러 사람이 함께 차를 타는 카풀 아이디어를 기반으로 한 프랑스 서비스 블라블라카BlaBlaCar는 빈 좌석이 있는 운전자와 이동수단이 필요한 탑승자를 연결해주고 교통비용을 줄여주는 플랫폼을 운영한다. 크리스마스에 고향으로 향하는 모든 교통수단의 표가 매진되어 동생의 차를 겨우 얻어탄 창업자 프레데릭 마젤라Frédéric Mazzella가 고속도로 양옆으로 지나가는 차들의 빈 좌석을 보면서 사업을 구상했다고 한다. 프랑스어로

카풀을 뜻하는 'CoVoiturage'라는 카풀 웹사이트로 시작했으며, 사업 전략의 일환으로 빠르게 진출 국가를 늘려가며 이런저런 잡담을 나누는 'blabla'라는 단어를 활용한 블라블라카로 서비스명을 변경했다. 2023년 기준 21개국에서 도시 또는 국가 간 대중교통의 보완 서비스로 활약하고 있다. 이용자들을 매칭해주고 그들 간의 안전을 제공하는 과정에서 탑승자에게 서비스 이용료를 부과하는 방식으로 수익을 창출한다.

01 핵심제공가치

블라블라카의 서비스는 이동에 있어 교통수단이 한정적이거나 기차 또는 비행기 등의 전통적인 대중교통 좌석들이 매진되어 이용이 불가한 경우 다양한 옵션을 더 낮은 가격에 제공한다. 블라블라카의 서비스가 활발하게 운영 중인 유럽의 경우 작은 소도시가 많은 편인데, 이들 간 대중교통의 선택지가 많지 않아 자가용이 아니고서야 이동이 쉽지 않다. 대중교통 수단을 찾지 못할 경우, 차선책으로 비용이 다소 높은 택시 또는 차량대여 서비스를 이용할 수밖에 없었던 이동자는 블라블라카를 통해 비어 있는 차량의 좌석을 찾아 합리적으로 이동할 수 있다. 또한 운전자의 프로필 정보와 함께 이전 탑승자들의 평가도 확인하여 편안하고 안전한 여행을 이어나갈 수 있다. 운전자의 경우, 원래라면 비어있는 좌석을 적극 활용함과 동시에 중장거리 이동에 필요한 유류비 또는 통행료 등의 비용을 블라블라카를 통해 매칭된 탑승자와 함께 부담하며 경제적으로 이동할 수 있다.

02 수익공식

블라블라카는 운전자와 탑승자를 연결해주는 플랫폼을 제공하는 대가로 탑승자에게 수수료를 부과하는 방식을 채택한다. 탑승자는 이동거리와 도시에 따른 유류비, 통행료, 보험료 등 이동에 필요한 비용을 차량 운전자와 다른 탑승자들과 나누어 지불한다. 블라블라카는 이 비용의 10%에서 12% 정도를 탑승자에게 수수료로 추가 부과한다. 운전자의 경우 블라블라카로부터 이동 시 들어가는 돈을 정산받아 비용을 절약할 뿐, 운전 서비스와 좌석을 제공한 대가로 추가적인 수익은 얻지 않으며 블라블라카에 지불하는 이용료 또한 없다. 더불어 블라블라카는 버스 좌석 예약 서비스를 제공하고 있는데, 이를 통해 버스 운영사로부터 예약 수수료를 받고 승객관리 솔루션을 공급하며 구독료를 받고 있다. 2022년 블라블라카의 연간 매출은 1억 9,700만 유로로 전년 대비 두 배 가깝게 증가했다.[173]

03 핵심자원

블라블라카와 같은 매칭 플랫폼의 경우, 한쪽의 서비스 이용이 다른 쪽의 이용에 서로 영향을 주는 교차 네트워크 효과가 발생하므로 양측의 이용률 및 트래픽이 중요하다. 블라블라카는 사업 초반부터 프랑스에 국한하지 않고 유럽 지역 내에서 빠르게 시장을 넓혔으며 이탈리아, 폴란드 등의 카풀 서비스 제공업체들을 인수했다.[174] 이 과정을 통해 모은 운전자 및 탑승자 양측의 회원 풀Pool이 현재 블라블라카의 핵심적인 자원이 되었다.

블라블라카는 지속적으로 이 교차 네트워크의 선순환 구조를 유지하기 위한 정책과 기술에 힘을 쓴다. 예를 들어, 사업 초기에는 탑승자에게 수수료를 부과하지 않았으나 탑승자가 픽업 장소에 나타나지 않아 운전자가 허탕을 치는 사례가 빈번하게 발생했고, 불만을 가진 운전자들이 플랫폼을 이탈하거나 노쇼No-show에 미리 대비하여 남는 좌석 이상의 예약을 받아 되레 모범적인 탑승자들까지 부정적인 경험을 하곤 했다.[175] 이후 블라블라카는 탑승자에게 수수료를 청구하여 이런 상황들을 미연에 방지하기 위해 노력하였고, 운전자 회원들이 다시 플랫폼을 찾는 계기를 마련했다. 또한, 블라블라카의 부스트Boost와 같은 기능은 운전자가 등록한 출발지와 목적지를 처음부터 끝까지 같이 이동할 탑승자뿐만 아니라, 이동거리의 일부만이라도 함께할 수 있는 탑승자 역시 추천해 준다. 출발지와 목적지 사이에서 여러 지점을 경유하더라도 합리적으로 이동할 수 있는 경로를 추천해주며, 각 탑승자의 이동거리에 비례하여 비용을 분할하여 계산해준다. 이와 같은 기능을 통해 운전자는 모든 좌석을 최적으로 활용할 수 있고, 탑승자는 늘 다양한 선택지를 살펴볼 수 있어 양쪽 모두 만족하며 계속해서 블라블라카를 찾는 이유가 된다.

04 핵심프로세스

블라블라카는 신규 시장 진출뿐만 아니라, 서비스 영역 확장과 수익구조 다각화에 있어서도 인수합병을 적극 활용했다. 2019년 온라인 버스예약 솔루션 기업[176]과 2021년 버스회사들을 위한 운영 및 관리 플랫폼 기업을 인수했으며, 가장 최근인 2023년에는 직장인들의 통근을 위한 카풀 서비스를 제공하던 프랑스 스타트업을 인수하며 일상생활의 단거리 이동 서비스인 블라블라 데일리Blabla Daily를 소개했다. 스타트업의 행보치곤 매우 공격적인 블라블라카의 인수합병 프로세스 덕분에 프랑스 외 시장들에 성공적으로 진출할 수 있었으며, 카풀 수수료로 국한되어 있던 수익 채널을 넓혀 코로나19 팬데믹을 무사히 넘길 수 있도록 도와주었다. 그뿐만 아니라, 피인수 기업의 인재들을 적극 활용하는 인재인수Acqui-hire 방식을 통해 블라블라카의 전반적인 플랫폼 발전을 이루어내며 사업 성장에 핵심적인 역할을 하였다고 한다.[177]

3.3.5. 플랫폼형 비즈니스 모델 | 제공가치 유형별 | 공유경제형

51. 조직 자원 공유 플랫폼:
리플리 Rheaply

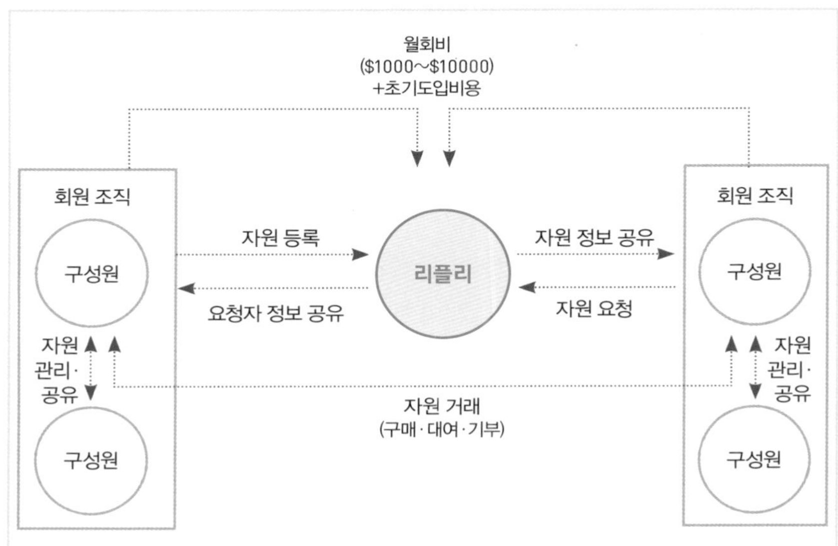

리플리는 조직 내에서 한때는 잘 활용되었으나 지금은 먼지만 쌓인 채 잊혀가는 유휴 자원들을 관리하는 시스템을 제공함과 동시에, 이들을 거래할 수 있는 마켓 플레이스를 마련하여 구매, 관리, 대여 또는 재판매까지 가능한 완전한 조직 자원 플랫폼을 구축하였다. 리플리는 특정 부서가 아닌 조직 내 모든 구성원이 참여하는 플랫폼을 제공하여 크고 작은 자원들이 전부 등록·관리될 수 있도록 돕는다. 또한, 당장 필요하지 않다면 다른 조직과의 직접 거래를 통해 낭비를 최소화하는 과정을 통해 한쪽은 추가 수익을 올리고 한쪽은 저렴하게 물건을 구입할 수 있게 한다. 자원의 낭비를 줄여보고자 미국 시카고의 한 대학교에서 시작된 리플리의

사업은 미국 전역의 대학교와 연구기관, 그리고 사기업들의 참여로 규모가 커지고 있으며, 2016년 서비스 시작 이후 4년 사이에 총 14.5톤의 자원 낭비를 막았다고 한다.[178]

01 핵심제공가치

리플리의 회원들은 리플리 플랫폼을 통해 조직 내 자원을 한눈에 파악할 수 있음과 동시에, 놀고 있던 장비 또는 가구와 같은 유휴 자원을 대여하거나 재판매하여 부가적인 수익을 창출하므로 비용적 가치를 경험할 수 있다. 그뿐만 아니라, 리플리는 물적 자원을 넘어 인적 자원의 등록, 요청, 교환이 가능하다. 예를 들어, 한 대학교에서 새로운 분야의 연구를 시작할 때 전문가의 도움이 필요하거나 함께 협력할 연구원을 찾는다면 다른 조직 내 구성원의 지식과 경험을 빌리거나 거래할 수 있어 연구적 가치도 제공한다. 마지막으로 리플리는 조직 내 낭비를 줄여가고 지속 가능한 자원 관리를 돕는다는 면에서 사회적 가치를 실현한다.

02 수익공식

리플리 서비스를 이용하고자 하는 조직은 가장 먼저 1회성 플랫폼 도입 비용을 지불한다. 이 금액은 시스템 구축과 더불어 조직 내 구성원들에게 리플리 서비스를 설명하고, 그들이 이를 가장 잘 활용할 수 있는 방안에 대해 안내해주는 교육 세션에 사용된다. 이후 매월 청구되는 회비를 통해 조직 내 모든 구성원이 리플리의 회원으로 자원을 등록하고 거래할 수 있게 된다. 대학교와 연구기관 등은 월 1,000달러 정도를, 기업들은 1만 달러 정도를 지불한다. 추가로 대여와 판매가 가능한 리플리의 마켓 플레이스 상에서 거래가 이루어지면 금액의 20%를 거래 수수료로 청구한다.[179] [180]

03 핵심자원

교내 또는 사내 커뮤니티를 통해 부서 간 물품을 전달하거나 교환하는 방식 등은 이미 존재하고 있지만, 이는 조직 내의 공급과 수요에만 의존한다는 점에서 한계가 있다. 리플리의 경우, 시카고에서 시작하여 미국 전역으로 플랫폼 이용자들을 확대 모집해나가며 더 많은 유휴 자원의 공급과 이에 대한 수요를 매칭할 수 있다는 점에서 최적화된 거래를 가능하게 한다. 새로운 시도에 다소 보수적이지만 가장 다양한 종류의 자원을 가지고 있는 대학교를 시작으로 여러 교육기관, 연구소, 그리고 크고 작은 기업체들까지 회원으로 등록받아 잠재 공급과 수요를 규모 있게 가지고 있다는 것이 리플리의 가장 중요한 자원이다. 2015년 설립 이후부터 이용하는 기업과 단체가 꾸준히 증가하여 2023년 기준 25개 기업 및 단체에서 5만 명 이상이 리플리를 사용하고 있으며, 1,900만 달러 가치의 5만 개 이상 품목이 유용한 자원으로 전환되었다.[181]

04 핵심프로세스

리플리 플랫폼을 사용하는 조직의 구성원은 회원으로 가입하여 주변의 유휴 자원을 직접 등록한다. 이를 통해 크고 작은 자원들이 시스템에 등록되며, 이는 조직 자체의 자원 관리뿐만 아니라 대여 및 판매에도 큰 도움이 된다. 이렇게 등록된 자원들은 리플리 마켓 플레이스에 공개되어 필요로 하는 곳에서 대여, 구매 또는 기부를 받는 방식으로 재배치된다. 또한 조직 전체의 자원 관리와 구매를 담당하는 부서에서는 리플리 시스템을 통해 편리하게 자원 관리 보고서와 비용 분석을 할 수 있기에 리플리 하나로 통합 자원 관리가 가능해진다.

이 과정에서 리플리는 변화에 익숙하지 않은 조직 구성원에게 리플리의 가치를 명확하게 전달하는 것을 매우 중요하게 생각한다. 론치 파티라고 불리는 초기 도입 행사는 리플리에 새롭게 합류한 모든 조직에 제공되는데,

구성원들이 어렵지 않게 서비스를 이용할 수 있도록 기본 교육을 제공하여 첫 진입 장벽을 낮추며 단지 또 하나의 소프트웨어 도입에 그치지 않도록 좋은 출발을 제공하는 역할을 한다.[182]

3.3.6. 플랫폼형 비즈니스 모델 | 제공가치 유형별 | 매체형

52. 택시표시등 광고 다면 플랫폼:

모토브

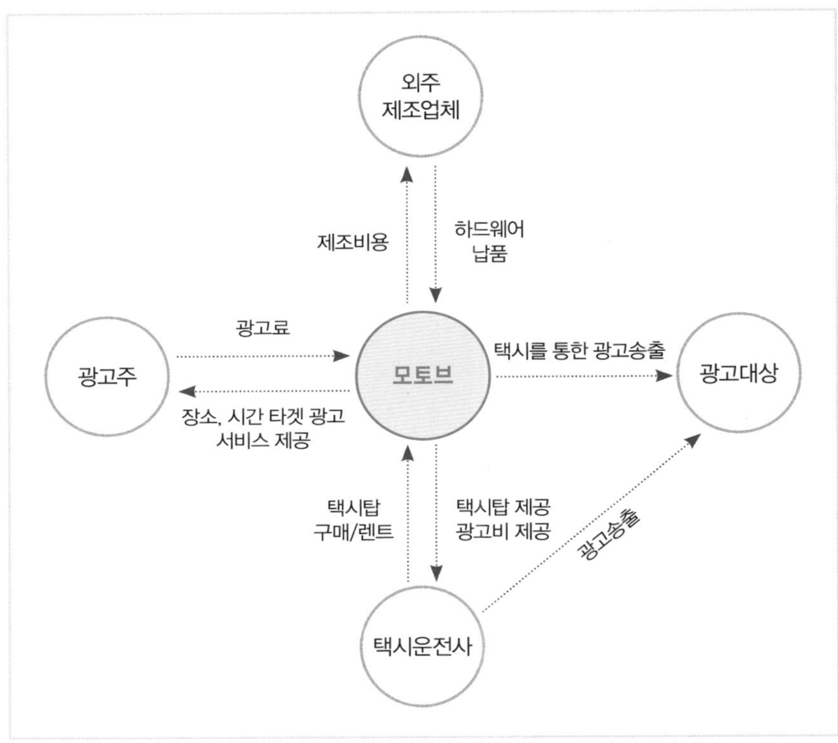

버스정류장, 지하철역, 건물 벽, 버스 옆면 등 수없이 많은 곳이 광고판으로 사용되고 있다. 이렇게 건물 밖에 설치되는 광고물을 옥외광고라고 한다. 과거에는 사진이나 그림 위주의 옥외광고가 많았다면, 디지털 디스플레이를 통해 정보를 제공하는 디지털 사이니지들이 늘어나면서 움직이는 형태의 광고를 게재하려는 시도

가 많아지고 있다. 더큰나눔엠티엔은 움직이는 택시 위에 작은 옥외광고판을 얹고 여기에 광고주가 원하는 형태의 광고를 게재할 수 있도록 하는 택시 탑 광고 플랫폼 '모토브'를 운영한다. 이 플랫폼에 게재되는 광고는 이전처럼 단순히 고정된 이미지일 수도 있고, 몇 초 간격으로 조금씩 움직이는 이미지가 될 수도 있다. 광고 플랫폼이 운행 중인 택시 위에 부착되어 있기 때문에 기존 옥외광고와는 다르게 고정된 장소가 아닌 여러 장소에서 보일 수 있다는 점이 특징적이다.[183]

01 핵심제공가치

기존 광고 플랫폼과는 다르게 더큰나눔엠티엔이 제공하는 광고판은 움직이는 택시 위에 존재한다. 택시들은 주로 사람이 많은 곳, 그리고 인도와 인접한 도로로 다니는 특징이 있다. 더큰나눔엠티엔은 이러한 점에 착안하여 택시 탑 광고를 송출하면 기타 옥외광고보다 더 많은 사람에게 노출될 것이며, 자연스럽게 광고 효과 또한 더 클 것이라고 판단했다. 또 광고주가 광고가 송출되길 원하는 시간대와 장소를 선택할 수 있기 때문에 불특정 다수에게 보이는 고정된 장소에 위치했던 기존 옥외광고물보다 좀 더 타깃화된 광고 노출이 가능하다는 장점이 있다.

이제까지는 하나의 옥외광고판에 하나의 광고 콘텐츠만 실을 수 있었기에 비싼 광고료를 지불하고 광고 게재를 시도해야 했다. 이 때문에 중소 업체를 운영하는 광고주들은 광고에 대한 니즈가 있으면서도 가격 부담으로 쉽게 시도하지 못했다. 그러나 더큰나눔엠티엔의 광고 플랫폼에는 광고주가 설정한 조건에 부합될 때에만 광고가 송출되고 이에 따라 회당 포인트가 차감되기 때문에 훨씬 합리적인 광고가 가능하도록 했다.

주요 광고 매개체가 되는 택시 탑(택시 표시등)을 부착하는 택시 운전사들은 운행비 외에 광고 송출 시간에 따른 일정 비율의 수수료를 가외 수익으로 얻을 수 있게 된다.[184]

02 수익공식

더큰나눔엠티엔은 현재 두 가지 방법으로 수익을 창출한다. 첫 번째로 직접 개발한 택시 표시등 광고판을 택시 운전사에게 판매 혹은 대여하는 방법으로 수익을 얻으며, 두 번째로 발생하는 수익은 광고주가 지급하는 광고료이다.

광고를 게재하고자 하는 광고주는 모토브의 웹사이트나 모바일 앱에서 원하는 만큼 포인트를 구매할 수 있다. 광고주가 지정한 조건에 따라 광고가 게재될 때마다 그 횟수당 정해진 광고비가 포인트로 차감되며, 포인트가 모두 소진되거나 정한 기간이 종료되면 광고 게재도 끝이 난다.

택시 탑 광고판을 싣고 다니는 택시 운전기사들은 광고 송출 시간에 따라 광고료 중 일정 비율을 지급받는다.[185]

03 핵심자원

더큰나눔엠티엔은 누구나 광고를 쉽게 올릴 수 있도록 직관적이고 간단한 형태의 웹사이트와 모바일 앱을 구축했다. 광고주들은 택시 탑 광고가 게재되기를 바라는 장소와 시간대를 지정할 수 있으며, 게재될 이미지를 직접 업로드하는 것도 매우 간단하게 할 수 있다. 택시 운전기사들용 앱 또한 존재하며 여기에서는 하루에 몇 번 해당 택시 탑에 광고가 게재되었으며 그로 인해 택시 운전사들이 얼마의 광고 수익을 올렸는지를 알 수 있다.

또한 광고를 게재하기 위해 가장 중요한 플랫폼인 택시 탑 하드웨어는 매우 견고하게 만들어져 있어 날씨에 영향을 받지 않으며, 함께 부착된 여러 센서를 통해 날씨, 미세먼지, 위치 등 중요한 정보를 획득할 수 있다.

04 핵심프로세스

택시 표시등 광고가 미국에서는 일부 행해진 바 있으나 국내에는 첫 도입이기 때문에 관련 규제가 없었기에 2017년부터 행정안전부의 지도하에 시범사업이 먼저 이루어졌다. 대전 내 200대의 택시에 광고등을 설치하여 안전성에 문제가 없는지 꼼꼼히 테스트하였으며, 이 결과를 가지고 2019년부터 인천시에 약 1,000대 규모의 시범 테스트를 한 후 서울시로 영역을 확장할 예정이다.

53. 금전 게이미피케이션 활용 목표달성 플랫폼: 챌린저스 Challengers

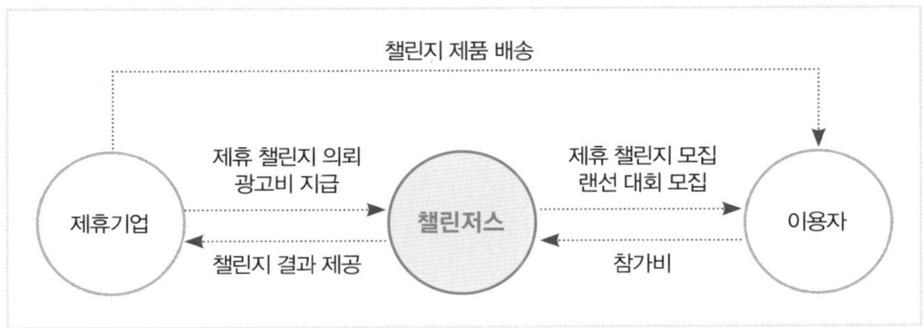

사람들은 항상 어떤 목표를 세우지만, 과업을 꾸준히 수행하여 최종적으로 목표를 달성하기는 쉽지 않다. 여러 사람과 함께 돈을 걸고 노력하는 것을 통해 성공적인 습관형성을 돕는 플랫폼이 챌린저스다. 챌린저스는 단순히 루틴을 기록하는 것을 넘어 참가비와 상금 등의 시스템을 도입하여 이용자의 동기부여를 강화하였다. 100% 달성자는 상금을 주고, 85% 미만 달성자는 참가비를 환급받을 수 없게 만들어 지속적인 루틴 수행이 챌린지라는 목적의식을 이용자들에게 주고 있다.

01 핵심제공가치

챌린저스가 제공하는 핵심가치는 돈을 걸어 참가자들이 목표를 달성하게 하는 것이다. 이전에도 온라인 카페나 메신저 등을 통해 함께 목표를 세우고 인증을 진행하는 경우는 많았으나, 성공하는 경우가 많지 않았다. 챌린저스는 동기부여를 위해서는 돈을 거는 행위가 필요하며, "돈을 거는 행위가 반드시 해야만 하는 환경을 만들고 사람들을 진짜 행동하게 만든다"고 주장한다.[186] 이용자는 목표로 삼고자 하는 챌린지를 선택하여 참가비를 내고 도전할 수 있다. 챌린지를 85% 이상을 달성하면 참가비 전액을 돌려받고 85% 미만은 달성률에 비례한 환급이 되는 시스템이다. 돈을 거는 행위의 유효성을 입증하기로 하듯이 챌린저스는 90% 이상의 챌린지 성공률을 보이고, 170만 명의 사용자를 보유하고 있으며, 1,000만 건의 챌린지가 이루어졌다.

02 수익공식

챌린저스는 매출은 크게 2가지 영역에서 발생한다. 첫 번째는 제휴 챌린지이다. 제품을 받고 리뷰를 써주는 광고라고 볼 수 있지만, 실제 상품을 일정 기간 소비하게 하는 체험단 형식이라는 면에서 기존의 마케팅 및 단순 노출 방식과 차별점을 보인다. 예를 들어 다이어트 도시락 일주일 먹기 챌린지를 한다면, 이용자는 광고를 진행하는 다이어트 도시락을 일주일이라는 기간 동안 소비하게 되므로, 정확한 리뷰를 남길 수 있다. 이와 같은 B2B 제휴광고 수익모델에서 도전성을 더 강화하여 '랜선 대회'라는 이름의 서비스도 제공되고 있다. 기업들은 별도의 광고비 없이 물품 제공으로 브랜드 홍보 효과를 얻을 수 있다. 두 번째는 챌린지 참가자들의 참가비 중 목표달성에 실패하여 환급되지 않는 금액 중 일부를 수익화하여 매출을 창출한다.[187]

03 핵심자원

챌린저스의 핵심자원은 도전을 쉽고 재밌게 할 수 있는 플랫폼과 그동안 챌린지에 참여했던 참가자들의 데이터 및 고객경험이라고 볼 수 있다. 돈을 활용한 방식의 비즈니스 모델은 한편으로 모방이 용이하다고 볼 수 있다. 하지만 챌린저스는 이 시장에 먼저 진입하여 수많은 사람의 목표달성을 도움으로써, 성공적인 습관형성 서비스가 되었으며, 다양한 기업과의 제휴를 통해 고객경험의 폭을 넓혔다. 챌린저스가 선점한 충성도 높은 고객들과 챌린저스의 앱에서 달성한 목표의 기록, 100%를 달성했을 때의 상금 시스템 등을 통한 보상 등 현재까지 쌓아온 노하우들이 챌린저스의 핵심자원일 것이다.

04 핵심프로세스

챌린저스는 참여를 유도하고 장려하기 위해 돈이라는 누구나 동의할 만한 개념을 도입하였다. 하지만 참가비를 내고 상금을 받거나, 환급받지 못하는 등 돈을 낸다는 것이 누군가에게는 이득이고 누군가에게는 손해가 되는 프로세스임에 따라 거짓인증 등의 부작용도 존재할 수 있다. 챌린저스는 이를 방지하기 위해 기본적으로 사진을 찍는 것을 기반으로 인증한다. 아침 기상은 물을 틀어서 사진을 찍어야 하는 등 규정도 있다. 하지만 사진을 찍는 것도 완벽한 해결책이 되지 않을 수 있다. 이전에 찍어둔 사진을 쓸 수 있기 때문이다. 이러한 악용을 방지하기 위해 챌린저스는 앱 내 인증하기 버튼을 눌렀을 때 자체적으로 카메라를 작동하여 사진을 찍는 시각을 남긴다. 더불어, 인증샷 중 잘못 인증된 인증샷이 있을 경우 신고도 가능하며, 고의적으로 규정에 맞지 않는 인증샷을 올리면, 바로 레드카드가 발급된다. 레드카드가 발급된 이용자는 모든 챌린지에서 1년간 상금 획득이 금지되며, 2회를 받을 경우 챌린저스를 통해 받은 상금 전액을 몰수한다.[188] 이러한 노력을 통해 챌린저스는 성공적인 습관관리 앱으로 성장할 수 있었다.

54. NFT 운동화 기반 M2E 플랫폼:

스테픈 Stepn

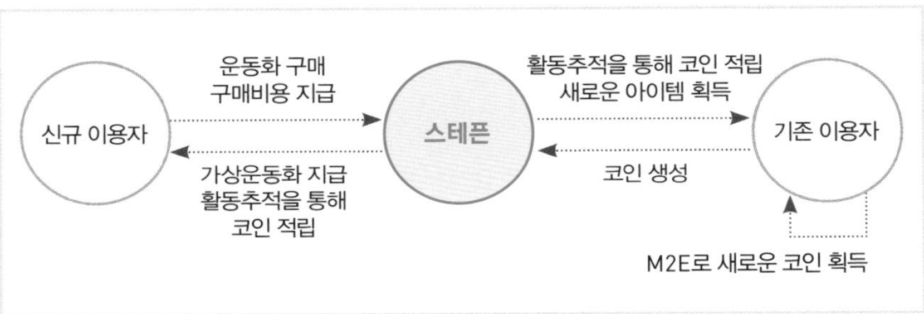

M2E Move-to-Earn는 피트니스 및 스포츠 관련 활동에 참여한 사용자에게 보상을 제공하는 새로운 Web3 경제모델이다. 이러한 M2E 비즈니스 모델을 도입한 기업 중에 자산 획득 가능성 및 게임적 요소를 더해 성공한 스테픈이 있다. 2022년 3월에 출시된 스테픈은 코인 솔라나로도 잘 알려져 있다. 플레이어는 스테픈에서 달리기를 시작하기 전에 자신의 활동 수준에 맞는 다양한 NFT 운동화 중에서 하나를 선택해야 한다. 게임 아이템처럼 유형 및 특성에 따라 다른 NFT 운동화 한 켤레를 유저가 구매하거나 대여하는 방식으로 시작할 수 있으며, 운동화를 착용한 후 야외에서 걷거나 뛰면 암호화폐를 적립할 수 있다. 운동화의 종류는 플레이어가 획득하는 보상과 앱에서 활용 가능한 아이템의 생성 속도를 결정한다. 사용자가 피트니스 목표를 설정하고 운동을 시작하면, GPS 및 만보기와 같은 사용자의 모바일 장치 센서를 사용하여 사용자의 활동을 안전하고 투명하게 기록한다.

01 핵심제공가치

M2E$_{\text{Move-to-Earn}}$라는 개념은 익숙하게 느껴지기도 한다. 국내에서 많은 이용자를 보유한 캐시 슬라이드가 전형적인 M2E 모델이기 때문이다. 이외에도 걸어서 돈을 벌 수 있고, 실제 상품과의 교환도 가능한 비즈니스 모델은 다양하게 존재해왔다.[189] 스테픈이 차별화하여 제공하는 핵심가치는 게임적 요소로 재미를 더함과 동시에 플레이어의 기대수익률을 높였다는 것이다. 최초의 Web3(블록체인을 기반으로 인터넷에서의 이용자 소유권과 제어를 분산시키는 차세대 인터넷 기술)[190] NFT$_{\text{Non-fungible Tocken}}$ 게임을 표방하는 스테픈은 앱에 게임 플레이 및 진행 요소를 추가하여 사용자에게 더욱 동기를 부여한다. 이동하면서 플레이어는 블록체인 게임에서 NFT를 구매하거나 업그레이드하는 데 사용할 수 있는 암호화폐를 얻을 수 있다.[191] NFT를 활용한 코인 채굴 시스템으로 하루 2시간만 운동해도 200만 원 이상의 수익을 기록하기도 하였다. 참가자들은 운동을 위해 1.75달러 상당의 아마존 포인트를 얻기도 하고 며칠 정도 운동을 중단했다가 운동을 재개하면 0.9달러의 추가적인 인센티브를 받을 수도 있다.

02 수익공식

스테픈의 주요 수익원은 이용자 간 거래 수수료이며 이 외에는 새 NFT 운동화를 민팅하는 것에서 수익을 창출한다. 신규 이용자가 지속적으로 유입되고, 거래가 활발할수록 많은 수입이 발생하는 구조로, 2022년 2분기에 플랫폼 수수료를 통해 직전 분기(약 2,681만 5,807달러) 대비 357%가량 증가한 1억 2,250만 달러의 수익을 창출했다고 한다.[192]

03 핵심자원

스테픈의 핵심자원은 솔라나로 알려진 토큰이다. 스테픈에서는 GST와 GMT라는 두 가지 디지털 통화를 사용한다. 그린 사토시 토큰$_{\text{GST}}$은 참가자에게 보상을 제공하는 기본적인 통화이다. 그린 메타버스 토큰GMT는 바이낸스Binance, FTX, 코인베이스Coinbase와 같은 거래소에서 구입할 수 있는데, 스테픈 내에서는 30레벨 이상의 운동화를 착용하면 획득할 수 있다. 스테픈에서 플레이어는 야외활동의 시간, 거리 등에 따라 GST를 획득하게 된다. 게임에서 획득하는 시간은 보유한 에너지량에 따라 제한되므로 소유한 운동화가 많을수록 더 오랫동안 이동하고 획득할 수 있다. 플레이어는 또한 이를 사용하여 운동화를 제작하고, 수리하고, 업그레이드할 수 있다. 이렇게 얻는 토큰이 솔라나Solana이며, GST는 페멕스Phemex, 유니스왑Uniswap, 바이낸스 등과 같은 거래소에서 거래가 가능하다. 이러한 코인을 마켓에서 거래함으로써, 유저들은 가격 상승으로 인한 추가 이득도 얻을 수 있다는 것이 스테픈의 강점이라고 볼 수 있다.[193]

04 핵심프로세스

스테픈은 M2E 형태의 비즈니스 모델로, 운동하면서 재미있게 돈 버는 것을 내세웠다. 초기 수익성이 높았던 덕에 구글 플레이스토어 다운로드 100만 회를 가뿐히 넘기며, 인기를 구가했다. 암호화폐로 돈을 벌게 해주는 것을 내세우며 성공한 기업이지만 암호화폐가 리스크이기도 하다. 승승장구하던 스테픈은 2022년 사행성으로 게임법 저촉 소지가 부각되면서 사업 지속성에 위기를 맞았다. 다행히 게임물관리위원회에서 스테픈이 건강에 관련된 애플리케이션이며 게임이 아니라고 판결하면서, 해당 법의 규제는 피할 수 있게 되었다.[194] 이와 같이 규제는 사업을 지속하기 어렵게 만드는 큰 장벽이 될 수 있으므로 비즈니스 모델 설계 시 고민해야 할 부분이다.

암호화폐로 인해 생기는 문제는 규제만이 아니다. 스테픈에는 토크노믹스Tokenomics가 형성되어 있지 않다. 즉, 경제가 순환되지 않고 있다. 이용자는 스테픈의 암호화폐 솔라나로 첫 NFT 운동화를 구매한다. 운동으로 돈을 벌 수 있다는 것은 널리 알려져 있으나, 스테픈 내에서 솔라나를 활용해 가능한 거래활동은 많지 않다. 거래가 활발하지 않다는 것은 스테픈이 수익을 발생시키기 어렵다는 의미가 된다. 이 점은 스테픈이 비즈니스의 지속을 위해 해결해야 할 숙제이다.

55. 게이미피케이션 기반 아이 용돈관리 핀테크 플랫폼: 그린라이트 Greenlight

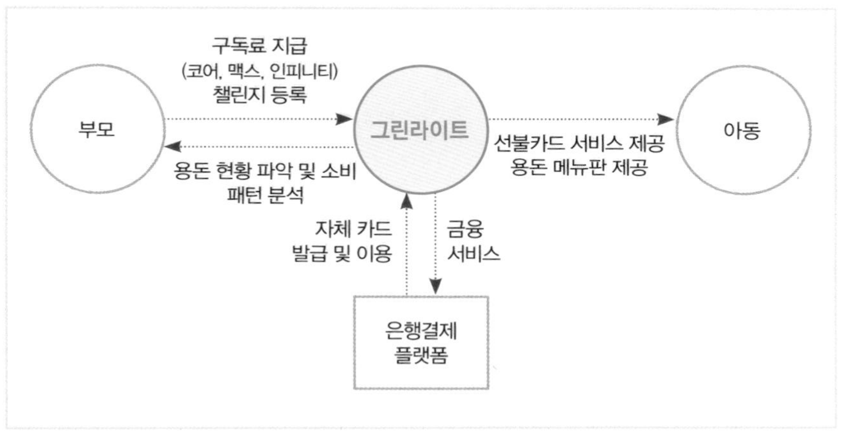

그린라이트는 아이들을 위한 핀테크 서비스로 2017년 사업을 시작했다. 모바일 직불카드라는 것은 일반적인 핀테크 서비스와 비슷해 보이나, 그린라이트만의 특별한 점은 자녀의 용돈을 지급하고 이를 관리하는 역할을 한다는 것이다. 부모님은 집안일이나 숙제 등의 미션을 설정하고 자녀가 해당 미션을 달성했을 때, 자동으로 보상이 지급되도록 할 수 있다. 게임처럼 용돈을 받으면서 자녀는 경제적 기쁨과 미션 완수의 보람 그리고 재미를 모두 획득할 수 있다.

01 핵심제공가치

그린라이트는 재정적으로 똑똑한 아이로 키우기 위해 가정에서 시작하는 교육이라는 미션을 가지고 있다고 한다. 미성년자인 자녀로 하여금 건강하고 올바른 방법으로 경제적 개념에 대해 자발적으로 학습하게 해준다는 것이 가장 핵심적인 가치이다.[195] 어린이와 청소년이 현명하게 돈을 벌고, 저축하고, 기부하고, 소비하는 방법을 배울 수 있도록 직불카드와 애플리케이션을 제공한다. 부모는 그린라이트를 이용하여 용돈을 자녀에게 송금할 수 있으며, 집안일을 하면 보상으로 주는 용돈을 관리 가능한 형태로 지급할 수 있다. 또한 그린라이트는 재미 요소를 더하기 위해, 그린라이트 레벨업Level-up이라는 금융지식 게임도 제공하고 있다. 이와 같이 다양한 서비스를 이용함으로써, 실제적인 자금관리 경험을 얻을 수 있다.

02 수익공식

그린라이트는 기본적으로 구독료를 수익모델로 하고 있으며, 코어core(4.99달러/월), 맥스max(9.98달러/월), 인피니티Infinity(14.98달러/월) 세 가지 방식의 구독 서비스를 제공한다. 코어 플랜은 선불카드, 교육 앱, 자녀 용돈 및 지불관리, 기부관리 등의 기본 기능을 제공한다. 주식투자 교육 및 투자를 실제로 하는 기능까지를 원한다면, 맥스를 사용한다. 맥스는 투자 기능에 더불어, 구매 보호, 1% 캐시백 등의 기능을 추가로 제공한다. 인피니티는 가족에게 한 발 더 가까이 간다. 안전을 위해 가족들이 어디에 있는지 위치 공유하거나 SOS 경보를 울릴 수도 있다. 이와 같이 고객의 필요에 따라 단계별로 다양한 서비스를 제공함으로써, 그린라이트의 매출을 향상시키고 있다.

03 핵심자원

그린라이트의 핵심자원은 크게 락인Lock-in 효과와 재미라고 볼 수 있다. 2017년 서비스를 시작했다. 아이들을 겨냥한 핀테크로는 비교적 이른 시기였다. 이와 같이 빠른 시장 진입으로 인한 선점 효과 및 확보된 고객들의 락인 효과가 있었다. 이는 코로나19 팬데믹을 거치면서 더욱 강화되었다. 팬데믹 이전 10대들은 금융상품에서 소외된 그룹이었다. 아직 소득이 없는 경우가 많고, 성인인증이 필요한 경우에는 가입조차 할 수 없었기 때문이다. 갑작스러운 코로나19 팬데믹을 맞으면서 비대면 거래가 급속히 증가했고, 10대들에게도 디지털 금융거래가 필요해졌지만 그들의 접근성은 여전히 떨어졌다. 블루오션이라고 여겨질 수 있는 시장에서 그린라이트는 기회를 놓치지 않고 어린이와 청소년에 집중하였다.[196]

두 번째 핵심자원인 재미 요소가 이용자 확보에 중요한 역할을 하였다. 어린이와 청소년을 타깃으로 한 만큼, 부모에게 통제되고 있다는 느낌을 주기보다는, 부모와 경제관념을 재미있게 배워간다는 느낌을 주는 것이 중요했다. 미션을 클리어하면 용돈을 확보할 수 있는 등의 재미있는 기능들이 아이들의 흥미를 유발하기에 충분했다. 이후 금융지식 게임 등을 통해 신용을 쌓아가는 방법에 대해서도 배울 수 있게 하였다. 이와 같은 자원들을 기반으로 그린라이트는 약 600만 명의 사용자를 보유한 현재의 입지로 성장할 수 있었다.[197]

04 핵심프로세스

그린라이트는 이미 고객을 많이 확보하고 있으나, 유사 비즈니스들이 많이 등장하고 있다는 점이 비즈니스의 지속성을 저해하는 요소일 수 있다. 이러한 고민을 하고 있었던 건지 그린라이트는 2023년 8월 그린라이트 패밀리 캐시 카드를 출시했다.[198] 해당 카드는 부모가 십대 자녀를 사용자에 추가하는 방식으로 사용할 수 있으며, 월 4.99달러부터 시작하는 모든 그린라이트 구독 플랜에서 사용할 수 있다. 이 카드를 사용하면 가족 구성원의 모든 구매에 대해 최대 3%의 캐시백을 받을 수 있다. 이와 같이 다양한 시도를 지속적으로 확대하고 게임·재미 요소를 더해간다면, 그린라이트의 시장은 더욱 글로벌하게 확장될 수 있을 것으로 보인다.

3.3.7. 플랫폼형 비즈니스 모델 | 제공가치 유형별 | 게이미피케이션

56. 재미 기반 팀 구매 커머스 플랫폼:
레브잇(올웨이즈) Levit(Alwayz)

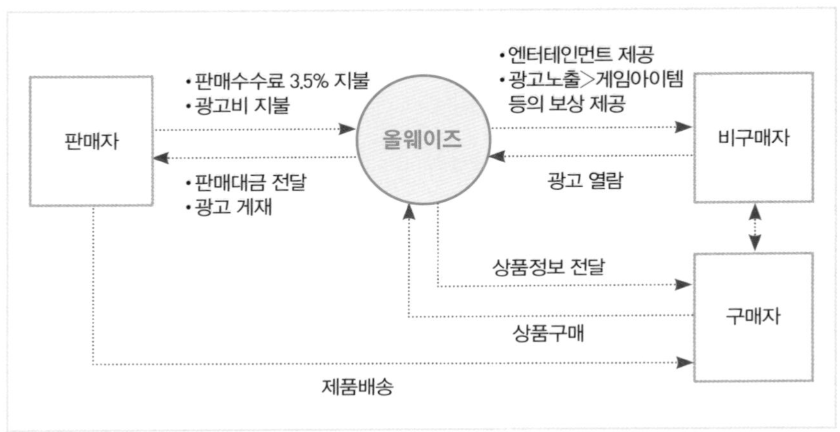

출시 2년이 채 되지 않아 월 거래액 400억 원을 달성하고 900억 원에 달하는 투자를 받으며 이목을 끈 커머스 서비스가 있다. 레브잇이 운영하는 서비스인 올웨이즈는 다른 이커머스 서비스들과 달리 앱 내 첫 화면부터 소소한 게임과 재미를 유발하는 짧은 영상들을 제공한다. 엔터테인먼트를 기반으로 빠르게 모인 회원들은 공동구매의 연장선인 '팀 구매'를 통해 타사 대비 저렴한 가격으로 물건을 구매할 수 있다. 중국의 대형 이커머스 기업으로 성장하여 미국 나스닥 시장에 상장한 핀둬둬와 MZ세대 사이에서 없으면 안 되는 모바일 동영상 앱 서비스를 제공하는 틱톡을 벤치마킹하여 출시했다는 올웨이즈의 가입자 수는 2023년 6월 기준 700만 명을 돌파하였다.

01 핵심제공가치

올웨이즈 앱의 메인화면 상단에는 포인트를 받을 수 있는 '출석체크'를 비롯하여, 가상의 밭에서 매일 물과 양분을 제공하며 작물을 키워보고 실제로 작물을 배송받아 보기까지 할 수 있는 '올팜'게임 등이 자리 잡고 있다. 화면 하단에서는 '비디오' 탭을 눌러 짧은 형태의 동영상을 보고, '골드'를 얻어 실제 현금으로 이체받아 볼 수도 있다. 언뜻 보면 커머스 플랫폼이라기보다 게임 혹은 소셜네트워킹서비스 같지만, 올웨이즈는 이와 같은 방식으로 흥미를 느낀 잠재 구매자들의 유입을 장려한다. 그뿐만 아니라, 올웨이즈는 커머스의 핵심인 가격경쟁력을 위해 공동구매 방식을 제안하며 여러 명이 같이 구매 시 생산자로부터 더 많은 할인을 받을 수 있게 하여 금전적인 가치를 제공한다. 구매자는 상품 구매 시, 바로 결제를 하는 일반적인 방식 또는 같은 상품을 구매할 다른 구매자를 찾거나 기다린 후 함께 할인받아 결제하는 팀 구매 방식을 선택할 수 있다. 레브잇에 따르면 올웨이즈 가격은 타 커머스 플랫폼 대비 평균 20% 정도 저렴하다고 한다.

02 수익공식

올웨이즈의 수익은 크게 판매수수료와 광고로 나뉜다. 올웨이즈는 최저가 또는 타사 대비 낮은 가격에 상품을 제공하기 위한 목적으로 판매자들에게 보통 5%에서 10% 정도의 마진을 남기는 것을 추천하는데, 이는 보통 판매자들이 타사 플랫폼에서 남기는 20% 정도의 마진보다 낮은 편이다. 대신 올웨이즈의 판매수수료 또한 타사의 수수료보다 매우 낮은 3.5%로, 평균 10%에서 15%를 부과하는 타 커머스 플랫폼에 비해 저렴하다. 또 다른 수익 채널인 광고에는 올웨이즈만의 게임적인 요소들이 적극 반영되어 있다. 이용자는 올팜 게임상에서 필요한 물 또는 양분 등을 얻기 위해 광고 상품을 구경하거나 상품 관련 퀴즈를 푸는 방식으로, 재미와 효율을 모두 잡았다고 할 수 있다. 2023년 8월 기준, 이렇게 올린 광고매출이 판매수수료 매

출을 뛰어넘었다고 한다.[199]

03 핵심자원

다른 이커머스 플랫폼과 가장 큰 차별점인 게임적인 요소와 콘텐츠가 올웨이즈의 성장을 주도한 핵심자원이다. 활성 유저 수Activer Users, 구매전환율Conversion Rate, 고객유지율User Retention Rate 등 여러 데이터와 수치들을 관리하는 것이 쇼핑 플랫폼에는 매우 중요한데, 올웨이즈 앱상의 게임들은 이런 부분에 있어 긍정적인 효과를 준다. 구매가 아닌 재미를 위해 앱에 접속하지만, 게임아이템을 얻고자 광고를 시청하거나 제품구매를 하게 된다. 게임과 비디오 등 엔터테인먼트적인 요소를 기반으로 올웨이즈는 80%에 육박하는 월간 고객 유지율을 보여주며, 앱 유저 1인당 평균 사용시간은 30분으로 상품들이 잠재고객에게 노출될 수 있는 시간이 매우 긴 편이다.[200] 올웨이즈의 이런 시도는 이후 새벽 배송으로 유명한 마켓컬리와 라이브커머스 플랫폼 그립 등에서도 비슷한 보상형 게임 요소를 뒤이어 도입할 정도로 성공적으로 평가되고 있다.

04 핵심프로세스

올웨이즈의 본질은 커머스 서비스이므로, 아무리 게임과 비디오 등으로 잠재고객 트래픽을 잘 키웠다고 하더라도 구매로 이어지지 않으면 타사 대비 차별점이 없다. 이를 위해 올웨이즈는 판매되는 상품이 실제로 타사보다 확실하게 저렴할 수 있도록 몇 가지의 장치를 두었다. 첫째, 올웨이즈 판매자들의 대다수는 직접 제품을 제조하는 제조사이거나 농수산물 생산자로 중간유통사들에게 마진을 남겨줄 필요가 없는 구조를 가지고 있다. 만약 제조사가 아닌 유통사이거나 위탁사업자라고 하더라도 최저가 기준에 부합하지 않으면 입점 자체가 불가능하다. 둘째, 앞서 언급된 바와 같이 판매수수료를 파격적으로 낮게 책정하여 판매자들이 판매가격을 낮추는 것에 있어 느끼는 부담을 줄였다. 이렇게 형성된 최저가 상품들은 가벼운 마음으로 게임을 하기 위해 앱에 접속한 이용자들의 지갑을 열게 하는 장치로 작용한다.

3.4.

정보선택방법

많은 플랫폼들이 사용자와 프로그램의 기반이 되는 콘텐츠, 정보, 상품 등을 제공하는 공급자가 공생하는 생태계의 구조를 가지고 있다. 이 구조의 핵심은 플랫폼이 얼마나 신뢰성 있는 좋은 정보를 지속적으로 유지하고 발전시켜 나가는가에 있다. 즉, 생태계의 지속 성장을 위해서는 플랫폼에서 만들어지는 정보의 질을 유지하고 발전시키는 것이 필수적인데, 이 장에서는 이를 위한 구체적인 방법들을 살펴본다.

구체적으로 우리는 여러가지 대안들 가운데 최적의 정보가 선택되는 다양한 방법을 정리했다. 이를 위해 상품·서비스를 사용하는 사람들 측에서 선제안이 나오는 역경매형과, 검증된 상위권 전문가들의 의견을 1차적으로 필터링해주지만 다수의 최종 대안을 제시해주는 필터형, 플랫폼 자체에서 경쟁을 통해 최적의 대안이 선택되는 경쟁형, 커뮤니티가 지속적으로 대안을 보완·제시하는 고객참여형, 그리고 복수의 리스트 중에서 소비자가 최종 대안을 고려하는 리스트형 등을 제시한다.

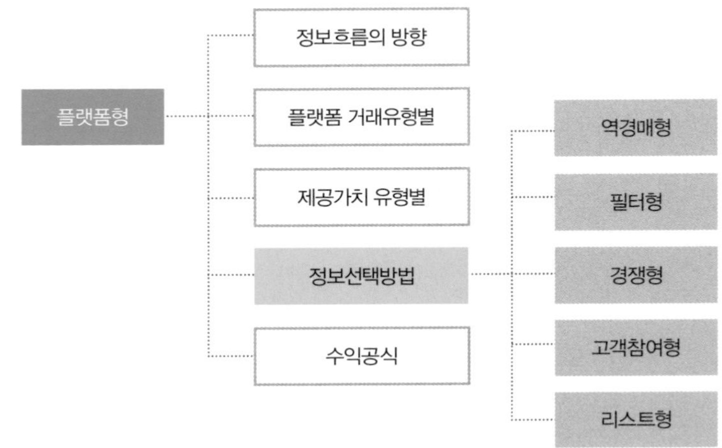

57. 중고 한정판 상품 역경매 플랫폼:

크림 Kream

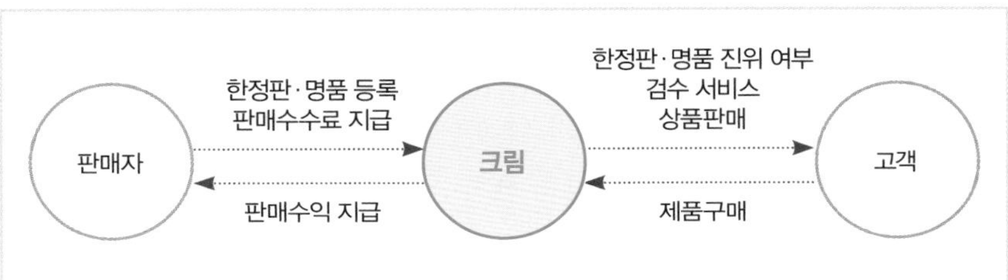

중고물품 판매 플랫폼은 그 영역을 넓히며 지속적으로 성장해왔다. 다양한 물건들이 여러 플랫폼에서 중고로 거래되고 있으나, 구매자 입장에서 중고로 구매하기 꺼려지는 상품 중 하나가 브랜드 한정판 제품이다. 크림은 진입장벽이 있는 명품 및 한정판 상품의 중고거래를 신뢰할 수 있는 거래로 변화시켜 서비스를 제공하고 있다. 크림은 판매자와 구매자가 크림이 제공하는 웹사이트나 애플리케이션을 통해 물건을 사고팔 수 있는 마켓플레이스marketplace의 형태로 운영된다. 전통적인 경매 방식인 구매입찰과 역경매 방식인 판매입찰이 있어 구매자, 판매자에게 모두 가격을 제시할 기회를 준다. 판매자와 구매자 양쪽이 합의한 가격에서 매매가 체결되면, 제품은 크림의 전문 검수인력 및 첨단기술을 통한 체계적인 가품 검수 시스템을 거치게 되고 이를 통과해야 구매자에게 최종적으로 배송될 수 있다. 플랫폼의 진입장벽을 높임으로써, 크림에서 거래되는 제품의 신뢰성을 향상시키며 중고 한정판 상품 재판매 플랫폼 산업 내 입지를 다지고 있다. 크림은 2023년 3월 삼성으로부터 506억 원의 투자를 추가로 받으며 창립 3년 만에 기업가치

9,700억을 달성하였다.[201]

01 핵심제공가치

중고상품의 중개라는 다소 전형적인 비즈니스에서 크림이 차별화하여 전달하는 핵심가치는 플랫폼에서 판매 중인 한정판·명품 중고제품에 대한 신뢰이다. 브랜드 제품을 중고로 구매할 때 소비자 입장에서 가장 먼저 고민하는 부분은 가품 여부일 것이다. 브랜드 제품은 가품 시장 또한 발달해 있어, 육안으로는 진위 여부를 알기 어려우며, 개인적으로 전문가를 섭외하여 의뢰하는 것도 불편하다. 크림은 한정판 중고거래 시 이용자에게 진입장벽이 될 수 있는 위조품 및 가품에 대한 문제점을 제거하기 위해 자체적인 검수 시스템을 도입했다. 판매자가 플랫폼에서 상품을 판매하면 해당 상품은 크림의 검수센터로 전달되어 정품 여부에 대한 검수를 받는다. 제품이 내부검사를 통과하면 판매자는 계속해서 제품을 구매자에게 판매할 수 있다. 다시 말해, 소비자가 크림을 통해 한정판·명품 상품들을 구입한다면, 이 상품에 대한 정품 여부는 크림이 보증한다는 것이다. 정품이 아닌 경우 구매금액의 3배를 크림에서 보상한다.

02 수익공식

크림은 판매자와 구매자 양측으로부터 수수료를 받아 수익을 창출하고 있다. 거래는 즉시구매와 구매입찰의 방법으로 이루어진다. 크림에서 상품이 거래되면 해당 상품의 판매자는 최대 5%, 구매자는 최대 3%의 수수료를 크림에 지불하는 방식이다(2023년 9월 기준). 더불어 보관판매를 통해서도 수익을 창출하는데, 판매자의 등록상품을 크림이 창고에 보관해주는 비용이다. 거래가 체결되었을 때, 구매자가 더 빨리 받아볼 수 있기 때문에 동일 상품을 판매할 경우, 보관판매가 더 선호된다고 한다.[202]

03 핵심자원

크림은 중고제품을 검수하는 체계적인 시스템을 핵심자원으로 보유하고 있다. 검수센터를 늘리는 데 많은 투자를 하는 크림은 다양한 방법을 사용하여 신뢰도를 높이기 위한 노력을 하고 있다. 먼저, 크림에서는 명품을 감별할 수 있는 자격을 갖춘 많은 전문가를 보유하고 있다. 인공지능 활용, CT 촬영, UV 라이트 검사 등 다양한 장비를 이용한 검수도 당연히 진행하고 있다.

또한 페널티Penalty 제도를 활용하여 무분별한 검수의뢰로 인해 발생하는 추가적인 비용을 줄이고 양품을 확보하고 있다. 크림에서는 배송받은 중고제품이 불합격으로 판정될 경우, 모조품이나 가품의 경우 15%의 페널티를 받고 이용 정지당한다. 상품이나 사이즈가 불일치하거나 기본 구성품이 누락되어 있을 경우에도 페널티를 10% 받을 수 있다. 이와 같은 페널티 방식을 통해 중고제품 중에서도 양품을 공급받을 수 있다.[203]

04 핵심프로세스

크림의 핵심프로세스는 경매 및 역경매 방식을 사용하여 구매자와 판매자의 희망 가격 차이를 직관적으로 파악할 수 있게 한 것이라고 볼 수 있다. 구매·판매입찰의 경우, 구매자와 판매자가 각각 원하는 구매·판매가격으로 입찰 가능하고 누군가 해당 가격에 판매·구매하고자 하면 거래가 체결된다. 상호 입찰을 위한 절차를 생략하고자 한다면, 구매자는 판매자의 입찰 중 가장 낮은 가격으로 즉시 구매할 수 있으며, 판매자는 구매자의 입찰 중 가장 높은 가격으로 즉시 판매할 수 있다. 다양한 한정판·명품 중고제품들을 다루고 있음에도 이러한 거래 프로세스가 자연스럽게 안착되는 데 크림의 검수 시스템의 역할이 컸을 것이다. 크림은 상호 익명으로 거래하게 하여 개인정보를 보호하면서도, 체계적인 검수를 통해 거래의 신뢰성을 높임으로써, 고객들에게 만족할 만한 경험을 제공하고 있다.

3.4.2. 플랫폼형 비즈니스 모델 I 정보선택방법 I 필터형

58. 글로벌 농·축·수산물 무역중개 플랫폼:

트릿지 Tridge

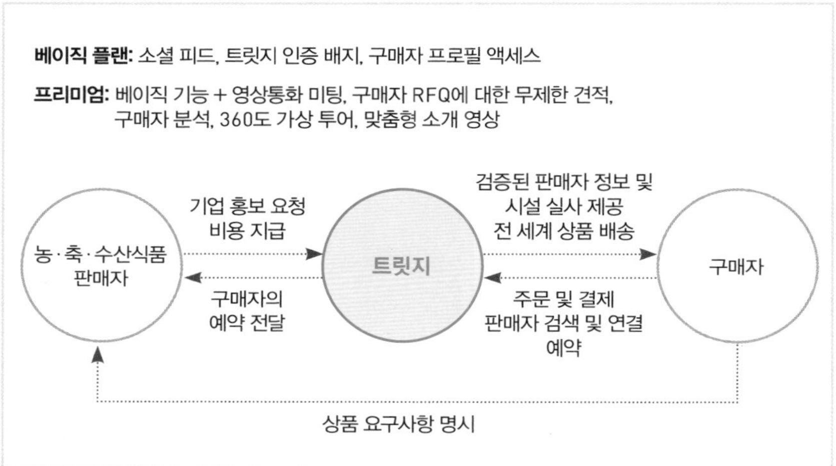

트릿지는 전 세계의 농·축·수산물 거래를 중개하고 있으며, 구매자 주문 접수 시, 현지 농장 실사, 공급자 이력 검증, 계약 협상, 패키징Packaging, 운송, 세관 업무 등 다양한 무역업무를 대행하는 풀필먼트Fulfillment 서비스를 제공하고 있다. 구매자가 트릿지를 통해 판매자의 농·축·수산물 구매예약을 하면 트릿지가 해당 예약을 판매자에게 전달하고 배송을 돕는다. 트릿지는 이러한 매매거래 자료를 기반으로 농·축·수산물 시장의 정보 비대칭성을 줄이기 위해 수십만 종 농·축·수산물의 거래가격과 수출입 물량, 품질, 현지 속보 등을 수집·분석·가공해 심층 리포트도 발간 중이다.

트릿지는 10년간의 비즈니스를 통해 매월 130만 명의 방문자를 확보하고 있으며,

1,400개의 농·축·수산물에 대해 96개국 기업들의 무역을 돕고 있다.

01 핵심제공가치

트릿지의 핵심가치는 어렵고 복잡한 농·축·수산물의 글로벌 무역을 간편하게 접근할 수 있도록 통합된 시스템을 통한 신뢰와 편의성을 제공한다는 것이다. 해외 무역을 진행할 때, 기업이 우려하는 것은 상대방이 신뢰할 수 있는 기업인지를 확인하고 거래 시 발생할 수 있는 책임회피를 방지하는 일일 것이다. 트릿지는 안전성과 신뢰성이 보장된 환경에서 글로벌 농·축·수산물 거래가 원활하게 이루어지게 하기 위해, 사업체, 업계 전문가, 직원 등 모든 관계자의 신용과 능력을 검증한다.[204]

02 수익공식

트릿지의 주된 수입원은 풀필먼트 서비스 이용료이다. 트릿지는 무역을 하는 공급자 기업들과 계약을 맺고 풀필먼트 서비스를 제공한다. 또한 기업들에게 인텔리전스 및 데이터 플랜을 구독 형태로 제공한다. 거래시장 관련 내용과 대시보드를 통한 통합 모니터링을 가능하게 한다. 더불어, 트릿지는 광고를 통해서도 수익을 창출한다. 트릿지는 전 세계에서 다양한 구매자, 공급자들이 많이 이용하는 서비스이기 때문에, 판매량을 늘리고 싶은 공급자들이 광고를 하게 해주고 옵션에 따라 다양하게 비용을 부과한다. 광고 플랜을 구입한 공급자들은 타깃 고객에게 효과적으로 노출되도록 뉴스레터, 메인페이지, 검색결과 등에 배너광고를 올릴 수 있고, 검색 시 상위 노출이 보장되는 등의 효과를 볼 수 있다.[205]

03 핵심자원

트릿지의 핵심자원은 신뢰성이 확보된, 체계적인 풀필먼트 시스템이다. 디지털 기술과 인적 네트워크를 통해 얻은 정보를 의미하는 휴민트HUMINT: HUMan+INTelligence를 적절히 융합한 풀필먼트 서비스를 제공한다. 트릿지는 기업이 출고하는 그 순간부터 최종적으로 고객의 창고에 입고하는 순간까지의 과정을 투명하게 관리받을 수 있게 한다. 유통기한이 짧고 신선도가 중요한 농·축·수산물을 중개하는 데 이러한 시스템은 중요한 역할을 했다. 갑작스럽게 공급이 어려운 상황이 발생하는 경우, 유사한 품질과 품종의 다른 업체를 찾아 주기 때문에 고객 입장에서는 안정적인 공급을 보장받을 수 있다. 실제로, 트릿지는 당사의 풀필먼트 시스템을 활용하여 운송 중 문제가 발생했을 때, 부패하기 쉬운 제품에 대한 대체 구매자를 신속하게 찾아 대응하였고 때로는 해상으로 이동 중인 화물에 대해 목적지를 변경하여 배송하기도 했다.

04 핵심프로세스

트릿지는 풀필먼트 서비스와 함께 방대한 농수산물 데이터를 제공함으로써 부가가치를 더한다. 약 1,100만 곳의 소스에서 매일 5만 개의 데이터를 업데이트하고 있다. 일부는 인공지능을 통해 자동으로 수집하고, 일부는 현지 전문가들이 직접 도매 시장 등을 발로 뛰며 가격 데이터를 수집 중이다. 트릿지에 '딸기', '감자', '고등어' 등 주요 농·수·축산물을 검색하면, 도매시장 가격 데이터, 품목별 수출입 규모, 최대 수출국 및 시장점유율, 현지 정보 등을 망라한 정보를 볼 수 있다. 트릿지는 이러한 데이터를 기반으로 심층 리포트도 제공한다. 고객 수요에 맞춰 트릿지의 전문 분석가들이 특정 농산물의 가격 추이와 전망 등을 분석한다. 이와 같이 트릿지는 기본적으로 제공하는 서비스 및 기능 이외에도 다방면에서 여러 방법을 활용하여 부가가치를 창출하고 무역을 중개하는 데 차별화된 경쟁력을 쌓아가고 있는 중이다.

3.4.3. 플랫폼형 비즈니스 모델 | 정보선택방법 | 경쟁형

59. 사용자 맞춤형 노래 제작 플랫폼:

송핀츠 Songfinch

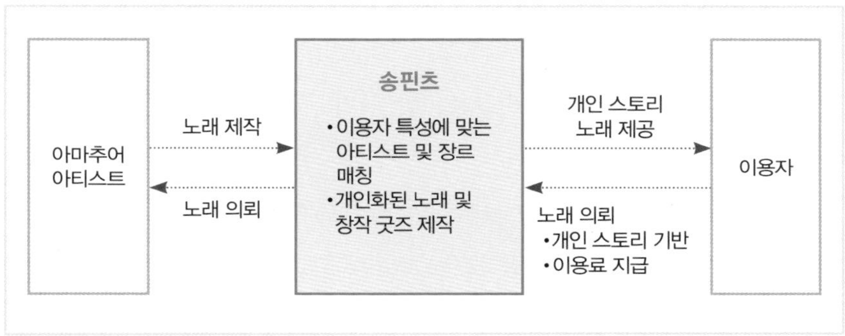

송핀츠Songfinch[206]는 사용자 맞춤형 노래를 제작하는 혁신적인 서비스를 선보이고 있는 플랫폼이다. 송핀츠의 서비스는 개인화된 음악이라는 독특한 개념을 도입하여, 고객들이 자신의 삶에서 특별한 순간을 위한 노래를 요청할 수 있도록 한다. 기념일이나 서프라이즈와 같은 이벤트를 위해 나만을 위한 노래가 필요한 순간이 있지만, 일반인들이 작곡이나 작사를 통해 노래를 만드는 것은 현실적으로 쉽지 않은 일이다. 이러한 시장 니즈를 파악하여 송핀츠는 고객들이 플랫폼을 통해 자신의 노래를 만들어줄 아티스트를 찾을 수 있도록 하고, 스토리, 장르, 작곡 스타일 등을 고려하여 가장 적합한 아티스트를 선정하여 노래 제작을 의뢰할 수 있는 서비스를 선보이고 있다. 한편 이 비즈니스 모델은 신진 아티스트 또한 본업인 음악 창작 활동에 집중하여 수익을 누릴 수 있게 하고, 다양한 창작 모티브를 얻고 창작활동에 전념할 수 있도록 한다는 장점을 지니기도 한다.

01 핵심제공가치

송핀츠의 핵심가치는 고객의 감정과 이야기를 나만의 음악으로 만든다는 데에 있다. 예를 들어, 아들의 결혼식을 앞두고 세상을 떠난 아내가 남편의 관점에서 노래를 의뢰한 적이 있었는데, 송핀츠는 이 가족의 스토리와 가족들의 감정과 메시지를 담아 "미안, 네 결혼식에 갈 수 없어서, 하지만 나 여전히 여기 있어"라는 타이틀의 노래를 만들었다. 이 노래는 유튜브를 통해 공유되면서 많은 사람의 공감을 얻었다. 사람들은 나만의 노래, 그리고 나만의 스토리가 음악으로 재탄생 시키는 서비스를 통해 송핀츠는 고객들에게 감동적이고 의미 있는 순간을 제공하며, 각 개인의 경험을 예술적인 가치로 연결한다.

이러한 방식으로 송핀츠는 고객들이 자신들의 개인적인 순간을 공유하고 기념할 수 있는 개인 맞춤형 음악 서비스라는 새로운 카테고리를 창조하고 있다. 이는 고객들의 스토리 또한 예술 창작의 일부가 될 기회를 제공함으로써 음악 산업에 새로운 방향을 제시하고 있다.

02 수익공식

노래를 제작할 때 이용자로부터 199달러의 비용을 받는다. 더불어 노래를 다양한 형태의 결과물로 만들고 형태에 따라 다양한 제작료를 받아 수익을 창출하고 있다. 가령, 스포티파이에서 노래 스트리밍 서비스를 신청할 경우49.99달러, 음악을 재생할 수 있는 QR코드가 포함된 프레임의 경우 79.99달러 등의 비용을 받고 있다. 노래를 LP로 제작할 경우의 비용은 58.99달러, CD로 제작할 경우에는 24.99달러이며, 종이 악보로 곡을 받을 경우에는 59.99달러를 추가로 지불하면 된다. 악보뿐 아니라 노래 가사를 노트패드 형태로 추가 구매할 수 있는데 이 경우에는 29.99달러이다. 마지막으로 매칭된 아티스트에게 팁을 지불하는 것도 가능하다.

03 핵심자원

송핀츠의 핵심자원은 두 가지 요소에 기반한다. 첫 번째는 아티스트 네트워크이다. 현재 송핀츠는 약 2,000명의 아티스트를 보유하고 있으며, 이들에게 지난 12개월 동안 2,000만 달러 이상을 지급했다. 이 아티스트들은 음악산업에서 독립적인 위치를 차지하고 있으며, 송핀츠는 이들을 전업음악가로 전환시키는 데 중점을 두고 있다. 이러한 아티스트들은 1만 회 이상의 콘서트에 출연하고, 다양한 플랫폼에서 2억 회 이상의 스트림을 기록한 경험이 있다. 두 번째 핵심자원은 기술적 혁신이다. 송핀츠는 개인화된 챗봇과 생성 AI 도구를 통해 고객 및 작곡가의 경험을 향상시키는 데 집중하고 있다. 이러한 기술적 요소는 고객과 아티스트 간의 상호작용을 원활하게 하고, 창작 과정을 더 효율적으로 만들어준다. 이 두 핵심자원의 결합은 송핀츠가 시장에서 독특한 위치를 차지하고, 고객에게 맞춤형 음악 경험을 제공하는 데 기여하고 있다.

04 핵심프로세스

송핀츠는 맞춤형 노래 제작을 위해, 먼저 사용자의 기본 정보를 파악하는 프로세스를 지니고 있다. 사용자는 노래의 수신자, 원하는 장르나 스타일, 특별한 이벤트나 상황, 개인적인 세부사항 등을 제공하는데, 이러한 정보는 노래가 전달할 감정과 메시지를 결정하는 데 중요한 역할을 한다. 사용자들이 개인 사연을 입력하면, 송핀츠는 사용자의 선호에 맞는 아티스트를 추천하고, 샘플 음악을 제공하여 가장 마음에 드는 아티스트를 선택하도록 한다. 그리고 아티스트 매칭이 이루어지면, 이후 아티스트는 사용자와 논의하여 노래의 주제, 감정, 중요한 사건 또는 메시지를 결정한다. 이후 아티스트는 사용자의 요구사항과 세부사항을 바탕으로 7일 이내에 노래를 작성하고 녹음하여 노래를 완성한다.

이러한 과정을 통해 송핀츠는 사용자의 개인적인 이야기와 감정을 예술적 창작물로 변환하는 독특한 경험을 제공하며, 각 노래는 사용자에게 특별한 의미를 지니는 선물이 된다. 또한 송핀츠는 아티스트의 재능과 노력을 정당하게 보상하는 시스템을 구축하는 데에도 노력을 기울이고 있다. 음악계의 높은 진입장벽과 더디게 이루어지는 지급 방식은 많은 뮤지션들이 전업으로 음악에 종사하는 것을 어렵게 만들어왔다. 하지만 송핀츠는 이러한 환경을 변화시키고 있다는 점에서 의미가 있다. 노래 창작의 기회를 제공하며, 아티스트가 작업한 그 날 바로 대가를 지급하는 시스템을 통해 송핀츠는 모든 경력 단계의 아티스트에게 새로운 수익 창출의 메커니즘을 제공하고 있다.

한편, 송핀츠가 개인을 위한 맞춤형 노래를 전문적으로 제작하는 서비스를 제공하면서 사용자들의 인기를 얻었는데, '개인 맞춤형'이라는 차별화된 가치를 유지하기 위해서는 완성곡들의 스타일이 겹치지 않도록 유의해야 한다.

60. 인테리어 시공 경쟁형 플랫폼:

아파트멘터리 Apartmentary

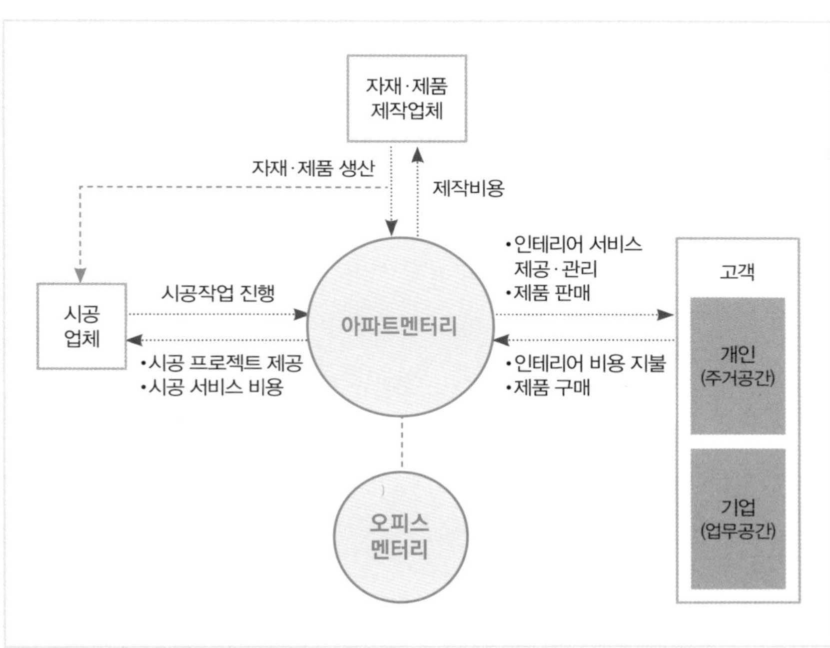

일과 삶의 균형을 중시하는 문화가 확산되고 집에서 보내는 시간이 증가하면서 인테리어 및 리모델링 업계가 호황을 누림과 동시에 많은 소비자가 고충을 겪기도 했다. 업체마다 다른 공사 방식과 들쑥날쑥한 비용 체계, 시공 견적 대비 높은 정산대금 등 불만이 끊이지 않던 업계에 변화를 주도한 서비스가 있다. 아파트멘터리는 업계 내 여러 전문 업체들을 선별하여 파트너십을 맺고, 그들과 함께 고객들에게 최적의 인테리어와 리모델링 서비스를 제공한다. 특히 업계 최초로 가격 정찰제를 도입하여 인테리어 공사는 발품 팔지 않으면 손해 본다는 편견을 깨며 합리적인 대안을 제시한다. 고객 데이터 분석을 토대로 인테리어 자재와 라이프스타일 브랜드를 출시·판매하고 있으며, 최근에는 주거공간뿐만 아니라 사무실 공간의 시공 서비스를 출시하며 수익 채널을 확대하고 있다.

01 핵심제공가치

사전 미팅부터 계약, 시공, 비용 정산 및 1년 간 사후관리 서비스까지 담당하며 고객 중심의 서비스와 투명성을 제공한다. 아파트멘터리는 단순히 시공업체와 고객을 연결해주는 플랫폼을 제공하는 것이 아니라 사전 미팅부터 인테리어 시공 완료 이후까지의 전 과정을 관리하고 책임진다. 시공 자체는 특정 경력을 토대로 아파트멘터리가 선별한 직영 파트너 업체를 통해 진행한다. 이러한 구조 덕분에 고객은 언제든지 아파트멘터리 담당 매니저와 시공자를 통해서 진행 과정에 대한 업데이트를 요구하고 피드백을 주고받을 수 있다. 더불어 아파트멘터리는 주된 타깃층이자 인테리어에 대한 관심이 높은 30~40대가 밀집한 서울 및 경기 지역에 오프라인 지점들을 열어 소비자들과의 소통에 힘을 쓴다. 업체 중심적으로 여겨졌던 인테리어 업계에서 플랫폼 제공과 시스템 구축을 통해 소비자에게 신뢰를 제공한다.

02 수익공식

아파트멘터리의 주된 수익은 인테리어 리모델링 서비스를 제공하며 받는 평당 시공단가이며, 여기서 자재비용 및 시공업체와의 계약비용을 제외하면 순수익이 된다. 서비스는 기본적으로 세 가지로 나뉘는데, 합리적인 비용으로 인테리어 시공을 진행할 수 있는 '에센셜', 더 다양한 자재 옵션과 구조 변경 등을 진행할 수 있는 '프리미엄', 그리고 부분 리모델링으로 인기가 많은 부엌만을 다루는 '키친 리모델링'이 있다. 아파트멘터리는 또한 자체 브랜드 출시를 통해 바닥재, 타일 등과 같은 인테리어 자재들을 제작하여 인테리어 시공 시에 활용하거나 셀프 인테리어를 희망하는 소비자에 판매하고 있다. 더 나아가 침구류, 수건과 같은 전반적인 라이프스타일 제품들도 선보였다. 가장 최근에는 주거공간뿐만 아닌 업무공간 인테리어 서비스도 시작하며 B2B 사업에 진출했다. 2023년 아파트멘터리가 발표한 바에 따르면, 전년 동기 대비 266% 수준으로 매출이 성장하며 많은 소비자의 호응을 얻고 있다.[207]

03 핵심자원

아파트멘터리는 저마다 구조가 다른 주택 대신 어느 정도 정형화되어 있으면서 도면을 구하기 쉬운 아파트들의 데이터를 모아 시공 과정을 단계별로 나누고, 표준화를 통해 가격 정찰제인 '프라이스 태그 시스템'을 선보였다. 이 가격 정찰제 시스템 덕분에 고객들은 아파트멘터리의 시공 견적을 믿을 수 있으며, 궁극적으로는 경쟁사 대비 아파트멘터리를 선택하는 이유가 된다. 또한 인테리어 기업으로는 이례적으로 자체 애플리케이션을 개발하여 고객이 작업 과정에 대해 담당 매니저와 소통하고 시공과 관련된 사진 또는 문서들을 바로 확인할 수 있도록 한다.

04 핵심프로세스

아파트 인테리어 가격 정찰제와 시공 표준화로 인해 큰 반향을 불러일으킨 아파트멘터리는 유입된 고객들과 시공작업들을 통해 얻은 데이터를 관련 분야로의 사업 확장에 적극 활용하고 있다. 시공 케이스가 늘어날수록 더 많은 데이터가 쌓여 각기 다른 요구사항에도 빠르게 대응하며 다양한 인테리어 컨설팅을 제공할 수 있으며, 그 결과 아파트뿐만 아니라 업무공간을 위한 서비스 '오피스멘터리'도 출시할 수 있게 되었다. 또한 여러 시공 과정에서 사용되는 자재를 파악하여 직접 제작하고, 이를 다시 시공 시 활용하는 방식으로 수익 채널을 늘리고 비용도 절감할 수 있다. 더 나아가 고객들과 여러 접점을 통해 소통하며 쌓은 데이터를 기반으로 새로운 홈 및 라이프스타일 브랜드 제작하여 수익 다각화를 실현하고 있다.

61. 고객참여형 커뮤니티 플랫폼:

스레들리스 Threadless

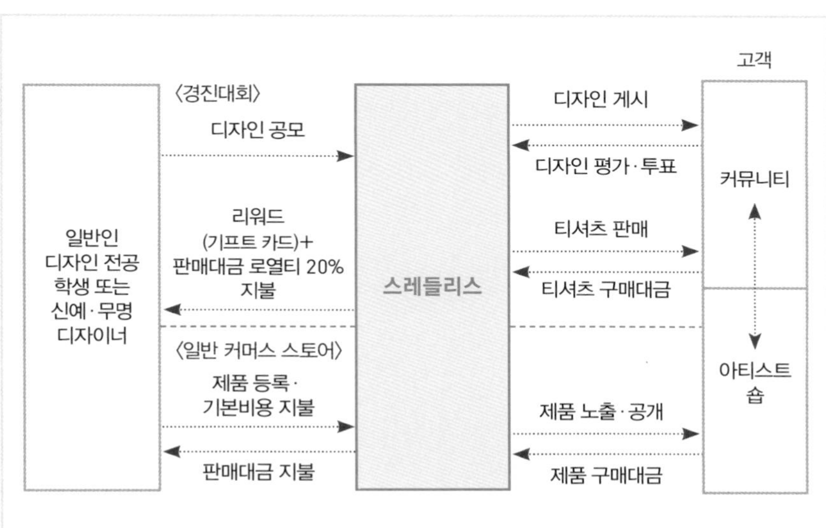

스레들리스는 기존에 기업이 전담하던 제품 기획 및 생산과정을 고객과 공유하는 비즈니스 모델을 가지고 있다. 스레들리스는 매주 티셔츠 디자인 경진대회를 개최해 티셔츠 디자인을 공모받고 있다. 자사 홈페이지에 업로드된 디자인 시안들은 회원들에 의해 평가를 받고 이 중 높은 점수를 획득한 당선작들만이 실제 티셔츠로 제작되어 전 세계로 판매된다. 기획, 디자인 등 스레들리스의 주요 활동을 고객과 공동으로 수행하기 때문에 고객이 원하는 취향에 가장 가까운 제품을 생산하여 시장에 내놓을 수 있다. 이러한 과정에서 고객들이 제공하는 다양한 디자인들이 커뮤니티 내에서 경합하여 최종 디자인으로 결정된다.

01 핵심제공가치

"고객의, 고객에 의한, 고객을 위한 회사company of the customer, by the customer, for the customer".

고객이 진정으로 원하는 것과 기업이 실제로 제공하는 것의 간극을 메우고 고객이 원하는 상품을 제공하는 것이 이 비즈니스 모델의 핵심이라고 할 수 있다. 대다수 기업들이 신제품의 시장성 및 고객 호응도를 예측하기 위해 막대한 비용을 지불해 포커스그룹 인터뷰Focus Group Interview, 수요 예측 시뮬레이션 등을 수행하지만 실제 결과는 예측을 빗나가는 경우가 많다. 스레들리스는 잠재 구매자들의 선호도 및 구매 의향이 정확히 반영된 상품만을 골라 생산하기 때문에 비교적 정확한 수요 예측을 할 수 있다. 수요 예측을 포함한 마케팅 전략 수립 과정에 고객의 의사가 직접적으로 반영되기 때문에 가능한 방식이라고 할 수 있다.[208]

02 수익공식

스레들리스는 채택된 디자인으로 만들어진 의류 또는 잡화의 판매에서 수익을 창출하며, 금액 20%를 당선작의 주인공들에게 로열티 명목으로 지불한다. 또한 스레들리스만의 온라인 스토어인 아티스트 숍Artist Shop에서 판매되는 제품들에 대해 카테고리별 책정된 기본 비용Base Fee을 청구하며 이를 통해 추가 수익을 얻는다.[209] 전반적으로는 다른 의류 기업과 큰 차이가 없지만, 아티스트들이 적극 참여하는 구조를 만든 스레들리스는 제품의 마케팅 활동에 대한 비용은 거의 지출하지 않아 수익 측면에서 더 효율적인 경영을 할 수 있다.[210] 스레들리스에 티셔츠의 디자인을 제안한 사람들은 자신의 티셔츠가 채택되도록 하기 위해 자신이 디자인한 티셔츠를 주변에 적극적으로 홍보하게 된다. 따라서 스레들리스는 추가적인 비용을 들이지 않고 각 제품별로 마케팅을 펼치게 된다. 이런 디자이너들의 개별 활동은 기업의 마케팅 비용을 절감해줄 뿐만 아니라 고객에 더욱 쉽게 다가가기 때문에 높은 홍보효과를 가져온다.

03 핵심자원

제품 기호와 시장 요구를 티셔츠 디자인에 반영하는 디자인 개발 참여집단이 스레들리스의 핵심자원이다. '디자인 개발 참여집단'은 고객이 원하는 것을 '반영'한 제품이 아닌, 고객이 원하는 '바로 그' 제품을 제공할 수 있는 역량을 제공해준다. 즉, 고객이 직접 디자인에 참여함으로써 자신이 원하는 디자인을 제품으로 만나볼 수 있는 것이다. 또한 스레들리스의 커뮤니티 회원들은 디자인을 채택하는 것을 넘어서서 제품을 구매하는 고객이 된다. 기업이 직접 시장을 조사하여 디자인을 개발해오던 것에서 더 나아가 개발과정을 기업 외부와 공유함으로써 더 높은 경쟁우위를 창출하게 되는 것이다.

04 핵심프로세스

스레들리스는 고객과의 동반성장을 모토로 하고 있다. 매주 선정된 당선작의 주인공들에게는 디자인이 프린트된 제품들의 판매 금액의 20%를 로열티로 지급하며 250달러 상당의 스레들리스 상품권이 수여된다. 이러한 프로세스는 고객뿐 아니라 참신한 아이디어가 있는 무명 디자이너를 기업 자원으로 활용할 수 있는 기회를 만들어내기도 한다. 실제로 적지 않은 무명 디자이너들이 스레들리스 경연대회에서 우승하여 기본적 생계를 해결하며 작품활동을 지속한다. 특히 이들은 가급적 많은 사람들에게서 높은 점수를 받아 입상 가능성을 높이기 위해 자신의 작품을 적극적으로 홍보하는 경향을 보인다. 가족과 지인에게 소개하는 것은 물론 여러 패션 관련 온라인 커뮤니티 등을 집중 홍보 대상으로 삼아 궁극적으로는 스레들리스 서비스 자체를 널리 알리는 마케팅 역할을 대신 수행하기도 한다.

또 한 가지 흥미로운 사실은 스레들리스가 창립 이래 채용한 모든 직원이 이 회사의 열성 고객 출신이라는 점이다. 채용을 포함한 인적자원관리 기능까지도 고객과 공동으로 수행하는 셈이다. 스레들리스 직원들은 고객이 원하고 기대하는 바가 무엇인지 매우 잘 이해하고 있다. 그들 또한 직원인 동시에 고객이기 때문이다. 이 회사의 모든 정책 수립과 의사결정은 자연스럽게 고객 중심적 관점에서 이루어진다.

62. 고객참여형 요리 커뮤니티 기반 커머스 플랫폼:

푸드52 Food52

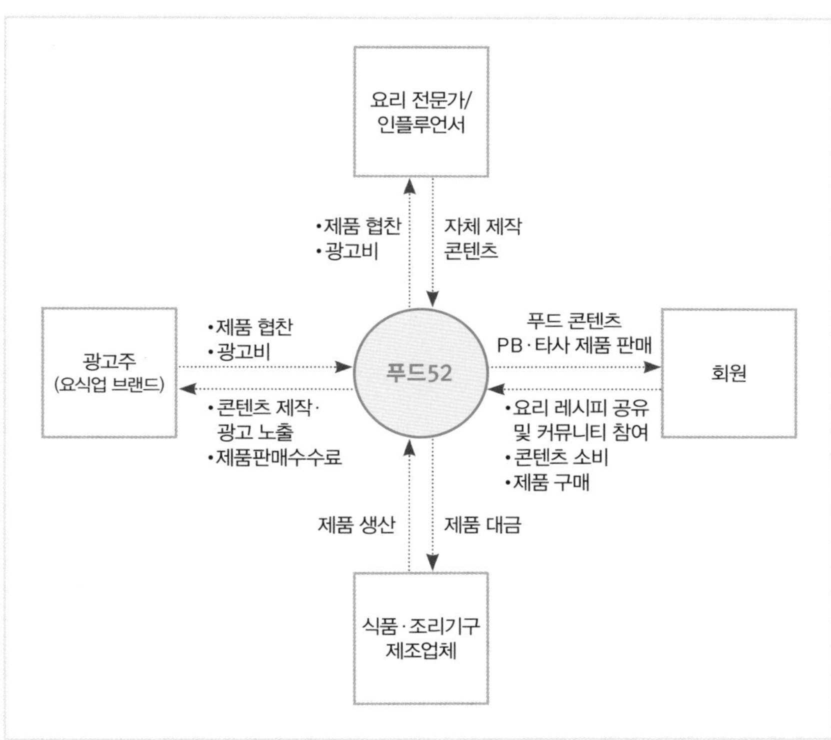

1년 혹은 52주 내내 요리에 진심인 사람들이 모여 각자 만든 요리와 레시피를 공유하고 이야기를 나눌 수 있는 플랫폼으로 시작한 푸드52Food52는 뉴욕타임스New York Times 요리 섹션에서 일하던 두 여성의 기발한 아이디어에서 비롯되었다. 전문가 위주로 돌아가던 기존의 요식업계 미디어 채널과 달리 비전문 일반인들의 적극

적인 참여로 운영되는 것이 특징이다. 가장 맛있는 조리법을 찾기 위해 회원들 간 대결을 할 수 있는 레시피 대회를 통해 이름을 알리고 서비스를 키워왔으며 온라인 커머스로 빠르게 확장했다. 커뮤니티 회원들의 아이디어와 피드백을 적극 활용하여 요리 및 라이프스타일 제품을 만드는 파이브 투Five Two 브랜드 출시와 더불어, 요식업 브랜드와 협업 등을 통해 수익 채널을 확보했다.

01 핵심제공가치

푸드52 이전에도 요리와 음식에 대해 전문적으로 다루는 온라인 및 오프라인 매체들은 다양하게 존재했으나, 대부분 요식업계 종사자들에 의해 만들어진 레시피를 기반으로 완벽에 가깝게 꾸며진 주방에서 조리된 레스토랑급 음식들을 다루곤 했다. 이와 달리 푸드52는 요리에 관심 있는 전문인 및 비전문인 누구나 푸드52의 커뮤니티에 참여하여 레시피를 공유하고, 서로 의견을 주고받을 수 있는 플랫폼을 제공한다. 회원들은 재료, 상황, 조리도구 등에 따라 나뉜 여러 테마를 기반으로 대대로 내려온 가족만의 레시피 또는 직접 개발한 조리법 등을 게시할 수 있다. 더 나아가 푸드52는 같은 요리의 여러 조리법을 경쟁시키는 푸드52 레시피 컨테스트를 개최하며 최고의 레시피를 선정하는 방식으로 추가적인 흥미 요소를 제공한다. 또한 조리법에 따라 직접 요리를 만드는 데에 필요한 여러 제품을 푸드52 플랫폼상에서 바로 구매할 수 있는 편의를 제공한다.

02 수익공식

푸드52도 사업 초기에는 타 요식업계 미디어 사업들과 같이 광고를 통해 수익을 얻는 방식에 집중했으나, 서비스의 방향성과 더 맞는 비즈니스 모델을 찾기 위해 노력했다고 한다. 그 결과 현재는 온라인 쇼핑몰, 요리 서적 출판, 요식업 브랜드사들과의 협업 등을 통해 수익을 내고 있다. 푸드52는 사업 초창기부터 빠르게 이커머스 서비스를 시작했으며, 회원들이 조리법에 따라 요리할 때 필요한 파스타면, 소스와 같은 식재료부터 조리도구 및 생활용품 등을 판매하고 있다. 이 과정에서 커뮤니티와 회원들의 역할이 두드러지는데, 직접 만든 브랜드 파이브 투Five Two의 경우 커뮤니티 내에서 오고 간 대화들을 기반으로 만든 제품들을 출시하기도 한다. 더불어 요리 인플루언서들과 협업하여 만든 콘텐츠를 통해 다양한 브랜드들을 홍보해주거나 레시피를 모아 책으로 출판하며 추가 수익을 창출하고 있다. 푸드52는 전통 있는 조리기구 브랜드와 라이프스타일 브랜드를 연달아 인수하며 요리뿐만 아니라 생활 전반의 서비스 제공 및 제품군 확장 등 다양한 시도를 하고 있다.

03 핵심자원

요리에 관심 있는 비전문 일반인 회원들의 커뮤니티를 활성화시키며 얻은 푸드52만의 이용 트래픽이 푸드52의 가장 핵심적인 자원이 되었다. 이를 통해 충분한 데이터를 모은 푸드52는 판매할 제품을 선별하고 제작하며 서비스로 확장할 수 있었다. 예를 들어 3만 2,000여 명의 커뮤니티 회원들의 피드백을 기반으로 만든 앞치마가 그중 하나이다.[211] 뜨거운 냄비나 팬의 손잡이를 빠르게 잡을 수 있도록 앞치마 하단 양쪽 끝에 도톰한 천을 덧대었고, 헷갈리는 계량 단위와 숫자들이 기입된 천 조각을 주머니에 부착시켜 언제든지 꺼내볼 수 있도록 하는 등, 커뮤니티에서 논의된 소소하지만 실용적인 아이디어를 제품에 녹였다.

또한 푸드52의 트래픽은 요리업계 내의 여러 브랜드가 푸드52와 협업하고 싶어 하는 이유이기도 하다. 푸드52는 지속적인 회원 수 성장과 서비스 유입을 위해 회원들과 소통하는 이메일 뉴스레터, 인스타그램 및 유튜브 채널들을 분석하고 콘텐츠를 고도화 하는 데 많은 시간을 쏟는다고 한다.[212] 이메일 뉴스레터의 경우, 단순한 마케팅 수단 또는 클릭을 통해 푸드52의 메인 서비스로 들어오게끔 하는 연결창구를 넘어 뉴스레터 자체가 하나의 요리 잡지와 같은 양질의 콘텐츠를 제공하기 위해 노력한다. 이를 통해 회원들은 여러 이메일 중에서도 푸드52의 뉴스레터는 꼼꼼히 읽게 되고, 자발적으로 푸드52의 웹사이트에 접속하며 다양한 콘텐츠와 제품을 소비하게 된다.

04 핵심프로세스

푸드52는 사업 초창기부터 콘텐츠와 커머스를 자연스럽게 연결하며 사업을 키워왔다. 요리를 전문적으로 공부하고, 뉴욕타임스에서 컬럼니스트로 일하며 음식 콘텐츠 제작에 자신이 있었던 두 공동 창업자들은 시대적 흐름에 발맞춰 이커머스 서비스를 접목시키며 빠르게 확장했다. 해당 서비스를 활성화시키기 위해 레시피 페이지 중간에 요리를 위해 필요한 제품들을 보여주는 섹션을 별도로 구성하여 자연스럽게 구매로 이어지는 프로세스를 만들었다. 또한 독특하게 테스트 키친Test Kitchen이라는 것을 통해 레시피의 홍수 속에서 시간과 비용을 투자할 만한 레시피들을 선별해주기도 한다. 수많은 조리법을 회원들이 하나하나 만들어보는 수고를 덜고자 푸드52 직원들이 대신 직접 요리해본 후 인증 태그를 달아두는 방식으로,[213] 회원들이 지속적으로 푸드52의 레시피와 그에 연결되어 있는 제품들을 믿고 소비하는 요소로 작용한다.

63. 역제안형 공연 기획 플랫폼: 마이뮤직테이스트 MyMusicTaste

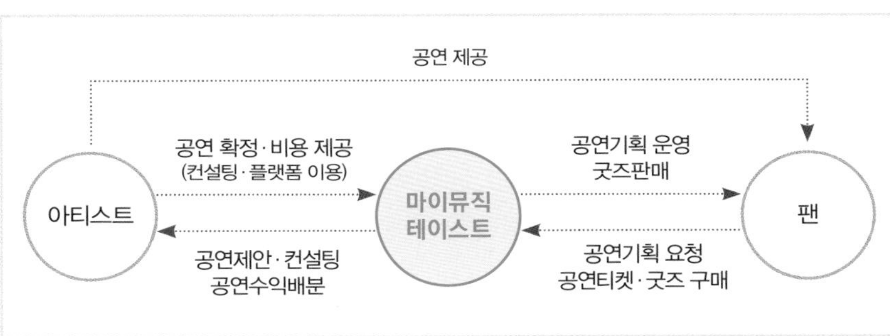

"Stop Wishing! Start Making!"이라는 슬로건을 걸고 서비스를 운영하는 마이뮤직테이스트는 좋아하는 아티스트의 공연이 기획될 때까지 기다려야만 했던 팬들이 역으로 먼저 공연을 제안하고 기획할 수 있는 플랫폼을 제공한다. 전 세계 팬들은 마이뮤직테이스트 플랫폼을 통해 희망하는 아티스트의 공연을 요청하고, 이렇게 모인 의견을 마이뮤직테이스트가 아티스트에게 전달하여 실제 공연을 개최하게 된다. 마이뮤직테이스트는 이런 수요 데이터를 모으고 분석하여 아티스트와 소속사에 장소 및 시간 그리고 예상 규모까지 구체적으로 제시하면서 공연 기획을 제안하고 있으며, 2013년부터 총 500여 회의 콘서트를 개최해왔다.[214] 이 과정에서 마이뮤직테이스트는 티켓 판매 수익과 함께 데이터와 노하우를 기반으로 국내외 공연을 희망하는 아티스트를 위한 공연 컨설팅 서비스까지 제공하며 추가 매출을 올리고 있다.

01 핵심제공가치

아티스트와 팬들 모두 마이뮤직테이스트를 통해 적극적인 소통을 하며 원하는 공연의 개최를 위해 힘을 쓸 수 있게 되었다. 그동안 아티스트는 정확한 수요도 모른 채 임의로 공연 규모와 그에 맞는 장소를 정하고 무대 장비와 관련 인력에 비용을 크게 투자하는 등 많은 부담을 안고 공연을 기획해왔다. 일정이 확정된 후에도 공연의 성공 여부를 확신하지 못했기에 또다시 홍보와 마케팅에 큰 비용을 지불할 수밖에 없었다. 반면, 팬들은 아티스트의 공연이 언제 어디서 열릴지를 사전에 알 수 없었으며, 그저 공연 소식이 들릴 때까지 수동적으로 기다릴 수밖에 없었다. 마이뮤직테이스트는 플랫폼과 데이터를 통해 이런 불확실한 상황을 해소하고, 글로벌 팬들의 목소리를 모아 실제로 아티스트의 공연을 성사시켜준다는 점에서 가장 핵심적인 가치를 제공한다. 또한 아티스트는 미처 생각하지도 못했던 해외 어느 중소도시에서의 공연 등을 통해 추가적인 수익을 얻고, 실패 확률 또한 적어 공연 자체에 집중할 수 있다. 더불어 불특정 다수에게 공연을 홍보하기 위해 과도하게 들었던 마케팅 비용 역시 핵심 팬들에게 효율적으로 사용할 수 있기에 마이뮤직테이스트의 가치를 몸소 체험하게 된다.

02 수익공식

마이뮤직테이스트의 수익구조는 크게 아티스트들에게 제안 후 실제 개최되는 공연들의 티켓 판매 수익과 기획에 활용되는 공연 플랫폼 이용료, 그리고 국내·외 공연 기획을 컨설팅해주며 받는 금액으로 이루어져 있다. 마이뮤직테이스트는 단순히 팬과 아티스트를 연결해주는 중개 플랫폼을 운영하는 것에서 그치지 않고, 직접 공연 기획과 개최까지의 모든 과정에 참여하여 수익을 창출한다. 여기서 쌓인 여러 경험을 토대로 공연 기획의 노하우를 전달하며 추가 수익을 올리는 선순환의 구조이다. 더불어 아티스트의 IP를 활용한 MD 상품들을 기획하고 판매하는 유통 사업을 통해서도 매출을 올리고 있다. 코로나19 팬데믹으로 인해 매출의 70%를 담당했던 공연 개최가 어려워졌으나 온라인 커머스 비중을 높이며 수익을 유지할 수 있었다고 한다.[215]

03 핵심자원

마이뮤직테이스트의 중요한 두 가지 자원은 데이터 기반의 공연 수요 예측 기술과 전 세계 다양한 공연을 기획하고 개최하며 쌓인 경험이다. 마이뮤직테이스트는 공연을 희망하는 팬들로부터 여러 데이터를 수집하는데, 공연을 희망하는 아티스트가 누구인지 뿐만 아니라 언제 그리고 어디에서 공연이 열리는 것을 희망하는지 등으로 세분화되어 있다. 여러 나라의 팬들의 데이터를 취합하고 분석하여 예측한 공연 개최 성공률을 기반으로, 이에 맞는 공연을 기획할 수 있는 장치를 마련한 기술이 핵심이다. 더 나아가 마이뮤직테이스트는 진행하는 공연의 80% 이상이 해외에서 진행될 정도로 다양한 지역과 장소에서 공연을 기획한다.[216] 직접 현지에서 공연 홍보부터 당일 운영까지 담당하며 쌓인 노하우를 통해 공연 컨설팅 등의 다양한 부가 서비스 만들어낼 수 있다는 점 역시 마이뮤직테이스트가 여러 비즈니스 모델을 기반으로 성장할 수 있는 자원이라고 할 수 있다.

04 핵심프로세스

마이뮤직테이스트의 모든 서비스는 팬들이 플랫폼상에서 'MAKE' 버튼을 눌러 공연 기획을 요청하면서 시작된다. 충분한 데이터가 모인 후에야 마이뮤직테이스트는 공연 기획을 아티스트에 제안할 수 있고, 이를 통해 수익 창출을 시작할 수 있다. 이 때문에 지속적으로 팬들이 마이뮤직테이스트의 서비스에 관심을 가지고 목소리를 낼 수 있도록 프로세스를 마련하는 것이 가장 핵심이다. 마이뮤직테이스트는 길어질 수 있는 공연 요청과 실제 개최 사이 기다림의 과정에서 팬들이 관심을 잃지 않도록 포인트 제도를 도입한

다거나 아티스트와 협력하여 팬들과의 소통을 적극적으로 장려하는 등의 마케팅에 투자하고 있다.

또한 마이뮤직테이스트가 아티스트에 제안하는 모든 공연은 데이터 취합과 분석에 기반한 것으로 이 데이터가 유효한지 그리고 실제 공연이 성공적이었는지를 꾸준히 증명하는 것이 장기적인 서비스 운영에 매우 중요하다. 이를 위해 실제로 마이뮤직테이스트는 그로스팀Growth team 을 구축하여 머신러닝 기반으로 티켓 판매를 예측할 수 있는 모델을 갖추었으며,[217] MD 제품 판매량의 예측을 위해서도 데이터를 분석한다.[218] 데이터 기반 사업성 분석을 통해 성공적인 공연 기획 및 아티스트의 IP를 적극 활용한 커머스의 프로세스를 만들어가고 있다.[219]

64. 학생 참여 마이크로 장학금 플랫폼:
레이즈미 RaiseMe

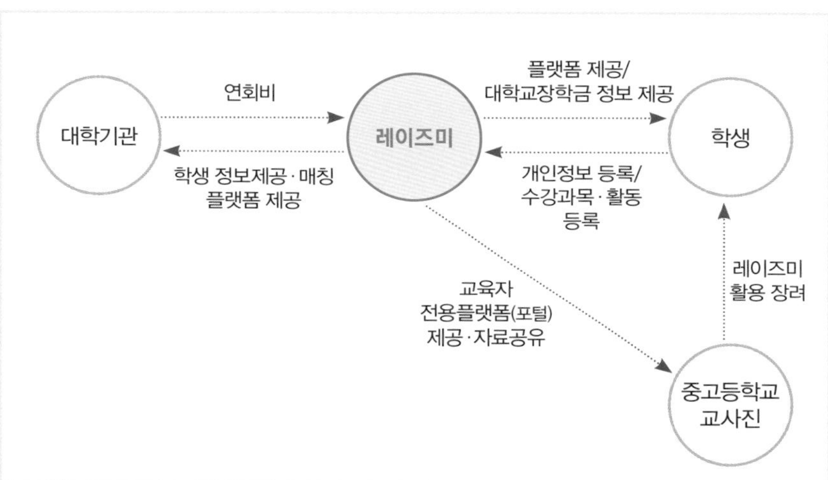

레이즈미는 대학 진학을 준비하는 학생들이 직접 대학교 장학금을 포트폴리오처럼 관리할 수 있는 마이크로 장학금 시스템을 제공한다. 이 과정에서 레이즈미는 학생들과 대학교를 연결하여, 학생들에게는 동기를 부여하고 대학교들에는 인재상에 맞는 미래 입학생을 미리부터 소개하고 장학금 지원을 통해 실제 입학을 유인할 수 있는 장치를 마련해준다. 등록금과 레이즈미 플랫폼 비용은 파트너 대학교에서 부담하며, 학생들은 적게는 몇 달러에서 많게는 몇천 달러의 장학금을 모으기 위해서 각 학교가 제안하는 수업을 듣거나 사회봉사 활동에 참여한다. 방학기간에는 원하는 대학교의 캠퍼스 투어를 참여하여 학교를 더 잘 알아가고, 동시에 장학금도 쌓을 수 있다. 2020년 기준 330개가 넘는 대학교가 미국 전역의 학생들을 위한 장학금을 제공하고 있으며, 여러 주립 대학교부터 뉴욕대학교와 카네기멜론대학교 같은 사립대학교까지 레이즈미 네트워크에 참여하고 있다. 레이즈미에 참여하는 학생의 경우, 고교 4년 동안 평균 2만 5,000달러의 장학금을 축적한 것으로 나타났다.[220]

01 핵심제공가치

레이즈미를 통해 학생들은 자칫 지칠 수 있는 입시 준비 과정에서 지속적으로 동기를 부여받을 수 있고, 이들을 지도하는 중고등학교의 선생님들 역시 레이즈미를 활용하여 학생들의 특성에 맞춰 대학 진학을 가이드할 수 있다는 장점이 있다.

가장 큰 수혜자인 학생은 관심 있는 대학교에서 제시하는 조건에 따라 어려운 수업이나 동아리 활동 등에 참여하여 목표를 달성하고 성장할 수 있으며, 이 과정에서 소액의 장학금을 모아 관리할 수 있다. 학생들은 추후 진학할 대학교를 선택 시 모아둔 장학금을 비교·고려하며, 여러 학교 중 입학을 확정한 한 곳으로부터 그동안 레이즈미를 통해 저축한 장학금을 받아 등록금의 부담을 줄일 수 있다. 더불어 학생들과 대학 진학까지 함께하는 중고등학교의 교사들은 레이즈미의 교육자 포털을 통해 한눈에 학생들의 성과를 파악하여 효율적인 입시 관리를 할 수 있다.

대학교들은 레이즈미를 통해 그들이 추구하는 인재상에 맞는 학생들을 미리 파악하고 육성할 수 있다. 또한 서류상의 학생 정보를 기반으로 입학 시 장학금 지급 여부를 결정하는 기존 방식과 비교하였을 때, 장기간에 걸쳐 학생들의 성실함과 목표 달성 정도를 평가하여 장학금을 지급하기 때문에 대학의 입장에서도 더 효과적으로 재정 자원을 활용하는 셈이다.

02 수익공식

장학금을 제공하고 잠재 입학생들을 육성하는 대학 기관들에게 받는 연간 이용료가 레이즈미의 수익원이다. 플랫폼 이용비를 명목으로 대학 기관들은 연간 최소 1만 5,000달러에서 많게는 50만 달러 정도를 지불하며 장학금 프로그램을 게시하고 학생들과 소통할 수 있다.[221] 학생과 중고등학교에는 비용이 별도로 청구되지 않는다.

03 핵심자원

마이크로 장학금이라는 다소 생소할 수 있는 개념을 기반으로 여러 대학교의 참여를 이끌어 형성한 파트너 네트워크와 그로부터 모인 장학금 재원이 매우 중요한 자원이다. 대학 기관은 소액의 장학금 수여를 통해 우수한 학생들을 간접적으로 양성하고 훗날 학교의 일원으로 유치할 수 있어 플랫폼의 만족도가 높다. 그 결과 대학들은 더 많은 장학금을 레이즈미를 통해 수여하고, 전체적인 시스템의 순환을 이끌어가게 된다. 학생들은 장학금을 통보·지급 받는 기존의 수동적인 제도가 아닌 직접 성취해가는 과정의 결과물로 새롭게 인식하고 여러 활동과 교육 이수를 통해 본질적으로도 성장하게 된다. 이들은 추후 레이즈미 홍보대사로도 활동하며 서비스의 확산을 돕는 역할을 맡게 된다.

04 핵심프로세스

학생들은 빠르면 9학년부터 레이즈미의 서비스를 이용하여 본인이 관심 있는 대학교 진학을 목표로 특정 활동과 수업을 수강하며 준비할 수 있다. 다만 이 모든 과정은 몇 해에 걸친 장기적인 프로세스이므로, 그 사이에 학생들이 흥미를 잃거나 장학금 관리를 중단하지 않도록 장치를 마련해야 한다. 이를 위해 레이즈미는 지속적으로 마이크로 장학금을 지원하는 대학교의 수를 늘려가고 있으며, 이들과의 지속적인 논의를 통해 다양한 장학금 수여 활동들을 고안하고 적절하게 장학금의 범위를 조정하여 유인을 제공하는 것이 필요하다. 그뿐만 아니라 실제 이 플랫폼을 알리고 활용하는 것을 가장 잘 도와줄 수 있는 중고등학교와 선생님들의 역할이 핵심적이다. 이 때문에 교육자만을 위한 포털을 따로 제공하고, 이들이 학생들을 지도하는 데 도움이 될만한 자료 제작에 투자하여 그들만을 위한 추가적인 가치를 제공한다. 궁극적으로 모든 학교생활을 레이즈미 플랫폼과 연동시켜 학생들을 락인lock-in 시키기 위해 노력하고 있다.

마지막으로 교육 사업의 경우 단기적인 성과보다는 장기적인 방향성을 진지하게 고려해야 한다. 장학금을 모아 대학교에 진학한 학생들이 실제 학교생활을 잘하는지, 학생과 학교 모두의 만족도가 높은지 그리고 더 나아가 졸업 후 사회생활까지 잘 이어 나가는지 등에 대하여 확인하고 성과 및 피드백을 축적하는 것이 레이즈미의 지속적인 성장에 있어 중요하다.

65. 화장품 성분 분석 기반 리스트형 플랫폼:

화해 Hwahae

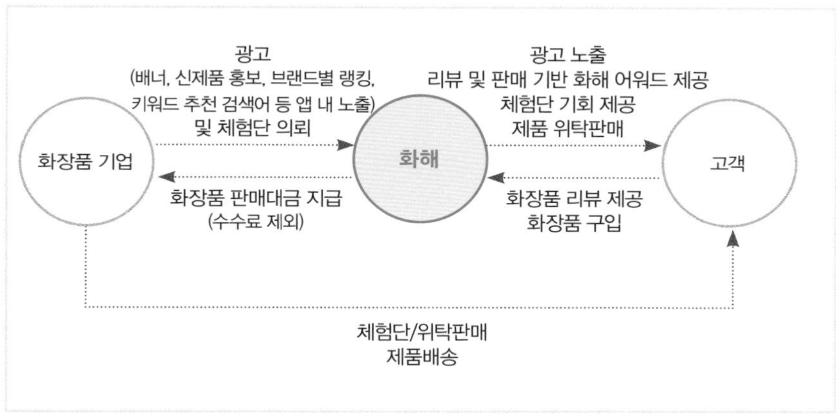

플랫폼이라는 비즈니스 모델의 특성상 구매자와 판매자 중 어떤 이용자를 먼저 모을 것인지는 플랫폼을 운영하는 기업이 결정해야 할 중요한 사항 중 하나이다. 화해는 특정 분야의 커뮤니티를 기반으로 정보 비대칭성 해소에 서로 도움을 줄 수 있는 온라인 공간을 제공하면서 해당 서비스의 이용자를 늘리는 방법을 선택했다. 화장품 성분 정보를 편리하게 제공하는 플랫폼으로 시작한 화해는 이제 '화해 어워즈Awards'라는 이름으로 화해 이용자들이 직접 남긴 평가를 바탕으로 수상 제품을 선정한다. 이용자들도 성분에 관심 많은 화해의 다른 이용자들의 후기를 다른 플랫폼의 후기보다 신뢰할 수 있다. 신뢰할 수 있는 정보에 기반한 화해 어워즈를 통해 고객들은 정보를 얻고, 기업들은 좋은 성분을 쓰는 제품으로 홍보 효과를 누릴 수 있다.

01 핵심제공가치

화해의 핵심제공가치는 고객들이 자신에게 맞으면서, 착하고 좋은 화장품을 선택할 수 있도록 하는 화장품 시장의 정보 비대칭 문제를 해결한 것이다. 화해는 '화장품을 해석하다'라는 말을 줄여 쓴 단어이다. 이는 구매자들이 화장품에 대해 성분 및 재료 등의 정보를 알 수 있도록 한다는 것을 뜻한다. 이러한 노력은 결국 기업들이 더 좋은 화장품을 만들게 함으로써, 화장품시장 전체를 변화시킬 수 있다. 화해는 이처럼 게이트웨이 역할을 하여 소비자 중심 뷰티 생태계를 만드는 것을 목표이자 첫 번째 미션으로 삼고 있다.[222]

02 수익공식

화해는 2013년 서비스를 시작한 후 3년간 매출이 없었다. 이 기간이 고객과의 신뢰를 쌓고, 데이터를 확보하는 시간이었던 것으로 보인다. 2016년부터 매출이 발생하기 시작하여 2020년 228억 원 매출로 흑자 전환을 이루었다. 화해의 수익모델은 크게 광고와 화해 쇼핑이다.[223] 광고는 체험단 및 설문조사를 화해의 이용자들을 통해 진행하는 것으로, 해당 서비스에 대해 화장품 기업이 광고비 명목의 비용을 지불한다. 화해 쇼핑에서는 수수료를 통한 수익을 창출한다. 화장품 기업이 화해 플랫폼을 통해 판매에 성공한다면, 그 판매금액에 일정 비율의 수수료를 매기는 것이다. 탄탄한 이용자층을 기반으로 한 화해 쇼핑의 누적 거래액은 2022년 1,200억 원을 달성하였으며, 이는 2021년 대비 36% 늘어난 수치이다. 화해는 위탁판매 및 플랫폼 형태로만 운영하면서 수수료를 받는 방식으로는 한계가 있는 수익성을 개선하기 위해 직매입 시스템을 도입했다. 직매입 시스템이 좋은 반응을 얻고, 무료배송 서비스인 '화해배송'까지 제공하면서 매출이 큰 폭으로 증가했다.[224]

03 핵심자원

화해의 핵심자원은 축적된 화장품 전 성분 정보와 실제 고객들의 솔직한 제품 리뷰이다. 화장품 시장의 게이트웨이 역할을 하기 위해서 화해가 먼저 제공했던 것은 화장품 전 성분 제공이다. 이전에도 고객들은 화장품의 전 성분을 알 수 있었다. 화장품의 전 성분을 표기해야 한다는 법령이 2008년부터 시행되었기 때문이다. 하지만 이러한 전 성분 정보들이 다 모여 있는 곳은 없었고, 그래서 구매 결정에 참고자료가 되기 어려웠다. 화해에서 이러한 성분 정보들을 한 데 통합하여 제공하면서, 고객들은 구매 전에 객관적으로 제품들의 성분을 비교해볼 수 있게 되었다. 특히 화해에서는 '20가지 주의 성분'과 '알레르기 유발 주의 성분'을 나누어 표기함으로써, 고객들의 편의를 더하고 더 좋은 성분의 제품의 구매를 촉진했다.

고객들의 솔직한 리뷰 또한, 아주 중요한 화해의 자원이다. 화해 이전에도 다양한 쇼핑사이트 및 포털서비스 내 카페나 블로그에서 화장품에 대한 리뷰를 획득할 수 있었다. 하지만 고객들이 이러한 리뷰들을 많이 참고한다는 것을 알게 된 기업들이 마케팅의 수단으로 활용하기 시작하면서, 브랜드가 원하는 방향성이 반영된 리뷰들이 작성되기 시작하였다. 하지만 화해에서는 체험단이나 설문회를 진행할 경우 작성 가이드라인을 제시하지 않고 리뷰를 진행하고 있다고 한다. 따라서 광고비를 내고 체험단을 의뢰하더라도, 5점 만점에 3점 이하로 나오는 경우도 종종 있다고 한다. 지속적인 성장을 위해 화해가 지켜야 할 자원이라고 볼 수 있다.[225]

04 핵심프로세스

화해는 지금까지 중립성과 공신력을 기반으로 고객과의 신뢰성을 쌓아왔다. 하지만 서비스 영향력이 커가면서, 어워즈를 발표하고, 체험단을 운영하는 등의 활동에서 지속적인 신뢰를 유지하는 것은 화해의 미션이 될 것으로 보인다.[226] 더 많은 이용자를 확보하면서도, 광고비에 귀속되지 않고 강화된 모니터링을 하기 위해서는 이외의 분야에서 수익성을 강화할 필요성이 있다. 화해는 매출 확대를 위해 2022년 2분기부터 위탁판매 방식으로만 운영하던 화해 쇼핑에 직매입을 새롭게 도입하였으며 무료배송도 제공하고 있다.[227] 그간 쌓아온 데이터를 바탕으로, 해외시장 공략도 노려보고 있다. 화장품산업에서 객관성을 유지하고 소비자들과의 신뢰를 지킴으로써, 서비스의 성격을 잘 키워 나가는 것과 더불어 뷰티 및 고객 데이터를 많이 확보하여 '뷰티 슈퍼앱'이라는 비전을 이룰 수 있을지 기대해본다.

3.5.

수익공식

플랫폼을 기반으로 사업을 하는 기업은 수익성을 염두에 두지 않을 수 없다. 플랫폼을 사용하는 주체와 플랫폼에 필요한 정보와 서비스를 제공해주는 기업의 역할이 각각 명확해지면, 이제 남은 부분은 어떻게 이러한 생태계를 활용해 수익을 창출하는 선순환의 구도를 만드냐이다.

이를 위해 다음 일곱 가지로 수익을 만들어내는 방법을 정리했다.

첫째는 구독형이다. 월간 또는 연간 회비를 내면 서비스를 이용할 수 있는 방식이다. 이와 같은 회비형식의 수익은 플랫폼 사업자에게 고정적인 매출구조를 가져다줄 수 있다는 큰 이점이 있다. 둘째는 사업 확장형이다. 아티스트를 육성하고 관리하는 기존의 사업에서 확장하여 팬덤 커뮤니티 및 커머스 플랫폼을 운영하는 위버스와 같이 플랫폼을 통해 사업을 더욱 강화하고 수익성 증대를 꾀할 수 있다.

셋째, 수수료형은 플랫폼에서 발생하는 거래별로 건당 수수료를 발생시키는 것이다. 예를 들어 월급일 전에 급여를 선지급해주는 플랫폼인 데일리페이의 경우, 근로자가 선지급을 요청하여 금액을 계좌로 이체받을 때마다 이체수수료를 지불하게 된다. 넷째는 보조형으로 실제 비용을 부담하는 주체를 변환시키는 방식을 택한다. 구체적으로 보조형은 다른 기업과의 제휴를 통해 부담을 전가하는 기업 간 거래 제휴형, 소수의 지불 고객이 다수의 공짜 고객을 책임지는 프리미엄, 광고를 통한 스폰서 활용 모델 등으로 나뉜다.

다섯째 투자형은 플랫폼을 통해 다양한 자산에 투자할 수 있도록 도우며 수익을 획득하는 사업모델이다. 한우 또는 미술품에 조각 투자를 하거나 공간, 음악, 와인 등의 새로운 분야에 투자를 할 수 있도록 도와주는 대가로 수익의 일부를 나누어 받거나 운용수수료 등을 청구한다. 여섯 번째는 프랜차이즈형으로 가맹점주를 모집하여 보증금과 가맹비를 받다. 마지막으로, 도매가로 대량 구매 후 소매가로 나누어 파는 방식을 통해 차익을 남기는 차익거래형이 소개된다.

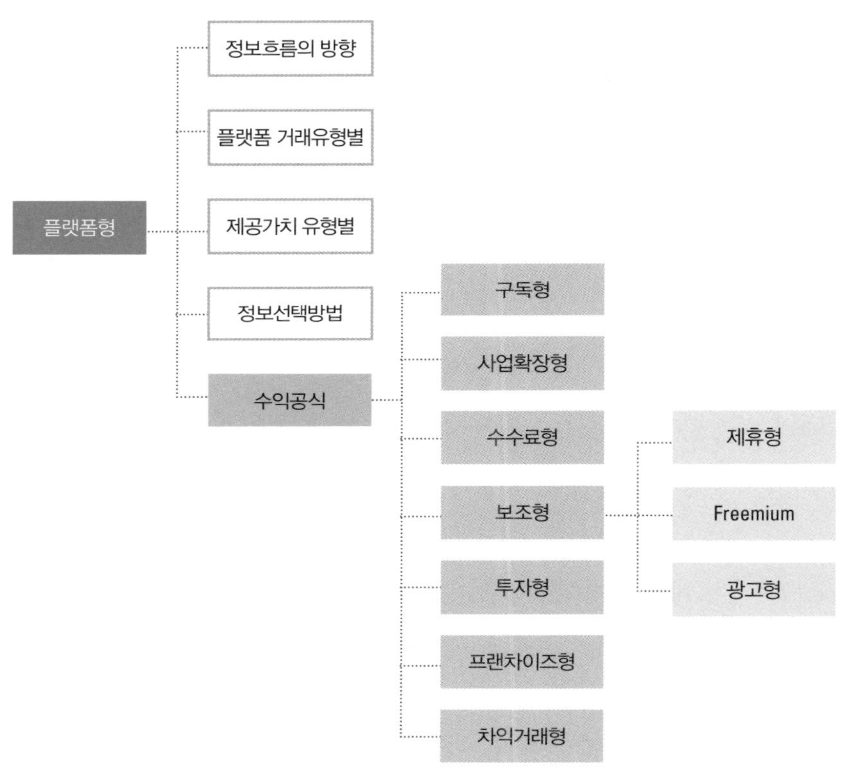

66. 온라인 교과서 구독 플랫폼: 펄레고 Perlego

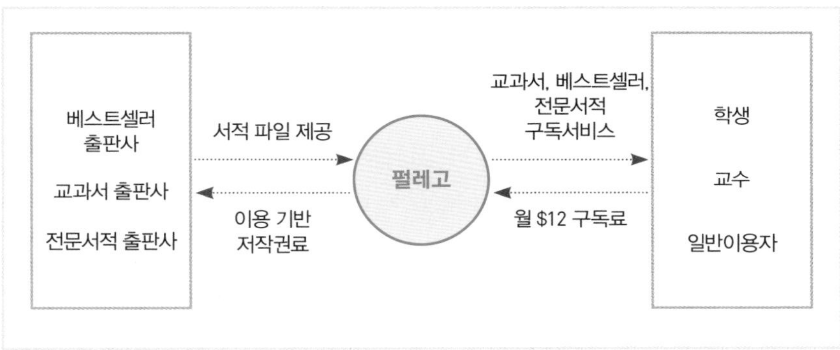

대학교의 새 학기가 시작되면 학생들이 가장 먼저 하는 일은 교과서 구매이다. 매 학기 수강하는 강의의 종류도 다르고 심지어 재수강으로 인해 같은 강의를 연달아 수강하게 되어도 교과서가 바뀌는 경우도 생긴다. 대학교에서 사용하는 교과서들은 대부분 매우 두꺼운 책들로, 두꺼운 만큼 몇만 원씩 하는 고가인 경우가 많다. 해외의 경우 심지어 몇십만 원이 넘는 서적들을 교과서로 채택하는 강의들도 많아 한 학기에 최소 4개 이상의 강의를 수강할 경우 학생들은 교과서 구입을 위해 큰 비용을 지출하게 된다.

영국 스타트업인 펄레고는 학생들의 이러한 고충을 해결하기 위해 시작되었다. 월 구독료를 지불하면 많은 수의 영상물을 무제한으로 시청할 수 있는 넷플릭스처럼 펄레고에 월 구독료를 지불하면 펄레고가 보유하고 있는 다양한 종류의 교과서들을 자유롭게 볼 수 있다. 일반 e-book 시장과 달리 개별 서적을 구매하지 않더라도 저렴한 가격으로 교과서 대부분의 온라인 구독이 가능하다는 점이 큰 장점으

로 평가되고 있다.[228]

01 핵심제공가치

영국 학생들의 경우 매년 약 70만 원 정도를 교과서 구입을 위해 소비해야 했다. 대부분의 대학 강의 서적들은 한 번 강의가 끝나고 나면 버려지거나 다시 이용되지 않고 방 한구석에 방치되는 경우가 대부분이어서 중고 서적을 거래하는 학생도 많았다. 그러나 중고 거래에는 한계가 있고, 심지어 그 사이 개정판이 새로 출간되는 경우도 생겼다. 펄레고는 학생들이 저렴한 가격으로 교과서를 구독할 수 있도록 하는 서비스를 제공하며, 학생용 교과서뿐만 아니라 교수들이 필요로 하는 전문 서적들도 보유 도서 리스트에 추가하였다. 또한 대학 강의와 관련은 없지만 저명한 전문가들이 추천하는 책 패키지나 베스트셀러 서적들도 제공하고 있다.

02 수익공식

펄레고는 월 구독료를 수취함으로써 수익을 챙긴다. 기본적으로 7일의 무료 체험 기회를 제공한 후 월 12달러의 구독료를 수취하는데, 12개월치 구독료를 한꺼번에 지불하는 연간 회원권의 경우 월 8달러 수준으로 할인된 가격인 96달러만 지불하면 된다. 또한 단체 구독, 비즈니스용 구독 멤버십을 따로 두어 구독 규모에 따른 할인을 제공하고 있다. 비용으로는 출판사에 지불하는 로열티가 발생한다.[229]

03 핵심자원

서비스의 시작은 학생들을 위한 교과서 구독 서비스였으나, 점차 영역을 넓혀 교수들을 위한 서적과 기타 베스트셀러 도서 제공으로까지 서비스를 확산했다. 교과서 서비스만을 제공할 경우, 학생들이 약 4년 후 대학을 졸업하면 펄레고를 다시 찾을 일이 없어 이용자들의 서비스 사용 기간이 한정적이다. 그러나 베스트셀러 및 저명한 전문가들의 책들을 제공함으로써 학생들이 펄레고 서비스를 지속적으로 이용하도록 하는 것이 가능해졌다. 또한 교수는 임용 후 지속적으로 여러 서적을 보아야 하는 직업으로, 이들을 위한 구독 서비스 제공을 통해 학생들 외에 새로운 고객층을 확보하려는 노력을 엿볼 수 있다.

04 핵심프로세스

펄레고는 현재 100만 종이 넘는 교과서와 전문 서적들을 보유하고 있다. 이 서적들은 유명 출판사인 와일리, 센게이지 등으로부터 출판되었으며 개정판이나 신간이 발행될 경우 즉시 새로운 버전으로 업데이트된다. 출판사 측에서는 구독자가 불법 다운로드나 도용을 통해 서적을 악용할 것을 걱정할 수 있으나 펄레고는 자체 앱과 웹사이트에서만 교과서 열람이 가능하도록 하고 다운로드가 불가능하도록 조치하여 저작권 침해를 미연에 방지하는 역할을 한다. 또한 구독한 서적을 눈으로 보기만 할 수 있는 것이 아니라 북마크하거나 하이라이트할 수 있는 기능을 제공하고 있어 실제 학습이나 책 활용에 도움이 될 수 있도록 한다.

3.5.1. 플랫폼형 비즈니스 모델 | 수익공식 | 구독형

67. 전문 지식 기반 독서 플랫폼:
트레바리 Trevari

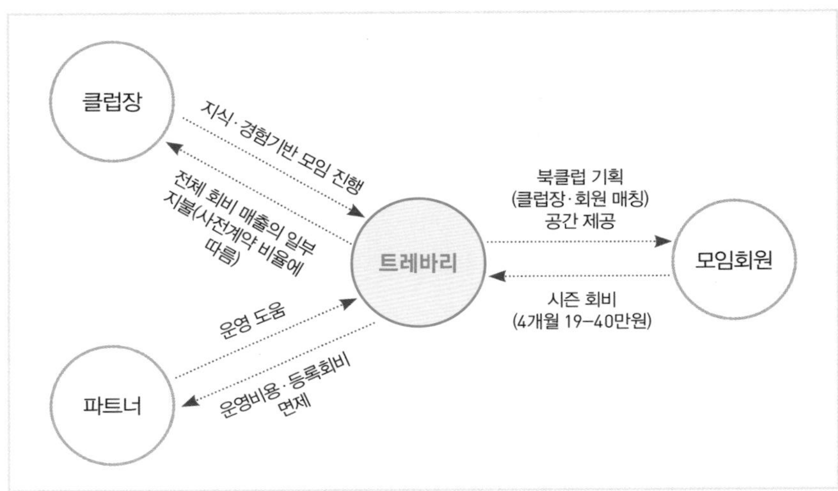

트레바리는 자기계발에 비용과 시간을 아낌없이 투자하는 사람들에게 매 시즌 다양한 독서 모임을 구성해주고 토론과 네트워킹의 장을 제공해주며 월회비를 받는다. 언뜻 보면 단순한 유료 사교 모임처럼 보이는 트레바리는 서비스의 차별화를 위한 다양한 장치들을 마련해두었다. 이 중 핵심은 특별히 섭외된 각 분야의 전문가들이 맡는 클럽장의 역할로, 누가 클럽장을 맡는지에 따라 독서 모임의 월 회비가 달라지며 마감 시간의 차이를 기록하기도 한다. 이는 대다수 회원이 트레바리를 통해 독서를 넘어 경험과 관계를 얻어가는 것에 큰 의미를 두기 때문이다. 실제 모임은 한 달에 한 번 진행되며 클럽장을 중심으로 한 달간 읽은 책에 대한 토론을 기반으로 3시간 넘게 이어진다.

01 핵심제공가치

트레바리의 독서 모임들은 비슷한 관심사를 가진 다양한 사람들과 그저 그런 일상적인 대화만 주고받는 일회성 만남이 아닌, 주기적이면서 진지한 토론을 나눌 수 있다는 지적 가치를 제공한다. 또한 사회에서 쉽게 만나기 어려운 클럽장과의 관계를 형성할 수 있다는 점에서 저렴하지만은 않은 회비를 지불할 충분한 가치가 있다. 과학, 심리, 예술, 법률 등 다양한 주제의 독서 모임을 매 시즌 새롭게 기획하여 회원들의 지적 욕구를 끊임없이 채워주는 트레바리는 '사회인을 위한 교육기관'과 같은 역할을 수행하는 모습을 보인다.

02 수익공식

트레바리의 주 수입원은 모임에 참여하는 10명에서 20명 사이 회원들의 회비로, 흥미로운 주제의 독서 모임을 기획하고 유명 인사들을 클럽장으로 섭외하며, 모임을 개최할 장소와 운영을 맡아주는 대가로 지불받는다. 한 시즌 4개월 기준으로 연 3회 회원을 모집하며, 리더가 파트너인지 클럽장인지에 따라 1인당 25만 원에서 35만 원 정도의 회비를 책정한다. 총 금액 중 전문적으로 클럽을 리딩하고 커리큘럼을 제공하는 클럽장에게 클럽 멤버 한 명당 10만 원 정도의 활동비를 지급하고, 트레바리 모임의 진행자와 같은 역할을 하는 파트너에게는 9만 원과 멤버십 비용 면제 혜택을 제공한다. 이후 공간 임대료 등을 지급하고 남은 금액이 트레바리가 독서 모임을 진행하며 얻는 수익이다.

03 핵심자원

지인들끼리 자율적으로 운영되는 일반 독서 토론들과 달리, 트레바리의 독서 모임들은 전문성이 있다. 트레바리는 독서 모임의 주제에 대해 가장 잘 알고, 능숙하게 대화를 이끌어갈 수 있는 클럽장을 섭외하여 참가자들이 조금 더 의미 있는 시간을 보낼 수 있도록 리드한다. 그렇기에 다양한 분야의 전문가를 클럽장으로 섭외하는 능력 또한 트레바리의 큰 자원인데, 뇌과학자, 사진작가, CEO, 소설가 등 매 시즌 더 다양한 업계의 저명인사를 클럽장으로 내세워 독서 토론의 질을 높이고 마케팅 효과까지 함께 보며 꾸준히 성장할 수 있게 되었다. 더 나아가 여러 사람이 모여 형성된 네트워크 역시 사람들이 계속해서 독서 모임에 재가입하게 되는 핵심적인 자원이 된다. 트레바리는 독서 모임 외에도 참가 회원들을 대상으로 하는 뮤지컬 또는 운동 체험 프로그램을 제공하거나 강연 및 콘퍼런스를 개최하여 그들 간의 교류를 더 활발히 하기 위해 노력한다.

04 핵심프로세스

코로나19 팬데믹을 지나며, 사람들 간의 만남이 주가 되는 트레바리는 어려움을 겪었다. 하지만 여전히 매달 독서모임 회원 수 5,000명 수준을 유지하고 있는 트레바리의 핵심 프로세스는 같은 관심사를 가지는 모임을 기획하는 능력이다. 기존 회원뿐만 아니라 새로운 회원의 유입 또한 끊임이 없어야 트레바리의 서비스가 원활하게 운영되고 더 나아가 확장할 수 있기 때문이다. 매 시즌 흥미로운 주제를 다루는 모임 기획력과 뒤따르는 적절한 도서의 선정 및 클럽장 섭외를 아우르는 전 과정이 매우 중요하다.

최근에는 강남 일대에 독서 전용 빌딩을 오픈하였는데 이곳의 위스키 바, 맥주 전문점 그리고 재즈 클럽과 함께 협업하여 트레바리 회원에게는 특별 혜택을 제공하며 회원들만을 위한 새로운 문화를 만들기 위해 노력하고 있다. 이처럼 독서 토론 모임에 돈을 지불하고 참여할 만한 동기를 제공하기 위해서 트레바리는 토론 자체에도 신경을 쓰지만, 전반적으로 매력적인 경험을 제공하기 위한 프로세스가 핵심이라고 할 수 있다.

68. 제로마진 기반 구독 플랫폼:
와이즐리 Wisely

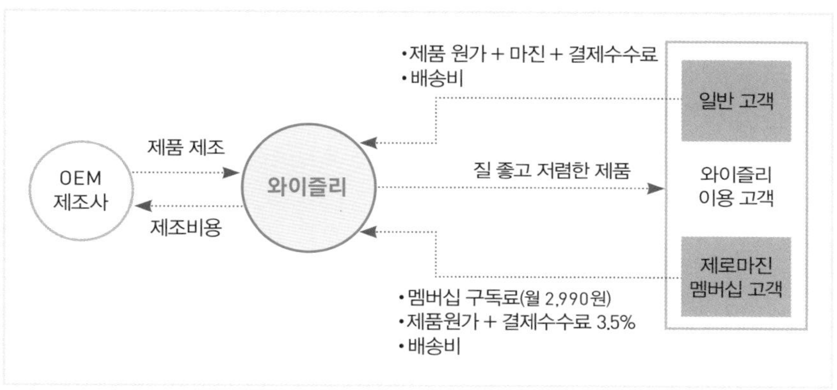

와이즐리는 생활필수품 중 하나인 면도기 시장을 개척하겠다는 포부를 가지고 2017년 설립된 회사이다. 면도기는 남성들 대부분이 사용하는 필수 생활소비재이지만, 그 가격대는 매우 높게 설정되어 있다. 와이즐리는 자체 개발한 질 좋은 면도기를 생산해 기존 유명 제품 대비 약 3분의 1 가격으로 시장에 판매했다. 저렴하면서도 좋은 퀄리티의 면도기에 대한 수요는 계속 존재해왔기 때문에 빠르게 시장의 긍정적인 반응을 얻을 수 있었다. 이후 화장품, 영양제, 푸드 등의 생활소비재로 제품 범위를 넓히면서 회사를 지속적으로 성장시키고자 노력하고 있다. 초기에 단순히 면도기만을 구독제로 판매했던 것에서 벗어나, 현재는 제로마진 멤버십이라는 신규 구독형 서비스를 통해 소비자들이 다양한 제품을 저렴하게 구매할 수 있도록 하고 있다.[230]

01 핵심제공가치

와이즐리는 "최고의 가성비가 아니면 팔지 않습니다"라는 모토를 기반으로 다양한 생활소비재를 저렴하게 판매하고 있다. 기존에 다양한 방법으로 비용을 절감하고자 하는 시도를 했던 와이즐리는, 단순히 좋은 제품을 가성비 좋게 판매하는 것에서 그치지 않고 2023년 '제로마진 멤버십'을 출시하면서 이제는 아예 마진을 남기지 않을 정도로 낮은 가격으로 판매하겠다는 행보를 보이고 있다. 제로마진 멤버십은 와이즐리의 전 제품을 마진이 전혀 없는 가격, 즉 원가(PG사 결제수수료 3.5% 제외)로 구매할 수 있도록 하는 구독제 서비스이다. 와이즐리는 제로마진 멤버십을 출시하면서 판매 중인 제품들의 원가 엑셀표를 모두 공개해 실제로 제로마진가로 물건을 구매하게 될 경우 와이즐리에게 남는 마진이 없다는 것을 보였다.

와이즐리는 좋은 물건을 고객들에게 저렴하게 팔 방법에 대해 지속적으로 고민해왔고, 이는 가장 극단적인 결론인 마진을 아예 없애는 것에 도달했다. 고객들이 제로마진 멤버십에 가입할 경우, 일반 고객에 비해 최대 65%, 평균 22% 저렴하게 와이즐리 물건들을 구매할 수 있다. 추구하는 바인 '최고의 가성비'에 도달하기 위해 와이즐리는 과감하게 제품 판매로 얻는 이익을 포기한 것이다.

02 수익공식

와이즐리의 수익원은 크게 제품 판매로 인한 매출과 제로마진 멤버십을 통한 구독료로 나누어 볼 수 있다. 제로마진 멤버십에 가입하지 않고 와이즐리 제품을 구매하는 고객들은 여전히 일부 마진이 붙어있는 가격으로 물건을 구입하게 된다. 이런 고객들은 와이즐리를 통해 물건을 구입하는 횟수가 적을 가능성이 높다. 와이즐리를 통해 생활소비재를 자주 구입하는 고객일수록 제로마진 멤버십을 통하면 훨씬 저렴하게 물건을 구매할 수 있기 때문이다. 제로마진 멤버십에 가입하는 고객들을 통해서는 제품 판매로 얻을 수 있는 이익이 0원이지만, 대신 고객 1인당 월 2,990원의 가입비 이익을 얻을 수 있다. 와이즐리는 향후에는 더 많은 고객이 제로마진 멤버십에 가입하게 될 것을 희망하며, 제품 판매수익이 아닌 구독료만으로 회사를 운영하고 이익을 달성하고자 한다.[231]

비용과 관련하여, 와이즐리는 그동안 마케팅비를 절감하는 것은 물론 인건비, 창고 운영비 및 임대료 등의 운영비를 줄이기 위한 노력을 계속 해왔으며, 무료배송 정책을 없애는 등 수익구조를 바꾸기 위한 노력을 계속 해왔다. 무료배송 정책은 2023년 4월부터 6개월간 진행되었으며, 4만 원 이상 구매 시 배송비를 책정하지 않는 방식으로 진행되어왔다. 그러나 와이즐리는 제품가격에 배송비를 포함하여 판매가를 높이는 대신, 올바른 가격의 제품을 고객들에게 제공하기 위한 목적으로 무료배송 정책을 없앴으며, 이후에는 구매금액과 관계없이 배송비가 부과되는 것으로 방향을 정했다.[232]

03 핵심자원

와이즐리가 노마진 초저가 판매 정책을 추구하는 만큼, 이를 달성 가능하게 한 비용 절감 방법이 가장 중요한 핵심자원이다. 와이즐리는 제품가격을 낮추기 위해 유통 프로세스를 개선했다. 핵심은 D2C(Direct to Consumer)로, 이는 회사가 고객과 직거래를 하는 형태의 비즈니스를 뜻한다. 생활소비재를 공급하는 많은 회사가 더 많은 고객에게 판매하기 위해 다양한 유통채널을 통해 물건을 보급하고, 결국 채널별로 높은 수수료(유통비)가 발생하게 되어 회사 운영에 부담이 될 정도로 늘어나거나 제품의 가격이 높아지는 결과를 초래하게 된다. 이를 타파하기 위해 와이즐리 제품은 타 오픈마켓이나 쇼핑몰에서 구매할 수 없으며, 오직 자사 쇼핑몰을 통해서만 직구매가 가능하도록 했다.[233]

그 외에, 꾸준히 판매제품의 폭을 늘려나가고 있다는 점도 와이즐리의 핵심자원으로 볼 수 있다. 제로마진 멤버십을 론칭하면서 제품판매 수익보다는 서비스 가입비를 통해 수익을 달성하고자 하는 만큼, 와이즐리는 고객들이 멤버십에 가입할 정도로 자주 찾는 쇼핑몰로 변신할 필요가 있었다. 와이즐리의 시작은 면도기였으나, 현재는 영양제, 화장품, 가전·주방용품, 데일리웨어·침구, 그리고 푸드 등에 이르기까지 지속적으로 다양한 제품을 제공하기 위한 노력을 계속하고 있다. 그렇다고 아무 제품이나 출시하는 것은 아니고, 와이즐리 홈페이지 내에 '와이즐리 랩LAB' 코너를 통해 준비 중인 제품을 고객들에게 미리 공개하고 의견을 구하는 방식으로 고객의 반응을 미리 살펴 출시 제품의 성공률을 높이기도 한다.

04 핵심프로세스

와이즐리는 2017년 창업한 후 총 누적 218억 원의 투자금을 유치했다. 주력 제품인 면도기 시장에서는 15%라는 점유율을 확보하기도 했다.[234]

와이즐리가 본격적으로 미는 주력 서비스인 제로마진 멤버십과 관련해 긍정적인 반응도 많지만, 여러 가지 우려 또한 존재한다. 먼저, 만약 고객이 멤버십에 가입한 후 필요한 물건을 다량 구입한 후 바로 멤버십을 해지하게 되면 이후에 기대할 수 있는 구독료의 수익이 사라지게 된다. 와이즐리는 이를 방지하기 위해 한 번 멤버십을 탈퇴하면 이후에는 12개월 동안 재가입이 불가능하도록 하는 대안을 마련했다.

또한 현재 넷플릭스와 같은 OTT 서비스에서 많이 발생하는 계정 공유 관련 이슈도 존재하는데, 하나의 계정으로 제로마진 멤버십에 가입한 후 이를 가족이나 친구와 공유하게 되는 경우도 존재할 수 있다. 와이즐리도 이러한 부분에 대해서 인지하고 있으나, 일단은 공유와 같은 부정행위를 막는 것보다는 고객들이 와이즐리 사이트를 자주 찾고 이용할 수 있도록 락인lock-in하는 것에 초점을 두고 서비스를 만들어 나가겠다는 입장을 고수하고 있다.

69. 셀프케어 구독 플랫폼:
캄 Calm

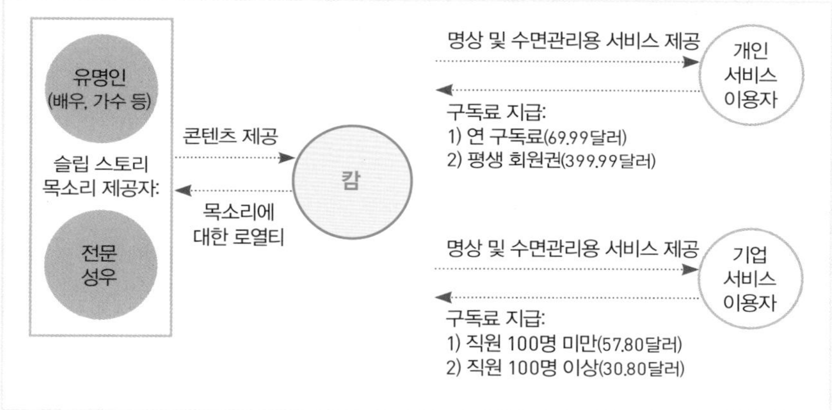

캄은 2012년 설립된 미국의 기업으로 명상 서비스를 제공하는 셀프케어 애플리케이션이다. 명상과 관련된 대체적인 서비스를 제공한다고 하지만 질 높은 수면을 위한 서비스에 좀 더 집중하고 있으며, 코로나 시대에 정신적으로 힘겨워하는 사람들 사이에서 많은 호응을 얻으면서 크게 성장했다. 전문가들을 통해 명상 및 수면에 도움이 되는 콘텐츠를 제공한다. 해외에서 시작된 서비스이나 현재 한글 지원을 통해 한글로 전용 콘텐츠를 제공하기도 한다. 캄은 개인 고객들을 위해 일반적인 연 구독형 플랜과 한번 회비를 낼 경우 평생 회원권을 유지할 수 있는 구독제를 운영하고 있으며, 기업 고객을 위한 플랜도 따로 구비하고 있다.[235]

01 핵심제공가치

캄 애플리케이션을 열면 가장 먼저 오늘의 기분이 어떤지에 대해서 선택할 수 있다. 내 상태가 어떤지를 선택하면 그에 따라 알맞은 콘텐츠를 맞춤형으로 추천해주고, 이를 통해 지속적으로 마음 챙김이 가능하도록 돕는다. 명상 콘텐츠를 시작하는 초보자의 경우 어떤 방식의 명상 프로그램을 선택해야 할지 모르는 경우가 대다수인데, 캄은 애플리케이션 접속 시에 오늘의 캄이라는 콘텐츠를 제공해, 때에 따라 어떤 명상을 진행할지를 돕는다. 또한 명상과 관련된 다양한 콘텐츠를 제공하면서 이를 사용자의 취향이나 원하는 주제에 맞게 큐레이션해주기도 한다.[236]

캄의 콘텐츠는 명상, 수면, 음악으로 나누어져 있는데 이 중 가장 특색이 있는 것은 수면용 콘텐츠이다. 캄이 사용자들에 대해 조사한 결과, 많은 이들이 잠들기 직전 침대에서 캄의 명상 서비스를 이용한다는 것을 알아냈고 이러한 결과를 기반으로 수면을 위한 콘텐츠를 마련하게 되었다. 캄은 수면 유도를 위해 슬립 스토리sleep story 세션을 제공하는데, 해리 스타일스나 톰 히들스턴과 같은 유명 배우들이 참여하기도 해 화제가 되었다.[237]

캄은 성인 고객들 외에 어린이용 명상·수면관리 서비스 카테고리를 따로 만들어 다양한 고객층을 포용하기 위한 노력을 기울이고 있다.

02 수익공식

캄의 수익은 대부분 구독 서비스료를 통해 발생한다. 명상을 위해 캄 애플리케이션을 설치하면 어떤 콘텐츠가 있는지 리스트를 볼 수 있지만, 무료로 체험해볼 수 있게 오픈되어 있는 콘텐츠는 거의 없다. 월 구독 서비스는 제공하지 않으며 연 구독 서비스를 지향한다. 개인 고객들은 1년에 69.99달러의 구독료를 통해 모든 콘텐츠를 즐길 수 있도록 하고 있으며, 독특하게 평생 구독권 또한 399.99달러에 제공하고 있다.

기업 고객들을 위한 구독 플랜은 따로 존재하는데, 5명에서 100명 사이의 직원들을 보유한 기업을 위한 플랜과 100명 이상의 직원들을 보유한 기업을 위한 플랜이 나뉘어 있다. 첫 번째 플랜의 경우 직원 1인당 57.80달러의 구독료를 수취하며, 두 번째 플랜의 경우에는 1인당 30.80달러의 구독료를 수취한다.

비용 측면에서는 슬립 스토리sleep story 세션에서 발생하는 유명인들의 내레이션 비용이 발생한다.

03 핵심자원

캄이 다른 명상 애플리케이션 대비 우위를 점할 수 있었던 것은 콘텐츠에 집중했기 때문이다. 보통 명상이라는 단어를 떠올릴 때 특정 자세를 취하고 경건하게 임해야 할 것 같은 느낌을 받기 쉬운데, 캄은 오디오를 이용한 콘텐츠를 주로 제공하면서 사용자들이 편하게 명상이나 수면에 집중할 수 있도록 했다. 특히 유명인을 활용한 수면 유도용 오디오 콘텐츠가 시장에서 좋은 반응을 얻으면서 꾸준히 해당 콘텐츠를 업데이트하고 있다. 기존에 존재하던 스토리(책)를 읽어주는 것에 그치지 않고 유명인을 기용해 캄 전용 음악 콘텐츠를 만들거나 강의 콘텐츠를 만드는 등 질높은 콘텐츠를 제공하기 위한 노력을 아끼지 않고 있다.

04 핵심프로세스

캄은 2023년 기준 400만 명이 넘는 유료 구독자를 보유하고 있으며, 2조 6,000억 원(2억 달러)이 넘는 기업가치를 가지고 있는 것으로 평가받고 있다. 명상 관련 애플리케이션 중에서 가장 높은 수익을 달성하고 가장 많은 사용자를 보유한 것으로 알려졌다.[238]

캄은 애플리케이션을 통한 콘텐츠 제공 외에도 90만 명 이상의 구독자를 보유한 유튜브 채널을 통해 무료 콘텐츠를 제공하고 있으며, 방송사인 HBO와 함께 명상 관련 다큐멘터리를 제작하기도 했다. 최근에는 AI 보이스Voice를 통해 고인이 된 유명 배우의 목소리를 재현, 해당 목소리로 슬립 스토리sleep story 콘텐츠를 제작하면서 주목을 받기도 했다.

70. 툴을 위한 툴: 업무 자동화 플랫폼:
재피어 Zapier

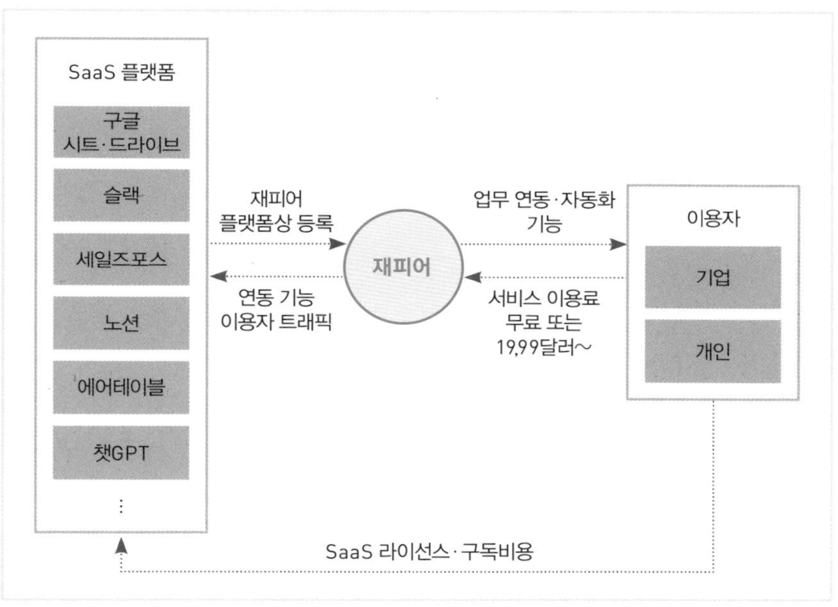

직장인이라면 누구나 여러 서비스와 플랫폼 등을 넘나들며 업무를 진행한 경험이 있을 것이다. 구글 폼Google Form을 통해 설문조사를 만들고, 제출된 내용을 엑셀Excel에 기입하고, 시사점을 노션Notion에 정리한 후 유관부서에 슬랙Slack을 통해 전달하는 등과 같이 말이다. 재피어Zapier는 이런 파편화된 작업에 있어 반복되는 과정을 자동화시켜주는, 이른바 툴들을 위한 툴이라고 할 수 있다. 개발 언어에 대한 사전 지식이 없어도 직관적인 사용 방법으로 여러 소프트웨어를 연동시키고 자동화를 도와주는 이른바 노코드No Code 플랫폼인 재피어는 '일 잘하는 사람의 필수품'으로 널리 알려졌으며, 개인 및 기업들이 구독료를 지불하며 사용하는 서비스이다.

01 핵심제공가치

약 6,600여 개의 솔루션들을 서로 연결하여 많은 비용과 시간 투자 없이 손쉽게 업무 자동화를 도와주는 재피어는 이용자의 전반적인 생산성을 올려준다. 예를 들어 회사 웹사이트를 통해 고객문의가 접수되었다고 가정해보자. 재피어를 사용하면 별다른 장치 없이도 고객이 선택한 문의 카테고리에 따라 바로 담당부서 직원의 사내 메신저로 자동 알림을 발송할 수 있다. 담당자가 이를 확인하고 답변 메일을 보냄과 동시에 고객관리 CRM 플랫폼상에 메일 발송일시와 내용이 알아서 저장된다. 다음 날 미리 설정해둔 시간에 맞춰 고객만족도 설문조사 링크를 발송하고, 제출받은 피드백을 사전에 지정된 엑셀 파일에 입력되도록 하여 손쉽게 월말 보고 자료로 활용할 수도 있다. 기존에는 더 시급한 다른 업무로 인해 진행할 여력이 없었거나, 자동화를 도와줄 개발 인력의 부족으로 시도해보지 못한 여러 사업적 시도를 재피어를 통해 진행해볼 수 있다.

02 수익공식

재피어는 무료로 기본 서비스를 제공하되 고도화된 기능을 활용하려면 비용을 지불해야 하는 프리미엄Freemium 구독모델을 채택한다. 보통의 구독 서비스들이 사용 인원 또는 횟수 등에 따라 과금하는 것과 달리 재피어는 자동화를 도와주는 서비스에 걸맞게 이용자가 설정하고자 하는 전체 자동화 프로세스(잽Zap이라 불림)의 복잡성 및 그에 따른 구체적인 업무에 따라 비용에 차이가 있다. 앞서 다뤄진 예시와 같이 문의가 접수되면 담당자에게 자동 알림 메시지가 발송되는 정도의 간단한 자동화의 경우, 무료로 사용이 가능하다. 단 그 이후 단계인 CRM 플랫폼상 내용 기입, 설문조사 발송과 엑셀 데이터 입력 등 전체적인 프로세스의 자동화는 '멀티 잽'에 해당되어 연간 구독 시 최소 월 19.99달러부터 과금된다. 복잡성에 따라 무료, 스타터, 프로페셔널 또는 팀 요금제가 있으며 기업 계정의 경우 비용 협의가 가능하다. 높은 플랜일수록 더 정교하게 자동화 설정이 가능하거나 특정 프리미엄 플랫폼과의 연동을 시도할 수 있는 자유가 주어진다.

03 핵심자원

재피어가 사업 10년 만에 1억 4,000만 달러의 연간 반복 매출Annual Recurring Revenue, ARR[239]을 올리며 성공적으로 사업을 이어가는 데에는 이용자 친화적인 인터페이스가 핵심적 요소로 작용했다. 개발 지식이나 경험이 전무한 이용자라고 하더라도, 마우스 클릭 몇 번으로 여러 솔루션을 연동하여 하나의 프로세스로 자동화시킬 수 있다. 또한 실제 잽과 태스크를 실행시키기 전 별도의 비용 차감 없이 여러 번 테스트해볼 수 있어 초보자들도 쉽게 기능들에 익숙해질 수 있다. 이용자는 비용이나 기술적으로 큰 부담 없이 간단한 자동화 프로세스부터 시도하며 재피어를 통한 생산성 향상을 경험하게 되고, 나아가 더 복잡하고 다양한 태스크를 설정하며 유료 구독자로 가입하게 된다.

04 핵심프로세스

재피어는 이용자들이 사용하는 플랫폼이라면 크기와 활용도에 상관없이 모두 재피어상에 등록되어 서로 연동할 수 있도록 서비스를 제공하고자 한다. 구글, 마이크로소프트, 세일즈포스 등과 같은 대형 서비스들은 일찍부터 재피어를 통해 서로서로 연동이 가능하도록 등록되어 가장 많이 활용되는 톱Top 100 리스트에 올라있다. 재피어상에 미처 등록되지 않은 신규 또는 소규모 플랫폼들의 경우, 이용자들로부터 제보를 받아 재피어가 먼저 플랫폼 업체에 등록 제안을 하기도 한다. 스스로 재피어상에 플랫폼을 등록하고 싶은 업체의 경우, 개발자들이 좀 더 쉽게 재피어의 기술 요건에 맞춰 등록할 수 있도록 도움을 제공한다. 이렇게 재피어상에 등록된 플랫폼의 경우, 여러 기능을 직접 개발할 필요 없이 무료로 재피어에 등록되어 다른 플랫폼들과의 연동을 제공, 고객 편의를 최대화할 수 있다. 또한 더 효율적으로 업무를 진행하고자 하는 사람들이 관심을 가지고 재피어를 찾는 만큼, 재피어 플랫폼에 등록되어 있는 것만으로 홍보 효과를 누릴 수 있다. 재피어는 이러한 프로세스를 통해 그들만의 생태계를 형성, 파트너사와 고객들의 락인Lock-in 효과를 누리게 된다.

71. 구독 단위 세분화 큐레이션 플랫폼:

위허들링 Weeat

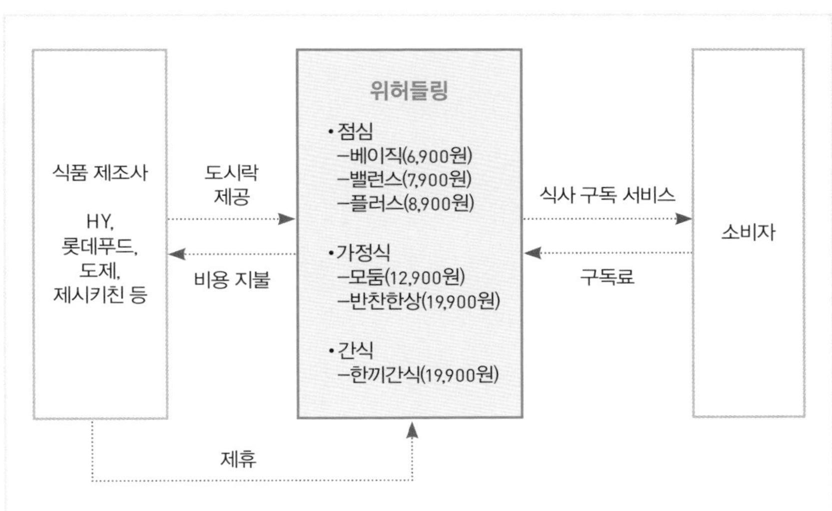

많은 기업이 수익 창출의 지속성과 사용자 유지를 위해 정기구독료 기반의 수익모델을 지니고 있다. 기업 입장에서는 일정 기간 동안의 고객 유지라는 장점을, 고객 입장에서는 정기적인 구매나 소비가 필요한 부문의 구매 간편성이라는 장점을 제공하고 있다. 하지만 구독모델은 일정 기간의 비용을 지불하는 것을 전제로 하는 경우가 많다 보니, 사용자 입장에서는 구독기간 설정이 유연하지 않다는 단점이 있기도 하다. 위허들링은 매일의 식사라는 정기소비가 필요한 서비스 부문에 하루 이용도 무료로 제공하고 있으며 사용자가 구독기간을 유연하게 설정할 수 있는 유연한 구독모델을 선보임으로써 사용자의 구독 진입장벽을 낮추는 비즈니스 모델을 지니고 있다.

01 핵심제공가치

위허들링의 핵심가치는 현대 소비자들의 귀차니즘[240]과 효율성에 중점을 둔 소비 트렌드에 대응하는 것에 있다. 이 비즈니스 모델은 고객 가치사슬에서 발생하는 가치 감소를 최소화하는 혁신적인 접근을 제공한다. 최근 소비자들은 불필요하게 느껴지는 일에 대한 극단적인 회피 성향을 보이며, 이를 기반으로 새로운 소비자 집단이 등장하고 있다. 이들은 각각 물건의 소유, 시간의 투자, 인간관계의 형성 및 유지에 대한 귀찮음을 해소하는 서비스를 선호한다. 이러한 서비스들이 중요해진 것은 귀차니즘 문제를 해결하기 위한 노력의 일환으로 볼 수 있다. '귀차니즘 소비'라는 트렌드는 기술 발전과 편리함을 추구하는 MZ 세대의 생활방식과 밀접하게 연결되어 있다. 귀찮은 일에 시간을 낭비하지 않고, 기술을 통해 혜택을 최대한 활용하여 효율적으로 시간을 보내고자 하는 소비자들에게 '귀차니즘=편리함 또는 효율'이라는 공식이 자연스레 성립된다. 특히, 의식주와 같은 인간의 기본생활 요소에 투자되는 시간과 노력을 최소화하고자 하는 경향이 강해지고 있다. 이에 따라 귀찮은 일을 더욱 간편하게 만들어주는 서비스는 지속적으로 증가할 것으로 보인다. 위허들링은 이러한 트렌드에 맞추어, 매일매일 먹을 식단을 결정해주고 배송해주는 서비스를 제공하고 있다.

02 수익공식

위허들링은 점심시간을 더욱 간편하게 만들어주는 점심 구독 서비스 '위잇딜라이트'를 운영하며 2022년에 전년 대비 230% 성장한 104억 원의 매출을 달성하였다. 위허들링은 다양한 메뉴와 구독 옵션을 제공하고 있으며, 이로 인해 소비자들은 다양한 가격대와 메뉴 중에서 선택할 수 있다. 이용 옵션은 크게 점심, 가정식, 간식으로 나뉘어져 있다. 점심의 경우 베이직, 밸런스, 플러스로 구성되어 있으며 각각 6,900원, 7,900원, 8,900원이다. 가정식은 모둠반찬과 반찬한상으로 구성되어 있고, 모둠반찬은 12,900원, 반찬한상은 19,900원이다. 간식은 19,900원의 비용으로 제공하고 있다.

03 핵심자원

위허들링은 HY, 롯데푸드, 도제, 제시키친을 포함한 약 30곳의 푸드 파트너로부터 도시락을 조달하는 전략을 사용하고 있다. 직접 제조하는 것보다 다양한 파트너사를 통해 도시락을 공급받음으로써 운영의 효율성을 높일 수 있다. 또한 정해진 날짜에 데이터 분석을 기반으로 한 정확한 수요 예측을 할 수 있다는 것 또한 위허들링의 장점이다.

04 핵심프로세스[241]

위허들링의 핵심프로세스는 효율적인 식품 배송 및 고객 서비스 시스템을 중심으로 구축되어 있다. 이들은 직접 식품을 제조하지 않고, '푸드 파트너'로 불리는 식품 제조사들과 협력하여 음식의 배송과 고객 서비스를 책임진다. 이러한 방식은 푸드 파트너에게 영업과 마케팅의 부담을 덜어주며, 정확한 구독자 수에 맞춰 생산할 수 있어 재고 문제를 최소화한다. 위허들링은 이 시스템이 식품 제조사에게는 음식 제조에만 집중할 수 있는 여건을, 고객들에게는 음식 선택과 영양에 대한 고민 없이 식사를 즐길 기회를 제공한다고 강조한다. 위허들링은 전통적인 구독 서비스의 장기 구독 시스템의 진입장벽을 낮추기 위해 '하루 구독' 시에도 무료로 배송하고 있으며, 구독 일자와 기간을 설정할 수 있는 서비스를 도입했다. 이는 고객들이 원하는 날에만 구독을 신청할 수 있게 하여, 재택근무나 탄력근무제를 실시하는 직장인들에게 유연하고 편리한 식사 옵션을 제공한다. 도시락 배달을 위한 위허들링의 물류 전략을 살펴보면, 체계적이고 합리적인 원가 절감에 중점을 두고 있다. 프리오더 주문 방식을 통해 대량의 상품을 미리 주문하고, 생산 계획을 정확하게 수립함으로써 제조사와 합리적인 계약을 가능하게 한다. 이 시스템은 전날 생산, 당일 출고 원칙을 따름으로써 재고와 폐기율을 0%로 유지하고, 물류센터 공간의 효율적인 사용을 가능하게 한다. 또한, 위허들링의 물류 프로세스는 간소화되어 있으며, 소품종 메뉴로 인해 '피킹' 단계가 필요 없다. 상품은 한곳에 모아두고 패킹만 하면 되며, 규격화된 박스 사용으로 인한 단가 절감 효과도 누릴 수 있다.[242]

72. 팬덤 기반 커뮤니티·커머스 플랫폼:

위버스 Weverse

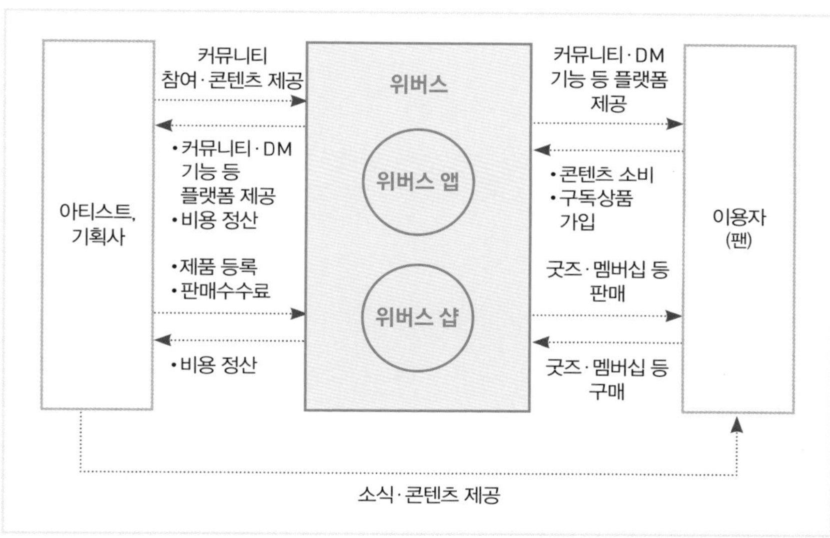

내가 좋아하는 아티스트가 마치 친구처럼 나와 메시지를 주고받고, 직접 찍은 사진을 실시간 공유해주며 출시되지 않은 노래를 먼저 들려준다면 어떨까? 이 모두를 가능하게 해주는 것이 바로 세계적인 케이팝 열풍의 중심에 서 있는 연예기획사 하이브가 운영하는 팬덤 플랫폼 위버스Weverse이다. 위버스는 아티스트와 팬들이 서로 소통하고 참여할 수 있는 커뮤니티를 무료로 운영하고 있으며, 독점 콘텐츠나 아티스트와 직접 대화를 나눌 수 있는 메시지 기능 등의 활용 등을 위해서는 추가 비용을 부과한다. 또한 아티스트 관련 제작 상품을 구매할 수 있는 커머스 사이트도 운영하고 있다. 모기업 하이브가 아티스트들을 육성하고 관리하는 연예

기획사의 역할을 한다면, 위버스는 이들을 기반으로 커뮤니티 플랫폼을 구축하고 부가 서비스 제공과 커머스 사업을 통해 수익 다각화를 꾀하였다. 2023년 초 기준, 하이브 소속 아티스트 뿐만 아니라 전 세계 팬들과 소통하고자 하는 타 기획사의 아티스트들도 적극적으로 활용 중이며 위버스가 제공하는 앱들의 전체 다운로드 수는 1억 건을 돌파하였다.[243]

01 핵심제공가치

위버스는 수많은 '덕질' 콘텐츠와 상품들을 한군데 모아 팬들에게 통합적인 팬덤 경험을 제공한다. 위버스 커뮤니티 안에서만 공유되는 아티스트의 소식과 일대일 메시지를 통해 기존의 일방향으로만 진행되었던 아티스트와 팬들과의 소통을 쌍방향으로 가능하도록 하였다. '위버스 샵'이라는 이커머스 플랫폼과 연결하여 아티스트만의 굿즈 제품을 편리하게 구매할 수 있으며 각자의 취향에 맞게 직접 디자인하여 제작해볼 수도 있다. 콘서트를 라이브로 시청하거나 위버스가 자체 제작하는 '위버스 매거진'에서 위버스만의 콘텐츠도 추가적으로 확인할 수 있다. 플랫폼을 활용하는 기획사와 아티스트의 경우, 별도의 기능 구축 또는 운영 없이 바로 팬들과의 소통에 필요한 다양한 기능을 활용할 수 있으며 사업적으로 추가적인 수익 채널을 발굴하는 기회를 갖게 된다.

02 수익공식

위버스는 기본적으로 간단한 절차를 거쳐 회원가입만 완료하면 누구나 커뮤니티 내의 소식들을 무료로 확인할 수 있는 프리미엄Freemium 모델을 사용한다. 독점으로 공개되는 콘텐츠나 콘서트 또는 행사를 위해서는 추가 비용을 부과하고 있으며, 이런 유료상품을 구매하기 위해서는 해당 아티스트의 팬클럽과 같은 '멤버십'을 신청해야한다. 이때 이용자는 비용을 지불하며 위버스는 수수료를 수취한다.

위버스 샵에서는 아티스트 관련 공식 상품 판매를 통해서 수익을 낸다. 모기업 하이브뿐만 아니라 타 기획사의 아티스트들도 입점되어 있어 더 폭넓은 아티스트들의 IP를 활용한 수수료 수익 또한 얻을 수 있다.

가장 최근에는 경쟁사들이 앞서 제공했던 일대일 메시지 기능인 DM(Direct Messaging)을 출시하며 구독 플랜 모델을 선보였다. 특정 아티스트와 일정 기간 메시지를 주고받을 수 있는 이 기능은 2023년 현재 30일에 4,500원 정도의 비용을 청구하고 있다.

03 핵심자원

모기업 하이브의 매출 다각화와 사업 확장의 차원에서 서비스를 처음 출시한 2019년 당시, 위버스가 가진 핵심자원은 하이브의 간판 아티스트 방탄소년단(BTS)의 팬덤이었다. 한국 가수로는 처음으로 여러 앨범이 연달아 빌보드 차트의 정상에 올랐으며 460여 개 이상의 수상 경력이 있다. 방탄소년단을 응원하는 팬클럽의 규모만 해도 2022년 기준 전 세계적으로 1,800만 명 이상으로,[244] 실질적으로 이들이 위버스 초창기의 빠른 성장을 이끈 주범이었다. 2023년 11월 기준 방탄소년단의 위버스 커뮤니티 멤버는 2,470만 명, 바로 그 뒤를 잇는 아티스트의 커뮤니티 멤버 890만 명의 3배에 가까운 숫자이다. 하지만 비단 방탄소년단의 팬덤 숫자에만 의존하며 현재까지의 성공적인 가도를 달려온 것은 아니다. 경쟁사 SM엔터테인먼트의 경우에도 위버스와 비슷한 팬 커뮤니티 서비스 리슨(Lysn)을 출시했으나 현재는 일대일 메시지 기능만 운영하고 있으며, 다른 기능들은 위버스를 활용할 정도로 서비스를 섬세하게 기획했다. 탄탄한 팬덤 층과 함께 기술력을 기반으로 팬들에게 통합적인 경험을 제공하는 플랫폼을 구축했으며, 경쟁 서비스 대비 다양한 방면으로 사업을 확장시킬 수 있었다.

04 핵심프로세스

위버스는 팬들에 대한 깊은 이해와 그들의 피드백을 빠르게 반영하는 프로세스를 기반으로 기존 서비스를 개선하고 흥미로운 신규 서비스를 출시하는 것으로 유명하다. 예를 들어, 앱에 가입하는 이용자의 90% 이상이 해외 팬이라는 것을 파악한 위버스는 자동 번역 기술을 도입하여 커뮤니티에 올라오는 소식과 DM 서비스 등을 14개국 언어로 제공하고 있다. 또한 플랫폼 내 가상공간에서의 팬덤에 집중할 뿐만 아니라, 오프라인에서도 위버스 앱과 그 기술을 적극 활용하여 팬들이 고질적으로 겪던 문제점을 해결하기 위해 노력한다. 오프라인 콘서트 또는 행사장에서 몰려드는 인파로 인해 장시간 야외에서 줄을 서야 하는 팬들의 불편함을 해소한 것이 한 예이다. 위버스는 '위버스 줄서기'라는 기능을 앱상에서 제공하여 원격으로 줄을 설 수 있도록 하였으며, 덕분에 팬들은 정해진 시간에 맞춰 편하게 입장을 할 수 있게 되었다.[245]

방탄소년단의 팬덤으로부터 빠르게 사업을 확장시킬 수 있었던 위버스에 있어 아티스트와 아티스트의 IP는 핵심적인 요소로 작용한다. 추후 성장을 위해 지속적으로 현재 입점 중인 혹은 입점 예정인 아티스트 및 타 기획사와의 협업을 통해 이 기반을 탄탄히 유지하는 것이 중요하며, 경쟁사 대비 차별화된 서비스를 제공하기 위한 꾸준한 노력이 필요하다.

73. 구독박스 사업 지원:
크레이트조이 Cratejoy

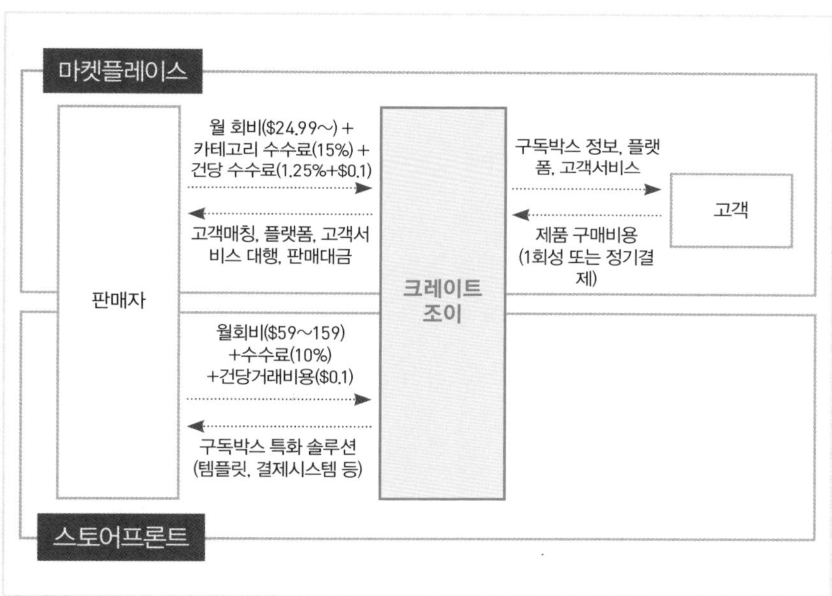

구독경제의 성장과 함께 수많은 테마의 구독박스들이 소비자에게 소개되고 있다. 화장품, 의류, 꽃 그리고 주류 구독까지, 다양한 분야를 넘나드는 구독박스들을 한군데에 모은 구독박스 마켓플레이스 크레이트조이는 기본적으로 소비자와 판매자를 연결해주는 비즈니스 모델을 가지고 있다. '모두를 위한 구독박스'라는 슬로건에 맞게 다양한 정기구독박스 상품들을 한눈에 확인할 수 있어 소비자에게는 재미와 함께 정보의 검색 비용을 줄여주는 역할을 하며, 판매자에게는 추가 판매 채널을 열어준다. 더 나아가 크레이트조이는 정기구독박스 사업을 위해 필요한 다양한 기능들을 묶어 판매자에게 제공하는 대가로 비용을 청구하는 방식으로도 매출을 올리고 있어, 단순한 구독박스 마켓플레이스를 넘어 구독박스 경제를 키우며 사업을 지원하는 플랫폼으로 성장하고 있다.

01 핵심제공가치

소비자는 크레이트조이를 통해 구독박스의 홍수 속에서도 본인이 원하는 구독서비스를 쉽고 빠르게 찾을 수 있다. 크레이트조이 사이트의 템플릿에 맞춰 깔끔하게 구독박스의 정보와 다른 소비자들이 남긴 리뷰들을 제공하기 때문에 다른 소비자들의 서비스 신청에도 도움이 된다. 또한 크레이트조이를 통해서 서비스를 구독하면 크레이트조이만의 고객센터 서비스, 안전한 결제와 함께 구독 내용 변경·정지를 손쉽게 할 수 있어 편리하게 여러 구독박스를 경험하고 관리할 수 있다는 장점이 있다.

판매자의 경우 크레이트조이를 통해 구독박스의 검색과 노출의 기회를 높여 판매를 올릴 수 있고 무엇보다 직접 기획하기에는 시간과 비용이 많이 드는 여러 고객관리 기능들을 바로 사용할 수 있다. 할인쿠폰과 친구 소개 혜택 이벤트 등의 일반 혜택 기능뿐만 아니라, 주기별 자동 결제 또는 구독기간 홀딩 기능과 같이 일반 판매 방식과는 다르지만 구독박스 사업에는 꼭 필요한 통합 솔루션을 제공한다. 이런 기능들 덕분에 판매자는 구독박스의 제품 구성만 완료하면 바로 사업을 시작할 수 있다.

02 수익공식

크레이트조이의 서비스는 크게 소비자와 판매자를 연결하는 오픈마켓인 마켓플레이스와 판매자의 사이트를 구축해주는 솔루션 서비스인 스토어프론트로 나뉜다. 마켓플레이스를 통해서만 구독박스를 판매하는 판매자에게는 매월 24.99달러와 함께 판매 대금의 1.25%와 판매 건당 거래 수수료

0.1달러, 카테고리별 수수료 15%를 청구한다. 크레이트조이만의 구독박스 맞춤형 솔루션을 통해 마켓플레이스 외부에 별도 스토어프론트를 개설하여 이를 통해서도 판매를 진행하는 경우, 판매자는 제공되는 서비스의 범위에 따라 적게는 매월 59달러에서 많게는 159달러를 지불하며, 그 외의 수수료는 마켓플레이스와 동일하다.[246]

03 핵심자원

크레이트조이는 정기구독박스의 두 이해관계자인 판매자와 구매자가 필요로 하는 모든 기능을 제공한다. 보통의 일회성 구매와 결제 그리고 배송으로 마무리되는 이커머스 절차와 달리 정기구독박스의 경우 주기적으로 업데이트되는 제품 구성 정보, 자동으로 이루어지는 결제와 구독 정지 또는 해지 등을 지원하는 기능이 필요하다. 이는 보통의 커머스 사이트들이 중점적으로 개발하지 않는 기능이라는 점에서 크레이트조이만의 자원이자 노하우가 된다. 또한 소비자와 판매자를 하나의 플랫폼에 모음으로써 다양해지는 구독박스의 종류와 실제 구독자들의 리뷰와 같은 데이터 덕분에 소비자는 지속적으로 사이트를 방문하고 판매자와 크레이트조이 모두 더 높은 매출을 올릴 수 있다.

04 핵심프로세스

크레이트조이는 모든 카테고리의 구독박스를 모아 상품 포트폴리오를 다양화시키는 백화점식 모델을 통해 구매자들이 한눈에 탐색·구독·관리할 수 있는 프로세스를 기본으로 한다. 이를 위해 판매자들이 최대한 수월하게 상품을 제작하여 여러 종류의 박스가 계속해서 업데이트 및 판매될 수 있도록 돕고 있다. 판매자의 입장에서는 크레이트조이가 아니라면 구독박스 사업을 시작하기 어려울 정도의 원스톱 솔루션을 제공하는데, 이는 비단 플랫폼상의 기능들뿐만 아니라 크레이트조이가 운영하는 또다른 사이트인 '서브스크립션 스쿨' 등의 부가 서비스가 포함된다. 이 사이트는 판매자가 구독박스 사업을 시작하기 위해 알아야 하는 모든 것을 알려주고 정보를 공유한다. 이렇게 구성된 구독박스들은 결국 크레이트조이 마켓플레이스에서 판매되므로 궁극적으로는 크레이트조이의 수익 창출로 이어진다.

구독박스 A-to-Z: 서브스크립션 스쿨

구독박스 서비스의 핵심성공요소는 소비자의 지속적인 호기심 유발이다. 글로벌 컨설팅업체 맥킨지에 따르면 온라인 소비자의 15%는 이미 하나 이상의 정기구독박스 서비스에 가입 중이지만, 이들 중 40%에 가까운 비율은 결국 구독박스를 취소하는 높은 이탈률을 보인다고 한다.[247] 정기구독은 구성 상품의 차별화를 통해 소비자에게 특별한 경험을 제공하거나 매장에서 필요할 때 구매하는 것보다 저렴한 비용 경쟁력을 갖추는 등 구체적이면서 꾸준한 가치를 줄 수 있어야 한다. 이를 위해 매번 새로운 구성 제품을 선보여야 함과 동시에, 정기적 결제 및 배송 관련 운영도 고려해야 하므로 구독박스 사업에 관심이 있는 판매자라 할지라도 생각보다 쉽게 시작하지 못하는 경우가 많다.

이런 점들을 누구보다 잘 이해하는 크레이트조이가 직접 운영하는 서브스크립션 스쿨은 정기구독 서비스를 준비하거나 이미 판매를 시작한 사람들이 필요로 하는 모든 정보를 제공하는 무료 웹사이트이다. 서비스 초기 투자자금을 모으는 방법부터 시작하여 구독서비스 오픈을 위한 사전 준비와 계획을 도와주며, 더 나아가 좋은 기업문화를 만드는 법에 대한 조언까지 창업 전반에 대한 지식을 공유한다. 또한 구독박스 사업의 성공을 위한 비용 계산 방법부터, 포장박스 제작 시 고려해야 하는 재질과 사이즈 그리고 제작업체들을 비교해주고, 정기배송을 위한 물류 준비 과정 설명과 같이 매우 실질적이면서 구체적인 방안을 제시한다. 더불어 구독박스 홍수 속에서 살아남기 위한 마케팅 가이드도 제시하는데, 특정 명절과 휴일에 맞춰 어떻게 소비자들의 호기심을 자극할 수 있는지 또는 어떻게 더 많은 사이트 방문자를 유도하여 매출을 올릴 수 있는지를 알려준다. 서브스크립션 스쿨의 콘텐츠들은 다양한 정보를 제공하는 역할을 함과 동시에, 어렵고 복잡하게 느껴질 수 있는 구독박스 서비스의 준비부터 판매 그 이후의 과정까지 매우 명확하게 설명해주어 사업의 진입장벽을 낮춰주는 역할을 한다. 판매자는 서브스크립션 스쿨을 통해 배송, 디자인, 법률 및 세무 자문에 아우르는 협력업체들도 소개받아 바로 사업 준비를 시작할 수 있다.

구독박스 마켓플레이스 운영과 관련 솔루션 판매를 통해 충분한 수익을 올리고 있는 크레이트조이는 왜 이런 사이트를 따로 두고 추가 비용 없이 지속적으로 자료를 공유하는 것일까? 우선 마켓플레이스의 특성상 크레이트조이에는 구독박스 상품의 다양화가 매우 중요하다. 끊임없이 새로운 박스들이 업데이트되어야 소비자들은 흥미를 잃지 않고 지속적으로 크레이트조이를 방문하며, 사이트를 탐색하는 과정에서 여러 구독박스에 노출되어 상품들이 교차 판매Cross-selling될 기회가 많아진다. 이를 통해 판매자들은 더 많은 수익을, 크레이트조이는 더 높은 매출을 올릴 수 있다. 또한 서브스크립션 스쿨의 도움으로 구독박스 서비스를 시작하기로 마음먹은 판매자는 자연스럽게 크레이트조이 마켓플레이스에서 상품을 팔게 될 뿐만 아니라, 자체 사이트 제작 시 크레이트조이의 사이트 제작 서비스 또는 정기결제 시스템 구축 등을 위해 체크아웃 또는 올인원 솔루션 서비스를 이용하게 된다. 즉, 서브스크립션 스쿨을 통해 이 시장에 대한 진입장벽을 낮추는 것이 전체적인 시장의 사이즈를 키우고 매출의 선순환 구조를 이루어낸다는 면에서 크레이트조이에게는 핵심적이라고 할 수 있다.

74. 웹콘텐츠 IP 기반 확장 플랫폼:

더그림엔터테인먼트(박태준 만화회사)

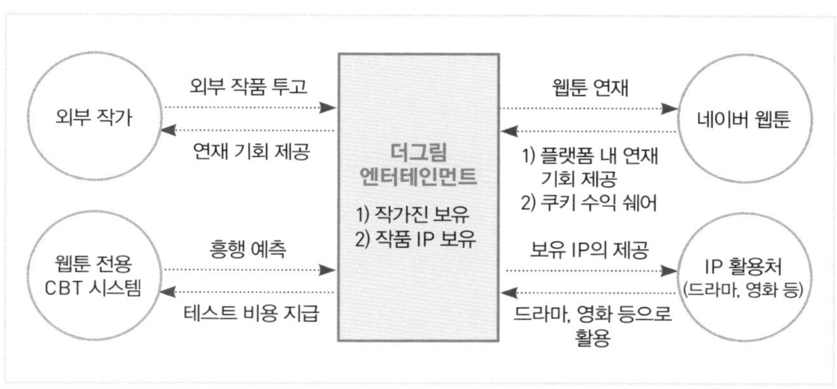

더그림엔터테인먼트는 2017년 설립된 법인으로, 만화가이자 인플루언서인 박태준 작가가 1인 만화가로서의 한계를 극복하기 위해 스튜디오 형태로 시작하였다. 현재는 박태준 작가 외에 네이버 웹툰에 바로 연재가 가능한 작가진을 다수 보유하고 있으며, 보유 작가진 외에 유능한 작가진 발굴을 위해 노력하고, 보유하고 있는 IP를 기반으로 재미있는 웹툰을 제작하는 것은 물론 다양한 분야로 진출하여 수익을 만들기 위한 시스템을 보유하고 있다.[248]

01 핵심제공가치

기존 웹툰 작가들은 스토리 구성부터 작화까지 모든 것을 혼자 작업한 다음, 연재를 위해 웹툰 플랫폼 담당자와 상의해서 제작 방향을 논의한 후 플랫폼에 연재 여부를 결정하는 방식을 따라왔다. 문제는 이 방식이 흥행 여부와 관련하여 객관성을 보유하고 있지 않았으며, 결국 작가와 담당자의 취향이 들어갈 수밖에 없는 형태였다는 것이다.

더그림엔터테인먼트는 이와 관련하여 데이터 기반의 프로듀싱이 가능한 시스템을 보유하고 있다. 이는 게임회사에서 많이 사용하고 있는 CBT(closed beta test)와 비슷한 구조로, 예비독자 1,000여 명을 대상으로 하는 데이터 기반의 시스템이다. 기존에 보유하고 있던 흥행 데이터를 기반으로 새로운 웹툰을 이에 접목시켜 추후의 프로듀싱 방향을 설정해, 기존 방식보다 플랫폼 연재 결정까지의 시간을 축소시킬 수 있다.

기존 작가들 외에 웹툰 작가 지망생들을 위한 아카데미를 운영해 추후 자체 IP를 생산하고 웹툰시장이 원하는 완성형 작가를 양성하고자 하기도 한다. 실제로 박태준 만화 아카데미를 통해 이미 네이버 웹툰에서 연재를 시작하게 된 작가진들(글 + 그림)도 존재한다. 또한 아카데미를 통하지 않더라도, 반짝이는 아이디어를 기반으로 완성한 만화 원고를 투고받아 새로운 작가를 발굴하기도 한다.[249]

더그림엔터테인먼트는 매력 있는 웹툰의 완성 외에도, 이를 플랫폼에 정식 연재하기 위한 컨설팅을 제공하며, 작가들의 처우 개선을 위해 다양한 부분에서 서포트하여 작가 생태계 활성화를 위해 많은 노력을 기울이고 있다.

02 수익공식

더그림엔터테인먼트의 웹툰들은 전부 국내 최대 플랫폼인 네이버 웹툰에 연재되고 있다. 네이버 웹툰에 연재할 경우, 가장 큰 수익원은 웹툰 미리보기(쿠키 결제)를 통한 연재 수익이다. 이는 플랫폼에서 연재 중인 작품의 다음 편이 궁금한 독자들이 미리보기를 할 때 지불하는 금액으로, 이를 위해 더그림엔터테인먼트는 흥미를 유발하여 다음 화 결재를 유도하기 위해 노력하고 있다. 그 외에 웹툰 내에 PPL 혹은 브랜드 웹툰 등을 통해 매출이 발생하기도 한다.

두 번째 수익 요인은 보유 IP의 영상화를 통한 수익의 창출이다. 더그림엔터테인먼트는 현재 보유하고 있는 IP의 영화 및 드라마 판권을 계약하거나, 애니메이션화함으로써 수익을 발생시키고자 한다.

마지막으로, 보유하고 있는 IP 기반의 굿즈를 제작, 판매하여 일부 수익을 발생시키고 있다.

03 핵심자원

네이버 웹툰은 연재가 가능한 전체 웹툰의 수가 어느 정도 정해져 있기 때문에 계속해서 연재할 수 있도록 하는 연재권의 확보가 매우 중요하다. 더그림엔터테인먼트는 이러한 연재권을 일정 수량(25개) 보유하고 있어, 재미있는 웹툰을 제작하기만 한다면 이를 네이버 웹툰에 연재할 가능성이 타사 대비 매우 높다.

또, 네이버 웹툰에 실제로 연재했거나 연재 중인 작가진을 다수 보유하고 있다는 점이 큰 자원 중 하나이다. 특히 이 작가들은 대부분이 네이버 웹툰 순위권의 상위에 머무르면서 성공적인 웹툰 제작이 어떤 것인지에 대해 잘 알고 있어 추후 매력적인 자체 IP를 생산하는 것에 긍정적으로 작용할 것으로 보인다.

04 핵심프로세스

더그림엔터테인먼트는 설립 직후 네이버 웹툰으로부터 약 10억 원의 지분투자를 받았으며, 이에 따라 네이버 웹툰의 관계회사로 귀속되었다. 또한 2023년 상반기 140억 원의 투자를 유치하면서 충분한 자금력을 보유하게 되었다.[250]

더그림엔터테인먼트의 근원은 대표이사인 박태준 작가로, 박태준 작가는 소위 일진물, 학원물의 트렌드를 이끌어왔다. 따라서 더그림엔터테인먼트의 작품들은 대부분 해당 장르가 주를 이룬다는 점이 특징 혹은 한계라고 지적받아 왔으나, 이를 극복하기 위해 현재 판타지, 사극 등의 다양한 장르로의 다변화를 시도하고 있다고 한다.

75. 급여 선지급 플랫폼:

데일리페이 DailyPay

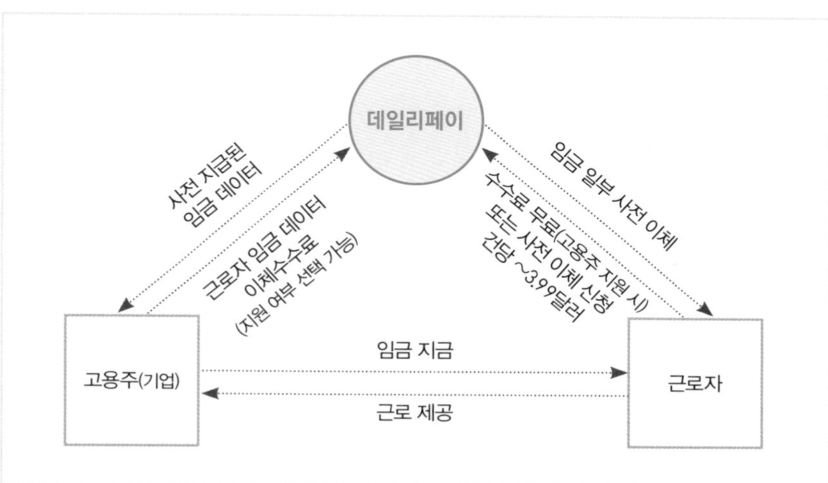

직장인이라면 모두 손꼽아 기다리는 월급날 전, 예상치 못한 큰 지출로 인해 현금이 급하게 필요한 경우를 위한 플랫폼인 데일리페이DailyPay는 2015년에 창업한 미국 기업이다. EWAEarned Wage Access, 즉 급여일이 아닌 날이라고 해도 이미 노동을 마친 임금에 있어서는 해당 금액을 사전 지급 받을 수 있는 서비스를 제공한다. 임금 가불의 개념에 기술을 더한 데일리페이는 일한 만큼의 보상을 당겨 받고 싶은 근로자 고객들을 위해 시간당 계산된 임금을 이체해주고, 실제 급여일에 이를 정산하며 그 과정에서 수수료를 부과하는 방식으로 수익을 창출한다.

01 핵심제공가치

데일리페이의 핵심가치는 근로자와 이를 고용한 기업의 입장에서 나누어볼 수 있다. 급하게 현금이 필요한 경우 단기대출 또는 카드결제 등 다소 이자가 높은 서비스를 찾아야 했던 근로자에게 데일리페이는 심리적 부담을 줄여줌과 동시에 편리성을 제공한다. 또한 기업의 채용 및 인사담당자에게 데일리페이는 구직자들에게 자랑할 수 있는 복지이자 기존의 직원들을 효과적으로 유지할 수 있는 제도이다. 특히 단기 근로자의 경우, 짧은 기간의 노동을 성공적으로 제공했음에도 불구하고 회사의 급여 시스템으로 인해 최대 몇 주까지 지연되는 점에 있어 불편과 불만이 존재한다. 이와 같은 상황에서 기업은 내부 시스템을 대대적으로 바꿀 필요 없이, 데일리페이와의 계약을 통해 임금을 선지급할 수 있어 근로자의 만족도를 올릴 수 있다. 이는 현 직원들의 고용 유지 및 생산성 증대로도 이어진다. 2023년 진행된 설문조사에 따르면 금전적 고민이 있는 직원들은 업무에 집중하지 못하며 이들 중 36% 정도가 이직을 고려하는데, 이는 고민이 없는 직원 대비 2배 수준인 것으로 나타났다.[251] 데일리페이와 같은 EWA 서비스를 도입한 회사 직원들의 66% 정도가 매일 또는 격일 단위로 이용을 하고 있어 기업 입장에서는 효과적인 대응책으로 인식되고 있다.

02 수익공식

데일리페이는 근로자가 앱을 통해 일한 만큼의 급여를 급여일보다 먼저 지급받고자 할 때 수수료를 부과한다. 이 수수료는 다시 한번 지급 시기에 따라 차등이 되는데, 신청 당일 바로 실시간 이체를 받고 싶다면 3.99달러를 부과하며 만약 다음 영업일에 이체를 받아도 상관이 없다면 이보다는 조금 낮은 1.99달러를 부과한다. 정확한 금액은 서비스를 직원들에게 제공하고자 하는 기업이 해당 이체 수수료의 전체 또는 일부를 지원하는 방식 등을 채택하는지에 따라 정해진다.

03 핵심자원

이용자가 근무하는 기업에서 사용하는 다양한 인사 및 급여 관리 소프트웨어와 은행 시스템을 연동하여 지불 가능한 금액을 계산하고 실제 급여일에 이를 정산할 수 있도록 기술을 구축한 것이 데일리페이의 핵심자원이다. 특히 최근 몇 년간 미국 내에서 EWA 산업이 빠르게 성장하며 비슷한 서비스를 내세우는 경쟁사들이 등장했으나, 데일리페이는 기업들이 이미 사용 중인 서비스들과 편리하게 연동되도록 하는 것에 많은 심혈을 기울이며 도입에 대한 장벽을 낮추었다. 간단한 도입 프로세스를 제공하며 여타 경쟁사 대비 맥도날드, 아데코, 버크셔해서웨이, 크로거 등과 같은 대기업들을 고객사로 두고 있다는 점에서 데일리페이의 강점이 두드러진다.

04 핵심프로세스

데일리페이는 업계의 선두주자로서 EWA라는 콘셉트를 알리기 위한 활발한 마케팅과 영업 활동을 통해 EWA가 직원을 위한 복지 프로그램으로 자리매김할 수 있도록 하는 데 기여했다. 연 소득을 담보로 대출을 승인해주는 전통적인 신용대출에 비해 데일리페이가 제공하는 EWA는 근로자가 이미 업무를 마친 시간에 대해 선지급을 하는 방식으로, 상대적으로 리스크가 적다는 점을 강조했다. 다만, 실제로는 실현되지 않은 금액을 기반으로 금융 서비스를 제공한다는 점에서 최근 EWA 서비스들에 대해 조금 더 강력한 규제가 필요하다는 점이 미국 각 주에서 논의되고 있어 사업 확장에 영향을 줄 수 있다. 데일리페이는 선두주자의 입지를 바탕으로 여러 리서치 회사와의 협업을 통해 EWA 서비스의 장점을 피력하기 위해 지속적으로 노력하고 있다.

3.5.3. 플랫폼형 비즈니스 모델 | 수익공식 | 수수료형

76. 선결제 후지불 플랫폼: 클라나 Klarna

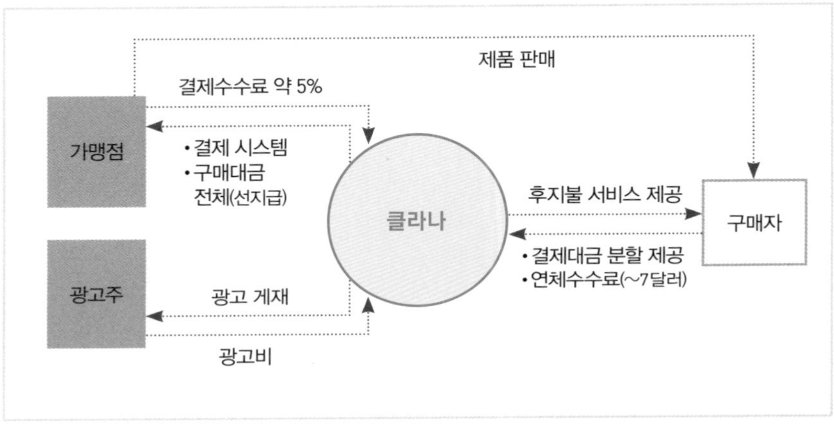

클라나Klarna는 선구매 후결제Buy Now, Pay Later; BNPL 서비스를 시장에 소개하며 업계의 선두주자 역할을 하고 있는 스웨덴의 대표적인 핀테크 기업이다. 클라나 앱을 통해 제품을 구매하거나 클라나를 결제수단으로 선택할 경우, 소비자는 전체 금액의 25%만을 바로 결제하며 나머지는 세 번에 나눠서 추후에 자동으로 결제가 진행된다. 구매 당시 미지불된 75%의 금액은 클라나가 고객을 대신하여 가맹점에 선정산을 해준다. 기본적으로는 우리나라에서 이미 활발하게 이용되고 있는 할부결제의 개념과 비슷해 보이지만, 클라나를 통해서라면 분할결제를 하더라도 소비자가 추가로 지불해야 하는 비용이 아예 없다. 무료로 할부 서비스를 이용할 수 있게 된 소비자들이 더 많은 물건을 구매하는 대가로 가맹점들에게 결제수수료를 부과하는 것이 클라나의 기본적인 수익구조이다. 여타 결제 플랫폼들이 소비자로

부터 수익을 창출하는 방식인 이자를 포기하는 대신 폭발적인 구매 트래픽을 이끌어내며 금융을 넘어 커머스의 강자로까지 성장하고 있다.

01 핵심제공가치

이제 막 성인이 되었거나 경제활동을 하지 않아 신용이력이 없는 경우, 신용카드 사용 또는 할부기능 활용이 어렵다. 클라나는 이런 소비자들에게도 후불 결제 서비스를 제공하며 결제 시기를 결정할 수 있는 자유를 준다. 클라나는 신용 기반 거래를 위해 까다롭게 절차를 진행하는 다른 카드사들과 달리, 간단한 신용조회Soft Check만을 진행하며 이는 고객의 전반적인 신용도나 신용점수에 영향을 주지 않는다.[252] 실제 고객이 클라나 서비스를 사용하는 중에 연체한다고 하여도 대금결제를 완료할 때까지 클라나 서비스 사용이 정지될 뿐, 신용도에 부정적인 영향을 끼치지 않는다. 이런 여러 편리함으로 인해 젊은 층의 폭발적인 지지를 얻게 되었다.

반면, 소비자에게 이자를 받지 않고 할부결제 서비스를 지원하면서 가맹점에게 기존 결제수수료보다 높은 비율을 부과하지만 그 대신 확실한 가치를 제공한다. 소비자들에게 분할결제의 선택지를 제공하여 구매력을 키워주고, 클라나 앱 또는 제휴 링크를 통해 가맹점의 온라인 쇼핑몰 또는 오프라인 매장으로 연결해주기 때문이다. 덕분에 매출이 늘어나는 가맹점들은 높은 수수료에도 불구하고 충분히 클라나를 결제수단으로 연동시킬 가치를 느낀다.

02 수익공식

클라나는 소비자에게 할부이자와 같은 초기 비용을 별도로 부과하지 않는다. 서비스를 이용함에 있어 구독료가 별도로 있는 것도 아니다. 단, 소비자에게 부과하는 비용이 하나 있는데 이는 바로 연체료이다. 예정된 날짜에 맞춰 소비자가 비용을 결제하지 못하게 될 경우, 최대 7달러 정도의 연체료를 지불해야 한다. 그 외에는 가맹점이 더 많은 비용을 부담하게 되는데, 미국소매협회National Retail Federation; NRF에 따르면 클라나의 가맹점들은 결제 건당 5% 정도의 수수료를 지불한다. 이는 기존의 카드업체에 지불하는 비용 대비 2배 정도에 달하지만,[253] 각 기업이 자체적으로 이런 BNPL 기능을 개발하여 운영하는 비용에 비해서는 합리적일 수 있는 금액이라고 한다.

더불어 클라나는 앱상의 고객들을 가맹점 사이트로 연결해 주며 제휴 마케팅 및 광고 매출을 올린다. 2022년 클라나가 공개한 연간 보고서에 따르면 이와 같은 제휴 마케팅 매출은 전체 매출의 10% 정도를 차지하고 있다.[254]

03 핵심자원

클라나는 금융이력이 없는 고객의 지급능력을 정확히 파악하는 기술을 통해 선구매 후지불이 가능한 적절한 금액을 선정하고 대출과 같은 부가적인 신용 서비스를 제공할 수 있는 기반을 마련했다. 오류가 있을 경우 바로 연체율의 증가로 이어지고, 이는 단기 금융자금을 빌려 가맹점들에게 사전 정산을 해주는 클라나에게 폭탄적인 비용을 부과하게 되므로 이 기술은 사업 유지를 위해 매우 필수적이다. 그렇다고 너무 한정적으로 금액을 제한한다면 분할결제의 장점이 희미해지기에 소비자들이 클라나를 찾을 이유가 없게 된다. 실제 클라나는 다소 높은 신용손실을 경험한 후, 1년 안에 신용손실을 41% 감소시키며 수익성을 개선하였다.[255]

04 핵심프로세스

BNPL 산업의 성장과 함께 전 세계적으로 경쟁사들이 여럿 생겨났지만, 클라나는 단순한 결제 플랫폼을 넘어 커머스의 강자로 성장하며 시장을 선점하고 있다. 타 결제 서비스들이 수수료 매출을 목표로 가맹점을 늘리는 비즈니스 모델에만 집중할 때, 클라나는 일찍부터 앱상에서 발생되는 고객의 트래픽을 적극 활용하는 프로세스에 관심을 가졌다.[256] 이를 위해 가격비교 서비스 및 소셜 커머스와 인플루언서 마케팅 등을 진행하던 스타트업들을 대거 인수하였으며, 고객을 위한 맞춤 상품추천 및 가격비교와 같은 전형적인 커머스 서비스의 기능들을 제공한다. 결국 가맹점들은 클라나 앱의 메인 화면에 브랜드를 노출시키고 홍보하기 위해 제휴 마케팅 비용을 지불하고 가격비교 페이지의 상단에 올라가기 위해 돈을 아끼지 않는다. 클라나의 입장에서는 결제 전 이와 같은 방식으로 수익을 먼저 올리고, 결제 과정에서도 수수료를 받으며 두 번의 매출을 볼 수 있는 핵심프로세스이다.

일간 200만 건 이상의 결제를 담당하며 젊은 층의 지지를 받고 있는 한편, 선구매 후지급 플랫폼들이 불필요한 소비를 촉진시킨다는 비판을 피하지 못하고 있다. 이로 인해 미국과 영국 등에서 선구매 후지불에 대한 여러 논의가 진행되고 있어 향후 규제에 맞춘 적절한 대응이 중요할 것이다.

3.5.4.1. 플랫폼형 비즈니스 모델 I 수익공식 I 보조형: 제휴형

77. 원사이드 보조형:

똑닥 Ddocdoc

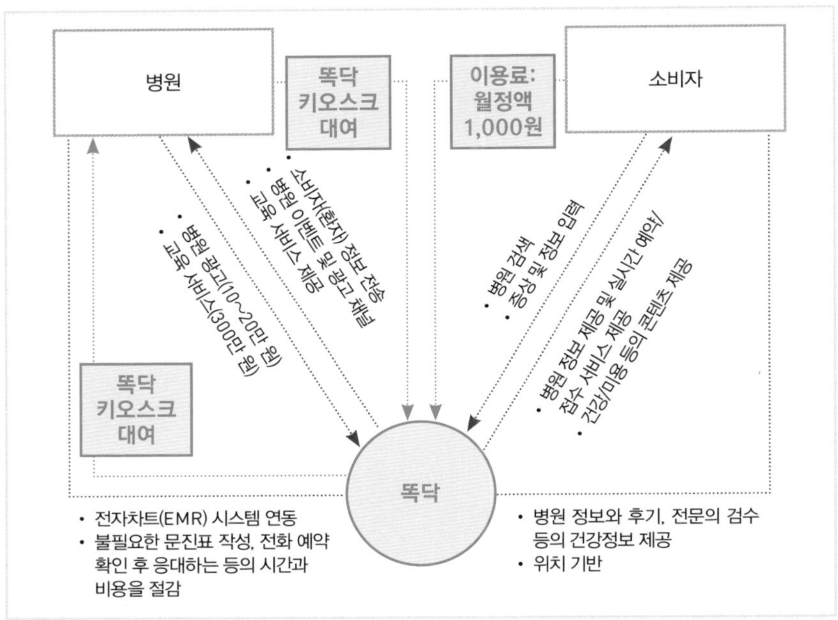

똑닥은 현재 가장 가까운 위치에 있는 병원 정보와 예약 및 대기 현황 정보를 제공하고 앱을 통하여 예약과 접수까지 가능한 서비스를 제공하고 있다. 단순히 예약만 가능했던 기존 업체의 서비스에서 한 걸음 더 나아가 접수까지 가능하게 만들어 병원에서 보내는 대기 시간을 감소시키는 효과를 낳았다. 똑닥은 무료로 예약 서비스 및 의료 정보 검색 서비스를 이용할 수 있는 원사이드One-side 보조형 모델이다. 원사이드 보조형 모델은 서비스 제작 및 제공에 필요한 제반 비용은 계약을 통하여 병원(기업)이 부담하는 모델이다. 똑닥은 우리나라의 의료법 관련 규제상 의

료적인 진단 서비스를 제공하지 않는 선에서 의료 과정에 개입하는 행위자들을 중개하며 수익을 창출한다는 점에 의의가 있는 플랫폼이다.

01 핵심제공가치

똑닥은 소비자가 애플리케이션을 통해 실시간으로 예약 가능한 병원을 검색할 수 있도록 하는 서비스를 제공하고 있다. 소비자는 '내 주변 병원 찾기' 기능을 통해 현재 위치에서 가장 가까운 병원을 찾을 수 있다. 이 기능은 특히 저녁과 휴일에 진료 중인 병원을 손쉽게 검색할 수 있다는 점에서 유용하다. 하지만 똑닥이 소비자들에게 제공하는 가장 큰 핵심가치는 실시간 예약 및 대기 현황 확인 기능이다. 즉, 소비자들이 병원을 선택하면 날짜와 해당 시간에 몇 명이 예약 대기 중인지 바로 확인할 수 있다.

기존 예약 애플리케이션은 단순한 병원 검색이나 시간차가 있는 예약 현황(예를 들어 다음 날)만 확인할 수 있었기 때문에, 지금 당장 병원을 가려는 소비자들은 일일이 병원에 전화를 해야 하는 불편을 겪었다. 이런 소비자의 불편함을 해소하기 위하여 시간대별로 몇 명의 환자가 예약했는지 혹은 대기 중인지 간편하게 확인할 수 있다. 또한 예약하고 병원을 방문해도 다시 접수 절차를 밟아야 하는 번거로움을 없애기 위해 접수까지 가능하게 만들었다. 따라서 소비자는 병원과의 거리뿐만 아니라 대기 시간까지 고려하여 병원을 선택할 수 있으며, 나아가 병원에서 발생하는 대기 시간을 줄이는 것도 가능해졌다.

2017년 하반기부터는 전자 처방전 발행 기능과 실손 간편 청구 기능까지 추가하여 건강 관리의 처음과 끝을 똑닥 앱 안에서 가능하게 만드는 것을 목표로 하고 있다. 이를 위해 2020년 현재 환자와 병원의 실손보험 청구 간소화 서비스 특허를 취득하고[257] 상용화를 위한 노력을 기울이고 있다. 즉, 병원 방문과 관련된 의료 경험의 편의성을 증대시키는 프로세스 서포팅 역할을 하고자 하는 것이다. 한편, 똑닥은 병원 검색 기능에 테마별 검색과 증상별 검색을 추가하여 소비자 목적을 고려한 검색을 가능하게 하였다. 예를 들어 '테마별'로 검색하면 소아 야간 진료를 하는 소아과나 여의사가 진료하는 산부인과, 산재 병원 등 병원 정보를 알 수 있으며, '증상별' 검색을 통해서는 탈모나 비만 등의 증상에 특화된 병원을 확인할 수 있다. 한편 똑닥은 병원 예약 서비스 플랫폼으로서의 가치를 인정받아, '2019 벤처 창업 진흥 유공 포상 시상식'에서 중소벤처기업부 장관 표창을 받기도 했다.

02 수익공식

똑닥은 병원에서만 이용료를 받고 있다. 서비스를 이용하는 소비자들에게는 별도의 이용 요금을 받지 않는다. 병원에게서 받는 이용료는 제공하는 서비스에 따라 다른데, 병원 정보 노출은 10~20만 원, 교육 서비스 제공은 300만 원 정도의 이용료를 받고 있다. 2017년 11억 원의 매출액을 올린 똑닥은 2018년에는 35억 원의 매출액을 기록하였다. 그뿐만 아니라 똑닥 서비스의 가치를 인정받아, 똑닥을 운영하는 비브로스는 설립 이후 약 200억 원 규모의 투자를 유치하였다.

한편, 똑닥은 출시 6년 동안 꾸준히 사용자가 늘면서 병원 예약 서비스 분야 1,000만 회원을 보유한 시장 선두주자로 성장했다. 하지만 그동안은 뚜렷한 수익 모델이 없었기 때문에 시장 성장을 어떻게 수익모델로 연결시킬 것인지가 똑닥의 고민이었고 유료화로 서비스를 전환하기로 결정하였다. 이에 따라 2023년 9월부터 사용자들로부터 월정액 1,000원의 비용을 받기 시작했다. 더불어 병원에 똑닥 키오스크를 대여하고 대여료를 받으면서 수익 다각화를 모색하고 있다.

03 핵심자원

똑닥의 전자 차트EMR 연동 시스템은 기존의 위치 기반 병원 검색 서비스 제공 업체와 차별화된 실시간 대기 현황 서비스를 제공한다. 차별화된 의료 콘텐츠를 제공하는 것 역시 똑닥의 경쟁 우위를 높이는 데 일조하고 있다. 똑닥은 병원 광고나 홍보보다는 소비자가 신뢰할 수 있는 콘텐츠를 제작하기 위해 노력을 기울이고 있다. 온라인상의 모든 의학 정보를 수집한 다음 이를 다시 전문의에게 검수를 받아 콘텐츠를 제작하였다. 콘텐츠 제작 과정에서 자연스럽게 형성된 제휴 병원과의 신뢰 또한 똑닥만의 핵심자원이 되었다. 검수 과정에 참여한 전문의들은 똑닥이 의료 소비자인 환자 입장을 배려하기 위해 노력한다는 점을 인식하게 되었다. 기존 병원 예약 서비스 업체가 병원 홍보나 마케팅을 통한 수익 창출 효과만을 강조하였다면, 똑닥은 어떻게 하면 소비자들에게 믿을 만한 의료 정보를 제공해줄 수 있을지 고민하였다. 이는 신뢰성 있는 정보를 기반으로 목적에 부합하는 병원 검색이 가능한 서비스를 구현하는 업체라는 인식을 줄 수 있었다. 이런 인식은 기존 병원 예약 서비스 업체와 제휴하기를 꺼리던 병원들을 끌어들이는 효과를 냈다.

04 핵심프로세스

똑닥은 소비자들에게 정확한 병원 정보를 제공하기 위하여, 건강보험관리공단에 공개된 병원 정보를 다시 한번 확인하는 과정을 고수하고 있다. 즉, 도중에 폐업하였거나 진료 시간이 변경되지는 않았는지 등을 병원에 직접 확인하는 것이다. 또한 전문적인 의료 정보를 소비자의 눈높이에 맞춰 제공하기 위해 의료 정보를 국문학과 전공자들이 쉽게 풀어 쓰도록 한 다음 이를 다시 전문의에게 검수받고 있다. 마지막으로 똑닥은 제휴 병원들의 예약률과 내원율을 높이기 위하여 전화 응대 교육 서비스를 병원에 제공하고 있으며, 실제로 이 교육 서비스를 받은 병원들의 내원율이 3~5배 상승하였다고 한다.

3.5.4.1. 플랫폼형 비즈니스 모델 I 수익공식 I 보조형: 제휴형

78. B2B 제휴 기반 정신건강관리 플랫폼:

리라헬스 Lyra Health

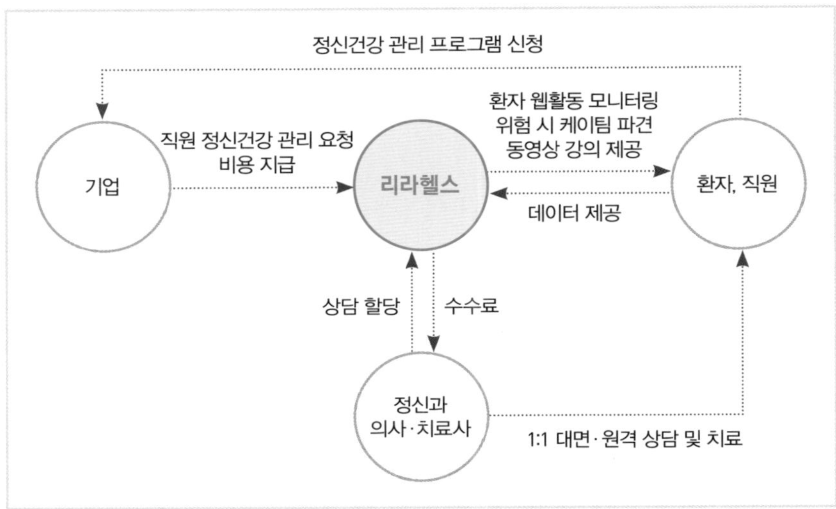

2020년 코로나19 팬데믹이 전 세계를 덮쳤다. 이후 대면활동이 제한되면서 우울증 발생률이 2배 이상 높아졌고, 기업들은 직원들의 정신건강 관리에 투자를 시작했다. 리라헬스는 이러한 시국에 알맞은 비대면 정신건강 관리 서비스를 제공할 수 있는 기술 플랫폼을 가지고 있었고, 이를 기반으로 성장할 수 있었다. 까다로운 선발과정을 거쳐 실력 있는 의사와 치료사를 확보하고, 데이터 분석을 기반으로 최적의 치료 방법 및 치료사를 조합하여 연결하는 등 차별화된 정신건강 관리 서비스를 제공했다. 리라헬스의 플랫폼에서 치료를 받고자 하는 이용자들은 의사 및 치료사와 소통하고 이력을 관리할 수 있다. 리라헬스의 서비스는 B2B Business-to-Business로 기업들과 제휴하여 직원들에게 제공되며, 이용한 서비스에 대해서만 매

달 비용을 지불하는 제휴형 수익모델의 플랫폼이다. 팬데믹 기간 줌Zoom 등 유수의 기업 직원들의 정신건강을 책임졌으며, 그 결과 리라헬스는 2023년 기준 기업가치 23억 달러(약 2조 6,000억 원)에 달하는 거대한 기업으로 성장할 수 있었다.[258]

01 핵심제공가치

리라헬스가 제공하는 핵심가치는 데이터 분석을 통해 맞춤형 최적의 치료 조합을 추천해주는 서비스이다. 코로나 시국에 정신건강 진료 및 치료를 하는 의사, 치료사 및 상담사들이 마주했던 한계는 비대면 상담만으로 환자를 정확히 진단하고 치료법을 제공하는 어려움이었을 것이다. 정신과 진료의 특성상 진료를 원하는 고객들의 심리적 상태를 파악하는 데 시간이 많이 필요하다. 따라서 몇 번의 시도 내에 만족스러운 경험을 하지 못하면 여러 치료사나 다양한 치료를 시도하지 않고, 치료를 포기할 수 있다. 리라헬스는 초기 문진 등을 통해 정확히 진단을 내리고 치료사 및 치료법 조합을 최적으로 제공할 수 있도록 알고리즘을 구축했다. 또한 건강 및 예방 치료부터 가장 심각한 상태에 이르기까지 정신건강의 모든 측면에서 사람들을 지원하는 증거 기반 치료를 제공한다.

02 수익공식

리라헬스의 수익모델은 일반적으로 구독을 기반으로 한 수수료 모델이다. 리라헬스는 B2B로 기업 및 건강보험과 파트너십을 맺고 서비스를 제공하는데 그 요금부과 방법이 가변적인 것이 특징이다. 지정된 서비스가 묶여 있는 패키지를 구독하는 형태가 아니라, 기업과 리라헬스가 일정 기간의 계약을 맺고 직원이 서비스를 받는 경우, PMPMPer Member Per Month으로, 달마다 개별 건에 대해 정해진 수수료를 지불한다. 직원이 사용하지 않는 서비스에 대해 비용을 지불하지 않고 실제로 직원이 진료를 받으면 해당 서비스에 대해서만 비용을 지불할 수 있는 것이다. 이를 통해, 정해진 치료 프로그램 안에서만 선택 가능한 서비스들과 다르게 환자들은 불필요한 치료나 상담 없이 본인에게 딱 맞는 서비스만을 받을 수 있으며, 기업에게 검증되지 않은 서비스를 이용하는 것에 대한 부담을 낮출 수 있다. 이 수익모델을 통해 리라헬스는 사용자에게 일관된 진료를 제공하면서도 많은 기업을 대상으로 빠르게 서비스 네트워크를 확장할 수 있었다.[259]

03 핵심자원

리라헬스는 원격치료를 통한 접근성 향상과 체계적인 디지털 서비스를 강점으로, 여러 기업의 직원복지에 제공되면서 시장을 확장하였다. 코로나 시국에 사람들이 많은 시간을 집에서 보내게 되면서 우울증 발생이 두 배 이상 증가했고, 기업들은 생산성과 직접적인 관련이 있는 직원들의 정신건강을 회복하기 위해 노력이 필요했다. 리라헬스는 이러한 시대의 변화에 알맞게 기업들을 대상으로 비즈니스를 적극적으로 확대함으로써, 기업에게 비대면으로 직원들의 정신건강 관리를 가능하게 하고 직원들로 하여금 기업의 사내복지 서비스에 대한 만족감을 높였다. 리라헬스에 따르면, 치료법 및 개인의 선호에 따른 맞춤 매칭을 제공하는 데 90퍼센트가 넘는 고객들이 첫 시도에 적합한 치료사 및 진료 서비스를 받을 수 있다고 한다. 또한 5분 안에 빠른 예약이 가능한 시스템을 구축하고 있으며, 처방한 화상상담 세션, 일대일 메시징, 디지털 활동을 결합하여 고객을 전방위적으로 관리한다. 또한 위급 상황 시에 바로 대응할 수 있도록 핫라인을 개설하고 비상시 케어팀을 즉시 파견하는 시스템을 운영하고 있다.

04 핵심프로세스

최소 2년 이상 인지행동치료 경험 등을 가진 2,000명 이상의 정신과 의사들을 확보하여 고도화·전문화·개인화된 비대면 정신건강 관리 서비스 제공함으로써, 시장에서 우위를 점하고 있다. 현재도 직원들의 정신건강에 관련한 보고서를 기업에 제공하고 기업에 정신건강 관리를 위한 프로그램도 제안하고 있으며, 우수한 서비스로 좋은 평가를 얻고 있다. 하지만 비즈니스의 성장에 가장 주요한 영향을 주었던 코로나19 팬데믹이 끝나면서 서비스를 이용할 고객이 줄어드는 것은 고려해야 할 리스크이다. 게다가 리라헬스의 성공모델을 벤치마킹하는 후발 기업들이 다양하게 등장하고 있다. 고객은 줄어드는데 경쟁은 심화하고 있는 시장에서 리라헬스만의 차별성을 유지해가는 것이 지속 가능성에 주요한 변수일 것이다.

3.5.4.1. 플랫폼형 비즈니스 모델 I 수익공식 I 보조형: 제휴형

79. 수요 기반의 제조업체 제휴 플랫폼:
프린티파이 Printify

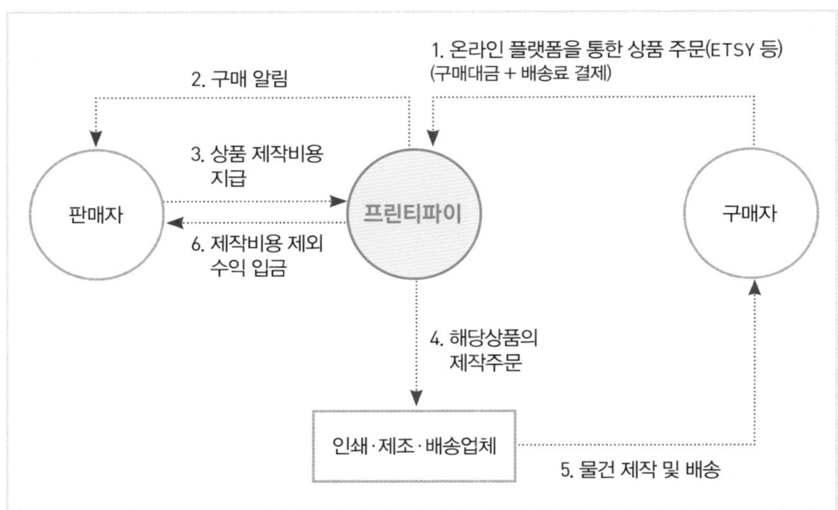

프린티파이는 2015년 북유럽의 라트비아에서 설립된 회사로, 판매자가 자체 디자인을 제시하면 이를 다양한 품목에 적용하여 소량 주문이 가능하도록 하는 POD print on demand 회사이다. 저작권에 저촉되지 않는 고유 디자인을 다양한 품목(머그컵, 티셔츠 등)에 적용하여 판매하고자 하는 니즈가 있을 경우, 프린티파이 홈페이지 등록을 통해 온라인 판매가 가능하다. 프린티파이는 다양한 인쇄·제조·배송업체와의 제휴를 통해 850가지가 넘는 물건들을 POD 방식으로 커스텀할 수 있도록 제공하고 있으며 다양한 온라인 마켓 플랫폼과의 연결고리를 제공해 판매자들의 만족도가 매우 높다.[260]

01 핵심제공가치

고유 디자인을 다양한 물건에 적용해서 판매하고자 하는 니즈가 있는 사람들에게 가장 간편한 솔루션을 제공한다. 이 판매자들은 초기 자본 없이 디자인 도안만 가지고 있다면 최종 결과물을 온라인 마켓으로 판매할 수 있다. 프린티파이는 작은 스티커에서부터 티셔츠, 휴대폰 케이스, 가방 등 850가지 이상의 품목을 보유하고 있으며 해당 품목들은 아주 디테일한 부분들까지 커스텀이 가능하다. 예를 들어 티셔츠를 고를 경우, 티셔츠의 천 두께나 직물의 구성, 사이즈 구성, 소매의 길이나 어깨솔기 디자인 등에 대한 설정을 판매자가 선택할 수 있다.[261]

판매자는 프린티파이가 제공하는 시제품 생성기mockup generator 프로그램을 통해 고유 디자인을 원하는 품목에 배치할 경우 어떤 형태의 제품이 나오는지 미리 볼 수 있다. 판매자가 자체 온라인 스토어를 보유하고 있다면 해당 스토어와 프린티파이를 연결할 수 있으며, 자체 스토어가 없을 경우 프린티파이를 통해 쇼피파이Shopify, 이베이Ebay 등의 다양한 플랫폼에 스토어를 생성할 수 있다.

프린티파이의 가장 큰 제공가치는 판매 과정에서의 편의성이다. 판매자는 고유 디자인 하나를 다양한 품목에 적용해서 간편하게 온라인 스토어를 열 수 있으며, 해당 스토어를 통해 매출이 발생할 경우 이에 대한 제작부터 배송, 결제까지 모든 것을 프린티파이가 일괄적으로 담당하게 된다. 판매자는 제작비용을 제외한 매출을 프린티파이에 연결해 둔 계좌를 통해 수취하기만 하면 된다.

02 수익공식

프린티파이의 주된 수익원은 판매자들로부터 수취하는 월 구독요금이다. 프린티파이를 통해 물건을 판매하고자 하는 이들에게는 세 종류의 구독 서비스를 제공되는데, 5개 이하의 온라인 스토어에서만 물건을 판매하고자 하는 판매자에게는 요금이 필요 없는 프리Free 요금제를, 10개 이하의 온라인 스토어에서만 물건을 판매하고자 하는 판매자에게는 월 24.99달러를 수취하는 프리미엄Premium 요금제를, 온라인 스토어 제한이 없이 무제한 서비스를 이용하고자 하는 판매자에게는 그 규모에 따라 맞춤 요금을 수취하는 엔터프라이즈Enterprise 요금제를 제공한다. 모든 요금제가 무제한 제품 디자인을 제공하지만, 무료 요금제와 그 외 요금제의 가장 큰 차이는 스토어 수 제한 외에 최대 20%의 제작비용 할인 혜택 제공이다.[262]

03 핵심자원

판매자가 매출 발생 시 제작비용만 계좌를 통해 자동으로 이체되도록 설정해두면 큰 초기 자본 없이도 쉽게 온라인 비즈니스가 가능하다는 점이 프린티파이의 가장 큰 장점이다. 판매자가 더욱 쉽게 온라인 비즈니스를 시작할 수 있도록 하기 위해 프린티파이는 디자인을 다양한 방법으로 시제품에 접목해 볼 수 있도록 하는 시제품 생성기 시스템을 무료로 제공한다. 또한 고유 디자인을 가지고 있지 않은 판매자들을 위해 디자인 과정에서 셔터스톡과 같은 플랫폼을 통해 저작권이 저렴한 온라인 이미지를 구매해서 사용할 수 있도록 하며(제품 판매 시 개당 약 0.99달러의 디자인료 지불), 디자이너를 고용할 수 있는 창구를 제공하기도 한다.

또 프린티파이는 가격 책정을 돕는 서비스를 제공하기도 한다. 판매자가 디자인과 제품에 대한 선정을 마친 후에는 해당 제품에 대한 마진율을 어떻게 설정하는지에 따라 판매가격을 자동으로 제시해 온라인 비즈니스를 처음 시작하거나 가격 책정에 대한 지식이 없는 판매자도 쉽게 온라인 비즈니스를 시작할 수 있도록 하고 있다.

마지막으로, 대형 온라인 마켓인 Etsy, 아마존, 이베이 등과 연동해 쉽게 새로운 제품을 업로드하고, 매출 발생 시에 이를 각 플랫폼이 아닌 프린티파이에서 종합적으로 모니터링할 수 있도록 하는 편리한 시스템도 프린티파이의 중요한 자원이다.

04 핵심프로세스

프린티파이의 2023년 매출은 약 8,000만 5,000달러(약 1,084억 원)로 추정되며, 현재까지 약 5400만 1,000달러(약 734억 원)의 외부 투자를 유치한 바 있다.

프린티파이를 이용하는 판매자는 850개 이상의 품목 중 마음에 드는 퀄리티 및 사이즈의 제품을 선택하고, 여기에 원하는 디자인을 원하는 형태로 접목, 원하는 가격대로 설정한 후 온라인 마켓 계정(스토어)에 연동한 후에는 편하게 다른 일을 하다가 매출 수익이 발생하는 것에 대한 알림만 받아볼 수 있다.

프린티파이는 디자인을 적용한 다양한 제품을 쉽게 판매할 수 있도록 하는 플랫폼을 제공한다. 디자인의 경우 무료로 이용할 수 있는 디자인을 적용하거나 자체 디자인을 이용해야 하는 것이 원칙으로, 결국 창작자가 지속적으로 고객의 관심을 끌면서도 창의적인 디자인을 만들어 낼 수 있는지가 지속적인 매출 증대의 요인이다. 미국 내에서 큰 마켓플레이스를 형성하고 있는 Etsy의 경우 '핸드메이드 제품'의 판매가 원칙이나, 프린티파이를 통한 판매도 다수 발생하고 있다. 이는 창의적인 디자인 자체를 작가의 정체성을 담은 결과물로 판단하고, 핸드메이드와 같은 급으로 인정하는 것으로 볼 수 있다.

3.5.4.2. 플랫폼형 비즈니스 모델 I 수익공식 I 보조형: 프리미엄

80. 전문가 협업 플랫폼:
뱀프르 Vampr

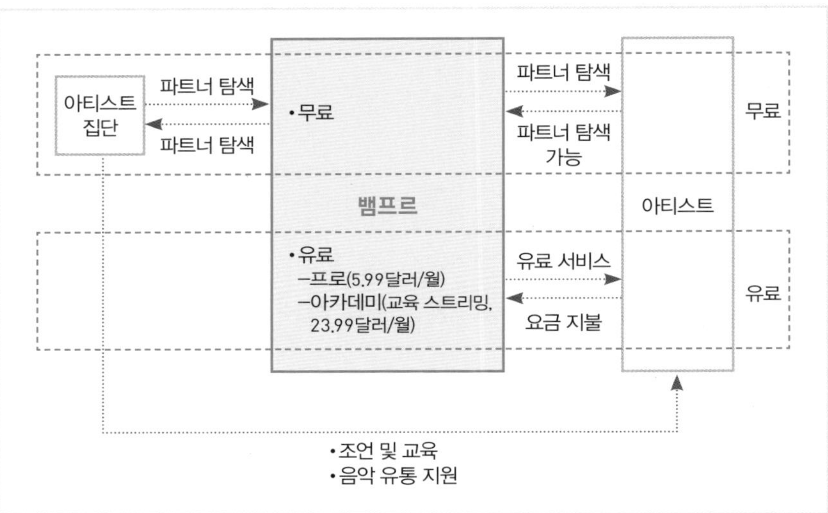

"Make music happen.", 뱀프르Vampr[263]는 아티스트들을 위한 소셜네트워킹 앱을 제공하여 협업 파트너를 찾고 음악을 만들고 결과물을 시장에 내놓는 과정을 돕는 플랫폼이다. 뱀프르는 신진 아티스트의 경우, 협업 대상인 음악가, 음악산업 전문가 및 음악 애호가를 찾고 네트워크를 구축하는 것이 현실적으로 쉽지 않다는 점을 파악하였다. 대형 기획사에 소속된 아티스트들의 경우 이러한 네트워크를 기획사로부터 제공받지만, 신진 아티스트들은 협업 파트너를 개별적으로 탐색하고 협업을 모색해야 하는데 이 과정에서 많은 시간과 노력이 든다. 또한 누가 나의 작품이나 나의 성향에 적합한 파트너인지를 찾는 것 또한 쉽지 않다. 뱀프르는 무료로 아티스트들이 협업 파트너를 구할 수 있도록 하며, 이들이 작품의 완성도를

높이고 음악 시장 내 마케팅과 유통을 할 수 있는 서비스를 유료로 제공하고 있다. 즉, 일차적으로 글로벌 각지에 흩어져 있는 잠재적인 파트너들을 쉽게 찾을 수 있도록 하여 음악 작업의 출발을 돕고, 유료 서비스를 통해 이러한 노력들이 좋은 결과로 이어질 수 있도록 한다.

01 핵심제공가치

뱀프르의 핵심가치는 아티스트들을 위한 효과적인 네트워킹과 협업 기회를 제공하는 것이다. 기술이 발달하면서 음악산업에서 음악 레코딩, 음반 발매의 효율화, 팬덤 운영과 같은 부문에서는 혁신들이 도입되었지만, 여전히 기술의 혁신이 미치지 못한 부문이 존재하고 있다. 뱀프르는 창작자들이 음악을 만드는 과정에서 필요한 음악가 혹은 창작자 네트워크를 구축하는 과정과 (대형 기획사에 소속되지 않은) 창작자들이 음반을 제작하고 시장에 내놓기까지의 과정에서의 기회를 포착하는 데에 있어 많은 어려움을 겪고 있으며 이러한 어려움을 해결하기 위해 아직 기술이 미치지 못하고 있음을 발견하였다. 창업 이전에 아티스트로서 음악 작곡가와 프로듀서로서의 경험이 있던 뱀프르 CEO 조쉬 시몬스Josh Simons에 따르면 다른 아티스트들과 협업을 원하는 영 아티스트들이 협업 파트너를 찾는 데 많은 어려움을 겪고 있었다고 한다. 뱀프르의 슬로건인 "Make music happen"처럼 음악가들이 일단 협업을 위한 글로벌 네트워크를 구축하면 가치 있는 음악이 만들어질 수 있는 생태계가 조성되어 음악적인 성과가 향상된다고 보았다. 나아가, 뱀프르는 작곡, 작사, 그리고 또 전문적인 세션 등의 여러 분야 아티스트들이 협업함으로써 더 좋은 결과물을 만들어낼 수 있는 강력한 글로벌 네트워크를 구축하는 것에 핵심가치를 두고 있다. 뱀프르는 네트워크 서비스를 제공하는 사용자 인터페이스를 내놓으면서 2021년 글로벌 사용자 100만 명 돌파, 20202년 기준 198개 국가에서 700만 명 이상의 사용자가 음악 소셜네트워킹에 참여할 정도로 성공적으로 성장하는 모습을 보이고 있다.

02 수익공식

뱀프르는 사용자 네트워킹 서비스를 선보인 후, 2020년 뱀프르 퍼블리싱Publishing 서비스를 시작했으며, 모든 사용자를 위한 무료 음악 싱크 솔루션을 추가로 제공하였다. 또한 뱀프르 디스트리뷰션Distribution을 내놓으면서 프리미엄 뱀프르 프로Pro 구독 서비스와 번들로 제공되는 음악 유통 솔루션을 제공하고 있다. 뱀프르 프로 이용료는 한 달에 5.99달러이다(12달 기준 2.99달러, 6개월 기준 3.99달러). 뱀프르는 2022년 4월에는 아티스트들을 위한 교육 프로그램으로 뱀프르 아카데미를 시작하였다. 아카데미는 스트리밍 솔루션으로 제공되며, 이 과정을 통해 사용자가 업계 전문가가 제공하는 레슨을 받을 수 있으며 음악 제작에 필요한 지식 이외에도 음악산업에 대한 교육 내용도 포함하고 있다. 뱀프르 아카데미의 비용은 한 달에 23.99달러이며, 6개월 구독할 경우 한 달 비용이 14.17달러이며, 1년 구독을 신청할 경우 15.83달러이다.

03 핵심자원

뱀프르의 핵심자원은 음악산업을 이해하고 기술 적용 지점을 꿰뚫고 있는 최고경영진의 통찰력이다. 창업 구성원은 모두 음악산업 분야에서 경험을 지니고 있으며, 어떤 부분에서 협업이 필요한지 협업 대상을 탐색할 때 어떠한 요소들을 중시하는지에 대해서 정확히 파악하고 있다. 또한 신진 음악가들이 음악 제작 이후에 시장에서 결과물을 선보이기까지 필요한 도움 혹은 도구들이 어떠한 것들인지에 대해서도 명확히 이해하고 있다. 예를 들어 뱀프르는 왜 최종 결과물이 나오기까지 여러 구성원이 참여해야 하는지를 알고 있다. 즉, 작곡가, 작사가, 콘셉트에 맞는 뮤직비디오 작성을 위한 영상 디자이너 및 영상 제작자, 앨범 재킷 제작을 위한 디자이너 등이 음악에 대한 깊은 이해와 공감을 가지고 협업을 해야 결과물의 가치와 성과가 높아질 수 있다. 이러한 음악산업과 사용자인 음악가와 창작자들에 대한 깊은 이해를 토대로 이들은 다른 플랫폼이 지니지 못한 강력한 글로벌 창작자 네트워크를 구축하고 강화할 수 있는 역량을 지니고 있다.

04 핵심프로세스

협업 파트너를 찾기 원하는 아티스트들은 뱀프르의 디스커버Discover 파트에 자신의 프로필과 음악 스타일과 어떤 분야의 협업 파트너를 찾는지 올려놓을 수 있다. 이들의 음악 스타일과 자신이 제공할 수 있는 분야의 전문성이 맞는다고 생각하는 다른 아티스트는 업로드 프로필을 올린 아티스트에게 뱀프르 앱을 통해 메시지를 보낼 수 있다. 메시지를 통해 서로의 음악 스타일과 작업 방식, 그리고 역량에 대해 확인한 이후 각자 협업을 할 것인지 결정한다. 이러한 프로세스를 통해 뱀프르가 아티스트들의 협업 플랫폼으로서 가치를 유지하기 위해서는 지속적으로 재능 있는 아티스트들을 유입하는 것이 중요한 과제이다.

3.5.4.2. 플랫폼형 비즈니스 모델 I 수익공식 I 보조형: 프리미엄

81. 재무관리·구독비용 협상 대행 플랫폼:

로켓머니 RocketMoney

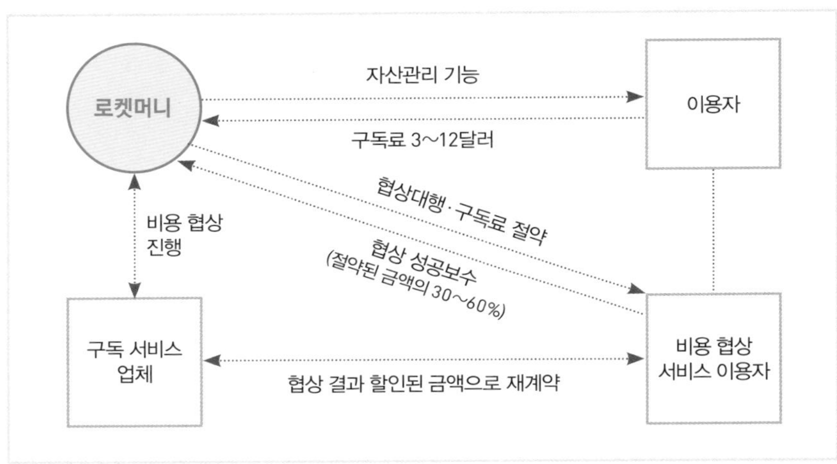

로켓머니Rocket Money는 개인의 자산관리 플랫폼을 제공하는 미국 기업으로, 이용자의 계좌와 카드 등을 연동시켜 정보를 분석해주고 불필요한 지출에 대해 알려주는 서비스다. 국내에서도 뱅크샐러드, 토스 등과 같이 비슷한 서비스가 존재하나 로켓머니는 한발 더 나아가 대리협상 서비스를 통해 추가 수익을 실현하고 있다. 이용자의 데이터 분석을 통해 불필요한 구독 서비스를 대신해서 해지해 주거나 지불하는 구독비용이 높다고 판단될 경우 구독 서비스 제공업체와 직접 협상을 진행하여 비용을 낮춰주기도 한다. 로켓머니는 기본적인 자산관리 기능들은 무료로 제공하되 이용자가 더 자세한 분석을 원하거나 비용 협상대행과 같은 부가적인 서비스를 이용하기 위해서는 비용을 지불해야 하는 프리미엄Freemium 모델의 플랫폼이다. 특이하게도 구체적인 구독료와 수수료 금액이 정해져 있지 않고 이용자가

느끼는 효용만큼 비용을 지불할 수 있는 자유를 제공한다.

01 핵심제공가치

로켓머니 이용자라면 누구나 여러 자산을 연결하여 상태를 확인하고, 분석자료를 통해 자산계획을 세울 수 있다. 스스로의 재무 상태를 파악하고 예산을 책정하여 그에 맞춰 소비할 수 있도록 직관적인 화면을 제공한다. 이를 기반으로 이용자는 여러 구독 서비스 속에서 불필요하게 나가는 돈을 파악할 수 있다. 그 결과 구독 서비스를 해지하거나 로켓머니의 협상 전문가를 통해 구독 회사와 계약된 가격을 낮춰 주기적으로 빠져나가는 비용을 절약할 수 있어 금전적인 가치를 제공한다.

02 수익공식

로켓머니는 자산관리 안의 제한된 기능을 무료로 제공하며, 상세한 분석 또는 가장 인기 있는 구독관리 기능의 경우 비용을 부과하는 프리미엄 Freemium 모델을 채택하고 있다. 구독비용 협상의 경우, 이용자는 로켓머니 덕분에 절감된 금액의 일부를 성공보수 명목으로 추가 지불한다. 여기서 한 가지 독특한 점은, 구독료와 성공 수수료 모두 일괄적으로 정해져있지 않다는 것이다. 로켓머니는 단순히 이용자가 지불할 수 있는 최저 및 최고 가격과 추천 가격을 알려줄 뿐, 궁극적으로는 이용자가 실제 체감하는 가치를 자유롭게 평가하여 결제한다. 예를 들어 월간 구독가격의 경우 적게는 3달러에서 많게는 12달러 사이에서 이용자가 직접 선택한다. 단, 저렴한 가격 구간은 월간 결제가 불가하며, 연간 12개월치의 비용을 일괄 결제해야 된다. 비용협상 성공보수도 마찬가지로, 이용자가 느낀 가치만큼 30%에서 60% 사이의 수수료를 결제할 수 있다.[264] 흥미로운 가치와 결제 방식을 가지고 있는 로켓머니는 2023년 1월, 역대 가장 높은 프리미엄 premium 플랜 이용

자 수를 기록했으며,[265] 2022년 기준 1,400만 달러의 매출을 달성했다.[266]

03 핵심자원

기본 기능의 무료 제공을 통해 앱 다운로드 수 500만을 기록하며 수집한 이용자의 데이터가 로켓머니의 핵심자원이다. 데이터를 활용하여 각 이용자들이 주기적으로 지불하는 구독비용의 평균 가격에 대한 정보를 공유할 있으며, 이와 같은 실질적인 가치 제공은 무료 가입을 넘어 유료 서비스 구독으로 이어지게 된다. 또한 이는 가장 중요한 구독비용 협상 서비스 진행 시 로켓머니에게 큰 협상 파워를 안겨주기도 한다. 이용자들을 모아 쌓이는 데이터를 적극 활용한 로켓머니는 정보의 비대칭을 해소함과 동시에 추가 수익을 낼 수 있는 방안을 찾게 되었다.

04 핵심프로세스

여러 자산관리 앱들이 이용자들의 분산된 금융 내역을 모아 이해하기 쉬운 화면을 제공하며 스스로 자산을 관리할 수 있도록 도와주고 있다. 로켓머니는 한 발짝 더 나아가 직접 협상을 해주는 독특한 서비스를 기획했다는 점에서 타 서비스들과 차별화된다. 기본적으로 이용자는 매월 또는 매년 빠져나가는 구독비용에 대한 안내를 받으며, 이후 각 업체에 일일이 연락할 필요 없이 바로 로켓머니 앱에서 일괄 해지 신청을 할 수 있다. 만약 보험, 인터넷, 통신 등 반드시 필요하여 해지할 수는 없지만 평균 대비 지불 금액이 높다고 여겨질 경우, 이를 로켓머니가 직접 나서 해결해주는 고관여 서비스가 눈여겨볼 만하다. 전담 직원이 배정되어 각 회사에 연락을 돌리고, 할인 조건 수정 또는 사용 가능한 쿠폰의 유무 등을 확인하여 비용 협상을 대행한다. 그 과정에서 변경되는 구체적인 계약 사항에 대해 이용자에게 업데이트를 해준다. 협상 사항에 대해 이용자가 동의하는 경우, 로켓머니 담당자는 계약 변경을 진행하는 방식을 통해 성공 보수를 청구하게 된다.

82. 수준별 변환 독서 콘텐츠 제공:

뉴셀라 Newsela

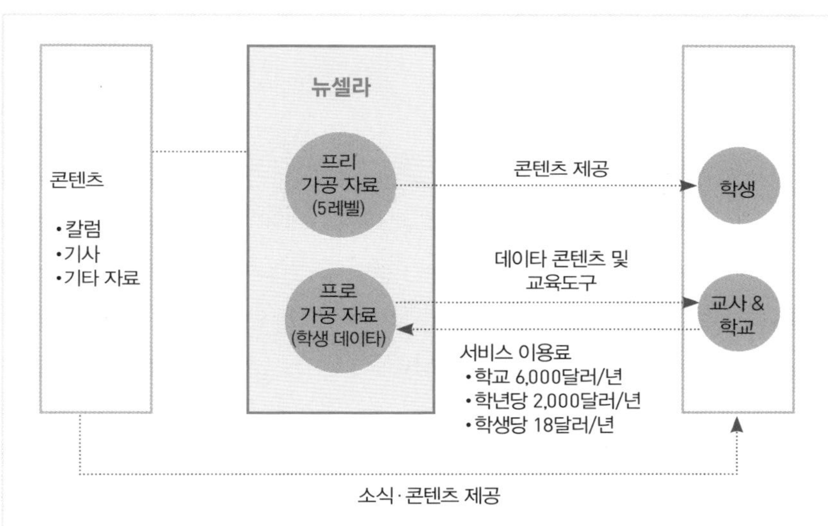

학생들의 읽기 교육을 위해 온라인 기반 도서 콘텐츠를 제공하는 플랫폼들이 증가하고 있지만, 학습자들의 개별 수준을 고려한 맞춤형 읽기 자료를 제공하는 곳은 많지 않다. 사용자의 읽기 수준에 맞추어 내용이 재구성되는 방식이 아닌, 다른 책을 제공하는 방식으로 읽기 콘텐츠를 제공하는 방식이 대부분이었다. 뉴셀라 Newsela는 학습자의 독서 수준에 따라 도서 목록을 재구성하는 방식이 아니라, 읽기 자료의 내용을 재구성하는 방식을 선택하였다. 특히 좋은 읽기 자료는 우리 주변의 이야기들, 최근 관심 분야들이 반영된 콘텐츠여야 한다는 믿음 아래, 뉴셀라는 학생들의 읽고 판단하는 능력을 향상시키는 것을 목표로 최신 자료나 신뢰할 만한 뉴스 콘텐츠를 기반으로 학습 자료로 제공하고 있다. 최근 기사와 칼럼을 수집한 뒤 전문가의 손을 거쳐 다양한 난이도 버전의 텍스트 자료로 변환하고, 서로 다른 학습 수준의 학생들에게 맞춤형으로 제공한다. 학생들은 검색 주제, 장르, 검색어 등을 이용해 가장 관심 있는 텍스트를 찾을 수 있으며 이 자료는 무료 버전으로 제공된다. 더불어 뉴셀라는 독서 습관과 동기부여를 촉진시키기 위하여 프로Pro 기능을 제공하여 교육자들이 학습자들을 정밀하게 관리할 수 있는 서비스도 함께 제공하고 있다.

01 핵심제공가치

뉴셀라 학습자가 콘텐츠를 읽으면서 '즐거움'을 느껴야 독해력이 향상되다고 믿고 있다. 그리고 즐거움을 줄 수 있는 좋은 콘텐츠에는 '살아 있는' 그리고 흥미롭고 유익한 내용들이 담겨 있는 것이 중요하다고 강조한다. 하지만 대부분의 교과서는 교육을 목적으로 인위적으로 구성된 자료들이 포함된 경우가 많다. 뉴셀라는 학생들이 관심을 가질 수 있는 최근의 사건들이나 내용들을 20가지 이상의 장르가 포함되어 있는 다양한 논픽션 주제를 광범위하게 제공하여 학생들의 흥미를 불러일으킬 수 있도록 한다. 또한 학생들이 수준에 맞지 않는 읽기 자료를 접하면서 읽기 학습에 대한 동기가 저하되는 경우가 많다는 점에 착안하여 학생마다 독서 수준에 적합한 수준별 자료를 제공함으로써 학습 의욕을 높일 뿐 아니라 궁극적으로 문해력을 높이는 학습 효과를 창출함으로써 차별화된 가치를 창출한다.

02 수익공식

뉴셀라는 무료 버전과 유료 버전으로 나누어져 있다. 기본 콘텐츠의 읽기는 무료로 이용할 수 있다. 추가 콘텐츠의 관리나 교육용 관리 도구 등을 이용하려면 프리미엄 유료 버전을 구매하면 된다. 프로 버전은 연간 기준 학교당 약 6,000달러이며, 학년 단위로 구매할 경우, 학년 당 2,000달러이며, 학생 당 이용료는 18달러이다.

03 핵심자원

'제3자 콘텐츠(주요 자료나 최신 내셔널 지오그래픽National Geographic 기사)'를 검색하여 학생들의 수준에 적합한 자료를 선별하여 수집하고 제공하는 역량이 뉴셀라의 중요한 자원 중 하나이다. 특정 콘텐츠를 선택한 후 이용자가 읽기 능력 수준을 선택하면, 그 수준에 맞게 내용이 편집되어 제공된다. 이용자는 단어 수를 기준으로 자신의 읽기 수준을 설정할 수 있다. 480 레벨, 590 레벨, 880 레벨, Max 레벨로 선택할 수 있으며, 선택한 수준에 따라 콘텐츠가 그 수준에 맞게 편집되어 제공된다. 개별 학생뿐 아니라 학교와 기타 교육기관에서도 뉴셀라를 선택하여 교육에 활용하는 이유 중 하나는 사회, 과학, 정치 등 교육을 위한 주제별 분류가 잘 되어 있고, 영어 읽기, 쓰기, 토론까지 학생들의 수준별 학습이 가능한 형태로 도구들이 제공되기 때문이다. 한편, 최신 콘텐츠를 교육용 콘텐츠로 제작해서 필터링한 자료들을 제공하기 때문에 학생들은 뉴셀라를 통해서 주제별 중요한 최신 이슈를 접할 수 있으며, 이는 뉴셀라가 다른 독서 콘텐츠 플랫폼과 다른 점을 만들어내는 지점이다. 단행본을 토대로 하는 독서 콘텐츠 플랫폼의 경우, 출판된 책들을 콘텐츠로 제공하고 있기 때문에 매월, 매주, 매일의 최신 이슈를 다루기는 어렵다는 한계가 있고, 이 점이 바로 뉴스 기사를 독서 콘텐츠로 제공하는 뉴셀라만의 핵심 경쟁력이 된다.

04 핵심프로세스

뉴셀라는 매일 업데이트 되는 콘텐츠를 사용자가 쉽게 파악하고 흥미를 가질 수 있도록 사용자 친화적인 인터페이스를 제공하고 있다. 또한 자료를 읽으면서 모르는 단어나 중요한 단어를 강조하거나 표기, 따로 메모할 수 있는 기능도 함께 제공하고 있다. 무료 버전에서도 이러한 기능들이 광고 없이 제공되는데, 이는 팝업 광고가 있을 경우 학생들이 자료를 읽는 동안 산만해질 수 있기 때문이다.

한편, 뉴셀라의 프로 버전은 학생들의 읽기 능력을 높일 수 있는 교육 도구를 제공하고 있다는 점에서 뉴셀라가 목표로 하는 독해 능력 향상이라는 목표달성을 돕고 있다. 뉴셀라 프로의 대표적인 기능은 교사들은 뉴셀라 사이트 내에서 클래스를 구성하여 클래스 내 학생들을 관리하는 것이다. 먼저, 교사는 적정 수준의 읽기 자료를 숙제로 내줄 수 있으며, 학생마다 개별 읽기 속도 및 읽기 수준을 확인할 수 있게 한다. 또한 앱 내의 추가적인 노트를 활용하여 학생들이 자료의 내용에 대해 더 깊이 생각할 수 있도록 이끌 수 있다. 또한 학생들의 이해력을 테스트하기 위해 퀴즈 문제를 낼 수 있으며, 학생들이 자료를 읽으면서 남긴 메모 내용에 대한 피드백을 제공할 수 있도록 하여, 교사와 학생 간의 상호작용을 가능하게 한다. 마지막으로 학생들의 읽기 활동에 관련된 학습 결과와 성적들을 데이터로 관리할 수 있게 하는 툴을 제공하고 있다. 이러한 도구들을 통해 교사와 학생들은 상호작용 기반의 독서활동을 할 수 있으며 궁극적으로 문해력을 높이는 학습 효과를 만들어낼 수 있다.

83. 사업 확장형 프리미엄 모델: 키즈노트 Kidsnote

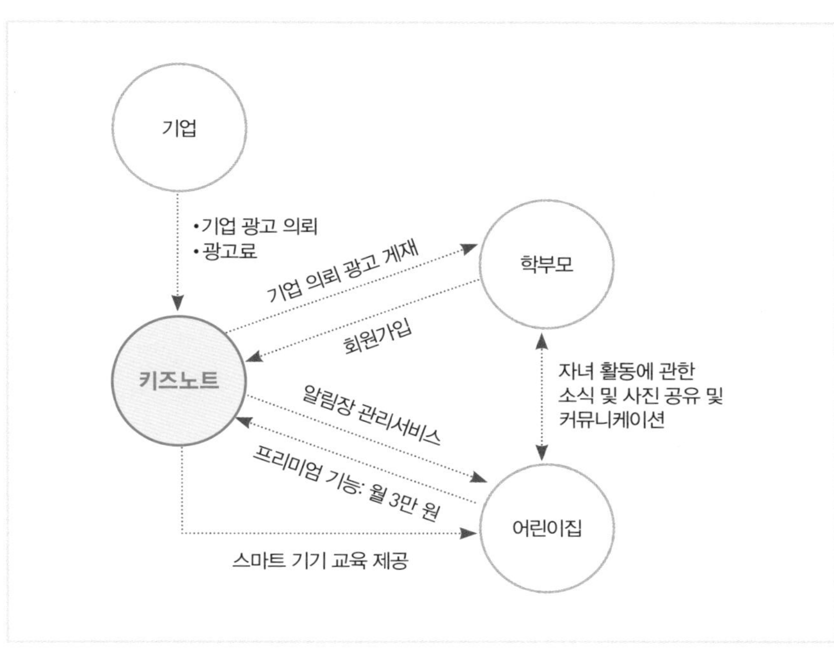

키즈노트는 기존의 종이 알림장 대신 스마트폰 애플리케이션을 통한 스마트 알림장 서비스를 제공하고 있다. 학부모에게는 무료로 스마트폰 알림장을 이용할 수 있도록 하고 어린이집에만 유료로 고급 서비스를 제공한다. 추후 무료회원인 학부모들을 대상으로 다양한 분야의 공동사업을 진행하거나 여러 가지 콘텐츠를 유통시킬 수 있어 사업 확장형 프리미엄 모델로서의 가능성을 보여주고 있다.[267]

01 핵심제공가치

키즈노트가 출시되기 전까지는 대부분의 어린이집 교사가 일일이 손으로 알림장을 작성해야만 했다. 키즈노트는 이 같은 학부모의 염려와 어린이집 교사의 업무 비효율성을 동시에 해결해주는 역할을 한다. 학부모와 어린이집 원장, 교사 모두 애플리케이션에 회원 가입을 하면 학부모는 스마트폰의 애플리케이션을 통해 수시로 어린이집에 있는 자녀의 상태를 확인할 수 있고, 교사는 전달할 사항이 있을 때 이를 애플리케이션에 등록함으로써 학부모들이 쉽게 확인할 수 있도록 한다.

키즈노트는 현재 알림장, 앨범, 출석표, 식단표, 투약 의뢰서 등 13개의 소통 서비스를 제공하고 있다. 또한 키즈노트는 전자문서+ 서비스를 제공하는데 이는 어린이집에 원아관리, 보육일지, 근태관리, 입소서류, 교사 회의록 등의 서류들을 효율적으로 정리할 수 있도록 해 어린이집 행정 업무가 효율적으로 처리될 수 있도록 돕고 있다.

그 외에 클래스노트 서비스로는 학원들을 대상으로 원비 수납/관리가 편리하게 이루어질 수 있도록 하고 있으며, 패밀리노트 서비스로는 장기요양기관 운영 및 관리와 보호자 소통 채널을 제공해 종합 시니어 플랫폼으로 한 발 나아가고자 한다.

02 수익공식

현재는 무료로 서비스를 제공하고 있지만 앞으로 고급 부가서비스를 추가해 사용료를 받는 수익 모델을 추진 중이다. 또한 키즈노트는 많은 학부모들을 회원으로 보유하고 있기 때문에, 학부모들이 이용할 수 있는 다양한 서비스를 제공하고 이들로부터도 수익을 확보하고 있다. 가령 키즈노트 내에 저장된 사진들을 앨범으로 만들 수 있는 '스토리북 서비스'를 제공하여 수익을 내거나 사진 일괄 다운로드 서비스 시 이용료를 내도록 하고 있다.

또한 각종 영유아 사업체들로부터 광고 의뢰를 받고 이들로부터 광고료를 받고 있다. 보건복지부의 '보육통합정보시스템'에 연동되는 사업에 참여함으로써 정부로부터의 사업비 수주 또한 수익의 일부분을 차지하고 있다.

03 핵심자원

알림장 기능 프로그램이 키즈노트가 지닌 핵심자원이다. 이 기능을 통해 어린이집에서는 학부모들에게 공지사항과 아이의 활동 상황을 전할 수 있다. 학부모들은 아이가 낮잠 자는 모습이나 야외활동을 하는 모습을 집이나 직장에서 확인할 수 있다. 이러한 서비스는 아이들의 상태를 궁금해하는 학부모들의 마음에 맞추었기에 키즈노트의 인기를 더욱 높여준다.

키즈노트가 보유한 학부모회원은 교육산업의 주 고객층이기 때문에, 이와 관련된 기업이 활용할 수 있는 자원이 된다. 즉, 키즈노트에 가입한 학부모들은 교육이나 문화 콘텐츠를 가진 기업들의 잠재적 고객이자 홍보 대상이 되므로 기업의 프로모션이나 광고를 이들에게 전달하고 수수료를 받는 방식을 통해 수익을 창출할 수 있다. 학부모들의 관심 분야는 다양하므로 여러 분야의 기업들과 제휴할 수 있는 가능성이 있다.

04 핵심프로세스

키즈노트의 스토리가 흥미로운 점은 새롭게 제품에 대한 수요를 만들어냈다는 것이다. 종이 알림장이라는 기존 수단이 있었기 때문에 학부모나 어린이집 모두 스마트 알림장과 같은 새로운 대안의 필요성에 대해 심각하게 생각해 본 적이 없었을 것이다. 실제로 키즈노트가 처음 출시되었을 때에 어린이집 측은 키즈노트 도입 성과에 대해 반신반의했다고 한다. 하지만 인천의 한 어린이집이 키즈노트를 도입한 이후에 이 어린이집에 자녀를 입학시키고자 하는 학부모들의 수가 증가하면서, 다른 어린이집들도 키즈노트를 도입할 필요성을 느끼게 되었다.[268]

키즈노트를 사용하는 어린이집에 대한 학부모들의 수요가 증가하게 된 것은 키즈노트가 단순히 전자 알림장 기능을 제공했기 때문만은 아니다. 앞서 핵심자원에서 살펴보았듯이, 어린이집에서 생활하고 있는 자녀들의 일거수일투족이 궁금한 학부모들이 스마트폰을 통해 이를 확인할 수 있도록 한 시스템이 있었기 때문이다. 이 같은 학부모들의 관심이 구전효과에 의해 더욱 확산되면, 스마트폰으로 손쉽게 아이들의 상황을 체크할 수 있는 키즈노트를 사용하는 어린이집과 그렇지 않은 어린이집에 대한 고객의 선호도가 더욱 분명해질 수 있다. 이러한 고객들의 선호도는 향후 더 많은 어린이집과 유치원에서 키즈노트를 도입할 중요한 원동력이 된다. 한편, 2015년에 키즈노트는 다음 카카오에 100% 인수되어 자회사로 편입되었다.

84. 광고형 견적서 기반 전문가 서비스 매칭 플랫폼:
브레이브모바일(숨고) Brave Mobile(Soomgo)

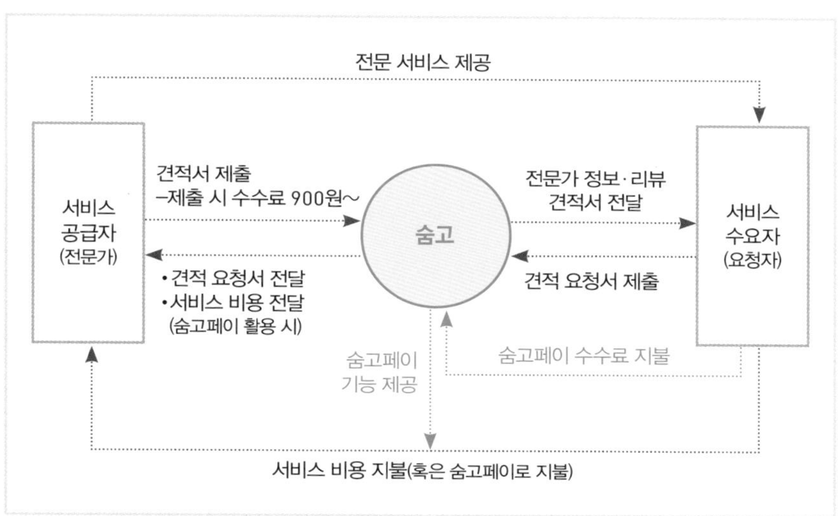

'숨은 고수'의 줄임말인 숨고는 전국 각지의 재능을 가지고 있는 자와 그 재능을 필요로 하는 자를 연결해주는 브레이브모바일의 플랫폼이다. 예전처럼 악기 또는 외국어를 가르치고자 직접 전단지를 돌리거나 아파트단지 게시판에 홍보물을 붙이는 수고 없이도 편리하게 수업을 듣고자 하는 학생들을 찾을 수 있다. 전기 시공 기술 또는 법무 지식을 가진 전문가들은 숨고를 통해 진행했던 이전 프로젝트들의 리뷰를 토대로 계속해서 새로운 작업을 요청받을 수도 있다. 고수를 찾고자 하는 사람들은 숨고 플랫폼상에서 전문가들의 이력이 담긴 견적서를 받아보게 되며, 서비스 상세 내용과 비용을 비교하여 원하는 가격대의 합리적인 선택을 할 수 있다. 숨고는 이 견적서를 주고받는 과정에서 프로젝트 성사 여부와 상관없이 전문가들에게 견적서 제출 비용을 청구하며 수익을 창출하고 있다. 오프라인으로는 복잡하고 불편하게 진행되던 기존의 전문가 탐색 및 매칭 방식을 온라인으로 전환한 숨고는 2023년 6월 기준 누적 이용자 1,000만 명을 기록하며 빠르게 성장하고 있다.

01 핵심제공가치

숨고는 전국에 흩어져 있는 전문가(서비스 공급자)들과 그들로부터 배우거나 그들의 전문 지식을 필요로 하는 요청자(서비스 수요자)들 사이의 정보 비대칭을 해결해준다. 수요자 입장에서는 기존처럼 발품을 팔거나 수소문을 할 필요 없이 숨고 플랫폼상에 모여 있는 전문가들과 손쉽게 연결될 수 있다. 숨고에서 원하는 분야를 선택 후, 불특정 다수의 전문가에게 견적서 요청을 하게 된다. 해당 분야에 등록되어 있는 공급자는 숨고를 통해 견적 요청서를 전달받으며, 수요자의 요구사항에 따라 서비스 범위, 경력 그리고 비용 등을 작성하여 제출한다. 원하는 바와 제공하는 바가 일치할 경우, 수요자는 공급자에게 직접 메시지를 보내며 더 자세하게 논의를 진행할 수 있다. 고수들은 전국 각지에 흩어져 있던 잠재 고객들과 별도의 유선전화나 사전 만남 없이 숨고 플랫폼상에서 소통하며 업무를 시작할 수 있다. 전문가와 요청자 사이에 늘 존재했던 정보의 비대칭을 해소하고, 더 나아가 플랫폼상 여러 편의를 제공한 숨고는 2015년 서비스 론칭 당시 3개월 만에 3,000여 명의 전문가와 8,000여 명의 고객들을 모으며 성공적으로 서비스를 시작하였다.[269]

02 수익공식

숨고와 비슷한 매칭 플랫폼의 대부분은 수요자와 공급자 간 매칭이 성사되어 실제 거래가 일어날 때 수수료를 부과하는 방식을 채택한다. 숨고는 이

점에서 약간의 차이점이 있다. 요청자가 서비스에 대한 견적을 요청하여 관련 전문가들이 이에 맞춰 견적서를 작성하고 발송할 때, 요청자와 전문가 간 매칭의 성공 여부와 상관없이 전문가에게 견적서 발송비용을 청구한다. 전문가가 고객을 찾기 위한 일종의 투자 또는 광고의 개념으로 숨고에게 비용을 지불하는 구조이다. 이 비용은 900원부터 시작하며,[270] 요청하고자 하는 서비스 종류, 지역, 요청서의 밀집도 등에 따라 산정되어 부과된다고 한다.[271] 최근에는 전문가와 요청자 사이의 비용 결제 기능인 숨고페이를 도입했으며, 이 기능을 통해 대금 결제 시 요청자에게 결제 안전을 보증해 주는 차원에서 3.5%의 수수료를 별도로 부과한다.[272]

03 핵심자원

누적 이용자가 1,000만 명인 플랫폼상에서 수익화를 실현하고자 하는 전문가와 각기 다른 서비스를 찾고 있는 요청자를 효과적으로 추천해 주는 숨고의 알고리즘이 핵심적이다. 특히 가입 후 서비스를 처음 이용하는 전문가들의 경우, 숨고를 통한 수익 실현이 가능함을 빠르게 인식시켜 서비스에서 이탈하지 않도록 해야 한다. 이를 위해 숨고는 기존 전문가들에게는 해가 가지 않는 선에서 신규 전문가가 더 많은 요청을 우선적으로 받아볼 수 있게 알고리즘을 설계해두었다. 요청자의 경우, 같은 카테고리 내의 서비스를 요청하더라도 처한 상황 또는 예상 예산에 따라 구체적으로 원하는 바가 다를 수 있다. 숨고는 간단한 질의응답으로 얻은 정보를 기반으로 가장 적합한 전문가가 추천될 수 있도록 한다. 그 결과, 전문가와 요청자 양측이 모두 만족하며 추후 다른 분야의 전문 서비스를 필요로 할 때에도 숨고를 찾게 되며, 이로 인해 숨고만의 매칭 알고리즘이 다시 한번 고도화 되면서 더욱 강력한 무기로 발전하게 된다.

04 핵심프로세스

양자 또는 다자를 연결해주는 숨고와 같은 플랫폼들의 경우, 어느 한쪽이라도 이용 빈도 또는 활용도가 떨어질 경우 다른 쪽의 이용자들 역시 서비스를 쉽게 이탈하게 된다. 숨고는 매칭 플랫폼에서 가장 중요한 교차 네트워크 효과, 즉 양면시장에서 한쪽의 관심과 서비스 사용이 다른 쪽의 관심과 사용으로 이어지는 점에 집중하여 공급자인 전문가와 수요자인 요청자의 재방문률에 집중한다. 지속적으로 매칭 알고리즘을 고도화시킬 뿐만 아니라, 전문가와 요청자 간 안전하고 편리한 서비스 대금 결제를 위한 '숨고페이'와 서비스를 주고받는 과정에서 혹시나 있을 수 있는 사고나 피해를 보상해주는 '숨고보증' 등의 기능을 제공한다. 이 장치들은 숨고 서비스 이용자들에게 편의를 제공할 뿐만 아니라 최초의 견적서 발송 및 연결 시에만 숨고를 찾는 것에서 그치지 않고, 반복적으로 일어나는 결제 과정에서도 자연스럽게 숨고 플랫폼을 활용하도록 하여 안정적으로 트래픽을 가져갈 수 있도록 도와준다. 여러 장치를 도입한 결과, 실제 숨고 사용자의 만족도 조사에 따르면 89%가 서비스를 재이용할 의사가 있다고 한다.[273] 한때 온라인 강의를 제공하며 에듀테크 산업에도 진출했으나 2023년 초, 매칭 플랫폼에 집중하기 위해 해당 부문을 매각하는 전략적인 선택을 하였으며, 마트 장보기, 물건 배달 대행 등과 같은 소소한 심부름을 요청할 수 있는 '숨고 심부름' 서비스를 출시하며 사업영역을 조금씩 확장해나가고 있다.

85. 한우 조각 투자 플랫폼:
스탁키퍼(뱅카우) Stockeeper(Bancow)

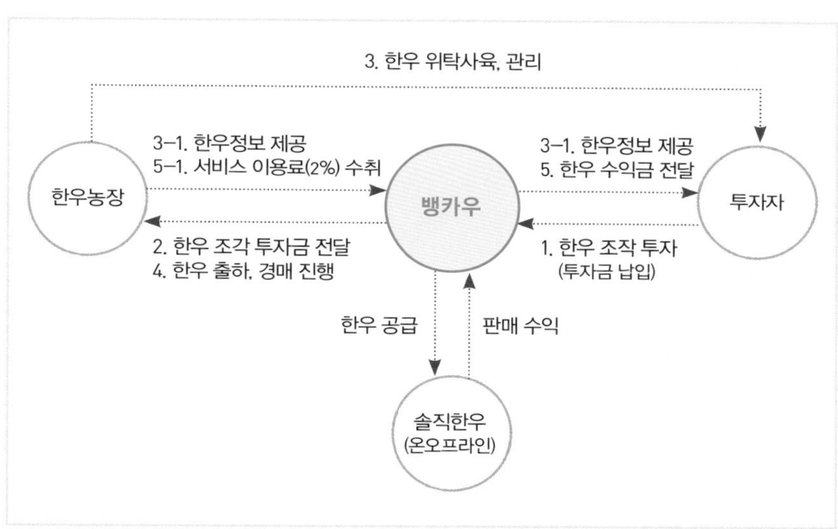

뱅카우는 2020년 설립된 회사로, 한우농가와 투자자를 연결해 한우 조각 투자 서비스를 제공하고 있다. 뱅카우의 대표이사는 한우농가의 아들로, 한우농가 시스템에 대해 잘 알고 있었다. 한우농가의 경우 소를 키우는 데 드는 순수 비용이 억 단위인데 소를 다 키워내기 전까지 이 비용은 대부분의 농가들이 토지 담보대출을 통해 대출받아야 하는 상황이었다. 이에 따른 금리가 낮지 않았기에 대부분의 농가들은 농장이 수용할 수 있는 것보다 적은 수의 소를 길러야 했다. 대표이사는 이에 '농가에 자금을 공급해줄 수 있는 루트'에 대해 고민하기 시작했고, 이 고민이 뱅카우의 시작점이 되었다. 투자자들은 뱅카우를 통해 한우 여러 마리에 대한 조각 투자를 한 후, 추후에 소를 판매한 이익금으로 수익을 실현할 수 있다.[274]

01 핵심제공가치

뱅카우는 축산농가와 투자자를 연결하는 플랫폼이다. 투자자들로부터 자금을 모아 농가로부터 송아지를 구입, 농가에 사육을 위탁하고 성장한 소를 경매시장에서 팔아 차익이 발생하면 이를 농가와 투자자들이 일정 비율로 정산하게 된다. 기존에는 축산농가들이 토지를 담보로 대출을 일으켜 송아지를 사고, 수익이 날 경우 원리금을 갚는 형태로만 자금을 융통할 수 있었다. 축산농가 입장에서는 고금리의 대출 대신 새로운 자금조달 루트를 얻어 생산비의 부담은 줄었으며, 기존에 하던 대로 농장의 수용 가능 역량보다 적은 수를 키워야 했던 방식에서 벗어나 사육 두수를 늘려 경영을 효율화할 수 있게 되었다.[275]

투자자들에게는 주식이나 채권처럼 전통적인 형태가 아닌 새로운 투자 기회를 제공한다는 점에서 가치를 제공하고 있다.

02 수익공식

뱅카우에서 투자자는 한우에 대한 지분 투자(조각 투자)를 진행하게 된다. 투자자가 투자한 한우가 다 자라 경매시장에서 판매될 경우, 경매대금에서 사육비용 및 경매 출하비용, 기타 부대비용을 제외한 금액을 축산농가와 투자자가 배분한다. 농가와 구매자의 손익분배 비율은 투입한 비용에 비례하여 정해지는 구조이다. 예를 들어 소 한 마리에 투자자가 500만 원의 비용을 투입하고, 농가가 똑같이 500만 원의 사육비용을 들였을 경우 농가와 투자자는 수익과 손실을 50 대 50의 비율로 분배하게 되는 방식이다.[276]

뱅카우는 소를 키우고 판매하는 과정에서 출하 및 경매를 담당하고 있다. 출하가 결정되면 농가는 뱅카우에 한우를 양도하고 뱅카우가 이를 도축 경매장으로 출하하여 경매를 진행한다. 경매대금은 뱅카우가 수령하게 되며, 이후 7영업일 이내에 농가에 사육비용 등의 정산금을 지불하게 된다. 뱅카우는 서비스 이용료라는 명목으로 농가 비용의 2%를 수취하고 있으며, 현재까지는 이 수수료가 주된 수익원이다.

또한 뱅카우는 '솔직한우라'는 브랜드를 론칭, 직접 투자한 한우를 구이로 판매하는 오프라인 식당을 운영함과 동시에 온라인 한우 쇼핑몰을 운영하면서 이를 통한 매출의 다각화를 꾀하고 있다.

투자 원금과 관련하여, 한우의 시세가 떨어지게 되면 투자자들이 일부 손해를 볼 수 있지만, 투자한 소가 도난당하거나 전염병 혹은 사고로 인해 폐사할 경우에는 가축재해보험 등을 통해 원금을 보전해주기 위한 제도를 마련하고 있다(재해보험 원금의 80% 보장).

03 핵심자원

뱅카우는 송아지 사육을 위탁할 농장에 대한 심사를 진행하고 있다. 뱅카우 플랫폼을 통해 한우 자금을 투자받고자 하는 농장들은 입점 신청을 하게 되는데, 뱅카우는 입점 심사 과정에서 농장에 대한 다양한 기초 정보를 수집하는 것은 물론 실사를 통해 문제가 없이 운영되는 농장이라는 것을 검증한다.

또한 투자금이 모인 후 한우가 출하되기까지의 과정, 즉 한우 시세나 사육 환경에 대한 정보, 송아지의 영양 상태나 유전정보 등에 대해 실시간으로 제공하고 있어 투자자들은 한우가 출하되기까지 길게는 약 30개월의 시간 동안 안심하고 투자자산에 대한 모니터링이 가능하다.

04 핵심프로세스

다양한 실물 자산을 쪼개서 투자할 수 있도록 하는 조각 투자는 지속적인 관심을 받아왔지만 사업 자체가 제도권 밖에 있어 논란이 되어 왔다. 예를 들어 주식투자의 경우, 시장이 합의한 기준이 있어 자산의 가격을 산정할 수 있는 객관적 지표가 존재하지만 조각 투자의 대상이 되는 실물 자산은 객관적 기준이나 전문 평가기관이 존재하지 않아 문제가 되고 있다. 이에 금융당국은 투자자 보호 차원에서 조각 투자를 제도권 안으로 편입시키기 위한 법과 제도를 준비하고 있다. 다행히 2023년 9월 기준 뱅카우는 국내에 5개사밖에 되지 않는 투자계약증권 발행사 중 하나로, 증권신고서 제출 시 투자상품을 발행할 수 있는 길이 열렸다. 한우의 경우 시장에서 통용되는 일반적인 시세가 존재하기 때문에 가격 산정의 문제가 없어 금융당국의 심사를 어렵지 않게 통과할 것으로 전망된다.[277]

86. 미술품 조각 투자 플랫폼:
열매컴퍼니

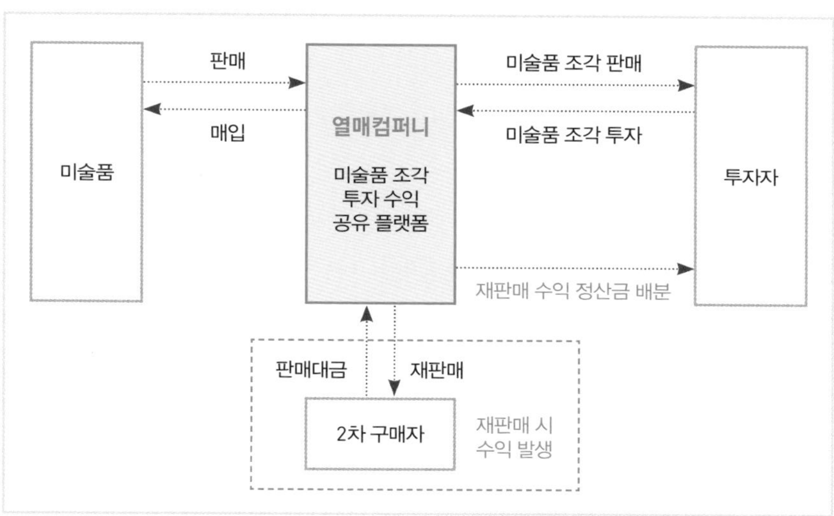

우리나라 미술시장은 최근 빠르게 성장하는 모습을 보이고 있다. 2020년 3,000억 원 수준에서 2022년 1조 원을 돌파하면서 2년 동안 3배 규모로 성장한 모습이다(예술경영지원센터). 이처럼 미술시장이 성장하면서 미술품이 재테크 수단으로도 각광받고 있다. 하지만 투자가치 측면에서 높은 의미가 있는 유명한 작가들의 작품은 적게는 수억 원에서 많게는 수십억 원을 호가하기 때문에 일반인이 미술품 투자시장에 참여하는 것이 쉽지 않았다. 열매컴퍼니는 이처럼 재테크 수단으로써 사람들의 주목을 끌고 있지만, 참여하기 어려운 미술품 투자시장을 미술품 조각 투자 수익 공유 플랫폼이라는 비즈니스 모델을 통해 페인 포인트를 해소하고자 하였다. 열매컴퍼니가 미술품을 직접 매입하고 개인투자자들을 모은 이후, 계좌를 나누어 판매함으로써 개인들이 소액만 가지고도 수억 원을 호가하는 작품에 투자할 수 있는 경로를 제공하였다.

01 핵심제공가치

미술품 공동구매 플랫폼 '아트앤가이드'를 통해 미술품에 대한 조각 투자와 수익 공유 서비스를 제공하며, 미술품 투자의 가장 큰 진입장벽이었던 가격이라는 장벽을 낮추는 가치를 제공하고 있다. 열매컴퍼니의 서비스는 고액 자산가들에게 한정된 미술 투자시장을 대중화하였다는 의미를 지닌다. 한편, 열매컴퍼니는 공동구매하는 작품별로 작가나 작품 가격뿐 아니라 수익률 등의 정보를 공개함으로써, 그간 미술 유통시장 내에 있던 정보 비대칭을 일정 부분 해소하고 거래의 투명화라는 가치를 제공하기도 한다. 일각에서는 이와 같은 시도들은 미술품 담보대출, 아트펀드 등의 미술 금융 시장이 선진화된 투자 시스템의 구축이라는 방향으로 발전을 유도할 수 있을 것으로 기대하고 있기도 하다.

02 수익공식

그림에 대한 공동구매 후 재매각 통해 수익을 창출하고 있다. 열매컴퍼니가 미술품을 직접 매입한 뒤 전체 소유권의 10%를 자사가 확보하고, 나머지를 회원에게 판매한다. 이후 미술품을 처분해 얻은 이익을 배분하는 방식이다. 공동구매는 사전에 공지된 일정에 따라 당일 선착순 방식으로 진행된다. 각 작품의 가격에 따라 참여 가능한 금액 단위가 정해지는데, 2,000만 원 이하의 작품은 스타터로 1만 원 단위, 1억 원 이하의 작품은 비기너로 10만 원 단위, 그리고 1억 원 이상의 작품은 메이저로 100만 원 단위로 참여할 수 있다. 참여 기간이 끝나면, 회사는 공동구매자들로부터 해당 작품에 대한 관리 및 판매 권한을 위임받게 된다. 이후 회사는 작품을 공동구매 금액보다 높은 가격에 판매할 수 있는 경우에 판매를 추진한다. 판매가 확정될 경우, 세금 등의 원천징수 금액을 차감한 후 나머지 금액을 공동구매에 참여한 소유권자들에게 나눠준다. 이 과정에서 회사는 별도의 수수료를 취하지 않는 대신, 모든 작품에서 10~15%의 소유권을 보유하게 되어 소유권자들과 함께 이익과 리스크를 공유하게 된다.

열매컴퍼니는 총 100여 개 작품을 공동구매해 작품별로 5~10%를 자기자본 투자를 진행하였다(2021년 10월 기준). 그중 60개 작품을 매각해 평균 수익률 35.5%를 기록하였다. 특히 매각을 진행하는 작품 대부분이 제 3자 재구매약정(풋옵션)이 체결돼 안정적인 회수 장치를 마련하였다. 아트앤가이드의 자료에 따르면 열매컴퍼니가 공동투자를 통해 구매하고 판매를 통해 수익을 창출한 사례 중에서 이우환의 작품은 수익률 37.1%, 박서보의 〈묘법 No. 180411〉은 수익률 42.9%, 윤형근의 작품은 수익률 36.4%를 기록하는 등, 높은 수익률을 거둔 것으로 나타났다.

03 핵심자원

많은 거래 데이터를 축적하고 있다는 점이 열매컴퍼니의 강점이다. 열매컴퍼니는 15만 건 이상의 미술품 거래 데이터를 확보하고 있으며 이를 기반으로 미술품 가격 산정 시스템을 구축하고 미술품 전문 분석팀을 운영해 미술품에 대한 적정 가격을 산정하는 역량을 지니고 있다. 또한 미술품 가격 산정 프로그램에 대한 기술적 역량 또한 중요한 핵심자원이다. 열매컴퍼니는 구축한 미술품 가격 산정 프로그램에 대해 특허 등록과 상용화를 완료하였는데, 보유한 특허는 총 3개로 미술품의 분할된 소유권을 관리하는 방법, 미술품의 판매가격 범위 결정 방법 및 프로그램, 추천 미술품 정보를 제공하기 위한 장치 및 방법 등에 대한 특허이다.

04 핵심프로세스

열매컴퍼니는 설립된 지 3년 만에 공동구매액 200억 원, 재매각율 62%, 그리고 평균 수익률 35%라는 인상적인 기록을 세우며 주목할만한 성과를 거두고 있다. 특히 주목할 점은 예술시장에 새로운 비즈니스 모델을 적용하면서 발생할 수 있는 가장 큰 진입장벽, 즉 기존 예술시장의 이해관계자들과의 갈등을 피한 것이다. 열매컴퍼니는 이들과의 갈등이 아니라 상호 수익 창출의 기회를 제공함으로써 성장을 이루었다. 열매컴퍼니의 사업전략은 기존 옥션, 갤러리 시장과의 경쟁을 피하면서도 시너지를 창출하는 방향으로 구축되었다. 이를 위해 국내외 유명 옥션사 및 갤러리와 협력하여 작품 소싱과 재판매를 진행하였다. 이러한 접근 방식은 열매컴퍼니가 기존의 예술시장 구조 내에서 자리 잡고, 동시에 새로운 가치를 창출할 수 있는 기반을 마련하는 데 도움이 되었다.

한편, 예술적 가치를 중시하는 미술시장에서 조각 투자라는 방식을 통해 대중들의 투자를 가능하게 하였다는 점에서 열매컴퍼니의 비즈니스 모델이 주목을 받고 있지만, 장기적으로 성장을 이루기 위해서는 풀어나가야 할 과제들도 존재하는 것으로 보인다. 미술품에 대한 정확한 투자가치 산정의 어려움과 미술시장 변동의 불확실성이다. 또한 아직은 미술시장이 투자처로서는 상대적으로 작은 규모라는 점도 시장 유동성 확보 측면에서 불리할 수 있다.

87. 빈집 리모델링 기반 투자형 플랫폼:
다자요

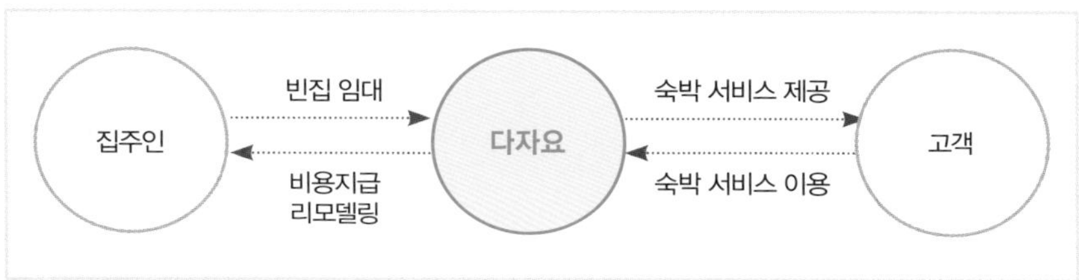

난개발 및 인구 감소 등으로 인해 지역에서 당면하는 빈집 문제는 점점 더 심각해질 것으로 보인다. 지방자치단체에서 자체적인 해결이 어려운 문제를 함께 해결하는 기업이 바로 다자요다. 다자요는 제주도의 빈집을 장기로 빌려 제주도의 감성을 담아 리모델링하고 숙소로 고객에게 대여하여 수익을 창출한다. 여기서 발생한 수익은 집주인, 지역사회와도 정해진 비율만큼 나눈다. 지역사회에서 대두되고 있는 문제를 해결함과 동시에, 취향이 드러나는 인테리어 리모델링을 통해 '제주도스러운' 숙소에 머물고자 하는 고객들의 니즈를 충족시킴으로써, 성공적인 상생모델로 평가받고 있다.

01 핵심제공가치

다자요는 '공간에 가치를 더하다'라는 슬로건을 내걸었다. 그만큼 빈집을 지역의 특색이 묻어나게 리모델링을 하여 제공하는 것을 핵심가치로 내세우고 있다. 다자요는 집마다 콘셉트를 가지고 있는데, 가장 중요한 가치는 독립적인 휴식이다. 숙박업을 한다고 해서 그저 수익 극대화에만 집중하는 것이 아니라 고급스러운 숙소를 제공하기 위해 신중하게 빈집을 선택하고 리모델링한다. 집의 상태보다 입지를 고려하는데, 옆집과 너무 붙어 있어 편히 쉬기 어렵거나 대로변에 있어 소음이 심한 경우, 주변에 아무것도 없고 외져 있어 무서움을 느낄 수 있는 위치의 집은 선택하지 않는다.[298] 빈집을 임대해 숙박업을 제공한다는 다소 확장성이 부족해 보이는 비즈니스 모델을 성공시킬 수 있었던 다자요의 핵심가치는 고객이 저렴하지 않은 가격임에도 기꺼이 지불하도록 하는 '머물고 싶은 공간'일 것이다.

02 수익공식

기본적으로 임대한 빈집을 가지고 숙박업을 운영하여 수익을 창출하고 있다. 하루 숙박비를 50만 원이라고 잡는다면 1년 365일 중 규제로 제한된 영업일인 300일 전부 영업 시, 한 집당 1년 매출이 1억 5,000만 원이다. 규제 이후에도 300일 기준 90%에 이르는 높은 가동률을 보이고 있다. 그럼에도 흑자 전환은 쉽지 않다. 현재는 계속 빈집을 재생하는 수를 늘리고 있는데 초기에 평균 2억 5,000만 원 정도의 리모델링 및 인테리어 등의 비용이 대규모로 발생하는 이유로 적자를 면치 못 하고 있는 상황이다.[279] 그럼에도 감가상각비와 운영비를 제외하고도 한 채당 5,600만 원의 수익을 올리고 있다고 한다.[280] 숙박비를 35만 원으로 계산하면, 70% 정도의 이윤을 남긴다고 할 때 3.5년 정도가 지나면 3억 원의 수익이 발생하며 BEP_{Break-Even Point}를 달성할 수 있다. 그다음부터 7년 추가로 발생하는 임대료 및 보증금 등의 부담이 없기 때문에 이대로 추후 지속적인 매출 유지 가능 시, 머지않아 흑자 전환이 가능할 것으로 예상된다.

03 핵심자원

다자요의 핵심자원은 사회적 가치를 인정받아 규제를 일정 부분 극복하여 획득한 사업권이다. 야심 차게 시작한 비즈니스이지만, 초기 진입 시장의 경우에는 규제가 발목을 잡기도 한다. 2019년 빈집 재생 후 숙박 공유 모델은 농어촌정비법에 위배되어 비즈니스를 못할 위기에 처했었다. 다자요는 2020년 '한걸음 모델'이라는 정부의 신산업 갈등 조정 메커니즘에 선정돼 영업을 재개했다. 규제가 전부 제거된 것은 아니다. 정부는 사업에 활용할 수 있는 '빈집'의 요건을 공식적으로 1년 이상 거주자가 없거나 사용하지 않은 농어촌 주택으로 제한하고 있다. 다자요가 운영 가능한 빈집은 50채이며, 다자요는 현재는 2년 동안 50채를 리모델링 및 운영하고, 다시 2년 재연장하는 방식으로 허가를 받았다. 이와 같이 허가가 필요한 사업은 그 자체로 진입장벽이 되기 때문에 필수적이면서도 핵심적인 자원이라고 볼 수 있다.

04 핵심프로세스

다자요는 다방면에서 수익을 나누거나 협업을 통해 기업의 정체성을 확립해 가고 있다. 첫째, 다자요는 LG전자, 하나투어, 노루페인트, 일룸 등의 기업들과 협업하여 워케이션Worcation 장소로 숙소를 제공하고 있다. 기업들은 마케팅이나 ESGEnvironment-Society-Governance의 개념으로 다자요가 전달하는 가치에 힘을 실어주고 있다. 또한, 제주도 로컬 크리에이터Local creator 및 기업들과도 협업을 진행하는데, 다자요의 구매력 있는 고객들에게 홍보를 가능하게 하고 지역 경제 활성화에도 도움이 되고 있다. 둘째, 운영을 통해 발생하는 수익을 집주인과 공유한다. 다자요는 무료로 빈집을 최소 10년 이상 임차하는데, 집주인이 전혀 이익이 없다면 중간에 주인이 바뀌는 경우, 비즈니스 중단에 대한 리스크가 존재할 수 있다. 다자요는 리모델링 비용은 당사가 부담하고, 숙박업 운영을 통해 발생하는 수익은 집주인과 공유함으로써 지속성을 확보한다. 셋째, 매출의 1.5%를 마을발전기금으로 기부한다. 매출의 일정 부분을 기부하는 것은 비용으로 생각할 수 있으나, 제주도의 지역경제와 상생하는 것이 기업의 정체성이므로 초기부터 기부를 진행해왔다고 한다. 이처럼 다양한 기업과 협업하고, 수익을 나누고, 지역재생에 기여함으로써, 다자요는 사회적 가치를 실천함과 동시에 사업의 지속가능성을 향상시키고자 노력하고 있다.

3.5.5. 플랫폼형 비즈니스 모델 I 수익공식 I 투자형

88. 창고 대여 기반 투자형 플랫폼:

세컨신드롬(미니창고 다락)

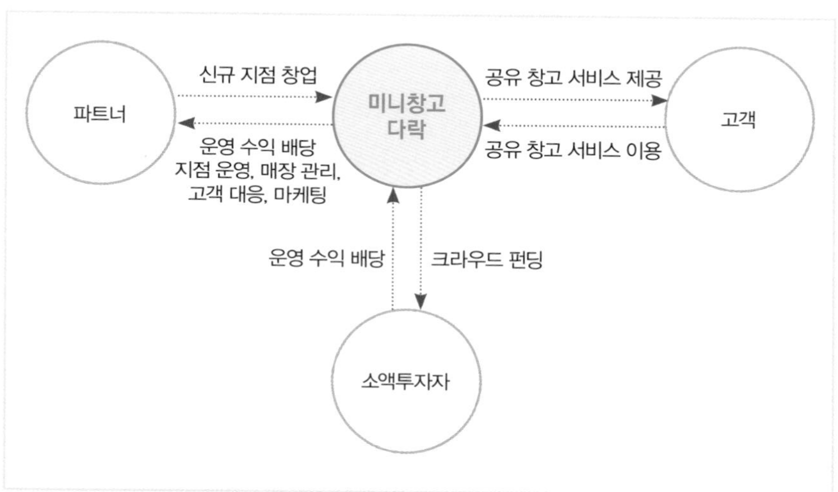

집에 버리기는 아깝고 평소에는 자주 쓰지 않는 물건들을 누구나 가지고 있을 것이다. 하지만 거주비용 때문에, 도시에서 이를 다 수용할 수 있는 면적의 주거공간을 가지는 것은 어려울 수 있다. 필요한 만큼의 공간을 집 밖에 아웃소싱Outsourcing 하는 대안을 제시한 서비스가 있다. 바로 미니창고 다락이다. 다락에서는 기본적으로 한 명 또는 두 명의 투자를 받아 공간을 임차하고 운영은 직접 한다. 창고 운영을 통해 발생하는 수익은 임차료, 공과금 및 다락에서 부과하는 운영비를 제외하고 투자자가 가져가게 된다. 다시 말해, 투자자는 운영에 전혀 참여하지 않고 투자만으로 수익을 창출할 수 있는 것이다. 다락은 이러한 새로운 비즈니스 모델로 2021년에 100억 규모의 시리즈 B 투자를 유치하였으며, 수익도 안정적으로 발생

하고 있다.

01 핵심제공가치

다락은 비대면 개인 짐 보관 서비스이다. 공유형 창고 대여를 통해 고객들에게 도심에서 사용 가능한 추가 공간을 제공한다. 접근성 및 편의성과 같이 공유형 창고 대여 플랫폼이 일반적으로 제공하는 가치 외에도 다락이 차별화하여 제공하는 핵심가치는 인공지능 기술에 기반한 관제 솔루션 시스템으로 창고를 항온·항습 관리 등을 위해 상시 모니터링하고 최적의 보관 환경을 제공하는 것이다.[281] 또한, 스마트폰 애플리케이션을 제공하여 직접 창고를 관리할 수 있도록 하여 고객 편의를 향상시켰다.

02 수익공식

다락은 독특한 수익모델을 가지고 있다. 다락의 지점들은 점주들이 본사와 가맹하여 운영하는 프랜차이즈 형태가 아니고, 그렇다고 다락이 비용 전부를 부담하는 직영의 형태도 아니다. 공유창고의 전반적인 운영은 다락이 직접 담당하면서, 투자자들은 지점을 확장하는 데 참여하게 한다. 다락이 수익을 창출하는 절차는 다음과 같다. 먼저 공유창고로 활용할 수 있는 공간을 섭외하는 것은 다락이 담당한다. 이 과정에서, 비어 있는 공간을 다락이 임차해주기를 바라는 건물주 등이 먼저 제안을 하기도 한다. 장소가 정해지면, 다락은 해당 지점에 투자할 투자자를 모집한다. 홈페이지를 통해 30평, 50평, 100평 기준으로 나누어 투자비용을 공지하는데, 점유율 80%를 기준으로 다락에서 수익화 가능한 금액은 120만 원이다.[282]

03 핵심자원

다락의 핵심자원은 크게 두 가지로 생각해 볼 수 있다. 첫 번째는 바로 비즈니스 모델이다. 투자자를 따로 두고 다락은 지점 운영, 매장 관리, 고객 대응, 마케팅 등을 담당하는 형태로 운영하여 사업의 위험을 부담을 줄이고 확장성 획득할 수 있다. 또한, 투자자는 매장 관리 등에 대한 부담을 지지 않고 투자만으로 지점에서 발생하는 수익을 다락 측과 나눌 수 있다.

04 핵심프로세스

투자자가 시설 및 인테리어, 고정비용, IT 서비스 비용 등을 납부한다고 보았을 때, 투자자는 6,000만 원을 투자하면 270만 원을 매달 영업이익으로 가져갈 수 있다고 한다. 이러한 수익률은 80% 수준의 점유율을 지속적으로 유지하는 경우를 가정하는 것이다. 이와 같은 높은 수익률 덕분인지, 다락의 매출과 지점은 꾸준히 늘어나고 있으며, 2023년 12월 기준으로 매출은 2022년의 75억 원 대비 2배 상승이 예상되고, 지점도 전국에 85개를 보유하고 있다. 다락은 2027년까지 전국에 800개 정도의 지점을 목표로 하고 있다고 한다.[283] 그럼에도 확장에 대한 부분은 고민이 필요하다. 국내에서 창고 대여를 필요로 하는 수요는 제한적일 수 있기 때문이다. 이를 극복하기 위하여, 지금까지의 비즈니스 노하우를 기반으로 글로벌하게 확장하는 방법에 대한 고민도 필요할 것으로 보인다.

3.5.5. 플랫폼형 비즈니스 모델 I 수익공식 I 투자형

89. 음악 저작권 공동투자 플랫폼:

쥬크박스 JKBX

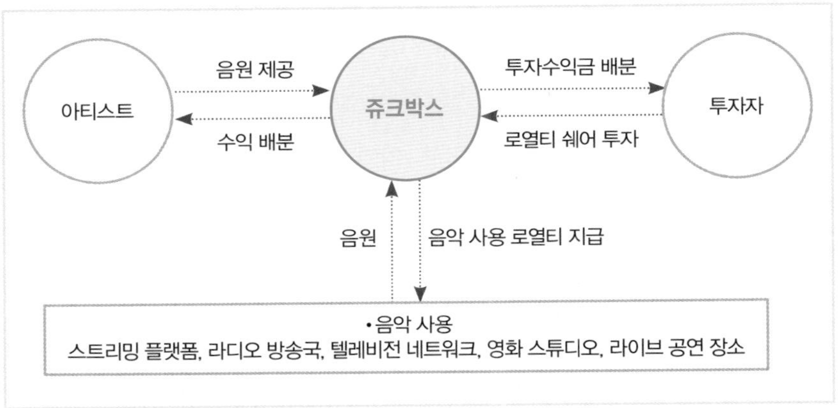

쥬크박스Jkbx는 투자자들이 비욘세, 테일러 스위프트와 같은 유명한 아티스트의 곡의 저작권에 일반인들이 공동투자하여, 그 노래가 재생될 때마다 벌어지는 수익의 일부를 얻을 수 있도록 하는 히트곡의 저작권에 공동투자할 수 있는 플랫폼 서비스를 제공하고 있다. 구체적으로, 쥬크박스는 음악 저작권으로부터 발생하는 수익에 대한 주식인 '로열티 주식'에 투자하는 플랫폼으로, 로열티 주식을 구매함으로써 투자가 이루어진다. 음악에 대한 깊은 애정을 가진 음악 팬이 투자자로 참여할 수 있으며, 좋아하는 음악과 더 깊은 연결을 맺을 수 있으며, 음악 플레이리스트를 수입의 원천으로도 활용할 수 있다. 현재 쥬크박스에서 투자할 수 있는 곡들에는 비욘세Beyoncé, 아델Adele, U2, 저스틴 비버Justin Bieber, 트레비스 스콧Travis Scott, 엘리 굴딩Ellie Goulding, 조나스 브라더스Jonas Brothers 등의 아티스트가 부른 노래가 포함되어 있으며, 빌보드Billboard Hot 100에서의 순위를 기준으로 상위 곡들 또한 포

함되어 있다.

01 핵심제공가치

쥬크박스의 서비스는 소비자들에게 음악 저작권에 대한 로열티를 자산 클래스로 접근할 수 있는 기회를 제공함으로써 사람들이 좋아하는 음악을 기반으로 공유 가치를 창출할 수 있게 한다. 쥬크박스는 많은 작곡가와 노래를 플랫폼으로 끌어들이려고 하는데, 인기곡들이 많이 포함되고 많은 투자자가 플랫폼에 유입될 경우, 음악에 대한 수익을 공유하는 새로운 투자자산 생태계가 조성될 수 있다. 한편, 쥬크박스는 플랫폼에서 창작자를 위한 프로그램을 제공하여, 레코딩 아티스트와 작곡가들이 쥬크박스 플랫폼에서 자신만의 아티스트 페이지를 만들 수 있도록 하고 있다. 이러한 창작자 프로그램을 통해 아티스트들은 독자적으로 팬과의 상호작용을 증가시키면서 음악을 대중적으로 확산시킬 수 있다. 쥬크박스의 CEO인 코헨Cohen은 창작자 프로그램을 통해 대형 기획사에 집중되어 있는 수익 창출 구조를 음악 창작자 중심으로 재편하는 것을 목표로 하고 있다고 밝혔다. 코헨은 음악 창작으로부터 발생하는 부를 아티스트 중심으로 공유하고 아티스트와 작곡가들이 음악산업 내에서 공평한 대우를 받도록 하기 위해 설계되었다고 강조한다. 창작자 프로그램은 창작자들을 중심으로 하는 음악산업 생태계의 구축이라는 쥬크박스의 비전을 나타내며, 창작자, 투자자이면서 팬인 음악 커뮤니티가 창작물인 음악을 지금까지와는 다른 방식으로 수익화할 수 있도록 할 것이다. 쥬크박스는 창작자들이 플랫폼을 통해 자신의 음악에 대한 권리가 팔리거나 다른 레이블로 제작되는 것을 알 수 있도록 추가적인 노력을 기울이고 있다. 구체적으로 작곡가나 프로듀서가 음악 작품에 대한 권리를 팔 때, 원래 녹음에 참여한 아티스트의 동의를 받을 필요가 없는 업계의 기존 표준관행에 대해 도전을 시도하고 있다. 이러한 시도의 일환으로 업계의 투명성을 높여 녹음 아티스트들도 음악 창작물에 대한 로열티가 변동하는 상황을 플랫폼을 통해 적극적으로 공유하고 알리려고 하고 있다.

02 수익공식

로열티 주식 발행을 통해 음악 저작권에 투자하고 음악 저작권을 통해 발생하는 수익을 통해 수익을 창출한다. 로열티 주식은 특정 노래로부터 발생하는 로열티 수입의 일부를 받을 권리를 보유자에게 부여하는 계약적 권리라고 할 수 있다.[284] 배당금을 지급하는 주식과 마찬가지로, 쥬크박스 플랫폼에서 획득한 로열티 주식은 특정 음악이 생성하는 수익 일부를 투자자에게 제공한다. 제공되는 로열티 스트림의 종류(예: 출판, 녹음 및 지역적 제한 유무)는 각각의 곡마다 다양하다.

03 핵심자원

쥬크박스는 벤처캐피털 및 사모펀드 회사인 던디 파트너스Dundee Partners의 샘 헨델Sam Hendel과 존 채프먼John Chapman에 의해 설립되었다. 투자 생태계에 대해 이해하고 있는 벤처캐피털과 사모펀드 회사가 설립했기 때문에 대체 자산 생태계에 대한 높은 이해를 지니고 있다는 것이 핵심자원이라고 할 수 있다. 또한 투자자로서의 팬들이 수익성이 높고 지속적으로 사랑받을 수 있는 노래의 로열티 주식을 구매, 거래 및 판매할 수 있도록 하기 위해서는 투자 가치가 높은 음악들을 보유하는 것이 중요하다. 쥬크박스에서 제공되는 대부분의 트랙이 18개월 이상 전에 발매된 것이며, 또한 10년 이상 지속적으로 대중적 인기를 얻은 곡들이다. 예를 들어, 메이저 레이저Major Lazer의 히트곡 〈Lean On〉(스포티파이Spotify에서 18억 이상의 스트림을 기록)과 아메리칸 오써스American Authors의 〈Best Day of My Life〉가 포함되어 있으며 이 곡은 베스트 웨스턴 호텔Best Western Hotels, 포드Ford 및 지프Jeep의 광고에 사용된 싱크 곡으로 화제를 모았다.

04 핵심프로세스

음악 작품을 통해 발생하는 저작권은 두 가지 종류가 있다. 첫째, 작곡에 대한 저작권이 있으며, 둘째 작곡의 녹음에 대한 저작권이 있다. 저작권 소유자들은 음악 로열티를 통해 수익을 얻을 수 있다. 일반적으로 음악에 대한 로열티는 음악의 창작자와 권리 보유자들(저작권을 창조하거나 소유한 사람들)에게 음악의 사용에 대한 대가를 지급할 때 발생한다. 구체적으로, 스트리밍 플랫폼, 라디오 방송국, 텔레비전 네트워크, 영화 스튜디오, 그리고 라이브 공연 장소와 같은 곳에서 음악을 사용하면 저작권자들에게 로열티를 지급하게 된다. 음악 로열티는 작곡가, 아티스트, 음반 출판사, 레코드 레이블[285] 등이 창작물에 대한 지속적인 수입을 획득하고, 나아가 새로운 작품을 창조하기 위한 자원으로서의 의미를 지니기 때문에 매우 중요하다. 음악산업의 성장과 함께 음악 저작권의 가치도 함께 성장하고 있는데, 2022년 음악 저작권 가치는 415억 달러로 2021년 대비 14% 증가하였다.[286]

이처럼 음악의 저작권으로부터 발생하는 수익이 증가하면서, 음반 발매 과정에 참여하고자 하는 투자자들 또한 증가하였다. 쥬크박스는 음악산업에서 투자자들이 음악 로열티 주식을 획득할 수 있게 하여 음악사업에 참여의 길을 열었다. 쥬크박스는 '로열티 공유Royalty Shares'라는 증권을 통해 소비자들에게 음악 로열티에서 발생하는 수입에 대한 독특한 접근을 제공하며, 이는 자산에 대한 대체 투자로서의 의미를 창출하기도 한다. 전통적인 주식과 달리, '대체 자산'은 일반적으로 소매 투자자들이 구매할 수 있는 증권으로 나누어진 적이 없는 것을 의미한다. 이러한 자산들은 낮은 최소 투자금으로 투자를 가능하게 하며, 투자의 다양한 기회를 만든다는 측면에서 투자자들로부터 많은 관심을 받고 있다.

하지만 저작권에 대한 지분 투자와 같은 대체 투자 분야는 공급과 수요의 변동을 예측하기 어려우며 경기 변동성에 영향을 받을 수 있다는 리스크가 존재한다. 따라서 쥬크박스가 대체 투자처로서 시장의 인정받기 위해서는 일반인들이 이러한 리스크 관리를 어떻게 할 수 있을지가 관건이라고 할 수 있다.

90. 와인 장기투자 플랫폼:

비노베스트 Vinovest

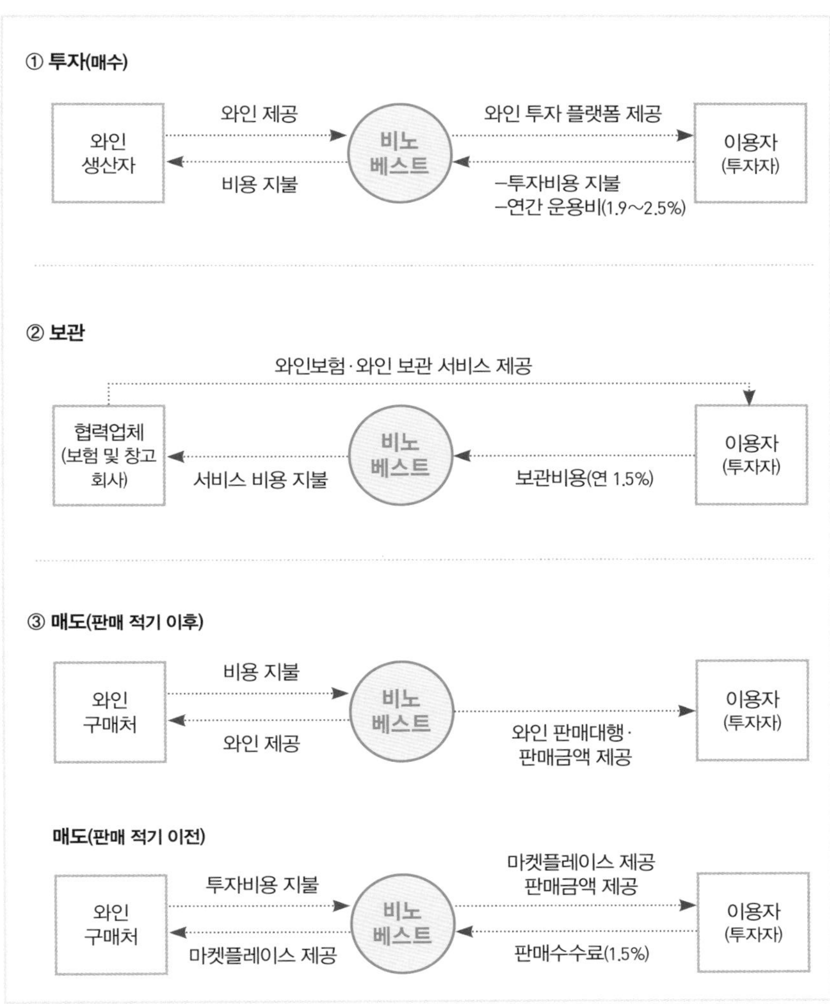

국내에서는 최근에서야 처음으로 와인 유통사가 상장을 하며 투자자들의 많은 주목을 받았지만, 미국에서는 실제 와인에 투자할 수 있도록 도와주는 회사인 비노베스트Vinovest가 2019년 등장했다. 비노베스트를 통해서라면 프랑스와 이탈리아 등에서 생산된 고품질 와인을 누구나 주식처럼 사고팔 수 있다. 비노베스트 서비스의 이용자는 마치 펀드에 투자하듯 수익률과 포트폴리오를 확인할 수 있고 비노베스트의 전문가들이 선별한 여러 와인 '종목'들에 대한 리포트를 받아볼 수도 있다. 이 과정에서 비노베스트는 연간 운용비를 청구하며 그 외 와인 보관비용 및 자체 마켓플레이스에서 거래가 일어날 시 판매수수료 등을 통해 수익을 올리고 있다.

01 핵심제공가치

비노베스트는 일반인에게 와인에 직접 투자할 수 있는 플랫폼을 제공하고, 와인 생산자에게는 품질 좋은 와인을 판매할 수 있는 새로운 창구를 열어주었다. 일반인 입장에서 다양한 품종, 산지, 생산연도, 기후 등에 따라 품질이 달라지는 와인을 투자의 개념으로 접근하기는 쉽지 않다. 특히, 와인의 경우 구매 후 보관 상태와 시장의 수요 등에 따라 수시로 가격이 변동되는 만큼 전통적인 투자 방법 대비 관리하기가 매우 어렵다. 비노베스트는 이 점을 보완하여, 'Vinovest Council'이라는 와인업계 전문가들로 구성된 자문단을 통해 품질 좋은 와인을 선정하고, 해당 와인에 대한 조사 자료와 포트폴리오를 추천해준다. 투자자들의 포트폴리오 내 와인들은 2022년 4분기 기준 평균적으로 8.42%의 평가 가치 상승률을 보여주었고[287] 전반적으로 S&P 지수 대비 높으면서도 안정적인 투자수익률을 나타냈다고 한다.[288] 또한 실제로 투자자가 투자를 진행한 후에는 판매 시점까지 자체 창고에서 와인을 보관해주고, 여러 와인 지수와 가격을 분석하여 현시점에서의 가치를 쉽게 보여준다. 투자 전부터 판매까지 전 과정을 쉽고 수월하게 진행할 수 있도록 플랫폼을 제공하며 와인 투자의 민주화에 앞장서고 있다.

02 수익공식

비노베스트는 여느 펀드 회사처럼 투자운용비용을 청구하며, 이는 투자하는 금액에 따라 차이가 있다. 최소 1,000달러 이상을 투자할 경우 연 2.5%의 운용비를 받으며, 25만 달러 이상 투자를 진행할 경우, 운용비는 연 1.9%로 낮아지고 프리미엄 등급의 와인에 투자가 가능해진다. 분기별로 포트폴리오 분석 리포트도 받을 수 있다. 더불어 1.5%의 보관 비용이 있는데, 창고 보관뿐만 아니라 혹시나 있을 수 있는 파손 등에 대비하여 와인보험 서비스가 포함되어 있다. 투자자는 추후 보유하고 있던 와인을 판매할 때에도 상황에 따라 비용을 지불한다. 투자 당시 비노베스트가 명시한 해당 와인의 판매 적기까지 기다린 후 판매할 경우에는 추가적으로 비용을 지불할 필요가 없다. 그러나 적기 전에 와인을 판매하고 싶다면, 비노베스트의 마켓플레이스에 와인을 등록하여 다른 투자자를 찾을 수 있으며 이 경우 판매금액의 1.5%를 판매 수수료로 지불하게 된다.

03 핵심자원

와인 유통에 금융과 기술을 접목시킨 비노베스트의 핵심자원은 각 분야의 전문가들로 이루어진 내부 구성원이다. 비노베스트의 인력은 와인들을 선별하여 추천하는 와인 전문가뿐만 아니라, 세계적인 금융회사에서 오랜 기간 투자를 담당했거나 데이터와 개발에 일가견이 있는 직원들로 이루어져 있다. 와인 전문가들이 장기 숙성 시 가치가 올라갈 와인을 고르면, 투자팀은 해당 와인들의 현재 가격과 중장기 수익률을 계산한다. 이를 제품팀이 개발한 사용자 친화적 화면을 통해 확인한 투자자들은 직관적으로 투자를 진행할 수 있다. 2019년에 창업하여 빠르게 업계 최고 인력들을 모아 팀을 꾸리고, 이를 기반으로 매력적인 플랫폼을 선보인 비노베스트는 2022년

4분기 기준 1억 달러 이상의 많은 투자운용 자금을 끌어들일 수 있었다.[289]

04 핵심프로세스

몇 년 사이 여러 대체 투자상품들이 등장했으나 와인과 같이 복잡하면서 까다로운 상품을 찾기는 어렵다. 이 까다로움을 하나의 플랫폼에 담아, 비교적 간단한 전통 투자상품처럼 와인을 탈바꿈한 비노베스트만의 몇몇 프로세스가 눈여겨볼 만하다. 첫째, 여러 와인을 비교·분석하여 비노베스트만의 등급으로 분류하고 있으며, 투자한 와인이 충분한 가치를 지니기까지 필요한 투자기간을 명시한다. 이를 통해 와인을 잘 모르는 투자자라고 하더라도 객관적으로 와인을 고를 수 있다. 둘째, 와인 보관 서비스를 제공하여 투자자가 직접 와인을 보관하는 불편함 뿐만 아니라, 잘못된 보관으로 품질이 떨어질 수 있는 가능성을 줄였다. 셋째, 추천된 판매 시점 이전 및 이후로도 투자자가 거래소에서 주식을 파는 것과 동일하게 와인을 거래할 수 있도록 마켓플레이스를 개장했다. 이를 통해 투자에 있어 필수적인 구매·보유·판매의 3단계를 모두 제공하여 투자자들을 플랫폼으로 유인한다. 단, 주식 혹은 펀드와 같은 투자상품들과 달리, 와인은 특성상 10년에서 15년 정도의 충분한 숙성기간을 통해 그 가치와 가격이 올라가게 되어 장기투자가 중요하다. 다소 긴 기간 투자자들에게 어떻게 지속적인 혜택을 제공할 수 있을지에 대한 고민과 노력이 필요하다.

3.5.6. 플랫폼형 비즈니스 모델 I 수익공식 I 프랜차이즈형

91. 로봇 기반 치킨 프랜차이즈:
로보아르테(롸버트치킨) Roboarete

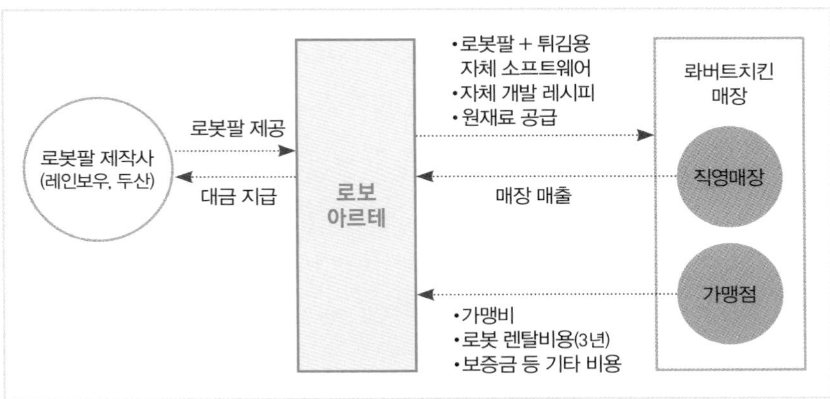

로보아르테는 2018년 설립된 로봇 기반 푸드테크 스타트업이다. 협동 로봇을 치킨을 조리하는데 적용하여 로봇이 튀기는 치킨 프랜차이즈 브랜드인 '롸버트치킨'을 운영하고 있다. 롸버트치킨은 2020년에 최초로 점포를 열고 2023년 12월까지 15개의 국내 직영 및 가맹 매장을 운영하고 싱가포르를 시작으로 해외 진출 또한 노리고 있다. 지금은 치킨을 튀기는 용도로 로봇을 활용하고 있으나, 추후에는 튀김 외에 다른 조리도 가능한 로봇 기술을 개발하고자 노력하고 있다. 자체 브랜드인 롸버트치킨 외에 타 기업과 협력하여 협동 로봇을 활용한 B2B 프로젝트를 진행 중이기도 하다.[290]

01 핵심제공가치

로보아르테의 브랜드인 롸버트치킨은 여러 명이 아닌 1인이 운영할 수 있는 치킨 브랜드라는 점에서 차별점을 가진다. 보통 치킨 가게의 경우 하루 100마리를 판매하면 장사가 잘되는 매장이라고 한다. 그런데 이처럼 치킨 100마리를 만들기 위해서는 사람 4~5명이 2시간 동안 쉬지 않고 일해야 한다. 치킨을 손질하는 사람, 튀김 반죽을 하는 사람, 튀김기 앞에서 온종일 치킨을 튀기는 사람들 등 많은 인력이 필요한 것이다. 그러나 로보아르테의 협동 로봇 한 대는 1시간 동안 치킨 50마리를 튀길 수 있으며, 모든 튀김을 균일하게 만들 수 있다는 점에서 큰 장점을 갖는다. 또한 치킨집에서 튀김기를 담당하는 누군가는 끊임없이 유증기를 마시며 고된 노동을 해야 했지만, 롸버트치킨에서 사용되는 협동 로봇은 이를 쉽게 견뎌낸다. 사람은 로봇이 치킨을 튀기는 동안 옆에서 치킨 준비나 청소를 일부 돕기만 하면 되기 때문에 롸버트치킨은 일반 치킨 브랜드에 비해 높은 효율성과 생산성을 제공한다.[291]

02 수익공식

로보아르테의 매출은 기본적으로 직영으로 운영하는 롸버트치킨의 매장 매출, 그리고 프랜차이즈 사업을 통해 발생한다. 롸버트치킨을 창업하고자 하는 가맹점주는 가게 10평을 기준으로 최소 약 5,314만 원의 비용을 지불하면 창업이 가능하다. 이 금액에는 가맹비, 교육비, 보증금(계약 종료 시 반환), 인테리어 공사비, 튀김로봇 렌탈비용 등이 포함된다. 여기에서 튀김로봇의 경우 렌탈업체와 별도의 계약을 맺게 되며, 3년 동안 나누어 월 114만 원을 납부하게 된다. 가맹점 개설 후에는 로봇렌탈비, 원재료 제공 등을 통해 수익을 얻는다.[292]

롸버트치킨 직영점 및 가맹점에서 사용되는 협동 로봇의 경우, 로봇의 뇌에 해당하는 프로그램은 로보아르테가 직접 개발했지만 몸통에 해당되는 로봇 암arm은 외부로부터 구입해 온다. 현재는 국내 기업인 레인보우로보틱스와 두산로보틱스로부터 공기계로 구입한 후 조립하고, 이를 조리과정이 입력되어 있는 로봇용 소프트웨어를 통해 제어한다.[293]

03 핵심자원

사람이 닭을 튀기는 대부분의 치킨 가게에서는 균일한 퀄리티의 치킨을 튀겨내기 어렵다. 원료가 되는 닭의 상태, 매장의 온도, 기름의 상태나 튀기는 시간 등의 컨디션을 항상 일정하게 유지하기 어려울 뿐만 아니라 사람이 하는 작업이기 때문에 아무래도 작업자의 '감'에 맡길 수밖에 없기 때문이다. 로보아르테는 이를 보완하고 항상 같은 맛의 치킨을 만들기 위해 로봇용 소프트웨어를 개발했다. 튀김기 내의 온도와 기름의 산화 정도를 로봇이 센서를 통해 계속해서 측정하고, 닭의 상태에 따라 원하는 정도의 튀김을 얻기 위해서는 얼마나 더 오랫동안 튀겨야 하는지를 데이터에 기반하여 로봇이 판단하게 된다.

이처럼 균일한 맛의 치킨을 만들어 낼 수 있는 점이 로보아르테 조리로봇의 가장 큰 장점이며, 또한 로봇을 클라우드 기반으로 원격제어할 수 있다는 것도 큰 장점이다. 로보아르테는 R&D센터에서 전 매장의 로봇 상태를 관제할 수 있는 시스템을 구축했는데, 여기에서 주문이 들어온 시점과 조리시간의 준수 여부, 기름 온도의 적정성 등을 실시간으로 체크해볼 수 있다. 현재 싱가포르 매장 및 미국 매장과 같은 전 세계 매장의 컨디션을 모니터링할 수 있도록 만들었다.

04 핵심프로세스

현재까지 시리즈 A 투자 유치를 완료했으며, 총 110억 원의 투자금을 유치했다.

로보아르테는 현재 치킨을 튀기는 로봇을 메인으로 개발·판매하고 있으나 필요에 따라 다르게 활용할 수 있는 조리로봇도 개발하고 있다. 현재 면 삶기 로봇과 츄러스 조리 로봇의 개발을 마쳤으며, 추후에는 패티를 구울 수 있도록 하는 조리로봇을 개발하고자 하고 있다.

점주의 편의성을 높이기 위해 협동 로봇을 사용한다는 점에서 롸버트치킨의 콘셉트가 충분히 차별성을 보유하고 있지만, 결국 외식산업에서 가장 중요한 것은 그렇게 만들어 낸 결과물이 고객들이 다시 찾을 정도로 맛이 있는지의 여부이다. 이를 위해 로보아르테는 정기적으로 신메뉴를 개발하고 있으나, 다른 프랜차이즈 대비 맛의 측면에서 우위를 점하기 위한 노력이 지속되어야 할 것으로 보인다.

이 외에, 로보아르테는 외식업의 격전지라고 볼 수 있는 뉴욕을 시작으로 미국 진출을 준비하고 있다. 이를 위해 미국위생협회National Sanitation Foundation 식품 기계 인증을 취득하기도 했는데, 이는 국내의 조리로봇 플랫폼 중 최초이다.[294]

92. 전기충전 솔루션 통합 플랫폼: 스칼라데이터(모두의 충전)

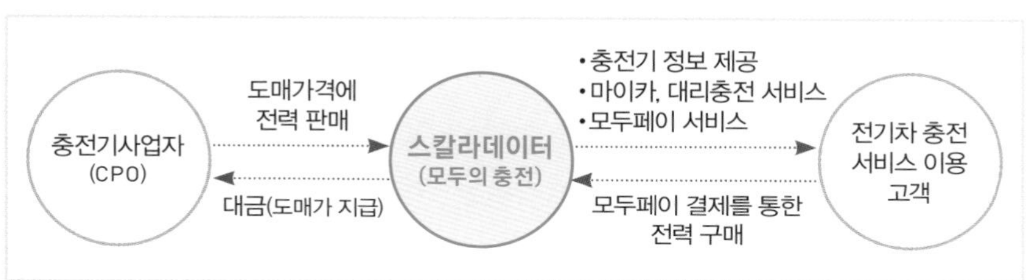

스칼라데이터는 2019년 설립된 기업으로, 전기차 충전 인프라 플랫폼인 '모두의 충전'을 운영하고 있다. 국내의 전기차 및 전기차 충전소가 최근 몇 년간 급속히 성장하면서 인프라는 급격하게 성장했지만, 이를 실제로 이용하는 사람들은 여러 가지 불편한 점들을 느끼고 있다. 예를 들어 전기차를 충전할 수 있는 충전소에 대한 정보가 파편화되어 있거나 아예 공개되어 있지 않으며, 충전사업자마다 각자 다른 카드를 발급받아야 충전할 수 있는 등의 문제점들이 있는데, 이를 모두의 충전은 통합 플랫폼으로서 해결하고자 한다. 스칼라데이터는 충전사업자로부터 도매가로 구입한 전력을 소매가로 판매함으로써 발생하는 차익으로 수익을 발생시키고자 한다.[295]

01 핵심제공가치

스칼라데이터는 모두의 충전 플랫폼을 통해 크게 세 가지의 서비스를 제공한다. 첫 번째는 전국 25만대 이상의 전기차 충전기 위치와 충전 현황을 알려주는 '충전소 찾기' 서비스이다. 해당 서비스를 통해 모두의 충전 앱을 이용하는 고객들은 가까운 충전소(거리), 충전 요금정보, 현재 충전기의 사용 여부, 충전 타입, 충전기 고장 여부, 충전소 경로 안내(카카오 및 티맵) 등 필요한 정보들을 제공받을 수 있다. 이러한 정보를 기반으로 전기차 소유주들은 충전이 필요할 때 현재 위치에서 가장 가까운 곳의 비어 있는 충전기로 바로 찾아갈 수 있어 헛걸음할 필요가 없다.[296]

두 번째는 찾아가는 충전 서비스 '대리충전'과 차량 원격관리가 가능하도록 하는 '마이카' 서비스이다. 대리충전 서비스는 충전할 시간이 없는 전기차주들을 대상으로 차량을 픽업하여 대신 충전해주는 서비스이다. 이때 차량의 사고와 같은 문제점을 제거하기 위해 보험 가입이 되어 있는 전문가들로 하여금 탁송할 수 있도록 하고 있다. 마이카 서비스는 모두의 충전 앱을 차량과 연동하고, 실시간 배터리 잔량과 주행 가능 거리 정보를 확인할 수 있도록 한다. 마이카 서비스를 통해 필터드라이와 목표 충전량 설정을 통해 차량을 원격으로 제어할 수도 있다.

세 번째는 '모두페이' 서비스이다. 전기차는 충전소를 이용할 때 회원카드 또는 충전카드를 통해 결제하는 방식이다. 이용자들은 그동안 충전기마다 사업자가 달라 여러 장의 회원카드를 발급하고 소지해야 하는 불편함을 겪어왔다. 이처럼 불편한 결제 방식을 모두의 충전은 통합 결제 솔루션 '모두페이'로 전환시켜 국내 약 90%의 충전기는 이 모두페이 카드를 통해 결제가 가능하도록 했다.

이처럼 스칼라데이터를 통해 전기차주들은 정보 비대칭과 관련된 문제를 해결하고, 복잡했던 결제 방식을 간편화함으로써 편리하게 충전 서비스를 이용할 수 있다.

02 수익공식

모두의 충전의 충전기 관련 정보 제공 서비스와 마이카 서비스는 무료로 제공된다. 수익이 발생하는 부분은 대리충전 서비스와 모두페이 서비스인데, 이 중 대리충전 서비스는 탁송과 충전비용을 포함해 5만 원의 정찰제로 이용할 수 있다.

수익구조의 가장 큰 부분을 차지하는 것은 모두페이 서비스이다. 스칼라데이터는 GS커넥트, LG헬로비전 등 국내 유수의 충전 사업자CPO와 제휴 계약을 체결하고 해당 CPO들이 보유하고 있는 전력을 도매가격으로 구매할 수 있다. 이렇게 구매한 전력을 모두페이를 통해 전력을 구매하는 전기차주에게 소매가로 판매하면 그 차익이 스칼라데이터의 수익이 된다.

03 핵심자원

모두의 충전 서비스를 이용하게 하는 요소 중 하나인 주변 충전기에 대한 정보 등은 환경부에서 제공하는 공공 데이터 API를 통해 누구나 조회해볼 수 있는 내용이다. 그러나 이 데이터는 정확도가 낮아 데이터 가공을 거치지 않고서는 정확한 사실로서 사용되기 어려운 상태이다. 스칼라데이터는 데이터 전문 인력들로 꾸려진 팀을 통해 자체적으로 데이터를 클렌징하여 가장 정확하고 신뢰할 수 있는 형태로 가공하는 데 성공했다. 또한 다양한 채널을 통해 얻은 관련 빅데이터들을 이에 더해 충전소 혼잡도 예측 등과 같이 전기차와 관련된 편리하고 다양한 서비스를 제공하고자 하고 있다.[297]

실제로 수익이 발생하는 부분은 통합 결제 시스템인 모두페이지만, 모두페이를 사용하기 전 정보 제공이나 마이카 서비스와 같은 편리성 제공을 통해 전기차 이용자들을 플랫폼에 락인lock-in하는 것이 중요할 것으로 보인다.

04 핵심프로세스

스칼라데이터는 2023년 현재까지 약 30억 원 이상의 투자 유치에 성공했다. GS에너지가 두 번에 걸쳐 투자하고 2대 주주의 위치를 차지하고 있다는 점이 흥미롭다.

국내 전기차 수는 전체 자동차 등록 대수 대비 아주 적은 수치를 기록하고 있다. 그러나 전 세계적으로 전기차 대수는 매년 30% 이상 증가하면서 관련 시장이 폭발적으로 성장하고 있다. 스칼라데이터가 준비하고 있는 차기 서비스는 전력 수요 관리Demand Response이다. 전력 수요 관리는 전기 에너지의 효율적 이용을 목적으로 전력 사용량을 줄이거나 늘리고, 이에 따라 보상을 받는 것으로 스칼라데이터는 에너지 솔루션과 데이터 분석 역량이 결합된 전력 수요 관리 이행에 따라 이용자들에게 정산금을 지급하고자 한다.[298]

BUSINESS
MODEL
STORY
101

사회적 가치 기반형 비즈니스 모델

Chapter 4

사회적 가치 기반형 비즈니스 모델

1장에서 3장까지 우리는 기업의 비즈니스 모델을 효율성의 증대라는 큰 틀에서 살펴보았다. 그 바탕은 개인이 시장에서 직접 거래하지 않고 기업이 중간에 이를 매개하는 것이 더 효율적인 이유들이 존재하며, 기업은 이러한 서비스 제공의 대가로 이윤을 창출한다는 것이다.

하지만 기업의 역사를 돌아보면 기업이 보여준 효과가 늘 긍정적인 것만은 아니었다.[299] 이윤 창출 극대화의 부작용으로 인해 소수 기업들이 부를 독점하고 근로자가 인간성을 상실한 채 자본의 노예가 되는 등 현대 기업의 부작용은 어제 오늘 일이 아니다. 이 장에서는 이에 대한 나름의 대안으로 이루어지고 있는 다양한 사회적 가치 기업을 정리해보고자 한다. 비록 우리가 담아낸 비즈니스 모델들이 다양한 영역들을 포괄하지만 이 글에서 특히 주목하는 부분은 창의적이고 독창적인 비즈니스 모델의 유무 그 자체이다. 만약 창의적인 비즈니스 모델을 찾아낼 수만 있다면 이러한 창의적인 생각들은 비영리기업뿐만 아니라 이윤을 추구하는 사적 기업의 영역으로도 충분히 확장 가능하기 때문이다.

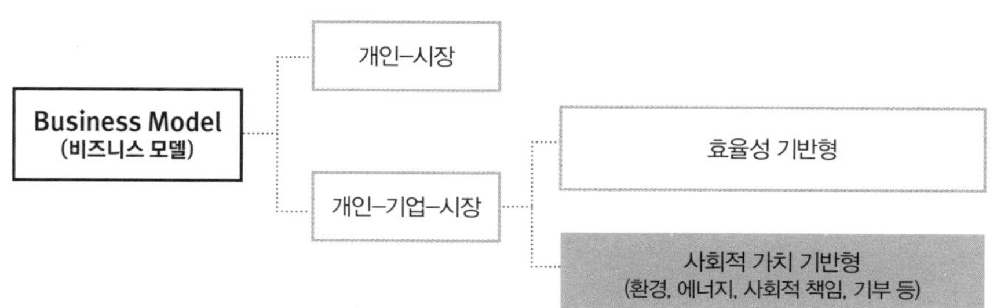
Business Model
(비즈니스 모델)
개인–시장
개인–기업–시장
효율성 기반형
사회적 가치 기반형
(환경, 에너지, 사회적 책임, 기부 등)

93. 반려동물 산책 기반 기부 플랫폼:

에임드(피리부는 강아지) Aimed

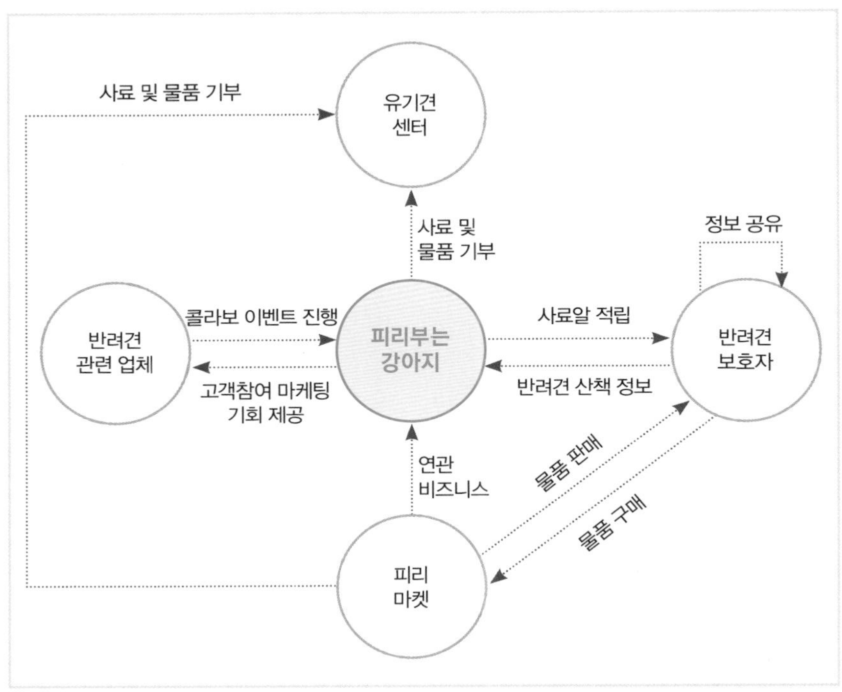

매일 강아지와 함께 산책하는 것이 다른 강아지를 돕는 일이 된다면 어떨까? 더욱 보람 있고 뜻깊은 일상이 될 것이다. 피리부는 강아지는 산책관리와 함께 반려가족의 더 즐거운 일상을 만들고자 생겨났다. 피리부는 강아지의 이용자들은 반려동물과 함께 산책 시 앱 내 발자국이 찍히고, 다른 반려견의 발자국을 주움으로써 비슷한 산책 경로의 강아지 친구들을 확인하는 등 게임처럼 즐겁게 사용할 수 있다. 또한 재미있게 산책을 즐기는 것에 더불어, 산책하는 시간만큼 유기견을 위한 사료가 적립되어 매월 기부되는 보람을 느낄 수 있다. 수많은 반려견과 보호자들의 호응으로 피리부는 강아지는 2023년 애플스토어 라이프스타일 부문 1위를 차지했으며, 다양한 브랜드 및 기업과 협업하여 이벤트를 진행하는 등의 활동을 통해 비즈니스를 성장시키고 있다.

01 핵심제공가치

피리부는 강아지가 제공하는 핵심가치는 일상에서 늘 하던 강아지와의 산책이라는 과정이 기부로 연결되어 느껴지는 동기부여와 뿌듯함이다. 산책하는 동안에 거리에 따라 발자국 모양의 아이콘이 찍히면, 해당 발자국은 사료알로 환산되어 유기견에게 기부된다. 이렇게 기부한 내용을 앱 내 친구들이나 인스타그램에 공유할 수 있다. 이와 같은 공유 방식은 사회적 가치를 전파하는 역할을 함과 동시에 마음이 있어도 시간을 내기 어려워 기부나 봉사를 하지 못하는 견주들에게 강아지와 함께 기부한다는 보람을 주고 있다.

02 수익공식

피리부는 강아지는 커뮤니티를 운영하고, 산책을 통해 사료를 기부하는 과정에서 수익을 창출하지는 않는다. 다만, 기업의 관련 비즈니스를 통한 시너지 창출로 수익을 창출하고 있다. 피리부는 강아지를 운영하고 있는 기업인 에임드$_{\text{Aimed}}$에서는 반려동물 종합 마켓인 '피리마켓'과 반려동물 라이프 브랜드 '견묘한 생활'을 함께 운영하고 있다. 피리부는 강아지에서 산책을 통해 얻은 포인트 및 쿠폰을 피리마켓에서 사용하여 할인된 가격으로 구입할 수도 있는데, 피리마켓에는 모기업의 다른 비즈니스인 견묘한 생활의 제품이 등록되어 있어, 자연스럽게 마케팅 효과를 볼 수 있다. 다양한 비즈니스들이 유기적으로 연결되어 시너지를 발생시키고 수익이 창출되는 새로운 형태의 시너지형 수익모델이다. 피리부는 강아지는 사회적 가치를 실현함으로써, 야외행사를 하면 1,200명이 참여할 정도로 반려인들 사이에서 인기와 높은 호감을 달성하고 있는데, 그렇기 때문에 이러한 수익모델이 선순환하고 있는 것으로 보인다.[300]

03 핵심자원

사회적 가치가 있는 활동에 뜻을 함께하는 대규모 반려견 보호자 커뮤니티가 피리부는 강아지의 핵심자원이라고 할 수 있다. 앱의 이용자들은 반려견과의 산책을 재미있게 즐기면서 기부도 하고자 하는 성향이 비슷한 집단으로 이루어져 있다. 또한 이용자들은 동네 산책을 하며 발자국을 찍는 다른 강아지와 친구가 될 수 있다. 보호자의 정보는 드러나지 않고 강아지의 정보만 공유함으로써 익명성을 지키고, 심리적 진입장벽을 낮추고 있다. 피리부는 강아지는 이렇게 형성된 커뮤니티를 활용하여 반려견 관련 다양한 행사 및 브랜드 협업을 진행하였고, 모두 성황리에 개최되었다. 반려견 산책이라는 공통된 주제를 통해 형성된 공감대로 인해 관련 행사나 이벤트에 참여도가 높으며 이는 피리부는 강아지가 비즈니스를 운영하는 데 중요한 자산이 되고 있다.

04 핵심프로세스

피리부는 강아지는 다양한 반려동물 관련 제품 및 기업과의 협업을 통해 영향력을 넓히고 있다.[301] 이러한 면에서, 협업하는 기업들을 착한 이미지에 부합하는 기업으로 선택해야 하는 것은 유의해야 하는 부분이다. 피리부는 강아지의 이용자들은 서비스의 사회적 가치에 의미를 부여하면서 사용하거나 기업에서 주최하는 이벤트에 참여하고 있을 것이다. 혹여 협업 기업이 피리부는 강아지의 비전과 미션에 어긋나는 행보를 보인다거나, 이벤트를 통해 지나치게 상업적으로 치중하는 모습을 보였을 때, 이용자가 실망하고 이탈하는 경우가 발생할 수 있다. 이러한 부분을 관리하고 기부 과정을 투명하게 공개하는 등 비즈니스의 사회적 가치 창출을 지속적으로 표방하고 일관성을 유지하는 것이 필요할 것이다.

94. B급 농산물 재사용 중개 플랫폼:

풀하베스트 Full Harvest

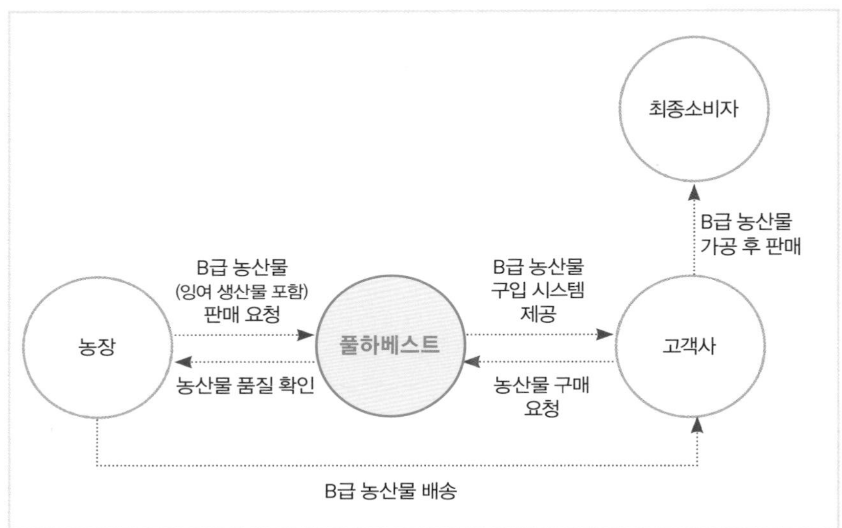

풀하베스트의 창립자인 크리스틴 모슬리Christine Moseley는 유기농 채소와 과일을 더 저렴한 가격에 매입할 방법은 없을지 고민하다가, 로메인 상추농장에서 온전한 상태가 아닌 상추들이 버려지는 것을 보게 된다. 상품성이 없다는 이유로 유기농 상추들이 버려지는 것을 본 모슬리는 이렇게 버려지는 수많은 농산물을 활용하는 방법을 찾기 위해 풀하베스트를 설립하였다. 풀하베스트는 매립지로 가는 잉여물과 상품가치가 떨어지는 농산물을 필요한 구매자가 저렴하게 구매할 수 있게 기업과 기업을 연결해주는 B2BBusiness-to-Business 마켓을 운영하고 있다. 음식물이 버려지는 것을 막아 기업명처럼 전부 수확하게 하는 것을 목표로 풀하베스트는 지속적이면서도 안정적인 성장세를 보이고 있다. 2018년 8명이었던 직원들은 2021년에는 35명으로 증가했다. 또한, 2022년 라보뱅크Rabobank 등으로부터 500만 달러의 투자를 추가로 유치하며 2,800만 달러로 시리즈 B를 성공적으로 마쳤다.

01 핵심제공가치

풀하베스트의 핵심제공가치는 환경보호와 가성비로 정의될 수 있다. 풀하베스트의 비즈니스는 단품으로 판매되기에는 외형적으로 상품성에 결함이 있으나 취식 및 가공에는 문제가 없는 양질의 농작물을 확보하고 필요로 하는 기업에 판매할 수 있게 중개하는 것이다. 풀하베스트는 등록 가능한 농장의 규모를 한정하여 농작물의 양을 일정 수준 보장받는다. 채소 농장은 최소 1,000에이커Acre 이상이어야 하며 과수원의 경우 100에이커 이상이어야 한다. 풀하베스트의 검수 프로세스를 거쳐 식음에 문제가 없는지 확인한다. 풀하베스트에서 외형 이외의 요소들을 검증함으로써, 모양이 중요하지 않은 식음료 및 반려동물 사료 등 제조 기업에서 양질의 채소 및 과수를 더 저렴한 가격에 공급받을 수 있게 되었다.[302]

02 수익공식

풀하베스트는 플랫폼에서 이루어지는 모든 거래에 일정 비율 거래수수료를 부과하는 방식으로 수익을 발생시키고 있다. 따라서 플랫폼 내에서 거래가 많이 이루어질수록 많은 수익이 발생하기 때문에 확장성이 있는 수익모델이라고 볼 수 있다.

03 핵심자원

풀하베스트의 핵심자원은 외형적으로 상품성이 없더라도 맛과 같은 품질을 보장 가능하게 하는 제3자 감사 및 검증 프로세스이다. 풀하베스트의 평균 폐기율을 1~2%인데, 이는 산업 평균인 10%를 크게 밑도는 수치이다. 이들은 또한 구매 및 판매와 관련된 수많은 서류 작업을 온보딩On-boarding 프로세스로 자동화함으로써 편의성을 높였다. 또한 판매와 구매를 위해 수많은 서류 작업들이 필요했던 기존 프로세스를 자동화함으로써, 이용자들의 시간적 비용을 시간을 단축시켰다. 이러한 기술적인 작업들을 위해 풀하베스트는 온라인 마켓플레이스 경험이 많은 임원들을 확보하였다. 이를 통해, 매칭 알고리즘과 구매자들이 상품판매 여부를 확인할 수 있는 시스템을 가진 플랫폼을 개발하였다. 이와 같은 과정들은 버려지는 채소 및 과일의 수를 줄임과 동시에 기업에도 경제적인 이득을 주고 있다.[303]

04 핵심프로세스

풀하베스트는 2023년 5월 잉여 농산물 외에도 USDAUnited States Department of Agriculture 1등급인 모든 농산물로의 비즈니스 영역 확장을 발표했다. USDA 1등급은 모양, 색상, 크기, 질감 등 품질 표준을 보장하기 위해 식품 산업에서 사용되는 주요 농산물 등급이다. USDA 1등급을 포함하도록 시장을 확장함으로써 대부분 모든 등급의 농산물을 사고파는 현재 구매자와 공급업체가 농산물을 온라인으로 관리할 수 있는 원스톱 상점을 제공하게 된 것이다.[304] 잉여 농산물이 풀하베스트의 첫 번째 목표이고 단계였지만, 전체 농산물 산업의 효율성을 극대화하고 낭비를 제거하기 위해서는 전체 농산물을 플랫폼에서 거래할 수 있어야 한다는 의도라고 한다. 사업을 확장함으로써, 더 많은 농산물을 다룰 수 있게 되었고 구매자 및 판매자도 늘어났으나, 이처럼 범위를 확대하는 방향성은 풀하베스트만의 차별성을 떨어뜨릴 수 있으므로 정체성을 유지하기 위한 노력이 더욱 필요한 시점으로 보인다.

95. 중고 아이폰 재판매 플랫폼:
스와피 Swappie

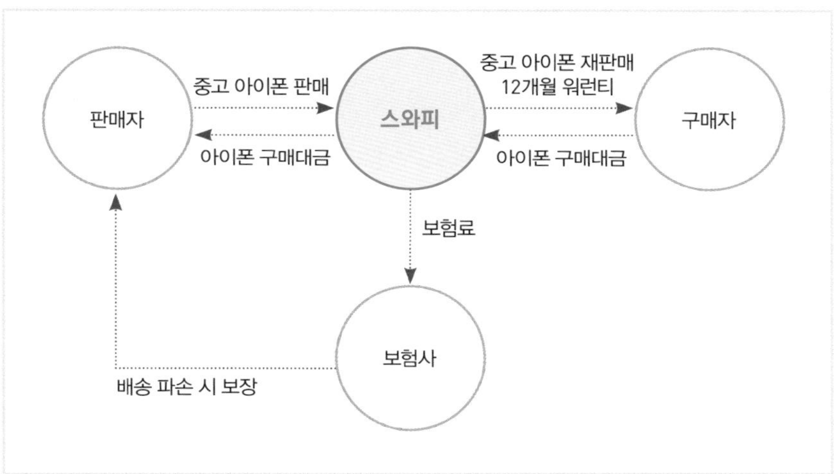

미국 통계에 따르면 사람들은 2년 반에 한 번꼴로 휴대폰을 바꾼다고 한다.[305] 고장이 나지 않았어도 신규 모델의 폰을 구매하는 것인데, 이로 인한 폐기물과 환경오염의 문제가 대두되고 있다. 핀란드에서 시작된 스와피Swappie는 수많은 휴대폰 중 애플사의 구형 모델 아이폰들을 사들여서 재정비 후 재판매하는 순환경제 모델을 가진 스타트업이다. 공동창업자 중 한 명이 실제로 아이폰 중고거래를 하던 와중 겪은 불편함을 토대로 만들어진 스와피는 환경 친화적인 비즈니스 모델을 중시하는 유럽 시장에서 큰 인기를 끌며 100만 대 이상의 중고 아이폰 판매를 성사,[306] 총 2만 3,000여 톤 이상의 이산화탄소 배출을 줄여가고 있다.[307]

01 핵심제공가치

기존의 중고거래는 판매자와 구매자 간에서 개인적으로 진행되므로 제품의 품질을 정확히 확인할 수 없고, 금액 정산에 있어 위험 요소가 존재한다. 또한 판매자나 구매자 모두 원하는 시기와 지역에서 상대방을 찾는 것에 어려움을 겪을 수 있다. 스와피는 이런 중고거래의 본질적인 문제에 있어 해결책을 제시한다. 스와피는 중고 아이폰을 판매하고 싶은 회원으로부터 물건을 먼저 구매한 후, 내부 전문가들을 통해 검수하고 필요한 부품 교환을 진행한다. 사용 연도, 배터리 및 전반적인 기기의 상태에 따라 가격을 책정하고 자사 커머스 사이트에 리스팅 하면, 구매 희망자는 여느 쇼핑몰과 다를 바 없이 아이폰에 대한 상세 정보를 확인하고 온라인 결제를 진행한다. 더 나아가 스와피는 12개월의 자체 워런티를 제시하여 개인 간 중고거래 대비 매우 확실한 강점을 제공한다. 마지막으로 원래라면 폐기 처분되었을 기기 내부에서 사용이 가능한 부품들을 살려 업싸이클링 하는 방식을 통해 환경보호에도 앞장서고 있다.

02 수익공식

스와피는 판매자가 직접 플랫폼에 물건을 등록하고, 거래가 성사되면 수수료로 받는 일반적 마켓플레이스 모델이 아니다. 완전한 유통채널을 구축하여 판매자에게서 중고 아이폰을 직접 구매하고, 이를 구매자에게 일정 가격에 재판매하여 매출을 올린다. 스와피는 중고 아이폰을 판매한 가격에서 판매자에 지급한 아이폰 매입 가격과 검수 및 수리 비용 등을 제외한 만큼의 이익을 보게 된다. 예를 들어, 아이폰 15 시리즈가 신규 출시되며 이제는 구형 모델이 된 아이폰 14의 독일 가격을 기준으로 보자. 아이폰 14의 새 제품의 가격은 1,229유로이며, 이를 중고로 스와피에 판매한다면 최대 740유로를 받을 수 있다(반면, 애플 사에서도 환경보호 일환으로 보상판매 프로그램을 시작하였으며, 이를 통해 판매 시 최대 525유로를 받을 수 있다). 스와피는 이를 검수하고 재포장하여 온라인 사이트에서 979유로에 판매한다. 스와피는 판매자와 구매자 사이의 중간자로서 검수·결제·배송과 더불어 수리·보상 기간을 제공하면서 30% 정도의 수익을 얻는 것이다. 중고 아이폰을 판매하고 싶은 사람 입장에서 스와피는 판매자를 직접 찾아야 하는 번거로움을 줄여줄 뿐만 아니라, 애플 본사의 보상판매 프로그램 대비 30% 정도 더 많은 보상을 받을 수 있어 스와피를 이용할 이유를 충분히 제공한다. 성공적인 수익공식을 찾은 스와피는 창업 5년 만에 1.1억 달러의 매출을 올렸다.[308]

03 핵심자원

애플사의 아이폰 모델만 판매하며 고도화시킨 검수 및 수리 능력과 부품들을 재활용하는 기술이 핵심적이다. 공동창업자 사미 마티넨Sami Martinnen에 따르면 만약 출시 당시부터 아이폰에 자체적 결함이 있다고 할지라도, 스와피는 이를 완벽하게 수리하여 새 제품보다 더 나은 품질로 재생산시킬 수 있는 기술을 보유하고 있다고 한다.[309] 더불어, 이런 기술력에 만족한 고객들이 스와피를 통해 중고 아이폰을 재판매하고 재구매할수록 스와피가 활용할 수 있는 부품의 수가 늘어나는 선순환 구조를 이루게 된다. 매입한 중고 아이폰의 외부 파손 정도가 심각하다고 하더라도 멀쩡하게 작동하는 내부 부품들은 재활용하여 다른 제품들을 수리할 수 있어 비용적으로도 환경적으로도 스와피에 도움이 된다.

04 핵심프로세스

스와피의 최종 목표는 소비자들로 하여금 중고 전자제품 구매가 차선이 아닌 주된 선택으로 여겨질 수 있게 만드는 것이라고 한다.[310] 이런 점에서 스와피가 단순한 마켓플레이스 제공 및 수수료 취득의 비즈니스 모델이 아닌, 유통 전 과정에 있어 완전한 가치사슬 체계를 구축한 점이 눈여겨볼 만하다. 스와피는 유럽 몇몇 국가와 미국을 제외한 곳에서 중고 아이폰 매입을 진행하고 있다. 판매 희망자는 우편 또는 오프라인 제휴 매장을 통해 아이폰을 발송한다. 발송 과정 중 혹여나 있을 파손에 대비하여 파손 보험 또한 스와피가 비용을 책임진다. 이를 수령한 스와피는 핀란드와 에스토니아에 있는 공장에서 검수 후 3~6영업일 이내에 판매자에게 비용을 지불하며, 보수 작업을 통해 재판매가 가능한 상태로 만들어준다. 구매자의 경우, 구매 시 원하는 옵션들을 추가로 선택할 수 있다. 전반적인 제품의 상태부터 배터리를 추가로 교환할 것인지도 정할 수 있다. 기본적으로 12개월의 보상 및 수리 기간이 제공되며 마지막 단계인 배송까지 스와피가 관리한다. 이를 통해 판매자 및 구매자 모두에게 편리함을 제공하며 한번 스와피를 이용한 고객은 다음에도 중고 판매 및 구매를 우선으로 고려하도록 유도하게 된다.

96. 온라인 판매수익 배분을 통한 오프라인 서점 지원 플랫폼:

북샵 Bookshop

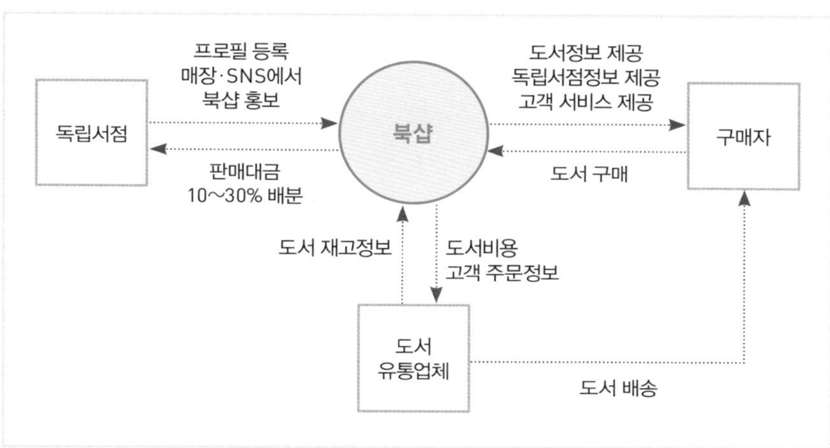

이커머스 업계의 일인자 아마존의 등장으로 미국의 전통적인 소매산업은 큰 타격을 받았다. 미국의 한 투자 리서치 회사는 '아마존에 의한 죽음Death by Amazon'이라는 이름을 붙인 지수Index를 발표하며 오프라인 소매기업들의 시장가치가 수백억 달러씩 사라지는 것을 데이터화 하기도 했다.[311] 북샵Bookshop.org은 이런 아마존에 대항하며 오프라인 독립서점들을 돕고자 시작된 온라인 서점 플랫폼이다. 북샵 구매자는 오프라인 독립서점을 돕는다는 뜻에서 아마존과 같은 대기업 사이트 대신 북샵을 찾는다. 구매자가 평소에 눈여겨보던 동네 책방을 선택하고 책을 구매하면, 주문 전후 재고 및 배송관리, 고객 서비스 등 온라인 판매의 모든 부분은 북샵이 직접 처리한다. 이 과정에서 독립서점의 운영자는 따로 신경 쓸 부분이 없음에도 불구하고, 판매금액의 일부는 구매자가 최초에 선택한 독립서점에게 배분된다.

북샵은 독특한 방식으로 아마존의 고객을 북샵으로 끌어들여 수익을 올리고, 이를 배분하여 독립서점들이 오프라인 매장을 유지하고 계속해서 지역사회의 일원으로 사업을 이끌어나갈 수 있도록 도와준다.

01 핵심제공가치

도서 판매를 시작으로 이커머스 업계의 일인자로 성장한 아마존의 등장으로 미국 최대 서점 체인이었던 반스&노블Barnes & Noble조차도 오프라인 매장들을 정리했다. 소규모의 인력으로 운영되는 독립서점들이나 전통은 있으나 오래된 책방들은 더더욱 설 자리가 없는 듯했다. 북샵은 직접 온라인 커머스 플랫폼과 운영체계를 구축하여 판매대금의 일부를 분배해주는 방식을 통해 이러한 서점들이 생존할 수 있도록 금전적 자원을 추가 제공한다는 점에서 확실한 가치를 제공한다. 구매자는 북샵을 통해 책을 구매하며 금액의 일부가 동네 서점으로 돌아간다는 점에서 지역사회의 발전에 기여할 수 있다는 가치를 느끼게 된다. 이런 가치를 내세운 덕에, 구매자의 78%가 아마존에서 구매하던 책들을 현재는 북샵에서 구매하고 있다고 한다.[312]

02 수익공식

북샵에 따르면 재고관리, 배송 및 운영 등에 필요한 비용을 제하면 남는 순이익 30%의 전부 또는 일부를 오프라인 서점들에 지급한다. 기본적으로 구매자가 북샵 플랫폼에서 특정 매장을 지정 후 책을 주문할 경우, 도서 판매 순이익 30% 전체를 해당 서점에 배분한다. 혹은 구매자가 특정 매장을 선택하지 않고 구매를 할 수도 있는데, 이 경우 북샵은 책 정가의 10%를 떼어 수익 배분 펀드에 모아둔다. 이렇게 모인 돈은 6개월마다 한 번씩 북샵 서비스에 등록된 모든 서점에게 배분된다. 이러한 체계를 기반으로 하여 전체 이익의 81% 정도가 독립서점들에게 배분되었다고 한다.[313]

03 핵심자원

구매자가 다른 온라인 서점 플랫폼이 아닌 북샵을 찾는 것은 독립서점을 도울 수 있다는 목적 때문인데, 사람 대 사람의 관계를 중시하고 온라인 사업에 대한 부담을 느끼는 작은 서점들을 온라인으로 전환시키기는 쉽지 않았다. 북샵 대표 앤디 헌터Andy Hunter는 서비스 출시 전 200여 개 매장을 찾아다니며 비즈니스 모델을 설명하고 책방 주인들을 설득하는 데 많은 노력을 들였다. 그 결과, 성공적으로 사업을 시작할 수 있었으며 지속적으로 독립서점들과 상생하여 2023년 4월 기준, 미국과 영국 전역의 2,300여 개의 오프라인 서점들이 등록되어 있다.[314] 서점들은 각자 소개 글과 사진 등을 추가하며 북샵 플랫폼상에 프로필을 만들 수 있으며, 특별히 홍보하고 싶은 책들을 테마별로 노출시키는 방식으로 오프라인에서 책을 추천해주는 것 같은 효과를 낼 수 있다.

04 핵심프로세스

북샵은 오프라인 서점과 구매자를 연결하는 마켓플레이스를 제공하고, 온라인 결제 및 주문과 배송관리를 도와주며 수수료를 부과하는 방식으로 수익을 실현할 수 있었음에도 모든 것을 직접 운영하는 방식을 선택하였다. 게다가 북샵의 서점들은 실제 오프라인 매장에서 판매하는 책이 아니어도 북샵의 파트너이자 미국의 규모 있는 도서 유통업체인 인그램Ingram이 보유한 책이라면 모두 서점의 이름으로 판매가 가능하며, 판매금액이 분배된다. 매장에서 실제 보유하고 있는 도서만 판매가 가능했다면, 독립서점 중에서도 규모가 큰 몇몇 매장들만 매출을 올리는 쏠림 현상이 일어나며 지역사회를 돕는다는 의미가 희미해졌을 수도 있다. 북샵은 단순히 판매자와 구매자를 연결하는 중간자의 역할이 아닌, 독립서점의 고충을 이해하며 가장 최소한의 노력으로 매출을 올릴 방안을 함께 고민해 주었으며 대형 플랫폼만이 수혜를 볼 수 있는 구조에서 벗어나 여럿에게 수익이 돌아가는 서비스를 만들었다.

97. 음식물 쓰레기 절감을 위한 에코 테크 모델:

투굿투고 Too Good To Go

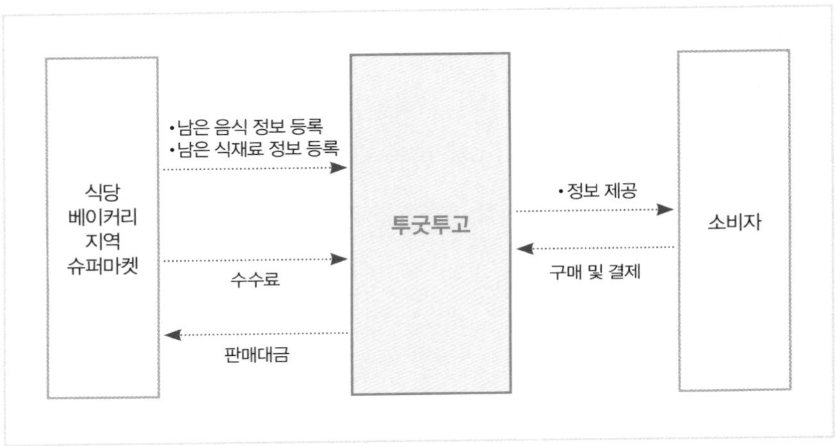

2016년 덴마크에서 시작된 투굿투고는 식당에서 버려지는 음식물을 저렴한 가격으로 소비자들에게 판매할 수 있도록 연결해주는 플랫폼이다. 창업자인 제이미 크러미가 뷔페에서 저녁 식사를 하다가 남은 음식물들이 버려지는 장면을 우연히 목격하면서, 방금까지도 멀쩡하게 판매되던 음식물이 쓰레기로 전락하는 문제점을 해결하기 위해 고안하게 되었다. '투굿투고'라는 회사명은 '버려지기에는 너무나 아까운'이라는 의미를 담고 있는데 마감 시간 직전에 남은 '투굿투고'한 음식을 소비자들에게 저렴한 가격에 판매할 수 있도록 연결하여 멀쩡한 음식이 버려지는 문제를 해결하고자 한 것이다. 투굿투고의 비즈니스 모델은 식당과 사용자들이 음식물 쓰레기를 줄이는 활동에 참여할 수 있게 할 뿐만 아니라 경제적으로 효용을 얻을 수 있게 함으로써 사회적·경제적 비용을 감소시켜준다고 할 수 있다.

01 핵심제공가치

매년 배출량이 늘고 있는 음식물 쓰레기는 경제적·환경적 측면에서 중대한 사회문제로 인식되고 있으며 여러 나라가 안고 있는 골치 아픈 문제이다. 특히 투굿투고가 창업된 덴마크의 경우, 2015년 기준으로 EU에서 가장 쓰레기 배출량이 많은 국가로 음식물 쓰레기 배출량 또한 많았다. 투굿투고는 이와 같이 국가적 문제였던 음식물 쓰레기 배출 감소에 대한 대책으로 식당과 구매자를 연결하는 비즈니스 모델을 제시하며 2016년 덴마크에서 서비스를 시작했다. 환경 보호와 경제적 이익의 창출이라는 가치를 내세우며 성장을 이어간 투굿투고는 2023년을 기준으로, 전 세계 17개국에 서비스하고 있으며, 서비스를 시작한 2016년부터 2억 끼니의 음식을 절약하였고, 그 기간은 7.5년밖에 걸리지 않았다.[315]

02 수익공식

음식점과 소비자를 연결해준 후, 음식점으로부터 받는 수수료를 통해 수익을 창출한다. 미국의 경우, 이용자에게 '서프라이즈 백'당 고정적으로 1.79달러를 수수료로 받고 있다고 한다. 또한, 파트너에게는 연간 89달러의 비용을 부과한다.[316] 이들로부터 수수료 외 별도 비용을 받지 않는 것은 더욱 많은 음식점이 투굿투고의 플랫폼에 참여할 수 있게 하여, 사회 전체적으로 음식물 쓰레기를 감소시키기 위한 목적에서이다. 더불어 모든 서비스가 온라인상에서 이루어지도록 하여 추가적인 기기나 프로그램의 설치를 최소화하였다.

03 핵심자원

서비스 이용자에게 '떨이 음식' 중개라는 부정적 인식이 아니라 '마감 할인 음식 판매 중개'를 통한 환경 보호 및 사회적 가치 창출이라는 긍정적 이미지를 형성한 것이 투굿투고의 성공에 핵심적인 자원이 되었다. 환경 보호를 위해 더 많은 사람을 참여시키기 위한 재미있는 아이디어와 서비스 이용의 간편화를 통해 서비스 역량을 강화하고 있다. 먼저 'Magic Bag'이라는 콘셉트를 제시해서, 소비자들이 음식물 쓰레기를 줄이는 마법의 가방에 버려질 수도 있었던 음식을 담는 형식으로 음식을 구매하도록 하고 있다. 또한 사용자가 있는 지역을 기반으로 투굿투고를 통해 이용할 수 있는 음식점, 식료품점, 베이커리 등의 리스트를 제공하고 있다.

투굿투고의 또 한 가지 재미있는 아이디어는 음식점의 남은 음식뿐만 아니라 라벨이나 포장 결함으로 판매하지 못한 주류, 제때 팔지 못한 꽃과 식물도 거래 품목에 포함하고 있다는 점이다. 또한 음식물 포장에 있어 재활용이 가능한 종이가방, 대나무로 만든 포장 용기를 제공하여 또 다른 쓰레기의 생성을 방지한다. 투굿투고의 이와 같은 노력은 '모두가 함께 음식물 쓰레기에 맞서 싸울 수 있도록 영감을 주는 것'으로 이어져, 경제적 절약뿐 아니라 커뮤니티에 함께하는 사람들 사이에 유대감 및 환경에 기여하고 있다는 보람을 느끼게 하고 있다.

04 핵심프로세스

투굿투고의 사용자는, 본인 위치를 기반으로 음식점을 검색한 후, 그중 관심 있는 곳의 음식을 구매한 뒤 음식점에서 지정한 픽업 시간에 찾으러 가는 방식으로 서비스를 이용할 수 있다.[317] 일반적으로 음식점에서는 영업이 거의 끝나가는 시간이나 그 이후에 지정된 픽업 시간을 제공한다. 투굿투고는 이 앱 서비스에 참여한 식당에 재활용할 수 있는 테이크아웃 식품 용기를 제공한다. 이 용기는 사탕수수로 만들어진 친환경 상자이며 소비자들이 이동 중에도 식사를 즐길 수 있도록 하였다. 또한 도움이 필요한 사람들에게 식사를 기부할 수 있는 옵션도 함께 제공하고 있다.

소비자는 정가의 50~80%의 가격을 내고 음식을 구매할 수 있다. 음식점 또한 투굿투고를 통해 매출을 증가시킬 수 있는데, 투굿투고를 통해 남은 음식을 판매하는 한 음식점의 경우, 월 1만 유로의 추가 수입을 올렸다 고 한다.

98. 게임 활용을 통한 참여형 환경 가치 창출:
트리플래닛 Tree Planet

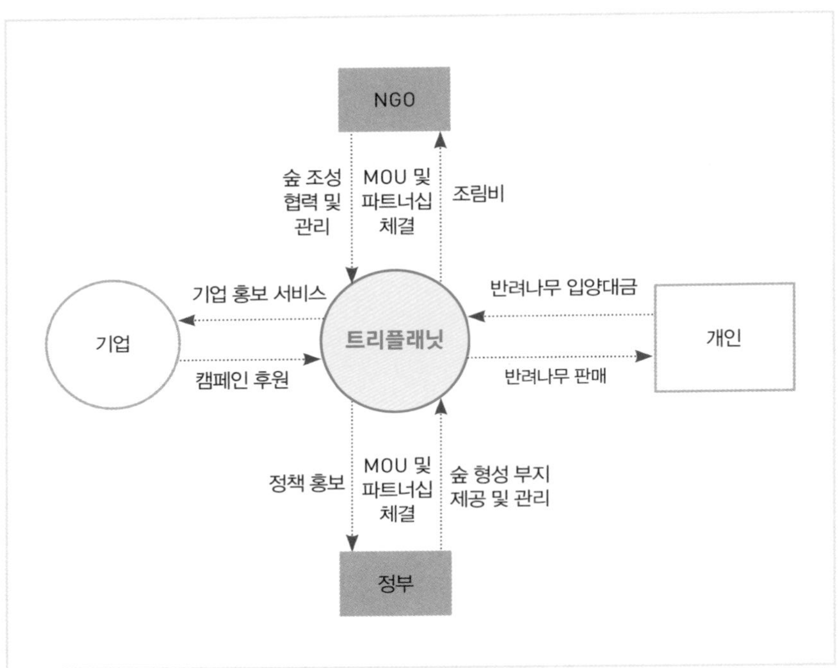

환경 문제는 이제 더 이상 개인의 영역으로 국한되지 않는다. 많은 기업들이 사회적 책임에 대한 소명감으로 환경 문제를 해결하기 위해 노력한다. 하지만 많은 경우는 소극적인 움직임에 그치기 마련이며, 환경 문제에 관심이 있는 개인들도 실제 행동으로 실천하기에 많은 제약과 어려움이 따른다. '트리플래닛'은 사람들과 기업의 참여를 통해 환경 문제를 해결하는 것을 목적으로 하는 소셜벤쳐이다. 서비스 론칭 당시 게임을 통해 가상 나무를 심어 키우면 실제로 숲을 조성하여 나무를 심어주기도 하며, 개인 또는 그룹의 신청을 받아 크라우드 펀딩을 통해 숲을 조성하는 사업을 벌이기도 했다. 예를 들어 중국 사막화를 방지하는 숲을 만들기 위한 캠페인을 운영하여 모금을 받아 환경적인 가치가 있는 실제 숲을 조성하거나, 유명 연예인들의 팬들이 펀딩금액을 모금하여 해당 연예인의 이름을 딴 숲을 조성하는 스타숲 프로젝트를 진행하기도 한다. 추억을 만들기 위해 가족 단위나 개인 단위로 숲을 조성하기도 하며, 한국국제협력단KOICA과 협력하여 해외의 낙후된 지역에 수익을 얻을 수 있는 과실나무 등을 심어 지역사회경제를 살리려는 노력 또한 하고 있다. 가장 화제가 되었던 숲은 '세월호 기억의 숲'으로, 이후 다양한 사회적 문제들을 숲을 조성함으로써 계속해서 기억하자는 의미의 숲을 조성하고 있다.

01 핵심제공가치

"세상 모든 사람이 나무를 심을 수 있는 방법을 만들자!"

환경운동은 개인적인 실천보다는 NGO 등을 통하여 이루어진다는 인식이 강하다. 바쁜 현대인들에게는 따로 시간을 할애해야 하는 번거로운 일이며 기업의 입장에서는 막대한 비용이 드는 것이다. 환경 문제에 대한 인식과 이를 해결하고자 하는 움직임이 이전보다는 활발해지고 있으나 실천으로까지 옮겨지기에는 많은 어려움이 따른다. 트리플래닛은 환경 문제에 대한 인식과 그 실천의 불일치와 어려움을 잘 파악하여 더 간편하고 재미있는 방법으로 환경 문제 해결에 참여할 수 있는 방안을 제시한다. 즉, 게임이라는 소재를 활용하여 접근함으로써 환경 문제에 대한 관심과 참여를 유도하며, 사용자들이 스마트폰을 이용하여 기존의 라이프스타일을 유지하며 시간과 공간의 제약을 받지 않고도 환경운동에 참여할 수 있는 기회를 제공한다. 게임 이용자들은 온라인상에서 가상으로 나무를 키우지만, 이것이 실제로 땅에 심기고 숲을 형성한다는 점에서 환경보호에 참여한다는 자부심을 느낄 수 있다. 이전에는 그저 '시간 때우기' 성격이 강했던 스마트폰 게

4임이 '의미 있는 일'로 탈바꿈하는 것이다.[318] 또한 단순히 환경 보호 등을 위해 숲을 조성하자는 것이 아니라 각종 사회적 문제를 기억하거나 해결하기 위해, 또 개인의 추억을 되새기기 위해 숲을 조성하자는 메시지를 효과적으로 전달함으로써 사람들이 기꺼이 크라우드 펀딩을 통해 나무 심기에 동참하게 했다. 2020년 현재, 트리플래닛은 숲 조성에 대한 높은 관심과 인식을 토대로, 게임이라는 수단 대신 직접 제품 판매를 하고 있다. '반려나무'라고 이름 붙인 화분과 나무를 판매하여 숲 조성 캠페인에 참여할 수 있도록 한다.

02 수익공식

트리플래닛의 서비스 중 게임 부분에서는 한화나 더블에이와 같은 기업과 파트너십을 맺고 게임 화면에 들어가는 요소에 기업의 로고나 이미지를 넣어 광고비를 받는다. 또한 게임 내에서 다양한 게임 캐릭터를 만들어 놓고 이를 구매하도록 유도해서 인앱 수익을 올리기도 한다. 2017년부터는 게임 밖으로 나와 현실로 진출했다. 게임을 종료하고 나무를 현실에서 기를 수 있게 '반려나무 입양 사업'을 시작한 것. 입양을 원하는 사람이 반려나무를 구매하면 수익금의 50%를 숲 조성 기금으로 사용하여 화재 현장 등 숲이 필요한 곳에 나무를 심고 있다. 더불어 스타숲 조성을 비롯하여 환경 및 사회 문제와 관련된 다양한 캠페인과 개인 프로젝트를 진행하여 크라우드 펀딩 형식의 모금활동도 펼친다. 크라우드 펀딩 및 제품 판매 외에도 트리플래닛은 소사이어티 멤버십을 운영하고 있다. 이 멤버십은 씨더, 플랜터, 그로워, 체인지메이커의 네 등급으로 나뉘는데, 각각 월 1만 원, 3만 원, 5만 원, 10만 원을 정기적으로 트리플래닛 측에 납부하는 방식이다. 각 등급은 납부한 금액에 따라 각각 매월 1, 3, 5, 10그루의 나무를 심을 수 있다. 등급에 따라 심는 나무의 수도 다르지만 지급되는 웰컴키트의 구성과 그 밖의 자잘한 혜택에 차이가 있다.

03 핵심자원

트리플래닛 비즈니스 모델의 핵심은 나무 심기에 참여할 참여원의 확보와 심을 방법의 확대, 그리고 나무를 심을 땅을 확보하는 것이다. 환경 문제 해결법을 게임과 연결시켰다는 점은 트리플래닛의 가장 특징적인 부분으로, 일반 기업과 NGO에서 실행하기 힘든 과제를 실천한 것이라 할 수 있다. 더욱 재미있고 역동적인 게임 환경을 제공하기 위해 홍수, 황사, 산불과 같은 환경과 관련된 실제 재난 상황을 게임에 반영함으로써 게임 이용자들이 환경 문제를 함께 체험할 수 있도록 하여 환경 문제에 대한 관심을 더하고 있다. 게임 서비스도 한국어뿐만 아니라 영어, 중국어, 태국어 등 다국어로 제공됨으로써 외국인 이용자들도 트리플래닛을 통해 환경운동에 동참할 수 있는 기회를 제공한다. 이를 통해 회사의 주 수익원이자 나무 심는 비용을 충당하는 게임 내 광고에 더블에이, 도요타와 같은 해외 기업이 함께 참여할 수 있게 하는 유인을 제공한다. 나무를 심고 숲을 조성할 부지는 각국 정부와 양해각서를 체결하여 확보한다.

국내와 국외 모두 나무를 심을 때는 트리플래닛의 직원이 직접 현장에 파견되어 실제로 나무 심기에 참여하며 나무가 심기고 숲이 조성되는 것을 확인한다. 심긴 나무는 2년 이상이 지나야 자생할 수 있기 때문에, 나무를 심은 후 약 2년간은 구청과 조경업체, 트리플래닛이 함께 집중적으로 관리한다. 지속적으로 물을 주는 등의 기본적인 관리는 구청에서 맡아서 진행하며, 트리플래닛은 정기적으로 나무가 잘 자라고 있는지 확인한다. 나무들이 자라는 동안 문제가 생기면 조경업체에 요청하여 조치를 취한다. 해외에 심긴 나무들은 해당 지역의 마을 유지와의 상의를 통해 지역 주민들을 고용하여 관리를 맡기고, 열매가 맺히는 나무에서 얻는 소득을 나눠준다. 몽골의 경우, 국립대 산림학장이 지속적으로 관리해주고 있는데 이처럼 해당 국가의 기관과의 협력을 통해서도 관리를 이어가고 있다.[319]

04 핵심프로세스

트리플래닛은 사용자와 기업과 정부, 그리고 NGO를 연결하여 서로 상생할 수 있는 기회를 제공한다. 예를 들어, 기업 입장에서는 트리플래닛의 다양한 캠페인에 참여하고 수목활동을 하러 가는 사회공헌활동을 할 수 있다는 점에서 이미지 제고를 하면서 실제 환경보호활동에 참여할 수 있는 일석이조의 효과를 얻게 된다. 실제로 한화, 더블에이, 도요타와 같은 다수의 글로벌 기업과의 스폰서십 및 협약체결을 통해 나무를 구입하고 숲을 조성할 수 있는 광고비를 얻는다. 또한 UN, UNCCD, 월드비전, 유니세프 등과 같은 국제기구나 유명 NGO와 숲 조성에 대한 파트너십을 체결함으로써 해외사업에서의 어려움을 슬기롭게 헤쳐나간다.[320]

99. 사물인터넷(IoT)을 활용한 폐기물 관리 모델:

이큐브랩 EcubeLabs

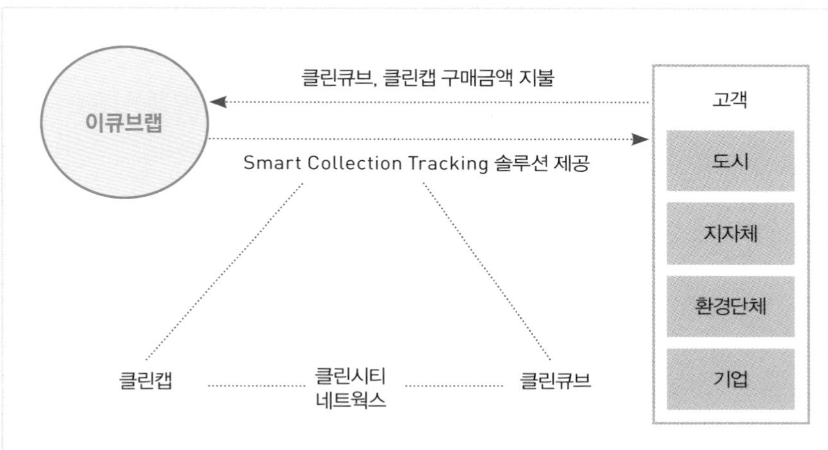

기술이 발전하면서 여러 가지 도시 문제에 대한 다양한 솔루션이 제시되고 있지만, 그에 반해 쓰레기를 처리하는 방식은 대부분 원시적이다. 이큐브랩은 쓰레기 처리 방식에 대해 효율성과 간편성 등을 고민하는 동시에 환경적인 측면 또한 고려한 제품을 내놓으면서 해결 방안을 제시하고자 한다. 사물인터넷 기술 등과 같이 그동안 쓰레기 처리와 관련해서 잘 사용하지 않았던 기술력을 쓰레기통과 접목함으로써 도시의 쓰레기 문제를 효율적으로 해결하는 동시에 자연 친화적인 환경을 만들 수 있다. 이큐브랩의 스마트한 쓰레기통과 관련 제품들은 쓰레기 처리라는 도시 문제를 효과적으로 해결하여 낙후된 쓰레기 처리 산업을 발전시키고 사회적 가치를 창출하는 데 앞장서고 있다.

01 핵심제공가치

도시 안에는 많은 사람들이 거주하고 있기에 그만큼 많은 양의 쓰레기가 나올 수밖에 없다. 쓰레기를 줄이려는 노력도 중요하지만, 쓰레기를 잘 버리고 효율적으로 처리하는 것도 매우 중요한 이유도 거기에 있다.

이큐브랩의 클린큐브Clean CUBE는 태양광 패널을 설치한 쓰레기통으로, 그 에너지를 이용해 안에 든 쓰레기를 꾹 눌러 압축할 수 있다. 압축률이 좋아 보통 쓰레기통보다 최대 8배 더 많은 양의 쓰레기를 담을 수 있기 때문에, 쓰레기통을 늦게 비우는 경우에도 쓰레기가 밖으로 넘치는 일이 줄어든다. 클린플렉스CleanFLEX라는 이름을 가진 또다른 제품은 초음파를 이용한 센서의 일종으로, 클린큐브나 보통의 쓰레기통 안에 설치하여 쓰레기 적재량을 실시간으로 파악할 수 있는 장치이다. 여기에 클린큐브와 클린플렉스가 인식한 정보를 토대로 언제 어떤 동선으로 쓰레기를 수거할지 결정할 수 있도록 하는 클린시티네트웍스Clean City Networks, CCN라는 폐기물 관련 종합 시스템을 운영하여 인력 배치나 수거 차량 운영 면에서 시간과 비용을 줄일 수 있도록 한다. 쓰레기 수거 차량에도 동선 추적 센서를 달아 수거 현황을 실시간으로 추적할 수 있기 때문에, 쓰레기 수거 효율을 극대화할 수 있다.

02 수익공식

이큐브랩은 클린큐브와 클린플렉스, 클린시티네트웍스 시스템을 판매하고 이에 대한 유지보수 비용을 통해 수익을 올린다. 이큐브랩 제품을 구매하는 고객들은 대부분 개인이 아닌 도시, 지방자치단체, 환경단체, 기업들이다. 클린큐브는 일반 쓰레기통보다 비싼 가격으로 판매되지만 효율성이 높아 관련 비용을 줄일 수 있기 때문에, 미국을 비롯한 북미 지역 국가들과 유럽 등지의 선진국에 많이 판매되고 있다. 이큐브랩 매출의 70% 이상은 미국에서 발생한다고 한다. 2023년 기준 전 세계 57개국에 이큐브랩의 솔루션이 판매되었으며, 설치된 제품의 수는 8,840대에 달한다. 또한 클린큐브본체에 LED 광고 패널이나 와이파이 라우터 등을 설치하는 옵션을 추가하여 관련 수익도 창출하고 있다.

03 핵심자원

기술이 계속 발전하는데도 쓰레기 처리 산업은 그로 인한 혜택을 거의 받지 못한다는 점에 주목하고, 이에 대한 솔루션을 제공하고자 했다는 점이 이큐브랩의 핵심자원이다. 쓰레기통 및 관련 시스템을 사물인터넷 등과 같은 높은 기술력에 접합시킨다는 아이디어는 다른 사람들이 미처 실천하지 못한 것이었다. 이큐브랩이 제시한 해답이 시장의 니즈(효율적인 쓰레기 처리)에 맞았기 때문에, 시장에서 상당한 선점 효과를 누릴 수 있는 것으로 보인다.

또한 효율적인 쓰레기 처리로 친환경을 추구하는 것과 마찬가지로, 이큐브랩 회사 내 분위기도 매우 친화적이라고 한다. 직원들은 자유롭게 출퇴근이 가능하고 직급 없이 발언권을 행사할 수 있다. 여가 시간을 즐길 수 있는 시설을 갖춰 자유롭게 일할 수 있도록 배려하여 더욱 자유로운 아이디어와 솔루션이 나올 수 있도록 환경을 조성한다.[321]

04 핵심프로세스

도심의 쓰레기통은 대부분 외부에 설치되기 때문에 클린큐브와 클린플렉스는 주변 환경 변화에 상관없이 제대로, 안전하게 작동되어야 한다. 클린큐브는 쓰레기통 안에 누군가가 손을 집어넣는 것이 감지되면 압축 작업이 즉시 중단된다. 또한 온도 감지 센서를 통해 화재가 발생하면 이를 감지하고 압축 작업을 통해 바로 진화할 수 있도록 설계되었다. 클린캡은 물과 먼지에 닿아도 작동에 문제가 없으며, 최저 영하 30도에서 최고 영상 80도 사이에서 문제 없이 작동되도록 설계되었다.

이큐브랩의 클린큐브와 클린플렉스, 클린시티네트웍스는 모두 효율성을 추구하는 동시에 환경 보호에 중점을 두고 개발되었다. 이큐브랩의 기술력으로 쓰레기 수거 차량이 자주 긴 거리를 비효율적으로 이동하면서 쓰레기통을 비우기 위해 출동하지 않아도 된다면, 이는 비용적 측면에서도 쓰레기 수거 회사에 이익이 된다. 더불어 이와 동시에 이산화탄소 배출량을 줄여 자연 친화적인 환경을 만드는 데도 도움이 될 수 있다. 또 언제쯤 어느 곳의 쓰레기통이 꽉 찰 것인지를 미리 알 수 있기 때문에, 시간에 맞춰 가장 합리적인 동선으로 쓰레기통을 적시에 비울 수 있다. 따라서 넘치는 쓰레기로 인해 주변 환경이 지저분해지는 것도 방지할 수 있다.

100. 재생에너지 기반 가상발전소 모델:
식스티헤르츠 60hz

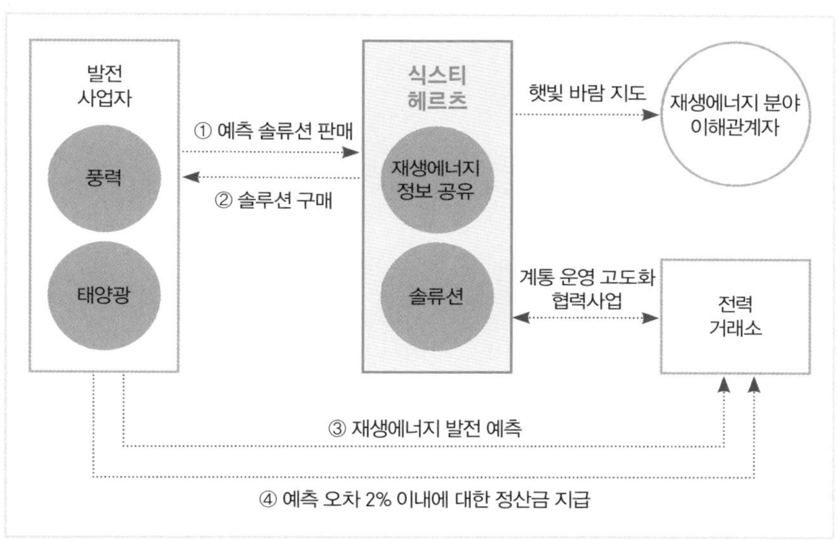

제주도의 풍력발전기 작동이 77회나 강제 종료된 해가 있었다. 왜일까? 재생에너지의 공급량이 한국 전력망 균형 수준(주파수 60헤르츠)을 넘어설 정도로 과도하게 생산되었기 때문이다. 보통 전력 공급 부족이 문제일 것 같지만, 반대로 전기가 과도하게 생산되어도 송전망 시설에 과부하를 일으키기 때문에 문제가 될 수 있다. 특히, 재생에너지인 태양광이나 풍력발전은 날씨나 계절에 따라 발전량이 달라지기 때문에 발전량을 예측하기 어렵다는 어려움이 있다. 따라서 재생에너지의 전력 수요와 공급을 유지하기 위해서는 발전량을 정확히 예측하는 솔루션은 매우 중요하다. 식스티헤르츠[322]는 재생에너지의 예측과 관리의 중요성을 인식하고 전국 13만 개 태양광, 풍력, 에너지저장장치ESS를 하나의 가상발전소로 연결해 발전량을 예측하는 가상발전소 솔루션을 제공하고 있다. 또한 재생에너지 정보를 관련 기관들이 활용할 수 있도록 전국에 가동 중인 약 8만 개의 재생에너지 발전소와 예측 발전량을 표시한 '햇빛 바람 지도'를 개발해 무료로 공개하고 있다.

01 핵심제공가치

'어떻게 하면 재생에너지의 사용을 늘릴 수 있을까?'라는 환경을 위한 고민이 식스티헤르츠의 출발점이며, 식스티헤르츠의 핵심가치를 담고 있다. 식스티헤르츠 김종규 대표는 독일에서 에너지 사용자가 옵션으로 재생에너지를 선택해서 사용할 수 있었던 경험을 토대로, 재생에너지의 선택이 사용자의 선택이 될 수 있고, 또 재생에너지를 선택하는 사용자가 증가하는 것이 지속 가능한 환경을 위해 중요한 일이라고 생각했다. 하지만 한국의 경우 재생에너지 발전과 사용이 아직 활성화되지 않은 상태였다. 식스티헤르츠는 재생에너지의 발전량을 예측하거나 모니터링할 수 있는 시스템의 부재가 가장 큰 문제라고 보았다. 정확한 예측이 되지 않으니 전력망의 안정을 위해서 오히려 재생에너지 발전소 가동을 멈춰버리는 상황이 발생하는 것이다 특히 재생에너지 발전소는 전국에 흩어져 있다 보니 기상 상태와 계절에 따라 남거나 모자라는 태양광, 풍력, 전기차 충전소의 관리가 더욱 어려웠다. 이에 식스티헤르츠는 IT 기술로 소규모 분산전원을 연결해 관리하는 기술을 적용하여 클라우드 기반 가상발전소처럼 운영하여 효율적인 재생에너지 관리를 통하여 재생에너지 산업 분야를 활성화시키고 사용자도 증가시킨다는 것이 목표이다. 이를 통해 지구를 위한 지속 가능한 환경을 만들어 나가는 것을 미션으로 지니고 있다.

02 수익공식

식스티헤르츠의 주요 수익원은 재생에너지 관리 분야의 가상발전소 솔루션에서 창출된다. 에너지를 생산하거나 저장하는 에너지 관련 분야의 비즈니스를 가진 대기업을 중심으로 솔루션을 제공하여 수익을 만들어내고 있다. 식스티헤르츠의 수익원인 가상발전소 솔루션은 산업통상자원부와 한국전력거래소가 시행하고 있는 '전력중개 발전량 예측제도'[323]에 기반한다. 이 제도는 태양광·풍력발전사업자가 재생에너지 발전량을 하루 전에 예측해 제출하고, 당일 오차율 8% 이내로 이를 이행할 경우 정산금을 받을 수 있도록 하고 있다. 식스티헤르츠는 이들을 대상으로 발전량 예측 소프트웨어를 판매하고 있는 것이다.

03 핵심자원

식스티헤르츠의 핵심경쟁력은 재생에너지 IT 솔루션 개발 역량이라도 할 수 있다. 우선 인적자원 부문에서도 식스티헤르츠의 구성원은 이 분야 전문가들로 구성되어 있다. 식스티헤르츠의 개발 인력은 재생에너지 IT 솔루션 개발 경력들이 풍부하며, 김종규 대표 또한 태양광발전소 지도, 태양광 프로젝트 분석 서비스, 모니터링 시스템 개발 등 다양한 IT 프로젝트를 이끌어온 경험이 있다. 대표를 포함한 개발팀의 구성원이 에너지산업 분야에서의 경력이 풍부하다 보니 에너지산업 분야에서 탄탄한 네트워크를 형성하고 있다는 점도 커다란 장점으로 작용했다.

이러한 우수한 기술 개발 역량을 바탕으로 식스트헤르츠는 재생에너지 발전량 예측 기술과 다양한 전원을 관리하는 소프트웨어를 개발할 수 있었다. 재생에너지 발전량 예측 기술은 특허를 등록한 상태이며 에너지 저장장치, 태양광 등 다양한 전원을 한 번에 관리하는 소프트웨어도 뛰어난 기술력을 갖춘 것으로 인정받고 있다.

04 핵심프로세스

자원의 낭비를 막고 재생에너지 전력망이 안정적으로 유지되며 최적 효율을 달성하도록 하기 위해서는 재생에너지의 관리도 중요하지만, 더 크게는 재생에너지 시장이 성장하는 것 또한 중요한 과제이다. 글로벌 추세가 RE100 같은 시스템을 통해 재생에너지 사용이 중요해지지만 우리나라가 아직 재생에너지 산업과 시장이 성숙하지 못한 것은 유통 분야를 포함한 시장 성숙도가 낮기 때문이다. 이에 식스티헤르츠는 공공 데이터를 활용해 전국에 분산되어 있는 재생에너지 발전소를 지도 위에 표시하고 발전량을 확인할 수 재생에너지 정보를 모은 플랫폼 '햇빛 바람 지도'를 개발하여 무료로 공개하고 있다. 이러한 재생에너지 정보 공유를 통해 에너지 분야의 큰 기업뿐 아니라, NGO, 협동조합 그리고 개인까지 다양한 주체들이 재생에너지 시장에 참여할 수 있도록 정보 접근성부터 높이는 것이 햇빛 바람 지도를 무료로 공개한 큰 이유이다. 이를 위해 한국전력거래소와 협약을 체결해 재생에너지 계통 운영 고도화를 위한 방안을 공동 모색하고 노력도 기울이고 있다.

101. 지분형 언모기지 주택 구입 지원 모델:

웨이홈 Wayhome

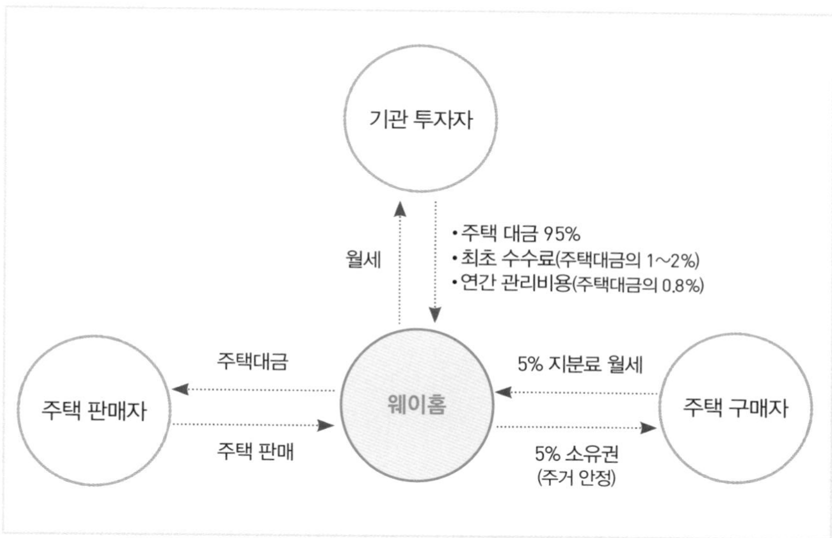

집을 구매하려는 사람들에게 구매자금을 마련하는 것은 세계 어디서나 쉬운 일이 아니다. 구매자금을 마련하는 데 오랜 시간이 걸릴 뿐 아니라, 대출이라는 수단을 동원한다고 해도 대출의 벽 또한 넘기 어려운 경우가 많기 때문이다. 웨이홈은 지분형 언모기지 비즈니스 모델을 통하여 이러한 어려움에 대하여 창의적인 해답을 제시한다. '언모기지'*라는 콘셉트를 통하여 대출 없이 집을 구매할 수 있는 비즈니스 모델을 선보이고 있다. 이 비즈니스 모델은 집을 구매하고 싶어도 구매에 필

* 언모기지는 전통적으로 주택을 구매하는 과정에서 대출이 필요하다는 전제하에 '대출 없이' 주택을 소유할 수 있도록 도와주겠다는 콘셉트로, 웨이홈이 사용하고 있는 용어이다.

요한 큰 금액을 모으기 힘들다는 점에 주목하여 어느 정도 구매 여력이 있는 구매자들에게 주택가격의 5%를 현금으로 지불하여 이에 대하여 지분으로 보유하도록 한다. 나머지 구매비용에 대해서는 월세로 지불하고 추가적으로 지분을 구매할 수 있도록 하여 점진적 주택 구매가 가능하도록 하였다는 점에서 의미가 있다.

01 핵심제공가치

웨이홈은 주택에 대하여 '소유의 사다리'를 놓아주는 것을 기업 핵심 가치로 삼고 있다("The missing step on the property ladder"). 즉 초기 주택 구매자들에게 주택 구매 문턱을 낮추어주는 것을 목표로 하고 있는데, 웨이홈의 대표인 휴 보일은 "웨이홈은 빌릴 수 있다면 살 수도 있어야 한다는 근본적인 믿음을 가지고 있다"[324]고 이야기하면서 웨이홈 서비스 신청자들이 내 집을 소유할 수 있도록 돕는다는 사명을 지니고 있다고 하였다. 이러한 사명을 실천하기 위해서 전통적인 기준으로는 주택 구매 대출을 받기 쉽지 않은 주택 구매 수요자들을 대상으로 서비스를 제공하고 있다.

사용자들이 웨이홈을 통하여 주택을 구매하였을 때 얻을 수 있는 장점은 경제적 부담의 경감뿐만이 아니다. 집주인의 집을 잠시 임대하였다는 느낌이 아닌 '나만의 집'이라는 주관적 효용이 증대된다. 만약 사용자들이 웨이홈이 아닌 전통적 방식의 월세 지급으로 주거하고 있다면, 벽에 페인팅을 새로 하거나 인테리어를 변경하는 데 있어 제약을 받게 된다. 궁극적으로 웨이홈은 내가 소유권을 가지고 결정권을 가질 수 있는 주택을 제공하고자 하는 것이다.

02 수익공식

웨이홈은 주택 구매를 원하는 사용자들에게는 서비스 이용료를 부과하고 있지 않다. 대신 기관투자사들에게 일정 금액의 수수료를 부과하여 수익을 창출하고 있다. 이 기관투자사들은 웨이홈이 주택 구매를 위해 모집한 투자자들인데, 이들은 투자를 통해 수익을 창출하는 것을 목적으로 하고 있다.

투자자들은 월세라는 장기 수익을 제공할 사용자들을 연계해준 웨이홈에 수수료를 지불하는 셈이다. 투자자들은 최초 주택 구매 시 구매금액의 1~2%의 수수료 및 사용자들이 해당 주택에서 거주하는 기간 동안 연간 0.8%의 관리 비용을 내게 된다.[325]

단 주택 구매를 원하는 사용자들이 서비스를 이용하기 위해서는 지분 5%에 해당하는 금액 또는 최소 7,500파운드 이상을 현금으로 지불할 수 있어야 한다. 또한 웨이홈은 주택 지분 구매자 본인 또는 배우자와의 세전 소득에 있어 최소 24,000파운드 이상 최대 140,000파운드 미만의 기준을 제시하여 5% 지분 이외의 주택 금액에 대한 월세 지급력을 검증하며 월세 미지급에 대한 위험에 대비한 안전장치를 마련하고 있다.

03 핵심자원

웨이홈은 복잡한 듯한 주택 매매 절차를 누구나 접근 가능하도록 하는 단순하지만 체계적인 시스템을 구축했다. 예를 들어 주택의 특정한 상태, 가격 범위, 지역적 요소 등을 확실하게 명시하여 사용자로 하여금 헛걸음하지 않고 주택을 찾을 수 있도록 기준을 간소화했다. 또한 전통적인 은행 대출을 통해 주택을 매매하는 것보다 간단한 승인 조건들 역시 사용자가 웨이홈을 찾게되는 이유 중 하나이다.

반면 웨이홈의 서비스를 이용하려는 사람들은 기존 시스템에서는 대출을 받기 어려운 여건(가령, 담보의 부재)에 놓여 있는 경우가 많다. 이들의 신용조사가 제대로 진행되지 못할 경우, 월세를 제대로 지급받지 못해 기관투자사들에게 손실을 입힐 위험이 존재하게 된다. 웨이홈의 시스템은 사용자 편의를 위해 간소화된 절차만으로도 은행처럼 신용을 평가하고 심사를 진행하며, 이를 토대로 2016년 서비스 소개 후 꾸준히 리스크를 관리하고 있다.

04 핵심프로세스

웨이홈 사용자는 우선 주택가격의 5%를 현금으로 내고 그만큼의 지분을 가져간다. 나머지 95%에 대해서는 웨이홈이 연결해주는 기관투자사가 제공하며, 사용자는 기관투자사가 지불한 95%의 금액에 대하여 월세를 내고 주택에 거주하게 된다. 이후 사용자가 여건이 될 때, 추가로 주택대금을 지불하여 지분을 늘릴 수 있으며 그만큼의 월세는 감소한다. 주택에 대한 소유권이 있기에 소유하지 않은 지분 금액에 대한 월세를 잘 낸다면 주거에 대한 안정이 보장된다는 점이 집을 렌트하는 것과의 가장 큰 차이이다.

웨이홈은 여러 위험 상황에 대해서도 적절히 조치를 취할 수 있는 장치를 마련해 두었다. 월세가 계속 밀릴 경우 주택에 대한 소유권을 상실할 수 있다는 점을 서비스 이용 전에 고지하고 있으며, 사용자가 주택 관리를 소홀히 하여 주택의 가치가 손상되는 일이 발생할 경우에 대비하여 사용자의 부담으로 주택보험을 들도록 하고 있다.

웨이홈은 2023년 800만 파운드(약 130억 원)의 투자를 유치했으며, 더 많은 주택 구매 희망자들을 위한 자금으로 투입될 예정이다.[326]

세상을 바꾸는 혁신적 비즈니스 모델

101가지의 이야기를 시작하면서 밝힌 것처럼 우리는 스타트업을 꿈꾸는 많은 창업가들이 한번쯤 눈여겨볼 만한 흥미로운 기업들을 찾아내고 이에 대해 함께 이야기하고자 노력했다. 물론 이 책을 읽는 독자들이 꼭 스타트업을 꿈꿀 필요는 없다. 대기업에서 신규사업을 모색할 때 사용해도 되고, 현재 사업을 더욱 정교하게 만들거나, 사업의 전환을 모색할 때 들여보아도 된다. 같은 내용이라도 이를 사용하는 사람들이 다르게 생각하고 적용하고 이해하면 그 활용의 폭이 무궁무진할 테니 말이다.

이 책을 마무리하기 위해, 앞으로의 활용과 시사점에 대해 다음 네 가지를 함께 생각하며 글을 맺으려 한다.

첫째, 101가지 비즈니스 모델은 완성된 결과물이 아니라 현재진행형이다. 우리가 비즈니스 모델을 발굴할 때, 눈여겨본 것은 비즈니스 모델 자체가 가진 신선함과 흥미로움이었다. 그렇기 때문에 어떤 모델은 아직 수익성이 불투명하더라도 기꺼이 그 모델을 연구하고 소개하려 했다. 따라서 향후 이 모델이 실제 지속 가능한 기업으로 발전되어 나갈지는 여전히 열린 결말이다. 특히, 다수의 사용자가 기반이 되는 많은 비즈니스 모델의 경우 초기에 수익성을 고려치 않고 가입자 기반 자체의 증대에 초점을 둔 것을 상기해야 한다. 한 분야에서 최고라는 깃발을 꽂을 수 있으면 수익성과 같은 그 이후의 일은 생태계가 지닌 선순환이 해결해준다. 예를 들어, 유튜브의 경우 전혀 매출이 없어도 16억 달러가 넘는 돈으로 구글에 매각되었다.[327] 바로 유튜브가 특정 카테고리에서 최고의 지배력을 행사하는 선도 기업이었기 때문이다.

둘째, 비즈니스 모델의 다양한 조합이 가능하다. 앞서 이야기한 것처럼 우리의 분류가 세상의 모든 비즈니스 모델을 포괄하거나 우리의 분류 체계가 서로 완벽하게 배타적인 분류를 만들지 않는다. 그보다는 다양하고 흥미로운 이야기를 담을 수 있는 생각의 틀을 마련하는 것에 더 초점을 두었다. 이를 다르게 해석하면, 우리의 많은 비즈니스 모델은 그 모델 하나만으로 존재하는 것이 아니라, 여러 가지 조합을 통해 사업을 확장시키기도 하고 더 큰 경쟁력을 만들어낼 수도 있다는 것이다.

예를 들어, 아마존에서는 실제 물건을 사서 파는 재판매 형식의 모델과 장터를 대여해주는 마켓플레이스 등을 함께 영위해 시장의 지배력을 넓혀간다. 네이버 웹툰은 웹툰작가와 독자들을 연결해주는 다면 플랫폼이지만, 광고주와의 제휴를 통해 광고료를 추가해 부가수익원을 창출해낸다. 더 나아가 다양한 비즈니스 모델을 창의적으로 조합하면 현재에는 없는 새로운 형태의 모델도 미래에는 가능할 수 있으며, 이것이 우리가 책을 쓴 가장 큰 동기 중의 하나이다.

셋째, 비즈니스 모델은 만들기보다 지키기가 더 어려운 개념일 수 있다. 우리 주변을 보면 한 사업이 잠깐 성공하는 듯해도 비슷한 사업들이 우후죽순처럼 생겨나는 사례들을 흔히 볼 수 있다. 실제로 창업이 그 공급 면에서만 지속적으로 증가하게 되면 창업 자체가 범용화commodity된다. 미국의 사례를 보면, 와이콤비네이터Y-combinator(드롭박스를 펀딩하기도 한 유명한 벤처 인큐베이팅 업체)가 지불하는 평균 창업비용은 2만 5,000달러에 불과하다.[328]

한국 돈으로 수천만 원이면 누구나 창업하고 성공하는 사회가 도래했을 때 문제는 창업을 하는 것이 아니라 이를 잠재적 경쟁 기업의 모방 가능성으로부터 지키는 것일 수 있다. 특히, 비즈니스 모델의 경우 특허가 매우 힘들고 조그만 변형으로도 그 방어를 쉽게 우회하는 것이 가능하다는 점은 상황을 더 어렵게 한다. 따라서 비즈니스 모델 자체를 특허 등의 방법으로 지키는 것은 매우 어려운 일이 되고 만다. 이보다 더 현실적인 대안은 특정 영역에서 실행력을 바탕으로 시장 선도력을 키우는 데 중점을 두는 것일 수 있다. 이러한 방식은 오늘날 많은 스타트업들이 추구하는 '린 스타트업'[329] 모델과 그 맥을 같이한다.

흔히 알려진 대로 스타트업들은 완벽한 제품을 기다려 시장에 진입하는 것이 아니라, 최소 기능만 하는Minimally viable products, MVP 베타 제품으로 시장에 진입해 그 이후 소비자들의 반응과 피드백을 보아가며 지속적 개선을 한다. 동일한 비즈니스 모델이라고 하더라도 더 완벽하게 소비자의 니즈를 읽어내, 경쟁 기업보다 더 빠르게 지속적으로 혁신해가며, 적절한 타이밍에 상품과 서비스를 개선해나가는 기업이 결국에는 승리하게 된다는 말이다. 아이디어만 중요한 것이 아니라 실행력이 결부된 혁신이 새삼 중요해진다.

끝으로 다음의 말을 소개하며 글을 맺으려 한다.

"사악해지지 말자Don't be evil."

이는 구글이 창업 때부터 지켜온 기업 신조 중 하나이다. 기업이 커가면서 그 의미가 이전보다 다소 퇴색했을 수는 있더라도, 여전히 이 신조는 구글이라는 기업의 일상을 지배하는 코드가 되고 있다. 그러하기에 우리는 오늘날 안드로이드와 같은 개방형 OS를 공짜로 사용하고 있는지도 모른다.

한 가지 유의할 대목은 같은 비즈니스 모델이라도 그 활용의 방식에 따라 실생활에 적용되는 방식은 천양지차라는 점이다. 예를 들어 특허와 관련된 많은 기업들은 특허 괴물과 같은 부정적인 이미지를 연상시키는 것이 보통이지만, 우리가 사례로 든 인텔렉추얼 벤처스의 경우는 이러한 예가 아니다. 이 기업이 특허를 매입하고 포트폴리오를 구성하더라도 이는 다른 개인이나 기업을 고소해 이익을 얻기 위함이 아니라, 발명가와 기업이 상호 이익을 얻을 수 있도록 정보를 집합해 중개하는 역할에 초점을 맞추고 있다. 이를 통해 개인 발명가가 충분한 자본과 조직이 없어서 보유한 특허가 제값을 받지 못하는 경우를 피하고 기업이 사업에 필요한 특허 탓에 소송에 휩싸이거나 비합리적인 협상을 강요받는 등과 같은 불합리한 일들을 막을 수 있다.

우리 책의 말미에 소개한 다양한 사회적 가치의 기업들 역시, 단순한 단기 이익 창출만이 기업 존재의 목적이 아님을 잘 알려주는 사례들이다. 이들의 아이디어는 공해를 줄이고 굶주리는 제3세계 사람들을 살리고 에너지를 절감하며 나무를 심으며 실업자들에게 온정을 베풀고, 협동조합과 같은 새로운 공동체를 모색하며 교육의 기회를 박탈당한 사람들에게 배움의 기회를 제공한다. 이처럼 혁신적인 생각을 가진 창업가의 아이디어는 개인의 끝없는 욕심에 사용될 수도 있지만, 세상에 선한 일을 도입함으로써 사회를 바꾸는 데 일조할 수도 있다는 사실을 꼭 명심해야 할 것이다.

기업별 홈페이지

기업명	홈페이지
파버카스텔(Faber-castell)	www.faber-castell.com
우나 브랜즈(Una Brands)	www.una-brands.com
해피리턴즈(Happy Returns)	www.happyreturns.com
카인드바디(kindbody)	kindbody.com
드라이바(Drybar)	www.drybar.com
힐티(Hilti)	www.hilti.co.kr
씨에스엘&머크(CSL & Merck)	www.csl.com.au
레고 아이디어스(Lego Ideas)	ideas.lego.com
몰스킨(MOLESKINE)	www.moleskine.com
콴다(Qanda)	mathpresso.com
오픈테이블(Open Table)	www.opentable.com
웨딩북	www.how2marry.com
고고로(Gogoro)	www.gogoro.com
네스프레소 버츄오(Nespresso Vertuo)	www.nespresso.com
엔씽(N.THING)	/www.nthing.net
핏펫(Fitpet)	fitpet.co.kr
어반플레이(URBANPLAY)	www.urbanplay.co.kr
드라마앤컴퍼니(Drama & company)	dramancompany.com
리클(Recl)	www.recl.co.kr
마이리얼트립(My Real Trip)	www.myrealtrip.com
인스타카트(instacart)	www.instacart.com
당근마켓	www.daangn.com
오늘의 집	ohou.se
짐캐리(Zimcarry)	www.zimcarry.net
눔(NOOM)	www.noom.co.kr
토스(Toss)	toss.im
밸런스히어로(Balancehero)	www.truebalance.io
플라이홈즈(Flyhomes)	www.flyhomes.com
브렉스(Brex)	www.brex.com
오픈갤러리(Open gallery)	www.opengallery.co.kr
바이아워스(Byhours)	www.byhours.com
푸듀케이트(Fooducate)	www.fooducate.com
오픈서베이(Opensurvey)	opensurvey.io
23앤드미(23andMe)	www.23andme.com
투머로우.io(Tomorrow.io)	www.tomorrow.io
시루카페	global.shirucafe.com
모두의 주차장	www.parkingshare.kr
플렉스포트(Flexport)	www.flexport.com
이벤터스(EVENTUS)	www.event-us.kr
태스크래빗(Taskrabbit)	www.taskrabbit.com

자란다	www.jaranda.kr
에스브이 아카데미(SV Academy)	sv.academy
넷플연가	nfyg.co
케어링(Caring)	caring.co.kr
링글(Ringle)	www.ringleplus.com
스낵패스(Snackpass)	www.snackpass.co
왓낫(Whatnot)	www.whatnot.com
포스타입(POSTYPE)	www.postype.com
카펜스트리트(Carpenstreet)	recruit.acon3d.com
블라블라카(BlarBlarCar)	
리플리(Rheaply)	www.rheaply.com
모토브	www.motov.co.kr
챌린저스(Challengers)	chlngers.com
스테픈(Stepn)	www.blablacar.com
그린라이트(Greenlight)	greenlight.com
레브잇(Levit)	alwayzshop.ilevit.com
크림(Kream)	kream.co.kr
트릿지(Tridge)	www.tridge.com
송핀츠(Songfinch)	www.songfinch.com
아파트멘터리(Apartmentary)	apartmentary.com
스레들리스(Threadless)	www.threadless.com
푸드52(Food52)	/food52.com
마이뮤직테이스트(MyMusicTaste)	www.mymusictaste.com
레이즈미(RaiseMe)	www.raise.me
화해(Hwahae)	www.hwahae.co.kr
펄레고(Perlego)	www.perlego.com
트레바리(Trevari)	www.trevari.co.kr
와이즐리(Wisely)	wisely.store
캄(Calm)	www.calm.com
재피어(Zapier)	zapier.com
위허들링(Weeat)	delight.weeat.kr
위버스(Weverse)	weverse.io
크레이트조이(Cratejoy)	www.cratejoy.com
더그림엔터테인먼트	www.ptjcomics.kr/
데일리페이(DailyPay)	www.dailypay.com
클라나(Klarna)	www.klarna.com
똑닥(Ddocdoc)	www.ddocdoc.com
리라헬스(Lyra Health)	www.lyrahealth.com
프린티파이(Printify)	printify.com
뱀프르(Vampr)	vampr.me
로켓머니(Rocket Money)	www.rocketmoney.com
뉴셀라(Newsela)	newsela.com
키즈노트(Kidsnote)	www.kidsnote.com
숨고(Soomgo)	soomgo.com

스탁키퍼(Stockeeper)	www.stockeeper.co.kr
열매컴퍼니	yeolmaecompany.com
다자요	dazayo.com
세컨신드롬	www.dalock.kr
쥬크박스(JKBX)	www.jkbx.com
비노베스트(Vinovest)	www.vinovest.co
로보아르테(Roboarete)	roboarete.com
스칼라데이터	evmodu.kr
에임드	www.piedpuppy.com
풀하베스트(Full Harvest)	www.fullharvest.com
스와피(Swappie)	swappie.com
북샵(Bookshop)	bookshop.org
투굿투고(Too Good To Go)	www.toogoodtogo.co.uk
트리플래닛(Tree Planet)	www.treepla.net
이큐브랩(EcubeLabs)	ecubelabs.com
식스티헤르츠(60hz)	60hz.io
웨이홈(Wayhome)	www.wayhome.co.uk

미주

1. 김광우. "차이의 예술: 다비드, 푸생, 피카소가 그린 "사비니 여인들의 중재"". 『교수신문』. 200504.
2. Timmers, P.(1998). Business models for electronic markets. Electronic Markets.
3. Linder, J. and Cantrell, S.(2000). Changing business models: surveying the landscape. Institute for Strategic Change, Accenture.
4. Magretta, J.(2002). Why business models matter. Harvard Business Review, 80(5): 86–92.
5. Tapscott, D., A. Lowi, A., and Ticoll, D.(2000). Digital capital – harnessing the power of business webs. Boston, Harvard Business School Press.
6. Johnson, M., Crhistensen, C., and Kagermann, H.(2008). Reinventing your business model. Harvard Business Review, December
7. 중국 CCTV 다큐멘터리 제작팀.(2014). 기업의 시대, 허유영 옮김. 경기도: 다산북스
8. 중국 CCTV 다큐멘터리 제작팀.(2014). 기업의 시대, 허유영 옮김. 경기도: 다산북스
9. 중국 CCTV 다큐멘터리 제작팀.(2014). 기업의 시대, 허유영 옮김. 경기도: 다산북스
10. http://www.faber-castell.co.kr/
11. https://www.faber-castell.com/
12. https://www.ecomedia.co.kr/news/newsview.php?ncode=1065621939896433
13. https://www.faber-castell.com/corporate/facts-figures
14. Una Brands Website. https://www.una-brands.com/how
15. Sharanya Pillai. "E-commerce roll-up company Una Brands raises US$15m in Series A funds". 『The Business Times』. https://www.businesstimes.com.sg/startups-tech/startups/e-commerce-roll-company-una-brands-raises-us15m-series-funds
16. Una Brands CFO Cho Weihao. "Building an e-commerce empire: Una Brands' CFO reveals the secret to growing 20 Brands across 6 Countries in less than 3 years [Audio podcast episode]". 『CFO Talks by Aspire Content Team』 .https://aspireapp.com/blog/episode-4-unabrands
17. 이민희. "반품을 대신 처리해 성공한 스타트업 '해피 리턴즈'". 『Bizion』. 20200210. http://www.bizion.com/bbs/board.php?bo_table=startup&wr_id=669 https://blog.naver.com/sjman5/221813003865 https://cafe.naver.com/leadersclubfamily/3211
18. 해피리턴즈. https://www.happyreturns.com
19. 이민희. "반품을 대신 처리해 성공한 스타트업 – 해피 리턴즈". 『비즈온』. 20200210. http://www.bizion.com/bbs/board.php?bo_table=startup&wr_id=669 새로운 관점에서 접근하는 해피 리턴즈. 『속 시원한 사이다』. https://blog.naver.com/sjman5/221813003865
20. https://www.prnewswire.com/news-releases/kindbody-and-vios-fertility-institute-create-largest-women-led-fertility-care-company-serving-employers-and-consumers-301472254.html
21. https://kindbody.com/services-pricing/
22. https://www.fiercehealthcare.com/health-tech/kindbody-banks-100m-fuel-more-acquisitions-growth-fertility-clinic-network
23. Barbara Davidson. "The Cost of a Haircut in Every Country". 『NetCredit Blog』. https://www.netcredit.com/blog/cost-haircut-every-country
24. International Franchise Professionals Group Website. "Drybar Franchise Cost and Requirements for 2023". https://www.ifpg.org/top-franchises/drybar-1
25. Alli Hoff Kosik. "The CEO of massage startup Squeeze is borrowing Drybar's playbook to build a self-sufficient franchise model. Here's what it looks like". 『Business Insider』.

https://www.businessinsider.com/ceo-squeeze-massage-shares-how-mirroring-drybar-franchise-2022-11
26. Karlie Frank. "3 tips from Drybar for making customers feel like VIPs". 『National Retail Federation Blog』. https://nrf.com/blog/3-tips-drybar-making-customers-feel-vips
27. Emma Sandler. "Helen of Troy emerges as one of beauty's most unexpected strategic buyers". 『Glossy』. https://www.glossy.co/beauty/helen-of-troy-emerges-as-one-of-beautys-most-unexpected-strategic-buyers/
28. Arafat Kabir. "Drybar Founder Alli Webb's Unorthodox Secret to Business Growth". 『Inc.』. https://www.inc.com/arafat-kabir/alli-webb-drybar-goldman-sachs-small-business-summit.html
29. 권춘오.(2010). 여백 경영: 혁신 속에서 새 BizModel 찾다. 서울: 동아비즈니스리뷰.
30. Lindsay Clinton, Ryan Whisnant.(2014). Model Behavior: 20 Business Model Innovations for Sustainability. CA: Sustain Ability.
31. Hilti. www.hilti.com.
32. 이슬. "힐티코리아, 고객중심의 'Champion 2020전략' B2B 홈페이지 오픈". 『한국경제』. 20140711.
33. Hagiu, Yoffie.(2009). What's your google strategy? Harvard Business Review, April.
34. 최병삼, 김창욱, 조원영.(2014). 플랫폼 경영을 바꾸다. 서울: 삼성경제연구소
35. Kevin, Boudreau, Lakhani.(2009). How to manage outside innovation. Sloan Management Review. Summer.
36. Chris Andersen.(2014). 창조경제 글로벌 포럼 2014.
37. 헨리 체스브로.(2009). 오픈 이노베이션. 서울: 은행나무.
38. www.csl.com.au
39. 신수영. "프로셀: 한두 개 집중보다 라이선싱 아웃". 『머니투데이』. 20070305. www.mt.co.kr/view/mtview.php?type=1&no=2007030411194972172&outlink=1.
40. 용환진. "Case Study: 신약찾기, 연구실을 뛰쳐나가라." 『매일경제』. 20120217. mba.mk.co.kr/view.php?sc=51000001&cm=Case%20Study&year=2012&no=108204&relatedcode=.
41. 한용해. "미국시장을 두드려라." 『약업신문』. 20131229. www.yakup.com/news/index.html?mode=view&cat=12&nid=170538.
42. 윤형진. "cover story: 혁신을 분업하라". 『조선일보』. 20140816.
43. 복득규.(2012). 한국기업의 Open & Global R&D 추진현황과 선도사례 분석. 서울: 삼성경제연구소.
44. 오성윤. "레고의 역사". 『loney planet』. 20190813. http://lonelyplanet.co.kr/magazine/articles/AI_00002702
45. https://ideas.lego.com/
46. 김형원. "ISS에 스타워즈 디스트로이어까지…어른 지갑 여는 레고". 『조선일보』. 20200208. http://it.chosun.com/site/data/html_dir/2020/02/04/2020020403203.html
47. https://ideas.lego.com/projects/create
48. https://www.joongang.co.kr/article/25148186#home https://outstanding.kr/moleskine20170925 https://ppss.kr/archives/56915
49. Kevin, Boudreau, Lakhani.(2009). How to manage outside innovation. Sloan Management Review. Summer
50. https://www.chosun.com/economy/tech_it/2023/03/22/K2QGPPABDBBMBOQOP6AZUNRTEM/
51. https://qanda.ai/user/ko/premium/landing
52. https://tutor.qanda.ai/price
53. https://mathpresso.notion.site/FAQ-7eba8dd5d5444ed7a06532b8f694118d
54. https://www.etnews.com/2023042600240
55. https://www.innoforest.co.kr/company/CP00000089

56. https://www.aitimes.kr
57. https://www.opentable.com/about/
58. https://restaurant.opentable.com/plans/
59. https://techcrunch.com/2019/07/02/uber-dine-in/
60. http://how2marry.com/
61. 배태웅. "모바일로 결혼 상품 한눈에 비교…'스드메' 발품 팔일 없어요". 『한국경제』. 20190507. https://www.hankyung.com/it/article/2019050797731
62. https://www.wdgbook.com/
63. https://booking.naver.com/booking/6/bizes/224401
64. https://m.news.nate.com/view/20231115n41203
65. https://www.hankooki.com/news/articleView.html?idxno=99738
66. https://patents.google.com/patent/USD734665S1/en
67. https://www.nespresso.com/kr/ko/vertuo-coffee-capsules
68. https://www.nespresso.com/kr/ko/home
69. https://www.dailypop.kr/news/articleView.html?idxno=62101
70. http://www.businessreport.kr/news/articleView.html?idxno=36727
71. https://kvicnewsletter.co.kr/page/view.php?idx=306
72. https://www.thebell.co.kr/free/content/ArticleView.asp?key=202307181250500840101154&lcode=00
73. https://help.fitpet.co.kr/hc/ko/articles/13451193269273-핏펫플러스-핏펫몰-멤버십-서비스-
74. https://www.bloter.net/news/articleView.html?idxno=43308
75. https://research.pabii.com/vtecon/276352/
76. https://news.mt.co.kr/mtview.php?no=2023013115042486285
77. 유휴공간을 장기임대차계약을 통해 임대하여 운영하고 있다.
78. 블로터, 황금빛, 20220715 "'어반플레이'가 부동산 개발에 '콘텐츠'를 넣게 된 이유", https://www.bloter.net/news/articleView.html?idxno=4498
79. https://www.ajunews.com/view/20190730010239 28
80. https://www.dramancompany.com/product/
81. https://zdnet.co.kr/view/?no=20230105083959
82. https://it.chosun.com/news/articleView.html?idxno=2023081000866
83. https://www.busaneconomy.com/news/articleView.html?idxno=307683
https://www.recl.co.kr/
84. https://www.mk.co.kr/news/business/10907741
85. https://www.recl.co.kr/guide/view?section=#examination
86. 김선주. "마이리얼트립 이동건 대표-현지인이 만든 '진짜 여행'을 선사하다". 『여행신문』. 20130708.
87. http://www.traveltimes.co.kr/news/articleView.html?idxno=106009
88. 배소진(2023). "미국판 컬리? 배민B마트? 15조 원 인스타카트의 비결.". 머니투데이. 20230923. https://news.mt.co.kr/mtview.php?no=2023092211194537775
89. https://www.daangn.com/ https://m.post.naver.com/viewer/postView.nhn?volumeNo=27949412&memberNo=11166748&vType=VERTICAL
90. Platrum. 김문선 "오늘의집, 매출 늘고, 적자 줄었다…2년 연속 매출 50%대 성장". 20230414. https://platum.kr/archives/205320
91. https://zimcarry.net/
92. https://www.youtube.com/watch?v=LhfCMoLPTj4
93. https://zimcarry.net/page/zimpass.php
94. https://zimcarry.net/page/zim-ktxpass.php

95. https://zimcarry.net/page/zim-airpass.php
96. "눔(noom), 모바일 기업 최초로 당뇨병 예방 프로그램 미국 CDC 공식 인증". 『비석세스』. https://www.besuccess.com/눔noom-모바일-당뇨병-예방-프로그램-미국-cdc-공식-인증/
97. 이서희. "'美 최고 헬스케어 스타트업' 키운 정세주 눔 창업자 '또 다른 혁신 위해 CEO 물러난다'". 『한국일보』. https://m.hankookilbo.com/News/Read/A2023091608040000804
98. 한애란. "아직도 이체할 때 은행 앱 쓰니? 토스 해! 모바일 간편송금, 대세될까". 『중앙일보』. 170607. Retrieved from http://news.joins.com/article/21642416
99. https://premium.sbs.co.kr/article/4mtUM1zWpB
100. https://www.truebalance.io/
101. https://www.truebalance.io/products
102. https://www.fnnews.com/news/202308090959161078
103. https://www.mk.co.kr/news/it/10803861
104. Stephen Council. "Flyhomes, four years after starting at Kellogg, scales up with $141 million in financing". 『The Daily Northwestern』. 20191126. https://dailynorthwestern.com/2019/11/26/campus/flyhomes-four-years-after-starting-at-kellogg/
105. Noah Buhayar. "Trading Up Homes Is a Pain. This Startup Wants to Make It Easier". 『Bloomberg』. 20190815. https://www.bloomberg.com/news/articles/2019-08-15/trading-up-homes-is-a-pain-this-startup-wants-to-make-it-easier
106. 로이터. "부동산회사 '플라이홈즈' 또 감원…주택시장 침체 여파로 이미 직원 20% 해고□질로, 레드핀도 감축." 『한국일보』. 20231219. http://www.koreatimes.com/article/20231219/1494353
107. https://m.etnews.com/20181010000506?obj=Tzo4OiJzdGRDbGFzcyI6Mjp7czo3OiJyZWZlcmVyIjtOO3M6NzoiZm9yd2FyZCI7czoxMzoid2VilHRvIG1vYmlsZSI7fQ%3D%3D
https://post.naver.com/viewer/postView.nhn?volumeNo=17377877&memberNo=43209292
https://brex.com/
108. https://wowtale.net/2019/06/02/brex-funding/
109. https://www.brex.com/pricing
110. https://www.nerdwallet.com/article/credit-cards/brex-card
111. https://www.brex.com/support/what-is-the-minimum-cash-balance-monthly-revenue-i-need-to-maintain-my-credit-limit
112. OPEN GALLERY. www.opengallery.co.kr/
113. 임원기. "한국의 스타트업-(167) 오픈갤러리 박의규 대표". 『VENTURE SQUARE』. 20140811.
114. "Investment boost for BYHOURS". 『TTR Weekly』. https://www.ttrweekly.com/site/2023/11/investment-boost-for-byhours/
115. Tim Smith in Barcelona. "Hotel room-by-the-hour startup ByHours raises □8m". 『Sifted』. 20200121. https://sifted.eu/articles/room-by-the-hour-startup-love-hotels
116. 바이아워스 웹사이트. https://hoteliers.byhours.com/en
117. "Investment Project EIPP-20180549: BYHOURS MICROSTAYS, enhancing flexibility in the hospitality industry". 『European Commission』. 20180608. https://ec.europa.eu/eipp/desktop/en/projects/project-9547.html
118. HyeperGuest. "Unlocking Revenue Potential: Microstays as a Distribution and Profit-Maximizing Strategy". https://www.hyperguest.com/industry-blog/unlocking-revenue-potential-embracing-microstays-as-a-distribution-and-profit-maximizing-strategy
119. Fooducate. www.fooducate.com/
120. Lana Koretsky. "A Conversation with Hemi Weingarten, Founder & CEO, Fooducate". 『Entrepreneurship Review』. Retrieved from miter.mit.edu/a-conversation-with-hemi-weingarten-founder-ceo-fooducate/

121. Lana Koretsky. "A Conversation with Hemi Weingarten, Founder & CEO, Fooducate". 『Entrepreneurship Review』. Retrieved from miter.mit.edu/a-conversation-with-hemi-weingarten-founder-ceo-fooducate/
122. https://opensurvey.io/
123. 오픈서베이 서비스 소개서
124. https://zdnet.co.kr/view/?no=20231204140813
125. https://outstanding.kr/opensurvey20230517
126. 23andme website. https://medical.23andme.com/
127. 이한기. "GSK, 23앤드미와 신약 개발 협력 연장". 『의약뉴스』. http://www.newsmp.com/news/articleView.html?idxno=220837
128. "23andMe Announces Collaboration Extension with a New Data Licensing Agreement with GSK". 『Yahoo Finance』. https://finance.yahoo.com/news/23andme-announces-collaboration-extension-data-120000313.html
129. _MIT Technology Review.(2014). 『23andMe Tries to Woo the FDA』 MA: MIT Technology Review.
130. 박수호, 류지민, 김기진, 박영선. "데이터 드리븐 경영으로 승승장구-'돌핀의 부활' '로켓배송' 이끈 빅데이터 광고·콘텐츠·프롭테크 시장서도 각광". 『매경 이코노미』. https://www.mk.co.kr/economy/view.php?sc=50000001&year=2019&no=591296
131. "Tomorrow.io: Pioneering the future of weather intelligence". 『Wire19』. https://wire19.com/tomorrow-io-pioneering-the-future-of-weather-forecasting/
132. http://www.globalintelligence.kr/giprosuming/keynorm/keynorm.asp?keynorm_no=14729
133. https://global.shirucafe.com/
134. https://m.blog.naver.com/businessinsight/221567628995
135. 손요한. "인천시-모두의주차장, 공영주차장 공공데이터 구축 및 안내 서비스 개시". 『Platum』. 20140623. https://platum.kr/archives/22874
136. 김지선. "불법주차 아픔을 창업으로…'모두의주차장' 탄생 비화". 『디지털타임즈』. 20150920. http://www.dt.co.kr/contents.html?article_no=2015092102100831746001
137. 월간 app.(2014). 『모바일 애플리케이션 개발사 _(주)모두컴퍼니: 모두의 주차장, 위치 검색부터 주차료 비교까지 한눈에』. 서울: Withpress
138. 손형주. "주거지 전용 주차장도 공유 시대…불법주차 막고 수익도 챙기고". 『연합뉴스』. 20200127. https://www.yna.co.kr/view/AKR20200123145300051
139. https://www.news2day.co.kr/article/20230914500167
140. https://www.flexport.com/solutions/flexport-plus/
141. https://www.flexport.com/blog/flexport-ceos-note-to-employees/
142. 한송아. "원스톱 행사 진행 플랫폼 이벤트테크 스타트업 '이벤터스' 안영학 대표". 『모비인사이드』. 20191127. https://www.mobiinside.co.kr/2019/11/27/eventus/
143. "TaskRabbit Announces Launch into Germany". 『PRNewswire』. 20191022. https://www.prnewswire.com/news-releases/taskrabbit-announces-launch-into-germany-300942468.html
144. TaskRabbit Website. https://support.taskrabbit.com/hc/en-us/articles/360032936511-What-s-the-Registration-Fee
145. Task Rabbit Website. https://support.taskrabbit.com/hc/en-us/sections/200787670-Payment-Info
146. Maria Armental. "TaskRabbit, IKEA's Handyman-for-Hire Service, Discloses Cybersecurity Incident". 『The Wall Street Journal』. https://www.wsj.com/articles/taskrabbit-ikeas-handyman-for-hire-service-discloses-cybersecurity-incident-1523921342
147. Taskrabbit. "Taskrabbit Corporate Fact Sheet". https://assets.ctfassets.net/vwt5n1ljn95x/4QB

xY2SaZhipxcRNu0W9yl/fc14e65a18b66006d9d21bd2dac2729a/TR_corporate_fact_sheet_22-English.pdf

148. Taskrabbit Website. https://www.taskrabbit.com/taskrabbit-elite
149. Juggernaut. (2015). "How TaskRabbit Works: Insights into Business & Revenue Model". http://nextjuggernaut.com/blog/how-task-rabbit-works-insights-into-business-revenue-model/
150. https://jaranda.kr/index_parent
151. https://jaranda.notion.site/bd0d104497c14ebdba530061a0342432
152. Connie Loizos. "SV Academy just landed $9.5 million to offer tuition-free training that puts people in tech jobs". 『TechCrunch』. 20190627. https://techcrunch.com/2019/06/27/sv-academy-just-landed-9-5-million-to-offer-tuition-free-training-that-puts-people-in-tech-jobs/
153. Connie Loizos. "SV Academy just landed $9.5 million to offer tuition-free training that puts people in tech jobs". 『TechCrunch』. 20190627. https://techcrunch.com/2019/06/27/sv-academy-just-landed-9-5-million-to-offer-tuition-free-training-that-puts-people-in-tech-jobs/
154. Sherin Shibu. "A free business development bootcamp backed by Ashton Kutcher accepts only 2.5% of applicants and boasts a 100% job placement rate. Its founders and students describe what it takes to get in and do well". 『Business insider』. 20191206. https://www.businessinsider.com/sv-academy-kutcher-backed-free-academy-for-startup-jobs-2019-12
155. https://outstanding.kr/caring20221012
156. 케어링 사업계획서
157. https://biz.chosun.com/stock/stock_general/2023/11/22/GVJI6HJIZZESTGKAQVRPYZU3D4/?utm_source=naver&utm_medium=original&utm_campaign=biz
158. https://www.newsfreezone.co.kr/news/articleView.html?idxno=486762
159. https://support-ko.ringleplus.com/hc/ko/articles/4410714215311
160. https://www.ringleplus.com/ko/student/landing/pricing
161. https://support-ko.ringleplus.com/hc/ko/articles/4481539769999
162. https://support-tutor.ringleplus.com/hc/en-us/articles/4409677258767
163. https://support-tutor.ringleplus.com/hc/en-us/articles/4409677263503-
164. https://www.snackpass.co/
165. https://research.contrary.com/reports/snackpass
166. https://www.generalcatalyst.com/perspectives/snackpass-the-social-layer-of-food
167. Statista. "Livestream e-commerce sales in the United States between 2020 and 2026". https://www.statista.com/statistics/1276120/livestream-e-commerce-sales-united-states/
168. Megan Sauer. "29-year-old who quit the NFL to sell Pokémon cards: How my side hustle became a company bringing in $8.3 million in 9 months 『CNBC』. https://www.cnbc.com/2023/04/26/blake-martinez-pokemon-card-side-hustle-company-brings-in-millions.html
169. Whatnot Engineering Blog. "Building Whatnot's First Ads Product — Boosted Livestreams". https://medium.com/whatnot-engineering/building-whatnots-first-ads-product-boosted-livestreams-a2b8b6a0b790
170. "팬덤". 『온라인 두산백과』. https://terms.naver.com/entry.naver?docId=1226027&cid=40942&categoryId=31614
171. "덕질". 『네이버 국어사전』. https://ko.dict.naver.com/#/entry/koko/6fd46734bc144f76ace4e5402e72afef

172. https://www.postype.com/
173. Chris O'brien. "BlaBlaCar's winding road to success". 「Sifted」. https://sifted.eu/articles/blablacars-winding-road-to-success
174. Matt Cowan. "BlaBlaCar has turned ride-sharing into a multi-million-euro business". 「Wired」. https://www.wired.co.uk/article/blablacar
175. Matt Cowan. "BlaBlaCar has turned ride-sharing into a multi-million-euro business". 「Wired」. https://www.wired.co.uk/article/blablacar
176. Romain Dillet. "BlaBlaCar to acquire online bus ticketing platform Busfor. 「TechCrunch」. https://techcrunch.com/2019/09/24/blablacar-to-acquire-online-bus-ticketing-platform-busfor/
177. Matt Cowan. "BlaBlaCar has turned ride-sharing into a multi-million-euro business". 「Wired」. https://www.wired.co.uk/article/blablacar
178. Ellen Glover. "Rheaply Raises $2.5M to Help Businesses Recycle Unused Items". 「Built in Chicago」. 20200318. https://www.builtinchicago.org/2020/03/18/rheaply-raises-2m
179. Pooja Pillai. "Rheaply: eBay for purchasing or sharing unused inventory". 「Techweek」. 20191007. https://techweek.com/rheaply-ebay-for-purchasing-or-sharing-unused-inventory/
180. Garry Cooper. "Rheaply: A platform giving a second life to surplus industrial equipment". 「MIT Solve」. https://solve.mit.edu/challenges/circular-economy/solutions/10158/application
181. Grennuum.(2023). "순환경제: 2030 탄소 네거티브 위해 10억 달러 투자한 마이크로소프트가 선택한 기후테크 기업은?". https://greenium.kr/greenbiz-industry-microsoft-climateinnovationfund-climatetech-investment-circulareconomy/
182. Deonna Anderson. "This startup is helping universities and companies embrace circular asset management". 「GreenBiz」. 20200109. https://www.greenbiz.com/article/startup-helping-universities-and-companies-embrace-circular-asset-management
183. 홍현표. "도심 곳곳의 택시표시등 통해 시간·지역 맞춤 광고 띄운다". 「강원일보」. 20171215. http://www.kwnews.co.kr/nview.asp?s=401&aid=217121400095
184. 방은주. "택시를 미디어 플랫폼으로 만들어줍니다". 「ZDNET KOREA」. 20181224. https://www.zdnet.co.kr/view/?no=20181224152011
185. "택시 표시등 디지털 광고, 수도권 확장… 인천서 시범사업". 「헤럴드경제」. 20190514. http://news.heraldcorp.com/view.php?ud=20190514000642
186. https://teamchallengers.oopy.io/
187. https://www.mk.co.kr/news/business/9731560
188. https://www.chlngers.com/faq
189. http://www.economicmagazine.co.kr/news/articleView.html?idxno=1880
190. https://aws.amazon.com/ko/what-is/web3/
191. https://www.wowtv.co.kr/NewsCenter/News/Read?articleId=A202210070230
192. https://stepnofficial.medium.com/stepn-announces-q2-profits-initiates-quarterly-gmt-buyback-burn-32ad0b764de9
193. https://www.lgbr.co.kr/report/view.do?idx=19667
194. https://biz.newdaily.co.kr/site/data/html/2022/05/03/2022050300046.html
195. https://economist.co.kr/article/view/ecn202111030006
196. https://www.chosun.com/economy/weeklybiz/2021/05/28/TPRAKBHDSFGOHPYVINE44PITYU/
197. https://www.businesswire.com/news/home/20231023717740/en/Greenlight-Establishes-Credit-Union-Service-Organization-to-Empower-Credit-Unions-with-Family-Finance-

Solutions
198. https://techcrunch.com/2023/08/08/greenlight-credit-card-teens-fintech/
199. 최수진. "'쿠팡·네이버' 가고 '알리·올웨이즈' 온다". 『매거진 한경』. https://magazine.hankyung.com/business/article/202308165181b
200. 올웨이즈 웹사이트. https://team.alwayz.co/
201. https://www.hankyung.com/article/2023032752011
202. https://kream.co.kr/faq/service_fee
203. https://kream.co.kr/auth_policy
204. https://www.tridge.com/ko/company
205. https://www.tridge.com/market/seller-plan/pricing
206. https://www.songfinch.com/
207. 허남이 "아파트멘터리, 전년 동기 대비 266% 매출 성장". 『머니투데이』. https://news.mt.co.kr/mtview.php?no=2023051816565591253
208. 김경연.(2007). 『사례를 통해 본 오픈 이노베이션』. 서울: LG경제연구원.
209. THREADLESS.COM COMMUNITY GUIDELINES AND TERMS OF USE. https://www.threadless.com/info/terms/#payments-to-artists
210. 정호석. "고객님 혁신을 부탁해요. 디자인부터 홍보까지 고객 손에". 『매일경제』. 20121214. news.mk.co.kr/newsRead.php?year=2012&no=831598
211. "Food52's Apron Was Inspired by 32,000 Community Opinions". 『Daily Beast』. https://www.thedailybeast.com/food52-five-two-ultimate-apron
212. "How Food52 Strikes a Winning Balance Between Content and Commerce". 『First Round Review』. https://review.firstround.com/how-food52-strikes-a-winning-balance-between-content-and-commerce
213. Food52 Website. https://food52.com/p/welcome-to-our-test-kitchen
214. 마이뮤직테이스트 웹사이트. https://team.mymusictaste.com/
215. 김양혁. "[코로나 이겨낸 스타트업]② 마이뮤직테이스트 이재석 대표 '코로나 뚫고 10년만에 첫 흑자…K콘텐츠 성장 가능성 무한". 『조선일보』. https://biz.chosun.com/it-science/ict/2022/01/02/5AS2JBKQV5AUBBAKTOV3YZWE7A/
216. "전 세계 200개 이상의 공연을 기획하는 글로벌 공연 기획자는 어떤 일을 할까?" 『Medium』. 20191112. https://medium.com/mymusictaste-official/전-세계-200개-이상의-공연을-기획하는-글로벌-공연-기획자는-어떤-일을-할까-3164c5be5fec
217. 송범근. "데이터에서 가치를 얻고 싶다면 알아야 할 7가지". 『아웃스탠딩』. https://outstanding.kr/mymusictastedata20200217/
218. 엄지용. "[진짜 실무 이야기] 데이터로 팬심 예측해 공연 만드는 법(김명수 마뮤테 그로스팀장)". 『바이라인네트워크』. https://byline.network/2020/10/07-34/
219. 마이뮤직테이스트 블로그. "전 세계 200개 이상의 공연을 기획하는 글로벌 공연 기획자는 어떤 일을 할까?". https://medium.com/mymusictaste-official/전-세계-200개-이상의-공연을-기획하는-글로벌-공연-기획자는-어떤-일을-할까-3164c5be5fec
220. 준 최. "대학 진학에 필요하 장학금 찾는 만큼 받는다.". 『한국일보』. 20231218. http://www.koreatimes.com/article/20231217/1493976
221. Tony Wan. "RaiseMe Gets $15M to Help Students Cut College Costs If They Do Well in School". 『Edsurge』. https://www.edsurge.com/news/2다18-07-26-raiseme-gets-15m-to-help-students-cut-college-costs-if-they-do-well-in-school
222. https://www.hwahae.co.kr/about
223. https://blog.hwahae.co.kr/all/hwahae/talk/5710
224. https://www.cosmorning.com/news/article.html?no=45434

225. https://www.edaily.co.kr/news/read?newsId=03519446619312568&mediaCodeNo=257
226. https://www.edaily.co.kr/news/read?newsId=03519446619312568&mediaCodeNo=257
227. https://blog.hwahae.co.kr/all/newsroom/news/12380
228. https://www.perlego.com/
229. https://www.perlego.com/pricing
230. https://wisely.store/
231. https://wisely.store/zmm/landing/nor.html?product_no=722
232. https://outstanding.kr/wiselyzero20231024
233. https://byline.network/2022/03/16-189/
234. https://www.ddaily.co.kr/page/view/2023092319413436811
235. https://www.bloomberg.com/news/videos/2020-12-08/calm-gets-backing-boost-amid-pandemic-stress-video
236. https://www.calm.com/ko
237. https://www.hollywoodreporter.com/business/digital/from-harry-styles-to-kevin-hart-new-content-studios-are-selling-meditation-and-sleep-with-stars-help-4117924/
238. https://www.crunchbase.com/organization/calm-com/company_financials
239. Alex Konrad. "Zapier's CEO Reveals How His Automation Startup Reached A $5 Billion Valuation Without Jumping On The VC 'Hamster Wheel'" 『Forbes』. https://www.forbes.com/sites/alexkonrad/2021/03/08/zapier-bootstraps-to-5-billion-valuation/?sh=12c210f11c8e
240. 소비자의 의사결정 과정에서 요구되는 탐색 시간과 비용의 발생을 비효율적인 과정으로 간주하여, 이 과정에서 필요한 노력과 시간을 귀찮게 여기는 소비행태
241. https://www.klnews.co.kr/news/articleView.html?idxno=307753
242. https://www.mk.co.kr/news/culture/9298793
243. 박동선. "위버스, 누적 1억 다운로드 돌파…MAU 1천만 육박, 원스톱 팬라이프 각광". 『전자신문』. https://www.etnews.com/20230713000306
244. 이진원. "[2022 코리아 파워 셀러브리티 40] 1위 BTS 스토리_숫자로 본 BTS 파워". 『포브스 코리아』. https://jmagazine.joins.com/forbes/view/335936
245. 위버스 웹사이트. https://weverse.io/weversezone/notice/13906?hl=ko
246. Cratejoy Website. https://sell.cratejoy.com/pricing/
247. Tony Chen · Ken Fenyo · Sylvia Yang · Jessica Zhang. "Thinking inside the subscription box: New research on e-commerce consumers". 『Mckinsey & Company - Our Insights』. 201802. https://www.mckinsey.com/industries/technology-media-and-telecommunications/our-insights/thinking-inside-the-subscription-box-new-research-on-ecommerce-consumers
248. http://www.cine21.com/news/view/?mag_id=103841&utm_source=naver&utm_medium=news
249. https://www.ptjcomics.kr/academy https://www.ptjcomics.kr/contact
250. https://outstanding.kr/cp20230310
251. PwC. "PwC's 2023 Employee Financial Wellness Survey". https://www.pwc.com/us/en/services/consulting/business-transformation/library/employee-financial-wellness-survey.html
252. Klarna Website. https://www.klarna.com/us/what-is-klarna/
253. National Retail Federation. "Retailers are embracing alternative payment methods, though cards are still king". https://nrf.com/blog/retailers-are-embracing-alternative-payment-methods-though-cards-are-still-king
254. Amy O'Brien and Mimi Billing. "As Klarna aspires to be a global bank, affiliate marketing is its cash cow". 『Sifted』. https://sifted.eu/articles/klarna-marketing-revenue-global-bank
255. Klarna Website. "Klarna Interim Report: January - June 2023". https://www.klarna.com/

assets/sites/5/2023/08/30211230/KLARNA-BANK-INTERIM-REPORT-2023-1.pdf
256. US Consumer Financial Protection Bureau. "Buy Now, Pay Later: Market trends and consumer impacts". https://files.consumerfinance.gov/f/documents/cfpb_buy-now-pay-later-market-trends-consumer-impacts_report_2022-09.pdf
257. 백봉삼. "똑닥, 실손보험 청구 간소화 서비스 특허 취득". 『ZDnet Korea』. 20200417. https://www.zdnet.co.kr/view/?no=20200417145846
258. https://www.fiercehealthcare.com/tech/mental-health-startup-lyra-health-now-worth-4-6b-latest-megaround
259. https://www.lyrahealth.com/our-impact/
260. https://printify.com/
261. https://printify.com/how-it-works/
262. https://printify.com/pricing/
263. https://www.vampr.me/
264. Rocket Money Website. https://help.rocketmoney.com/en/articles/2217739-how-much-does-rocket-money-cost
265. Rocket Companies. "Rocket Companies Announces Fourth Quarter and Full Year 2022 Results". https://ir.rocketcompanies.com/news-and-events/press-releases/press-release-details/2023/Rocket-Companies-Announces-Fourth-Quarter-and-Full-Year-2022-Results/default.aspx
266. Rocket Companies. "2022 Annual Report". https://s25.q4cdn.com/509921419/files/doc_financials/2022/ar/Rocket-Companies-2022-Annual-Report.pdf
267. 박성민. (2013). 『혁신의 요람, 아이디어 플랫폼』. 서울: 삼성경제연구소.
268. 최준호. "스타트업리포트 16: 김준용 키즈노트 대표, 글로벌 No 1. 모바일 엔젤 플랫폼". 『뉴스토마토』. 20140430. www.newstomato.com/ReadNews.aspx?no=465401.
269. 이미영. "DBR Case Study: 라이프스타일 서비스 중개 플랫폼 '숨고'의 성장 전략". 『동아비즈니스리뷰』. https://dbr.donga.com/article/view/1202/article_no/9598
270. 남대일, 김주희, 정지혜. "우리 주변의 숨은 장인, 생활 서비스 매칭 플랫폼 '숨고'". 『스브스 프리미엄』. https://premium.sbs.co.kr/article/zpAEaTTOVR?utm_source=sbsnews
271. 숨고 웹사이트. https://help.soomgo.com/hc/ko/articles/17762405246361---기타-요청서마다-견적-발송-비용이-왜-다른가요-
272. 숨고 웹사이트. https://help.soomgo.com/hc/ko/articles/4406221912985---결제-숨고페이-수수료가-있나요-
273. 배민욱. "'생활솔루션 서비스 숨고' 만족도 좋네…89% "다시 이용"[중기소식]". 『파이낸셜 뉴스』. https://www.fnnews.com/news/202305241620300664https://mobile.newsis.com/view.html?ar_id=NISX20230524_002315357#_PA
274. https://www.bancow.co.kr/
275. https://www.thebell.co.kr/free/content/ArticleView.asp?key=202306151324338680103473
276. https://www.bancow.co.kr/inquiry
277. https://economist.co.kr/article/view/ecn202312190068
278. https://brunch.co.kr/@jejucenter/400
279. https://www.chosun.com/economy/smb-venture/2022/07/15/LTJURWFLORDGHIZP7A3UXI7QOM/
280. https://www.hankyung.com/it/article/202211213893i
281. https://www.fnnews.com/news/202212050530290063
282. https://dalockbiz.kr/
283. https://www.fnnews.com/news/202312101831467874

284. 투자자들은 로열티 주식을 구매할 때, 특정 음악 자산 또는 음악 자산 컴파일레이션에 대한 로열티 권리와 관련된 발행자가 받는 수입 지분에서 로열티, 수수료 및 기타 수입 흐름의 지정된 부분을 받을 계약상의 권리를 받게 된다.
285. 음반 분야에서 브랜드 또는 상표를 의미한다. 대중음악이 본격적으로 고도화된 40년대와 50년대 미국을 중심으로 여러 아티스트를 거느린 대형 음반사들이 등장하기 시작하면서, 이들이 레코드판 중앙에 붙어있는 라벨지의 색상이나 디자인들을 음악 장르나 참여 뮤지션 별로 나누고 묶어서 발매하는 과정에서 이 라벨에 독자적인 브랜드명을 부여하기 시작하면서 현재 음악 브랜드를 가리키는 레이블이라는 단어가 생겼다(나무위키, 2023). https://namu.wiki/w/%EB%A0%88%EC%9D%B4%EB%B8%94
286. https://pivotaleconomics.com/undercurrents/music-copyright-2022 https://www.billboard.com/business/tech/jkbx-fans-song-music-market-invest-1235397979/
287. Vinovest Council. "Vinovest Quarterly Report, Q4 2022". https://www.vinovest.co/blog/vinovest-quarterly-report-q4-2022
288. Vinovest Community. "Vinovest Year-End All Hands Meeting". https://vinovest.circle.so/c/webinars-and-office-hours/vinovest-year-end-all-hands-meeting
289. Vinovest Council. "Vinovest Quarterly Report, Q4 2022". https://www.vinovest.co/blog/vinovest-quarterly-report-q4-2022
290. https://roboarete.com/
291. https://blog.naver.com/excellceo/222891266540
292. [롸버트치킨]가맹 모집 브로셔
293. https://biz.chosun.com/distribution/food/2023/11/03/QIDK2PYFG5FT3N4BGKRG56QFEY/?utm_source=naver&utm_medium=original&utm_campaign=biz
294. https://www.techm.kr/news/articleView.html?idxno=113163
295. https://evmodu.kr/
296. https://www.news-report.co.kr/news/articleView.html?idxno=2503
297. http://www.kdpress.co.kr/news/articleView.html?idxno=113492
298. https://www.venturesquare.net/856895
299. 중국 CCTV 다큐멘터리 제작팀.(2014). 기업의 시대. 허유영 옮김. 경기도: 다산북스
300. https://www.sedaily.com/NewsView/29QTT3H1TE
301. https://www.thisisgame.com/webzine/news/nboard/225/?n=177038?n
302. https://www.fastcompany.com/90480740/this-startup-sells-ugly-produce-to-businesses-to-drive-down-prices-and-carbon-emissions
303. https://techcrunch.com/2021/12/17/full-harvest-imperfect-produce-food-waste/
304. https://www.retailtouchpoints.com/features/news-briefs/seeking-to-cut-food-waste-faster-marketplace-expands-to-all-grades-of-produce
305. Statista. "Average lifespan {replacement cycle length} of smartphones in the United States from 2013 to 2027". https://www.statista.com/statistics/619788/average-smartphone-life/
306. "Helsinki-based Swappie raises €108M, to expand marketplace for refurbished smartphones across Europe". 『Silicon Canals』. https://siliconcanals.com/news/startups/swappie-raises-108m/
307. Swappie Website. https://swappie.com/en/about-us/
308. "Helsinki-based Swappie raises €108M, to expand marketplace for refurbished smartphones across Europe". 『Silicon Canals』. https://siliconcanals.com/news/startups/swappie-raises-108m/
309. "In Conversation with Sami Marttinen, Co-Founder & CEO of Swappie | The Secret Behind Exponential Growth [Audio podcast episode]". " 『Soaked by Slush』. https://open.spotify.com/episode/56RVayzMakCqoQBeblWkT9?si=itimRo5dShiKd-YYmRuuHw

310. Terhi Hautamäki. “Conquering the world with refurbished phones”. 『Silicon Canals』. “Aalto University Magazine”. https://www.aalto.fi/en/news/conquering-the-world-with-refurbished-phones
311. Patto Domm. “Amazon's victims: These stocks have lost $70 billion so far this year“. 『CNBC』.https://www.cnbc.com/2017/07/11/stocks-amazon-killling-prime-day.html
312. Bookshop Website. https://bookshop.org/info/about-us
313. Bookshop Website https://bookshop.org/info/about-us
314. Katie Knibbs. “How Bookshop.org Survives—and Thrives—in Amazon's World”. 『Wired』.https://www.wired.com/story/books-bookshop-org-thrives-amazon-world/
315. https://www.toogoodtogo.com/en-gb/press/200-million
316. https://www.nytimes.com/2022/09/20/climate/food-waste-app.html
317. https://blog.naver.com/ccc7719/221600280187
318. 류성. “[퍼니지먼트]⑪‘행복나무’로 지구를 덮어버리겠다는 청년사업가”. 『이데일리』. 20140328.
319. 정의식. “[반갑습니다 – 김형수 트리플래닛 대표] 게임하면 나무가 심어진다 ‘환경문제 해결 지구를 살립니다’”. 『CNB저널 』. 20141023.
320. 손예술. “[피플] 김형수 트리플래닛 대표, 3개월 새 1억 벌어 나무에 ‘올인’”. 『Economic Review』. 20140430.
321. 중소기업청 블로그. “환경을 살리는 아이디어로 전 세계를 사로잡다 – 이큐브랩”. 20161109(http://m.post.naver.com/viewer/postView.nhn?volumeNo=5442501&memberNo=418655&vType=VERTICAL).
322. https://connect.60hz.io/
323. 정부에서는 재생에너지원 전력망의 안정적 통합이라는 목표를 달성하기 위해, 하루 전 재생에너지원 발전 예측량의 오차율 8% 미만인 경우 인센티브를 제공하는 ‘전력중개 발전량 예측제도’를 2021년 10월부터 시행하고 있다.
324. 민해진. “주거문제 해결에 팔 걷어붙인 해외 스타트업“. 『venture square』. 20200320. https://www.venturesquare.net/802085
325. Seedrs. “Invest – Wayhome”. https://www.seedrs.com/wayhome
326. Fiona Alston. “Wayhome is opening doors as it raises £8 million to help people get on the property ladder”. 『Tech EU』. https://tech.eu/2023/04/26/wayhome-is-opening-doors-as-it-raises-ps8-million-to-help-people-get-on-the-property-ladder/
327. 위키피디아, 유튜브: en.wikipedia.org/wiki/YouTube
328. Anthony, S. (2012). The new corporate garage. Harvard Business Review. September.
329. Ries, E. (2011). The lean startup: how today's entrepreneurs use continuous innovation to create radically successful business. Crown Business.

성공하는
스타트업을 위한

101가지 비즈니스 모델 이야기

2024 EDITION

1판 1쇄 인쇄 | 2024년 3월 8일
1판 1쇄 발행 | 2024년 3월 15일

지은이 남대일, 김주희, 정지혜, 정혜민, 이민선
펴낸이 김기옥

경제경영팀장 모민원
기획 편집 변호이, 박지선
마케팅 박진모
경영지원 고광현
제작 김형식

디자인 푸른나무디자인
인쇄·제본 민언프린텍

펴낸곳 한스미디어(한즈미디어(주))
주소 우편번호 121-839 서울특별시 마포구 양화로 11길 13 (서교동, 강원빌딩 5층)
전화 02-707-0337 | **팩스** 02-707-0198 | **홈페이지** www.hansmedia.com
출판신고번호 제 313-2003-227호 | 신고일자 2003년 6월 25일

ISBN 979-11-93712-14-6 13320

책값은 뒤표지에 있습니다.
잘못 만들어진 책은 구입하신 서점에서 교환해 드립니다.